INTERSECCIONALIDADE

PATRICIA HILL COLLINS
SIRMA BILGE

INTERSECCIONALIDADE

Tradução: Rane Souza

© desta edição, Boitempo, 2021
© Patricia Hill Collins e Sirma Bilge, 2020

Traduzido do original em inglês *Intersectionality* (2. ed., Cambridge, Polity, 2020)

Direção-geral Ivana Jinkings
Edição Thais Rimkus
Assistência editorial Carolina Mercês e
Carolina Hidalgo Castelani
Tradução Rane Souza
Preparação Mariana Echalar
Revisão Fabiana Medina
Leitura técnica Winnie Bueno
Coordenação de produção Livia Campos
Capas da edição Flávia Bomfim (concepção e bordado © 2021)
e Antonio Kehl (sobre pintura de Sirma Bilge © 2015)
Diagramação Antonio Kehl

Equipe de apoio Alexander Lima, Artur Renzo, Débora Rodrigues, Elaine Ramos, Frederico Indiani, Heleni Andrade, Higor Alves, Ivam Oliveira, Kim Doria, Jéssica Soares, Luciana Capelli, Marina Valeriano, Marissol Robles, Marlene Baptista, Maurício Barbosa, Pedro Davoglio, Raí Alves, Tulio Candiotto

---

CIP-BRASIL. CATALOGAÇÃO NA PUBLICAÇÃO
SINDICATO NACIONAL DOS EDITORES DE LIVROS, RJ

C674i
Collins, Patricia Hill
  Interseccionalidade / Patricia Hill Collins, Sirma Bilge ; tradução Rane Souza. - 1. ed. - São Paulo : Boitempo, 2021.

  Tradução de: Intersectionality
  Inclui bibliografia e índice
  ISBN 978-65-5717-029-8 (capa pintura)
  ISBN 978-65-5717-051-9 (capa bordado)

  1. 1. Interseccionalidade (Sociologia). 2. Teoria social. 3. Mudança social. 4. Justiça social. I. Bilge, Sirma. II. Souza, Rane. III. Título.

21-68925
CDD: 303.4
CDU: 316.42

Meri Gleice Rodrigues de Souza - Bibliotecária - CRB-7/6439

Esta publicação foi realizada com o apoio da Fundação Rosa Luxemburgo e fundos do Ministério Federal para a Cooperação Econômica e de Desenvolvimento da Alemanha (BMZ). O conteúdo da publicação é responsabilidade exclusiva das autoras e não representa necessariamente a posição da FRL.

É vedada a reprodução de qualquer
parte deste livro sem a expressa autorização da editora.

1ª edição: fevereiro de 2021

BOITEMPO
Jinkings Editores Associados Ltda.
Rua Pereira Leite, 373
05442-000 São Paulo SP
Tel.: (11) 3875-7250 | 3875-7285
editor@boitempoeditorial.com.br | www.boitempoeditorial.com.br
www.blogdaboitempo.com.br | www.facebook.com/boitempo
www.twitter.com/editoraboitempo | www.youtube.com/tvboitempo

SUMÁRIO

Abreviações 7

Prefácio 9

1 O que é interseccionalidade? 15

2 A interseccionalidade como investigação e práxis críticas 51

3 Como entender a história da interseccionalidade? 89

4 O alcance global da interseccionalidade 119

5 Interseccionalidade, protestos sociais e neoliberalismo 159

6 Interseccionalidade e identidade 187

7 Interseccionalidade e educação crítica 211

8 A interseccionalidade revisitada 243

Referências bibliográficas 265

Índice remissivo 281

ABREVIAÇÕES

AAPF	Fórum de Políticas Afro-Americanas
Aiwa	Advogadas Imigrantes Asiáticas
Awuc	Mulheres Asiáticas Unidas da Califórnia
Biwoc	Negras, indígenas e mulheres de cor
CBSA	Agência de Serviços de Fronteira do Canadá
CIDH	Comissão Interamericana de Direitos Humanos
CRC	Combahee River Collective
CTEM	ciência, tecnologia, engenharia e matemática
Fifa	Federação Internacional de Futebol
FMI	Fundo Monetário Internacional
IAF	Fundação das Áreas Industriais (Texas)
IAHRS	Interseccionalidade no Sistema Interamericano de Direitos Humanos
IBPA	Análise Política baseada na Interseccionalidade
ISA	Associação Internacional de Sociologia
LGBTQ	Lésbicas, Gays, Bissexuais, Travestis, Transexuais e Queers
MBK	My Brother's Keeper
NBFO	Organização Nacional Feminista Negra
OCDE	Organização para a Cooperação e Desenvolvimento Econômico
OEA	Organização dos Estados Americanos
ONG	organização não governamental
ONU	Organização das Nações Unidas
Owaad	Organização de Mulheres de Ascendência Asiática e Africana
PAP	pesquisa-ação participativa
SFNM	Famílias Fortes do Novo México
SIDH	Sistema Internacional de Direitos Humanos
STEM	carreiras nas áreas de ciência, tecnologia, engenharia e matemática
TIC	Tecnologia da Informação e Comunicação
UE	União Europeia
USSF	Federação de Futebol dos Estados Unidos
WCAR	Conferência Mundial Contra o Racismo
WIR	Relatório Mundial sobre Desigualdade
WNBA	Associação Nacional de Basquete Feminino
YWU	Mulheres Jovens Unidas

PREFÁCIO

O momento é muito oportuno para outra edição do nosso livro. Pessoas de todas as partes do mundo estão enfrentando questões sociais novas e sem precedentes no que tange ao meio ambiente, aos direitos reprodutivos das mulheres, ao ressurgimento da extrema direita no campo político, à segurança alimentar, ao militarismo e à migração. O atual contexto de mudança social global é um grande catalisador desta nova edição, na qual revisitamos e apuramos nossas análises sobre a interseccionalidade. Durante o processo de revisão, optamos por deixar a estrutura do livro original, de 2106, intacta e demos preferência ao aprofundamento dos principais argumentos e conclusões, mediante novos estudos de caso, atualização de informações e maior ênfase em questões globais. Demos mais visibilidade ao crescente alcance global da interseccionalidade e, ao fazer isso, destacamos sua utilidade analítica e política na abordagem de importantes questões sociais.

Nesta nova edição, seguimos com o processo de desenvolvimento de ideias por meio de diálogo e escrita colaborativos. A interseccionalidade demanda esse tipo de trabalho intelectual dialógico. Como nossa parceria pode ser usada como exemplo do alcance global da interseccionalidade, pensamos em compartilhar um pouco nosso processo.

Nós nos conhecemos em 2006, em Durban, na África do Sul, durante o 16º Congresso Mundial de Sociologia, o primeiro encontro desse grupo de delegadas de mais de 150 países realizado na África continental. Patricia foi uma das principais oradoras do evento, que duraria uma semana, e Sirma, professora assistente novata, apresentou uma palestra numa sessão sobre interseccionalidade organizada por Nira Yuval-Davis. Por uma feliz coincidência, pegamos o mesmo ônibus em uma visita ao Museu do Apartheid Kwa Muhle e às *townships**, que ainda hoje sofrem os efeitos do *apartheid*. Tivemos nossa primeira conversa – ainda que muito curta –

---

* *Townships* são áreas segregadas em regiões periféricas. (N. T.)

durante aquela visita. Seis anos depois, nós nos reencontramos no 6º Congresso Internacional de Pesquisa de Feministas Francófonas (Congrès International des Recherches Féministes Francophones) em Lausanne, na Suíça. Esse grupo vem se reunindo desde meados da década de 1990 em diferentes cidades do mundo francófono, de Paris a Dakar, de Rabat a Ottawa. A conferência de Lausanne, cujo tema era "integrar relações de poder, discriminações e privilégios baseados em gênero, raça, classe e sexualidade", reuniu cerca de 610 delegadas, acadêmicas feministas e ativistas da Europa, da África, das Américas e do Oriente Médio. Dessa vez, ambas estávamos nos painéis principais. Depois, iniciamos uma conversa que teve sequência durante uma visita ao Musée de l'Art Brut, um museu pequeno, porém notável, onde encontramos trabalhos de grupos considerados *outsiders*, como peças artísticas feitas por pacientes psiquiátricos. Durante essa visita, descobrimos que compartilhávamos perspectivas similares não apenas quanto à conferência e às sensibilidades em relação à interseccionalidade, como descobrimos que Sirma era pintora e Patricia era dançarina e que a arte influencia nossas sensibilidades interseccionais. Apesar de ainda não sabermos naquele momento, nossa parceria para escrever este livro já havia começado.

Este livro é, portanto, o resultado de uma parceria verdadeira. Nenhuma de nós o teria escrito sozinha. Sentíamos a necessidade de escrever um volume que apresentasse as complexidades para além dos públicos com os quais ambas nos sentíamos à vontade. Começamos o diálogo a partir dos diferentes locais que ocupamos na interseccionalidade e trabalhamos para construir pontos de contato. Sirma escreve em francês e inglês sobre a interseccionalidade no contexto acadêmico francófono da região linguisticamente agitada de Tiohtià:ke (Montreal), situada no território protegido Kanien'kéha (povo moicano), onde a competição entre o francês e o inglês ofusca as lutas da língua indígena. Ciente dos problemas de tradução entre as três línguas que domina – turco, francês e inglês –, Sirma se comprometeu a situar a interseccionalidade em estruturas globais e na geopolítica do conhecimento. Consciente e cuidadosa com suas raízes oriundas de um bairro afro-estadunidense de classe trabalhadora na Filadélfia, Patricia escreve tanto para leitoras e leitores acadêmicos quanto para o público em geral dos Estados Unidos e do Reino Unido. Seu trabalho é amplamente reconhecido; contudo, as demandas para ajudar a institucionalizar a interseccionalidade no meio acadêmico acabaram limitando seu envolvimento em espaços de ativismo. Em diversas conversas, discutíamos longamente até chegarmos a um consenso sobre os argumentos que acreditávamos ser os mais úteis a quem nos lê.

Podíamos ver quanto nos complementávamos e sabíamos que as ideias a ser transpostas das diferenças que determinavam a vida de cada uma de nós eram, provavelmente, as mais fortes sobre a interseccionalidade. Uma premissa central sobre a interseccionalidade diz respeito a ideias, práticas e, neste caso, à execução deste livro. Isso implicava trabalhar com e em meio a muitas diferenças. Logo descobrimos que dialogar é um trabalho árduo. Em certo sentido, vivenciamos nosso material ao longo do processo que escolhemos seguir ao escrever este livro. Não nos interpretem mal! Não foi tão fácil quanto parece e não há nada de romântico nisso. Envolve trabalho e gera tensão – ainda que uma tensão frutífera.

Havia muitos pontos não estáticos nesse tipo de conversa e, por consequência, no tipo de trabalho que a interseccionalidade implica. O processo exigia que nos tornássemos fluentes na linguagem da interseccionalidade uma da outra, nas maneiras de encaixar as coisas, na perspectiva e na percepção uma da outra. Também tínhamos de falar várias línguas, pois a interseccionalidade está em toda parte e é poliglota: fala tanto a língua do ativismo e da organização comunitária quanto a da academia e das instituições. Fala tanto à juventude por meio das mídias sociais e da cultura popular quanto ao corpo acadêmico através de conferências e publicações especializadas. Esses diferentes campos da prática da interseccionalidade não se relacionam tanto quanto deveriam, talvez por carecerem de uma linguagem comum. Se esse é o caso, nosso livro tem de falar com esses diferentes grupos de maneiras que eles não sejam mutuamente excludentes, num idioma inteligível e que faça sentido para eles.

Considere este livro um convite para adentrar as complexidades da interseccionalidade. Oferecemos algumas ferramentas de navegação para você percorrer esse vasto terreno. Esta obra é um roteiro de descoberta, não o retrato de um produto acabado. Simplesmente não há como incluir tudo em um único volume. Talvez você ache que algumas de suas autoras favoritas foram pouco mencionadas e autoras de quem nunca ouviu falar são discutidas em demasia. Entramos em muitas áreas, mas não pudemos incluir uma discussão extensa sobre saúde pública, epistemologia, questões ambientais, artes e tantas outras em que se adotam as ideias da interseccionalidade. Assim como trouxemos diferentes campos de especialização e interesse para o processo de redação deste livro e aprendemos a ouvir e traduzir uma à outra ao longo do processo, incentivamos você a fazer o mesmo ao dedicar-se a essas áreas.

Assim como nossa colaboração foi crucial para este livro, também valorizamos o apoio de outras pessoas que nos ajudaram ao longo do caminho. Ambas agradecemos à equipe da Polity por conduzir este projeto com tantos atrasos inesperados. Agradecemos a Louise Knight, nossa editora, que nos deu a ideia do livro e confiou na nossa capacidade de escrevê-lo; a Evie Deavall, coordenadora de produção da Polity; à editora assistente Inès Boxman; e à editora Sarah Dancy. Também agradecemos aos comentários de dois revisores anônimos cujo olhar crítico potencializou muito o texto, bem como aos de especialistas que usaram a primeira edição deste livro em suas aulas e deram *feedbacks* à Polity.

Em primeiro lugar, Sirma agradece a seu parceiro Philippe Allard, que sempre a apoiou nos altos e baixos de todos os seus projetos de escrita; a sua irmã, Gönenç Bilge-Sökmen; e a sua mãe, Figen Bilge, pelo amor e pelo apoio infalíveis, apesar da grande distância física que as separa. Também agradece a estudantes de pós--graduação que participaram e participam de seus seminários na Universidade de Montreal, lembrando-a constantemente da absoluta necessidade do trabalho crítico e fazendo-a sentir-se intelectual e emocionalmente menos deslocada. Não haveria como fazer uma lista completa aqui. Foram inestimáveis a acolhida e o envolvimento crítico de estudantes com a primeira edição deste livro durante o seminário de pós-graduação sobre interseccionalidade ministrado por Sirma. Ela também agradece ao apoio de colegas do Departamento de Sociologia da Universidade de Montreal, com um obrigado especial a Anne Calvès, Christopher McCall e Marianne Kempeneers, chefe do departamento, e à bibliotecária Catherine Fortier. Expressa gratidão sincera pela amizade e pela solidariedade de acadêmicos e pelas muitas conversas entusiasmadas com ativistas: um obrigado especial a Sara Ahmed, Paola Bacchetta, Leila Bdeir, Leila Ben Hadjoudja, Karma Chávez, João Gabriell, Eve Haque, Jin Haritaworn, Suhraiya Jivraj, Yasmin Jiwani, Délice Mugabo, Jen Petzen, Julianne Pidduck, Malinda Smith, Michèle Spieler e Rinaldo Walcott. E a Arashi, por trazer a graça felina e o tempo de lazer obrigatório à vida de Sirma. Por último, mas não menos importante, ela gostaria de poder agradecer a seu pai, Uğur Bilge, pelo apoio constante, por nunca deixar de perguntar "Ainda não terminou?" e incentivá-la a traduzir este livro para o turco. Uğur Bilge, que plantou a paixão pela leitura na vida de Sirma, primeiro com livros infantis do marxista iraniano Samed Behrengi, faleceu repentinamente em 2014; Sirma dedica este livro a ele.

Patricia agradece a Roberto Patricio Korzeniewicz, cuja forte liderança no Departamento de Sociologia da Universidade de Maryland lhe ofereceu um contexto bem-vindo a este projeto. Também é grata aos muitos estudantes de pós-graduação que contribuíram para este trabalho: Les Andrist, Melissa Brown, Kathryn Buford, Rod Carey, Nihal Celik, Valerie Chepp, Michelle Corbin, Paul

Dean, Rachel Guo, Tony Hatch, Nazneen Kane, Wendy Laybourn, Chang Won Lee, Angel Miles, Allissa Richardson, Jillet Sam, Dina Shafey, Michelle Smirnova, Margaret Austin Smith, Danny Swann, Kristi Tredway, Kevin Winstead, Laura Yee e Sojin Yu. Patricia agradece em especial a Ana Claudia Pereira e a colegas, amigos e amigas que conheceu recentemente no Brasil pelas inúmeras conversas maravilhosas sobre interseccionalidade e feminismo negro. E a colegas que, nas últimas décadas, contribuíram para o sucesso deste livro. Ela gostaria de citar todos os nomes, mas registra seu obrigado principalmente a Margaret Andersen, Juan Battle, Cathy Cohen, Brittney Cooper, Kimberlé Crenshaw, Jessie Daniels, Angela Y. Davis, Kristi Dotson, Michael Eric Dyson, Joe Feagin, Cheryl Gilkes, Evelyn Nakano Glenn, Beverly Guy-Sheftall, Sandra Harding, Elizabeth Higginbotham, Dorothy Roberts, Graham Hingangaroa Smith, Linda Tuhiwai Smith, Catherine Knight Steele, Bonnie Thornton Dill, Lynn Weber e Nira Yuval-Davis. Por fim, Patricia não teria finalizado este projeto sem o apoio de sua família e de outras pessoas queridas: Roger, Valerie, Lauren e Patrice. Seus incríveis netos Harrison e Grant são a luz de sua vida, e ela dedica este livro à geração deles.

1
O QUE É INTERSECCIONALIDADE?

Nos primeiros anos do século XXI, o termo "interseccionalidade" passou a ser amplamente adotado por acadêmicas e acadêmicos, militantes de políticas públicas, profissionais e ativistas em diversos locais. Estudantes de ensino superior e docentes de áreas interdisciplinares, como estudos feministas, estudos raciais, estudos culturais, estudos da civilização estadunidense e da mídia, bem como da sociologia, da ciência política, da história e de outras disciplinas tradicionais, encontram a interseccionalidade em cursos, livros e artigos teóricos. Ativistas de direitos humanos e representantes do funcionalismo público também transformaram a interseccionalidade em parte das atuais discussões sobre políticas públicas globais. Lideranças de movimentos de base buscam orientação nas variadas dimensões da interseccionalidade para nortear seu trabalho de justiça reprodutiva, iniciativas de combate à violência, direitos da classe trabalhadora e outras questões sociais similares. Blogueiros e blogueiras usam mídias digitais e sociais para influenciar a opinião pública. Docentes do ensino fundamental, assistentes sociais, estudantes do ensino médio, pais e mães, integrantes de equipes de apoio de universidades e escolas adotaram as ideias da interseccionalidade para transformar todos os tipos de instituição de ensino. Nesses diferentes locais, pessoas reivindicam e usam cada vez mais o termo "interseccionalidade" em projetos políticos e intelectuais.

Se perguntássemos a essas pessoas "o que é interseccionalidade?", ouviríamos respostas variadas e, às vezes, contraditórias. Porém, a maioria provavelmente aceitaria a seguinte descrição genérica:

> A interseccionalidade investiga como as relações interseccionais de poder influenciam as relações sociais em sociedades marcadas pela diversidade, bem como as experiências individuais na vida cotidiana. Como ferramenta analítica, a interseccionalidade considera que as categorias de raça, classe, gênero, orientação sexual, nacionalidade, capacidade, etnia e faixa etária – entre outras – são inter-relacionadas

e moldam-se mutuamente. A interseccionalidade é uma forma de entender e explicar a complexidade do mundo, das pessoas e das experiências humanas.

Essa definição prática descreve o principal entendimento da interseccionalidade, a saber, que, em determinada sociedade, em determinado período, as relações de poder que envolvem raça, classe e gênero, por exemplo, não se manifestam como entidades distintas e mutuamente excludentes. De fato, essas categorias se sobrepõem e funcionam de maneira unificada. Além disso, apesar de geralmente invisíveis, essas relações interseccionais de poder afetam todos os aspectos do convívio social.

Começamos este livro reconhecendo a imensa heterogeneidade que caracteriza atualmente o entendimento e o uso da interseccionalidade. Apesar das discussões sobre seu significado, e até se é a melhor escolha, "interseccionalidade" é o termo consagrado. Trata-se de uma expressão cada vez mais usada pelos atores sociais que, por sua vez, aplicam a uma variedade de usos seu próprio entendimento de interseccionalidade. Apesar de todas as diferenças, essa definição ampla sinaliza um consenso sobre como se entende a interseccionalidade.

USO DA INTERSECCIONALIDADE COMO FERRAMENTA ANALÍTICA

Em geral as pessoas usam a interseccionalidade como ferramenta analítica para resolver problemas que elas próprias ou gente próxima a elas têm de enfrentar. Por exemplo, a maioria das faculdades e universidades da América do Norte encara o desafio de transformar seus *campi* em ambientes mais justos e inclusivos. As divisões sociais resultantes das relações de poder de classe, raça, gênero, etnia, cidadania, orientação sexual e capacidade são mais evidentes no ensino superior. Hoje, faculdades e universidades abrigam um número maior de estudantes que, no passado, não tinham condições de pagar pelo ensino superior (questões de classe); ou estudantes que historicamente precisaram lidar com barreiras discriminatórias à matrícula (devido a questões de raça, gênero, etnia, autoctonia, estatuto de cidadania); ou estudantes que enfrentavam diferentes formas de discriminação (questões relativas a orientação sexual, capacidade, religião) nos *campi*. Faculdades e universidades se confrontam com estudantes que desejam equidade, mas trazem experiências e necessidades muito diversas para os *campi*. A princípio, as faculdades estadunidenses recrutavam e atendiam a um grupo por vez, por exemplo, com programas especiais para grupos de origem afro-estadunidense e latina, mulheres, gays, lésbicas, ex-combatentes de guerra, estudantes que retomam os estudos e pessoas com deficiência. À medida que a lista crescia, tornou-se evidente que essa abordagem de um grupo por vez era lenta e que a maioria dos estudantes se encaixava em mais de uma categoria. A primeira geração de estudantes universitários da família pode incluir pessoas de origem latina, mulheres, pessoas brancas empobrecidas, ex-combatentes de guerra, avôs e avós e mulheres e homens trans. Nesse contexto, a interseccionalidade pode ser uma ferramenta analítica útil para pensar e desenvolver estratégias para a equidade nos *campi*.

Pessoas comuns fazem uso da interseccionalidade como ferramenta analítica quando percebem que precisam de estruturas melhores para lidar com os problemas sociais. Nas décadas de 1960 e 1970, as ativistas negras estadunidenses enfrentaram o quebra-cabeça que fazia suas necessidades relativas a trabalho, educação, emprego e acesso à saúde simplesmente fracassarem nos movimentos sociais antirracistas, no feminismo e nos sindicatos que defendiam os direitos da classe trabalhadora. Cada um desses movimentos sociais privilegiou uma categoria de análise e ação em detrimento de outras: por exemplo, raça no movimento em favor dos direitos civis; gênero no movimento feminista; classe no movimento sindical. Considerando que as afro-americanas eram também negras, mulheres e trabalhadoras, o uso de lentes monofocais para abordar a desigualdade social deixou pouco espaço para os complexos problemas sociais que elas enfrentam. As questões específicas que afligem as mulheres negras permaneciam relegadas dentro dos movimentos, porque nenhum movimento social iria ou poderia abordar sozinho todos os tipos de discriminação que elas sofriam. As mulheres negras usaram a interseccionalidade como ferramenta analítica em resposta a esses desafios.

A interseccionalidade como ferramenta analítica não está circunscrita às nações da América do Norte e da Europa nem é um fenômeno novo. No Sul global, a interseccionalidade é usada frequentemente como ferramenta analítica, mas não recebe essa denominação. Consideremos o exemplo inesperado de Savitribai Phule (1831-1897), ativista social dalit que desenvolveu um trabalho importante na Índia do século XIX, o qual a colocou na primeira geração de feministas indianas modernas. Em um artigo intitulado "Six Reasons Every Indian Feminist Must Remember Savitribai Phule" [Seis motivos para todas as feministas indianas se lembrarem de Savitribai Phule], publicado em janeiro de 2015, Deepika Sarma sugere:

> Eis por que sua memória deve ser preservada. Savitribai Phule entendeu a interseccionalidade. Ela e o marido, Jyotirao, eram firmes defensores da ideologia anticastas e dos direitos das mulheres. Os Phule tinham uma visão de igualdade

social que incluía a luta contra a subjugação das mulheres e defendiam populações adivasis*e muçulmana. Ela liderou uma greve de barbeiros contra a prática hindu de raspar a cabeça das viúvas e lutou a favor do direito de as viúvas se casarem novamente. Além disso, em 1853, fundou um abrigo para viúvas grávidas. Também se envolveu em outros programas de bem-estar social com Jyotirao, como a fundação de escolas para a classe trabalhadora e populações rurais e o combate à fome através de 52 centros de distribuição de alimento que também funcionavam como internatos. Além disso, cuidou de pessoas atingidas pela fome e pela peste bubônica. Faleceu em 1897, após contrair a peste de seus pacientes.[1]

Savitribai Phule enfrentou muitos dos eixos da divisão social, a saber, casta, gênero, religião, desvantagem econômica e classe. Seu ativismo político compreendia as categorias interseccionais da divisão social – ela não escolheu apenas uma causa.

Esses exemplos sugerem que as pessoas usam a interseccionalidade como ferramenta analítica de maneiras variadas para abordar uma gama de questões e problemas sociais. Outro uso comum da interseccionalidade é como ferramenta heurística ou de resolução de problemas, da mesma maneira que estudantes de ensino superior desenvolveram um interesse comum pela diversidade, ou que as afro-americanas a usaram para abordar seu *status* na política dos movimentos sociais, ou que Savitribai Phule fez avanços nos direitos das mulheres. Embora todas as pessoas que utilizam as estruturas interseccionais pareçam estar sob um grande guarda-chuva, o uso da interseccionalidade como ferramenta analítica significa que ela pode assumir diferentes formas, pois atende a uma gama de problemas sociais.

Neste livro, examinaremos múltiplos aspectos da interseccionalidade. Contudo, por ora, gostaríamos de apresentar três de seus usos como ferramenta analítica. Em consonância com o argumento de Cho, Crenshaw e McCall, segundo o qual "o que faz com que uma análise seja interseccional não é o uso que ela dá ao termo 'interseccionalidade' nem o fato de estar situada numa genealogia familiar, nem de se valer de citações padrão", nosso foco deve ser "o que a interseccionalidade *faz* e não o que a interseccionalidade *é*"[2]. Os casos que apresentamos sobre o modo como as relações interseccionais de poder caracterizam o futebol internacional, o reconhecimento crescente da desigualdade social global como um fenômeno interseccional

---

*   Adivasi é uma pequena população aborígene da Índia. (N. T.)

[1]   Deepika Sarma, "Six Reasons Every Indian Feminist Must Remember Savitribai Phule", *The Ladies Finger*, 5 jan. 2015.

[2]   Sumi Cho, Kimberlé Williams Crenshaw e Leslie McCall, "Toward a Field of Intersectionality Studies: Theory, Applications, and Praxis", *Signs*, v. 38, n. 4, 2013, p. 795.

e a ascensão do movimento de mulheres negras brasileiras em resposta a desafios específicos, como o racismo, o sexismo e a pobreza, ilustram diferentes *usos* da interseccionalidade como ferramenta analítica. Eles sugerem especificamente como a análise interseccional dos esportes joga luz sobre a organização do poder institucional, como a interseccionalidade tem sido usada para identificar problemas sociais, e como as respostas interseccionais às injustiças sociais potencializam o ativismo. Esses casos tanto apresentam as principais ideias das estruturas interseccionais quanto demonstram os diferentes usos da interseccionalidade como ferramenta analítica.

Jogos de poder: Copa do Mundo da Fifa

É impossível saber exatamente quantas pessoas jogam futebol no mundo. No entanto, levantamentos realizados pela Federação Internacional de Futebol (Fifa) apresentam uma boa estimativa: cerca de 270 milhões de pessoas estão envolvidas no futebol como atletas profissionais, "atletas de fim de semana", jogadoras e jogadores federados com mais ou menos de dezoito anos, praticantes de futsal, de futevôlei, árbitras, árbitros e autoridades. Trata-se de um vasto conjunto de atletas homens e mulheres tanto amadores quanto profissionais e um público gigantesco, que abarca todas as categorias de raça, classe, gênero, faixa etária, etnia, nacionalidade e capacidade. Se considerarmos crianças e jovens que jogam futebol, mas não praticam atividades organizadas identificáveis pela Fifa, os números crescem consideravelmente.

A ênfase da interseccionalidade na desigualdade social parece muito distante da popularidade global desse esporte. No entanto, o uso da interseccionalidade como ferramenta analítica para examinar a Copa do Mundo da Fifa mostra como as relações de poder de raça, gênero, classe, nação e sexualidade organizam esse esporte em particular, assim como os esportes de maneira mais ampla. As nações ricas do Norte global e as nações pobres do Sul global oferecem estruturas de oportunidades diferentes para que a juventude frequente a escola, tenha acesso a emprego e pratique esportes, estruturas de oportunidades que privilegiam as nações da Europa e da América do Norte e prejudicam os países do Caribe, da África Continental, do Oriente Médio e alguns países asiáticos e latino-americanos. Essas diferenças nacionais se alinham às diferenças raciais, impedindo que a juventude negra e parda dos países pobres ou das regiões pobres dos países ricos tenha acesso a treinamento e oportunidade de praticar esportes. Meninas e meninos podem querer jogar futebol, mas raramente chegam aos mesmos times ou competem

20 Interseccionalidade

entre si. Sendo um esporte que exige capacidade física, o futebol traz o foco para o "capaz" que sustenta a análise da capacidade. Na base, o futebol é um grande negócio, que proporciona benefícios financeiros a patrocinadores e a uma pequena parcela de atletas de elite. Diferenças de riqueza, origem nacional, raça, gênero e capacidade moldam padrões de oportunidades e desvantagens no esporte. Além disso, essas categorias não são mutuamente excludentes. Ao contrário, o modo como se cruzam determina quem chega a jogar futebol, o nível de apoio que recebe e os tipos de experiência que tem se e quando joga. O uso da interseccionalidade como ferramenta analítica mostra como essas e outras categorias de relações de poder se interconectam.

Por ser um fenômeno global, a Copa do Mundo da Fifa é um caso particularmente adequado para analisarmos detidamente com o intuito de mostrar como as relações interseccionais de poder sustentam as desigualdades sociais de raça, gênero, classe, idade, capacidade, sexualidade e nação. As relações de poder dependem de práticas organizacionais duráveis, embora variáveis, que, nesse caso, determinam os contornos do futebol praticado na Copa do Mundo da Fifa, independentemente de quando e onde ocorre e de quem de fato compete. Quatro domínios de poder distintos, porém interconectados, definem essas práticas organizacionais – a saber, o *estrutural*, o *cultural*, o *disciplinar* e o *interpessoal*. Esses domínios de poder são duráveis ao longo do tempo e no espaço. As práticas organizacionais da Fifa mudaram desde os primórdios e assumiram diferentes formas na Europa, na América do Norte, na África Continental, na América Latina, na Ásia, no Oriente Médio e no Caribe. No entanto, a Fifa também é caracterizada por grandes mudanças provocadas pela presença de novas pessoas, por alterações de padrões e pela crescente audiência global. O uso da interseccionalidade para analisar a Copa do Mundo da Fifa mostra as interseções específicas das relações de poder dentro da organização; por exemplo, como gênero e identidade nacional se cruzam dentro da Fifa, bem como as formas específicas que as relações interseccionais de poder assumem *dentro* dos distintos domínios de poder. Aqui, discutimos brevemente as relações interseccionais em cada domínio de poder dentro da Fifa, estabelecendo, assim, uma base para a análise das relações interseccionais de poder.

O *domínio estrutural do poder* refere-se às estruturas fundamentais das instituições sociais, como mercados de trabalho, moradia, educação e saúde. Interseções de classe (capitalismo) e nação (política governamental) são fundamentais para a organização do esporte. Nesse caso, desde a sua criação, em 1930, a Copa do Mundo cresceu em escopo e popularidade para se tornar um negócio global altamente lucrativo. Sediada na Suíça, a Fifa desfruta de uma proteção legal como organização não governamental (ONG) que lhe permite gerenciar suas finanças com um mínimo de supervisão do governo. Dirigida por um comitê executivo de empresários, a Fifa exerce considerável influência sobre empresas globais e governos nacionais que sediam a Copa do Mundo. Por exemplo, para os jogos de 2014 no Brasil, a Fifa conseguiu que o Congresso brasileiro adotasse a Lei Geral da Copa do Mundo que impunha feriado nas cidades onde havia jogo da seleção brasileira, reduzia o número de lugares nos estádios e aumentava o preço do ingresso para o espectador comum. A lei também permitia o consumo de cerveja nos estádios, mudança que beneficiou a Anheuser-Busch, uma das principais empresas patrocinadoras da Fifa. Além disso, a lei isentava de impostos as empresas que trabalhavam para a instituição, proibia a venda de qualquer tipo de mercadoria nos espaços oficiais de competição, arredores e principais vias de acesso e multava bares que tentassem exibir as partidas ou promover determinadas marcas. Por fim, o projeto definiu como crime federal qualquer ataque à imagem da Fifa ou de seus patrocinadores.

Organizados por diferentes países que competem por tal privilégio com anos de antecedência, os eventos da Fifa geralmente revelam as preocupações características dos países anfitriões. A experiência do Brasil mostra como as preocupações nacionais moldam o futebol global. Com uma das seleções de maior sucesso na história da Copa do Mundo, o Brasil é um dos poucos países cujas equipes disputaram praticamente todos os torneios da Copa do Mundo. Em 2014, o retorno potencial para o Brasil era substancial. Sediar a Copa do Mundo marcou a sua entrada na cena global como um importante ator econômico, minimizando a sua conturbada história de ditadura militar (1964-1985). Um time brasileiro vitorioso prometia melhorar a estatura internacional do país e promover políticas econômicas que beneficiariam a população. No entanto, os desafios associados à organização dos jogos começaram muito antes de os atletas entrarem em campo. O Brasil estima ter gastado bilhões de dólares em preparativos para o evento. O plano inicial apresentado ao público enfatizava que a maioria dos gastos com infraestrutura privilegiaria o transporte, a segurança e as comunicações em geral. Menos de 25% do gasto total seria destinado à construção ou reforma dos doze estádios. No entanto, à medida que os jogos se aproximavam, gastos excedentes aumentaram a despesa com os estádios em pelo menos 75%, e recursos públicos foram retirados dos projetos gerais de infraestrutura.

Em várias cidades brasileiras, os gastos excedentes com a Fifa provocaram manifestações públicas contra o aumento de tarifas no transporte público e a corrupção política. Em 20 de junho de 2013, 1,5 milhão de pessoas se manifestaram em São Paulo, a maior área metropolitana do Brasil, contra os gastos exorbitantes com estádios, o deslocamento de moradores nas cidades e o desvio de recursos públicos[3]. Quando começou a contagem regressiva para o início do evento, os brasileiros saíram às ruas em mais de cem cidades com *slogans* contra a Copa do Mundo: *"Fifa, go home!"* [Fifa, vai para casa!] e "Queremos hospitais padrão Fifa!". Um artigo do jornal *The Guardian* relatou: "A Copa do Mundo rouba dinheiro da saúde, da educação e de gente pobre. As pessoas em situação de rua estão sendo forçadas a sair das ruas. Isso não é para o Brasil, é para turistas"[4]. Essa agitação social serviu de cenário para os jogos, e o Brasil, apesar de ter chegado às semifinais, sofreu uma derrota histórica para a Alemanha.

Como a Fifa não é regulamentada, não surpreende que durante anos tenha sido acusada de corrupção. As disputas sobre o local de realização do evento, a competição entre as nações e seus financiadores caracterizam a Copa do Mundo desde a criação. As empresas patrocinadoras, apoiadores ricos e os meios de comunicação globais parecem ser os principais beneficiários do sucesso global da Copa do Mundo. Parece haver pouco ou nenhum benefício financeiro para os países que sediam a Copa do Mundo – a África do Sul recuperou aproximadamente 10% dos gastos que teve com estádios e infraestrutura para a Copa do Mundo de 2010, e muitos dos doze estádios que o Brasil construiu para a Copa de 2014 foram investigados por corrupção. No entanto, as razões das nações para sediar os jogos podem ir além do ganho financeiro. O Catar ganhou o direito de sediar a Copa do Mundo de 2022, o que sugere que as controvérsias fiscais e políticas que caracterizam a operação da Fifa persistirão[5].

---

[3] Manuel Castells, *Networks of Outrage and Hope: Social Movements in the Internet Age* (2. ed. Cambridge, Polity, 2015), p. 232 [ed. bras.: *Redes de indignação e esperança: movimentos sociais na era da internet*, trad. Carlos Alberto Medeiros, Rio de Janeiro, Zahar, 2013].

[4] Jonathan Watts, "Anti-World Cup Protests in Brazilian Cities Mark Countdown to Kick-off", *The Guardian*, 12 jun. 2014. Disponível em: <http://www.theguardian.com/football/2014/jun/12/anti-world-cup-protests-brazilian-cities-sao-paulo-rio-de-janeiro>; acesso em: jun. 2020.

[5] À parte os problemas legais da Fifa, os negócios da Copa do Mundo vão muito além dos jogos em si. Segundo o escopo das pessoas indiciadas, a Copa do Mundo converge indústrias globais cada vez mais importantes: esportes e entretenimento, telecomunicações, turismo e tudo o que a organização e a montagem do evento implicam. Por exemplo, a bola oficial aprovada pela Fifa para a Copa do Mundo de 2014, Adidas Brazuca, com preço de 160 dólares, foi produzida na fábrica Forward Sports, em Sialkot (Paquistão), por mulheres paquistanesas (representando 90% da força de trabalho). Cada uma dessas trabalhadoras ganhava menos de cem dólares por mês. Após vender 13 milhões de bolas oficiais da Copa do Mundo em 2010, a Adidas faturou centenas de milhões de dólares.

Uma análise interseccional do capitalismo e do nacionalismo lança luz sobre as relações estruturais de poder que permitiram à Fifa, como empresa global, influenciar as políticas públicas dos Estados-nação que sediaram os jogos. Mas outras categorias de análise, além de classe e nação, também estão ligadas às relações estruturais de poder da Fifa. Consideremos, por exemplo, as desigualdades de gênero. Os esportes em geral, e os esportes profissionais em particular, costumam oferecer mais oportunidades para os homens que para as mulheres. Até aqui, nós nos concentramos nos atletas de sexo masculino da Fifa, principalmente porque a primeira Copa do Mundo da Fifa, realizada em 1930, era restrita a homens. Desde 1991, quando os primeiros jogos de futebol feminino foram realizados na China, a Fifa administra também a Copa do Mundo de Futebol Feminino. Quando os Estados Unidos organizaram a histórica Copa do Mundo de 1999, apenas alguns países se candidataram. Desde então, a Copa do Mundo de Futebol Feminino cresceu em popularidade, alcançando um público global sem precedentes em 2019, na França. Apesar desse interesse crescente, as vantagens financeiras oferecidas às jogadoras de elite são irrisórias em comparação com as oferecidas aos homens. Essas estruturas de gênero no futebol – por exemplo, a Copa do Mundo masculina foi criada em 1930, e a feminina, apenas sessenta anos depois, em 1991 – promovem um acúmulo de vantagens e desvantagens baseadas no gênero dentro do domínio estrutural do poder da Fifa.

O domínio cultural do poder enfatiza a crescente importância das ideias e da cultura na organização das relações de poder. A Copa do Mundo da Fifa é um excelente exemplo de como o poder das ideias, representações e imagens em um mercado global normalizam atitudes e expectativas culturais em relação às desigualdades sociais. É significativo que a Copa do Mundo seja o evento esportivo mais assistido no mundo, superando até mesmo os Jogos Olímpicos. Por exemplo, a auditoria da Fifa na Copa do Mundo de 2018, na Rússia, revela que 1,12 bilhão de espectadores em todo o mundo assistiu à partida final. Ao longo dos jogos, 3,572 trilhões de espectadores – mais da metade da população mundial com quatro anos de idade ou mais – assistiram aos jogos pela TV em casa, em locais de transmissão pública, como bares e restaurantes, e por plataformas digitais. Do ponto de vista dos organizadores e financiadores da Fifa, a possibilidade de atingir esse enorme mercado global de fãs de esportes é ilimitada.

Dado o crescimento da mídia de massa e da mídia digital, é importante nos perguntar quais mensagens culturais sobre raça, gênero, classe, sexualidade e categorias semelhantes estão sendo transmitidas para esse vasto público global. Nesse caso, promover e televisionar partidas de futebol oferece uma visão do *fair play* que, por sua vez, explica a desigualdade social. Difundida em todo o mundo, a Copa do Mundo projeta ideias importantes sobre competição e *fair play*. Competições esportivas transmitem uma mensagem de grande influência: nem todos podem vencer. Aparentemente, isso faz sentido, mas por que alguns indivíduos e grupos *sempre* ganham enquanto outros sempre perdem? A Fifa tem respostas prontas. Quem vence tem talento, disciplina e sorte, enquanto quem perde carece de talento, disciplina e/ou sorte. Essa visão sugere que a competição justa produz resultados justos. Essa visão de mundo sobre quem vence e quem perde é apenas um passo para explicar a partir desse quadro as desigualdades sociais de raça, classe, gênero e sexualidade, assim como suas interseções.

Quais condições são necessárias para que esse quadro seja plausível? É aqui que se torna crucial a ideia do campo nivelado ou plano oferecido pelo futebol profissional e pelos esportes em geral. Imagine um campo de futebol inclinado, instalado num terreno levemente em declive, no qual o gol do time vermelho fica no topo da colina, e o gol do time azul, no vale. O time vermelho tem uma evidente vantagem: quando tenta marcar gol, a estrutura do campo ajuda. Não importa quanto talento tenha, porque a força invisível da gravidade ajuda, logo não precisa se esforçar tanto quanto a equipe azul para marcar gol. Em compensação, o time azul trava uma batalha constante morro acima para marcar um gol. Pode ter talento e disciplina, mas tem a má sorte de jogar em um campo inclinado. Para vencer, a equipe azul precisa de talento excepcional. Fãs de futebol se indignariam se os campos de verdade fossem inclinados dessa maneira. No entanto, é isso que fazem as divisões sociais de classe, gênero e raça que estão profundamente interconectadas no domínio estrutural do poder – achamos que estamos jogando em igualdade de condições quando, na verdade, não estamos.

O domínio cultural do poder ajuda a fabricar e disseminar essa narrativa de *fair play* que afirma que cada um de nós tem acesso igual às oportunidades nas instituições sociais; que a competição entre indivíduos ou grupos (equipes) é justa; e que os padrões resultantes de quem vence e quem perde são em grande medida justos. Esse mito do *fair play* não apenas legitima os resultados da natureza competitiva e repetitiva das principais competições esportivas do mundo, como a Copa e as Olimpíadas, mas também reforça as narrativas culturais sobre o capitalismo e o nacionalismo. Os espetáculos de mídia de massa reiteram a crença de que resultados desiguais entre quem vence e quem perde são normais dentro da competição do mercado capitalista. Eventos esportivos, concursos de beleza, *reality shows* e competições similares transmitem, com frequência, a ideia de que as relações de mercado do capitalismo são socialmente justas desde que haja *fair play*. Ao mostrar a competição entre nações, cidades, regiões e indivíduos, a mídia de massa reforça esse importante mito cultural. Desde que cumpram as regras e as equipes sejam boas, 195 nações ou mais podem, teoricamente, competir na Copa do Mundo da Fifa. No entanto, como os países ricos têm muito mais recursos que os pobres, uma pequena quantidade de Estados-nação pode participar com equipes masculinas e femininas, e um número ainda menor pode sediar a Copa do Mundo. Quando as seleções nacionais competem, as próprias nações competem, e o resultado da competição é explicado pelos mitos culturais.

Esses espetáculos de mídia de massa e eventos afins também apresentam roteiros importantes de gênero, raça, sexualidade e nação que trabalham juntos e se influenciam. A bravura dos atletas homens os assemelha a heróis de guerra em campos de batalha, enquanto a beleza, a graça e a virtude nos concursos de beleza representam a beleza, a graça e a virtude da nação. As mulheres atletas caminham sobre uma linha tênue entre essas duas visões de masculinidade e feminilidade que extraem seu significado dos entendimentos binários de gênero.

Por que esse mito do *fair play* perdura há tanto tempo? Como muitas pessoas apreciam eventos esportivos ou praticam esportes, muitas vezes os esportes servem de modelo para a igualdade e o *fair play*. O futebol é um esporte global que, teoricamente, pode ser jogado em qualquer lugar por qualquer pessoa. Em geral, crianças e jovens que jogam futebol amam o esporte. O futebol não exige aulas caras, campos bem cuidados nem calçados especiais. O futebol recreativo não requer nenhum equipamento ou treinamento específico, apenas uma bola e participantes em número suficiente para colocar duas equipes em campo. Comparado ao tênis, ao futebol americano, à patinação no gelo ou ao esqui, o futebol parece criar muito menos barreiras entre indivíduos com talento para o esporte e acesso às oportunidades de praticá-lo.

A fanfarra em torno da Copa do Mundo é apenas uma pequena ponta desse *iceberg* que é a forma como o futebol se baseia em categorias de classe, gênero, raça e outras para moldar normas culturais de justiça e igualdade social. De atletas de elite a crianças pobres, jogadoras e jogadores de futebol querem estar em um campo de competição justo. Não importa como você chegou lá: o que importa, quando você está no campo, é o que você pode fazer. A metáfora esportiva de um campo plano fala do desejo de justiça e igualdade entre indivíduos. Para quem vence e para quem perde, esse esporte em equipe recompensa o talento individual, mas também revela a natureza da conquista coletiva. Quando jogado bem e desimpedido de suspeitas de arbitragem, o futebol recompensa o talento individual. Em um mundo caracterizado por tanta injustiça, esportes competitivos, como o futebol, tornam-se locais importantes para ver como as coisas deveriam ser. Os antecedentes de jogadoras e jogadores não devem importar quando elas e eles entram no gramado. O que importa é que jogam bem. Os espetáculos de mídia de massa podem parecer simples entretenimento, mas são essenciais para o bom funcionamento do domínio cultural do poder.

O domínio disciplinar do poder refere-se à aplicação justa ou injusta de regras e regulamentos com base em raça, sexualidade, classe, gênero, idade, capacidade, nação e categorias semelhantes. Basicamente, como indivíduos e grupos, somos "disciplinados" para nos enquadrar e/ou desafiar o *status quo*, em geral não por pressão manifesta, mas por práticas disciplinares persistentes. No futebol, o poder disciplinar entra em cena quando certos meninos e meninas são proibidos ou desencorajados de jogar, enquanto outros recebem treinamento de alto nível em instalações de primeira para aprimorar seus talentos. Muitos são simplesmente informados de que são do sexo errado ou não têm nenhuma capacidade. Em essência, as relações de poder interseccionais utilizam categorias de gênero ou raça, por exemplo, para criar canais para o sucesso ou a marginalização, incentivar, treinar ou coagir as pessoas a seguir os caminhos prescritos.

No atletismo, as interseções de raça e nação são dimensões importantes do poder disciplinar. Por exemplo, a África do Sul, sede da Copa do Mundo de 2010, mostrou os obstáculos que os meninos africanos enfrentam para jogar profissionalmente. Sem oportunidades de treinamento, desenvolvimento e até de acesso a equipamentos básicos, os jovens africanos depositam suas esperanças nos clubes europeus. Para jogar em times do Reino Unido, da França, da Itália e da Espanha, os clubes lhes oferecem salários iguais aos que os Estados Unidos oferecem no futebol, no basquete e no beisebol profissional. O aumento do número de africanos que jogam em grandes clubes europeus reflete o sonho desses jovens jogadores de ter uma carreira bem-sucedida. No entanto, a atração pelo futebol europeu também torna esses jovens vulneráveis à exploração de agentes inescrupulosos. O documentário da cineasta Mariana van Zeller, *Football's Lost Boys* [Meninos perdidos do futebol] (2010), detalha como milhares de jovens jogadores foram atraídos para longe de seus países de origem, famílias entregaram suas economias a agentes desonestos e, muitas vezes, esses jovens foram abandonados, sozinhos e sem dinheiro, num processo que se assemelha ao tráfico de pessoas.

A crescente diversidade racial/étnica dos times de elite femininos e masculinos da Europa que recrutam atletas na África, atletas de cor* dos países mais pobres e das minorias imigrantes racializadas pode ajudar as seleções nacionais a vencer. Mas essa diversidade racial/étnica/nacional dos times de elite também transparece o problema do racismo no futebol europeu. A visível diversidade de integrantes das equipes supera assunções antigas sobre raça, etnia e identidade nacional. Quando a seleção da França derrotou a do Brasil na final da Copa do Mundo de 1998, a torcida francesa não viu a equipe como representativa da França, porque a maioria dos jogadores não era branca. Além disso, embora amem seus times, muitos torcedores brancos europeus, sejam homens, sejam mulheres, se sentem à vontade para assumir comportamentos racistas, como chamar atletas de origem africana de macaco, cantar canções com insultos raciais e levantar cartazes com linguagem racialmente depreciativa[6].

As regras de gênero da Fifa também refletem o poder disciplinar de uma forma que leva a experiências significativamente diferentes para atletas de sexo masculino e feminino. Uma análise interseccional sugere que a convergência de classe e gênero se traduz em desigualdade de salário e oportunidades ao fim de uma carreira no futebol profissional. Além da divisão inicial entre atletas de sexo masculino e feminino, diferentes regras que definem a política da Fifa refletem suposições de gênero sobre a mulher e o esporte. Reconhecendo a disparidade de apoio ao futebol masculino e ao feminino, em 8 de março de 2019, Dia Internacional da Mulher, jogadoras dos Estados Unidos impetraram uma ação federal por discriminação de gênero contra a Federação de Futebol dos Estados Unidos (USSF, em inglês), o órgão nacional do esporte. Em documento jurídico oficial, a USSF negou conduta ilegal, atribuindo diferenças salariais de gênero a "diferenças na receita gerada pelas diferentes equipes e/ou qualquer outro fator que não seja o sexo". Em outras palavras, sob a perspectiva da USSF, qualquer desigualdade econômica de gênero é reflexo de estruturas de mercado e normas culturais que estão fora do alcance da Fifa, não de discriminação de gênero dentro da própria Fifa.

---

* No contexto estadunidense, *person of color* [pessoa de cor] é qualquer pessoa racializada, incluindo, por exemplo, indígenas. A expressão não tem conotação pejorativa e é adotada neste livro. (N. E.)

[6] Em certa ocasião, torcedores poloneses jogaram bananas em um jogador de futebol nigeriano. A torcida não é o único problema – também há insultos raciais entre a equipe. Por exemplo, na Copa do Mundo de 2006, o francês Zinedine Zidane, três vezes vencedor do prêmio da Fifa de melhor jogador do mundo, transgrediu uma regra do *fair play* ao dar uma cabeçada no tórax do italiano Marco Materazzi. Zidane, filho de imigrantes argelinos, relatou que Materazzi o havia agredido com insultos racistas e sexistas contra sua mãe e sua irmã. Materazzi foi mantido em campo, enquanto Zidane foi expulso daquela que seria sua última partida em uma Copa do Mundo.

A luta pela igualdade de remuneração no futebol estadunidense atraiu uma atenção considerável, principalmente porque a equipe feminina sempre teve melhor desempenho que a equipe masculina, dentro de campo, na mídia e nas receitas. A equipe masculina não se classificou para a Copa do Mundo de 2018, enquanto a feminina venceu a copas de 2015 e 2019. A audiência da equipe feminina também superou a da masculina. Em 2015, cerca de 25 milhões de pessoas assistiram à vitória da equipe feminina na final da Copa do Mundo – naquele momento, uma audiência recorde em comparação com qualquer jogo de futebol nos Estados Unidos, e a vitória em 2019 quebrou de novo esse recorde. Porém, embora importantes, estruturas somente de gênero deixam escapar dimensões interseccionais da discriminação tanto de regras quanto de ferramentas para combater a injustiça social. Em 2019, a equipe feminina dos Estados Unidos ganhou menos que a masculina e tinha tanto o direito legal como os meios para entrar com uma ação. Em compensação, a Reggae Girlz da Jamaica, primeira seleção de futebol do Caribe a se classificar para a Copa do Mundo, teve dificuldades para arrecadar fundos a fim de participar dos jogos. Mas elas se saíram melhor que a seleção da Nigéria, a Super Falcons, que, apesar de ter vencido nove vezes a Copa da África, não recebeu nenhum pagamento. A Super Falcons é subfinanciada há muito tempo; as jogadoras protestaram em frente à casa do presidente da Nigéria e, por fim, receberam apoio financeiro para participar dos jogos.

Essas diferenças de gênero entre o futebol masculino e o feminino se interseccionam com diferenças de raça e classe nos jogos masculinos e femininos. As regras do futebol, por sua vez, determinam a classificação das equipes que disciplina as jogadoras e os jogadores a partir de expectativas diferenciadas. A classificação das equipes femininas está relacionada a raça e nação e, por consequência, aos diferentes níveis de apoio dado às mulheres atletas em países ricos e pobres. Apesar de ser um dos países mais ricos da África Continental, a África do Sul enviou sua primeira seleção feminina para a Copa do Mundo em 2019, juntando-se a Nigéria e Camarões como uma das três seleções africanas classificadas. Todas as três estavam nas últimas posições do *ranking* de equipes classificadas e perderam na primeira rodada para equipes que tinham mais apoio financeiro. As interseções de raça e gênero caracterizam tanto o futebol masculino como o feminino e têm importantes implicações financeiras para cada atleta.

O domínio interpessoal do poder refere-se ao modo como os indivíduos vivenciam a convergência de poder estrutural, cultural e disciplinar. Esse poder molda identidades interseccionais de raça, classe, gênero, sexualidade, nação e idade que, por sua vez, organizam as interações sociais. A interseccionalidade reconhece que a percepção de pertencimento a um grupo pode tornar as pessoas vulneráveis a diversas formas de preconceito, mas, como somos simultaneamente membros de muitos grupos, nossas identidades complexas podem moldar as maneiras específicas como vivenciamos esse preconceito. Por exemplo, homens e mulheres frequentemente sofrem o racismo de maneiras diferentes, assim como mulheres de diferentes raças podem vivenciar o sexismo de maneiras bastante distintas, e assim por diante. A interseccionalidade lança luz sobre esses aspectos da experiência individual que podemos não perceber.

No caso da Copa do Mundo da Fifa, as identidades interseccionais são hipervisíveis em um cenário global. As novas tecnologias da informação e da comunicação (TICs) aumentaram a visibilidade e o escopo das identidades individuais: no caso da Fifa, oferecer competições esportivas planejadas para entreter e educar, mas também proporcionar uma janela para a vida das pessoas. Como todo mundo, os atletas da Fifa, sejam mulheres, sejam homens, têm de criar suas identidades nas relações interseccionais de poder. Além disso, a visibilidade dada aos corpos nessas competições esportivas significa que a natureza incorporada das identidades interseccionais está em constante exibição. Há muito em jogo no cultivo da imagem e da marca certas. A maneira pela qual atletas homens e mulheres lidam com sua identidade pode resultar em propagandas lucrativas, contratos como comentaristas esportivos e oportunidades para lucrar com sua excelência e visibilidade como treinadores e assistentes. Dado o escopo global e a forte presença da mídia de massa na Copa do Mundo da Fifa, jogadoras e jogadores precisam decidir individualmente não apenas como jogar, mas também como sua imagem pessoal, dentro e fora do campo, será recebida pelos fãs. Como sugerem os insultos e os comentários racistas no contexto europeu, torcedores podem ser inconstantes, torcendo por times que têm atletas de cor, mas atirando xingamentos raciais contra o time adversário. A mercantilização da identidade é um grande negócio.

Como o gênero é uma divisão social fundamental na vida cotidiana, o gerenciamento de identidades de masculinidade e feminilidade adquire importância mais que vital nessa área pública global. Independentemente do esporte, as mulheres enfrentaram uma batalha árdua para praticar esportes, fazê-lo em nível de elite e receber compensação equitativa por isso. Além do mais, como os esportes femininos rompem ostensivamente normas muito antigas de feminilidade, o tratamento dispensado às atletas nos esportes em que elas conseguiram estabelecer carreiras bem remuneradas, como é o caso do tênis feminino – ou salários dignos, como é o caso do basquete feminino –, é um exemplo para as jogadoras de futebol na Copa do Mundo. No esporte feminino há tentativas constantes de controle do vestuário e da aparência das mulheres.

O tratamento dispensado às atletas que parecem violar as normas da feminilidade oferece uma oportunidade para analisarmos a questão mais ampla sobre como as atletas de elite lidam com a masculinidade e a feminilidade hegemônicas no esporte profissional. À medida que mais mulheres se tornam atletas profissionais, elas contestam cada vez mais as regras da heteronormatividade. Por exemplo, as estrelas do tênis Venus e Serena Williams se tornaram lenda quando desafiaram o código de vestimenta do tênis feminino, e ambas foram acusadas de serem excessivamente masculinas, porque jogam ostensivamente como homens. Nos primórdios da Associação Nacional de Basquete Feminino (WNBA, em inglês), as jogadoras da liga, na maioria negras, foram incentivadas a assumir uma feminilidade tradicional para combater as acusações de lesbiandade. As atletas faziam cabelo e maquiagem e levavam filhos ou filhas e parceiros aos jogos para sinalizar sua orientação sexual. Com o amadurecimento da liga, as jogadoras adotaram cada vez mais um estilo andrógino, mais afinado com as noções contemporâneas de fluidez de gênero.

Como indivíduos, atletas homens e mulheres da Fifa podem ter talento igual, aspirar às mesmas coisas ou defender valores semelhantes. No entanto, as normas da heteronormatividade estão intimamente ligadas a essas práticas disciplinares que determinam decisões individuais sobre identidade, masculinidade e feminilidade. Praticar um esporte de elite é uma coisa, ser aceito pelos fãs que financiam esse esporte é outra. A interseção entre identidade e experiências é reflexo dos jogos de poder que acontecem nos domínios estruturais, culturais, disciplinares e interpessoais do poder, identidades que transparecem tanto nas interações sociais cotidianas como na imagem pública. No geral, o futebol profissional é não apenas um jogo, mas também um espaço rico para o uso da interseccionalidade como ferramenta analítica.

Desigualdade econômica: uma nova crise global?

Quando se trata de destacar a desigualdade econômica global como um importante problema social, 2014 foi um ano crucial. O 18º Congresso Mundial de Sociologia da Associação Internacional de Sociologia (ISA, em inglês) foi realizado em Yokohama, no Japão, com a participação de mais de 6 mil pessoas de todo o mundo. Em seu discurso como presidente da ISA[7], Michael Burawoy, eminente acadêmico marxista, afirmou que a desigualdade era a questão mais premente de nosso tempo. Sugeriu que a crescente desigualdade global estimulou novos pensamentos não apenas na sociologia, mas também na economia e nas ciências sociais. Ele defendia a sociologia pública, a perspectiva de que as ferramentas sociológicas deveriam ser aplicadas a questões sociais importantes. Curiosamente, enfatizou a importância da eleição do papa Francisco em 2013. Como primeiro papa do Sul global, Francisco expressou um forte compromisso com o enfrentamento de questões relacionadas a desigualdade social, pobreza e justiça ambiental, inclusive definindo a desigualdade econômica como "a raiz do mal social". Não é todo dia que um acadêmico marxista cita um papa antes de uma reunião internacional de cientistas sociais.

Em maio do mesmo ano, mais de 220 presidentes de empresas e investidores de 27 países se reuniram em Londres para a Conferência sobre Capitalismo Inclusivo. Como Nafeez Ahmed relatou em um artigo do jornal *The Guardian* de 28 de maio de 2014, os participantes se reuniram para discutir "a necessidade de uma forma mais socialmente responsável de capitalismo que beneficie a todos, não apenas uma minoria rica". Representando as mais poderosas elites financeiras e empresariais, que tinham o controle de aproximadamente 30 trilhões de dólares em ativos líquidos, ou um terço do total global, esse grupo estava preocupado com "a ameaça capitalista ao capitalismo", como afirmou o CEO da Unilever. A lista de celebridades convidadas para a conferência incluía o príncipe Charles, Bill Clinton, o diretor do Banco da Inglaterra e vários presidentes de empresas globais. Curiosamente, em seu discurso, Christine Lagarde, então diretora-geral do Fundo Monetário Internacional (FMI), fez a mesma referência ao papa Francisco ao descrever o aumento da desigualdade como "a raiz do mal social". Referindo-se à visão de Marx de que o capitalismo carrega as sementes de sua própria destruição, Lagarde afirmou que algo precisava ser feito. Novamente, não é todo dia que uma diretora-geral do FMI cita o papa e Marx perante a elite financeira global.

Desde a década de 1990, a desigualdade econômica em renda e riqueza cresceu exponencialmente, tanto nos Estados-nação quanto na esmagadora maioria dos países, afetando 70% da população mundial. E essa desigualdade econômica contribui para a desigualdade social mais ampla. Quase metade da riqueza do

---

[7] Michael Burawoy, "2004 Presidential Address: For Public Sociology", *American Sociological Review*, v. 70, 2005, p. 4-28.

mundo, cerca de 110 trilhões de dólares, está nas mãos de apenas 1% da população mundial; esse pequeno grupo possui mais que os outros 99% juntos[8]. Essa tendência sugere que, em 2014, o estado de desigualdade global era grave o suficiente para que fosse notado por pessoas que se opunham em muitas questões. Lagarde e Burawoy estavam preocupados com o impacto de uma economia global em transformação. Sob a liderança de Lagarde, o FMI ofereceu uma visão geral das causas e das soluções para a desigualdade social gerada por uma economia global em transformação. Como Burawoy, muitos sociólogos ofereciam havia muito uma avaliação crítica dessa visão dominante, apontando para as relações estruturais de poder. Até 2014, a crescente desigualdade social no mundo era tão significativa que os grupos tradicionais e críticos identificaram a desigualdade social global, em geral, e a desigualdade social econômica, em particular, como um problema social global.

Examinar as histórias específicas dos Estados-nação oferece diferentes ângulos de visão sobre as desigualdades econômicas globais. Por exemplo, se olharmos para o que acontece *entre* países, vemos que a desigualdade de renda global vem diminuindo desde meados da década de 1970, o que está relacionado ao crescimento econômico em países em rápido desenvolvimento, como Índia e China. No entanto, se olharmos para o que acontece *dentro* dos países, vemos que a desigualdade absoluta de renda aumentou drasticamente no mesmo período[9]. Além disso, embora a desigualdade de renda tenha aumentado em quase todos os países desde meados da década de 1970 e início da década de 1980, existem variações regionais importantes. De acordo com o Relatório Mundial sobre Desigualdade

---

[8] Oxfam, *Wealth: Having It All and Wanting More*, Oxfam International Research Report, 19 jan. 2015. Disponível em: <http://policy-practice.oxfam.org.uk/publications/wealth-having-it-all-and-wanting-more-338125>; acesso em: jun. 2020. Apesar da crise financeira global de 2008, em 2014 o 1% mais rico aumentou sua parte na riqueza do mundo – passou de 44% em 2009 para 48% em 2014. Nos Estados Unidos, o 1% mais rico ficou com 95% do crescimento gerado após a crise financeira de 2009, enquanto os 90% restantes ficaram mais pobres. Em 2013, a riqueza somada das 85 pessoas mais ricas do mundo era igual à riqueza total da metade mais pobre da população mundial, ou seja, 3,5 bilhões de pessoas (Oxfam, *Working for the Few: Political Capture and Economic Inequality*, 178 Oxfam Briefing Paper, 20 jan. 2014). Mais recentemente, essas tendências não mostraram sinais de inversão. Em 2018, a riqueza dos bilionários do mundo cresceu 900 bilhões de dólares, um crescimento de 2,5 bilhões de dólares por dia. Em contraste, o progresso no combate à pobreza extrema, que o Banco Mundial define como uma renda de 1,90 dólar por pessoa por dia, desacelerou (Oxfam, *Public Good or Private Wealth?*, Oxfam Briefing Paper, 21 jan. 2019).

[9] United Nations University (UNU), "Is Global Income Inequality Going Up or Down?", United Nations University, 24 ago. 2016. Disponível em: <https://unu.edu/news/news/global-income-inequality-up-or-down.html>; acesso em: jun. 2020.

(WIR, em inglês), a desigualdade de renda aumentou de forma exponencial na América do Norte, na China, na Índia e na Rússia e com moderação na Europa, mantendo-se relativamente estável em um nível extremamente alto no Oriente Médio, na África Subsaariana e no Brasil. De uma perspectiva histórica, observa o relatório, "esse aumento da desigualdade marca o fim de um regime igualitário pós-guerra que tomou diferentes formas nessas regiões"[10].

O uso da interseccionalidade como ferramenta analítica aponta para várias dimensões importantes do crescimento da desigualdade global. Primeiro, a desigualdade social não se aplica igualmente a mulheres, crianças, pessoas de cor, pessoas com capacidades diferentes, pessoas trans, populações sem documento e grupos indígenas. Em vez de ver as pessoas como uma massa homogênea e indiferenciada de indivíduos, a interseccionalidade fornece estrutura para explicar como categorias de raça, classe, gênero, idade, estatuto de cidadania e outras posicionam as pessoas de maneira diferente no mundo. Alguns grupos são especialmente vulneráveis às mudanças na economia global, enquanto outros se beneficiam desproporcionalmente delas. A interseccionalidade fornece uma estrutura de interseção entre desigualdades sociais e desigualdade econômica como medida da desigualdade social global.

Ao focar raça, gênero, idade e estatuto de cidadania, a interseccionalidade muda a forma como pensamos emprego, renda e riqueza, todos os principais indicadores de desigualdade econômica. Por exemplo, as diferenças de renda que acompanham as práticas de contratação, segurança no trabalho, benefícios relativos a aposentadoria, benefícios relativos a saúde e escalas salariais no mercado de trabalho não incidem da mesma maneira sobre os grupos sociais. Pessoas negras, mulheres, jovens, residentes de zonas rurais, pessoas sem documentos e pessoas com capacidades diferentes enfrentam barreiras para ter acesso a empregos seguros, bem-remunerados e com benefícios. Muitos desses grupos vivem em áreas duramente afetadas por uma economia global em transformação e por ameaças ambientais. As fábricas se deslocaram, deixando poucas oportunidades para quem não pode se dar ao luxo de se mudar. Muitas pessoas vêm de gerações familiares que se mantiveram pobres, porque não conseguem um salário decente que lhes garanta segurança de renda. A discriminação no mercado de trabalho, que empurra algumas pessoas a empregos de meio período e salários baixos, sem horas fixas e sem benefícios,

---

[10] World Inequality Report (WIR), "Executive Summary". 2018. Disponível em: <https://wir2018.wid.world/executive-summary.html>; acesso em: jun. 2020.

ou que as torna estruturalmente desempregadas, também não incide da mesma maneira sobre os grupos sociais.

Da mesma forma, a interseccionalidade também nos estimula a repensar o conceito de disparidade de riqueza. Em vez de enxergarmos a disparidade de riqueza como algo desconectado das categorias de raça, gênero, idade e cidadania, a lente interseccional mostra que as diferenças de riqueza refletem sistemas de poder interligados. A estrutura racializada da diferença de riqueza foi bem documentada nos Estados Unidos, onde as disparidades entre pessoas brancas, negras e de origem latina bateram recordes[11]. No entanto, a diferença de riqueza é não apenas racializada, mas também, e simultaneamente, de gênero. Em geral, a disparidade de riqueza é analisada através de lentes de raça ou gênero e, com exceções dignas de nota[12], menos frequentemente através de lentes interseccionais de ambos. Medir a desigualdade econômica por dados sobre famílias, e não sobre indivíduos, ajuda a documentar a disparidade de riqueza entre famílias com diferenças raciais e explicita a situação de famílias chefiadas por mulheres solteiras de todas as raças. Análises interseccionais mostram como a estrutura da disparidade de desigualdade é, simultaneamente, racializada e orientada por gênero para as mulheres de cor[13].

Segundo ponto, o uso da interseccionalidade como ferramenta analítica dificulta explicações somente de classe para a desigualdade econômica global. Tanto a economia neoclássica aceita nos Estados Unidos quanto o pensamento social marxista mais frequentemente encontrado no cenário europeu consideram classe a categoria fundamental para explicar a desigualdade econômica. Ambas as explicações focadas somente na categoria de classe tratam raça, gênero, sexualidade, capacidade/deficiência e etnia como complementos secundários, isto é, como formas de descrever

---

[11] Mariko Chang, *Lifting as We Climb: Women of Color, Wealth, and America's Future* (Washington, DC, Insight Center for Community Economic Development, 2010); Pew Research Center, "Wealth Gaps Rise to Record Highs between Whites, Blacks, Hispanics", *Social & Demographic Trends*, 26 jul. 2011. Disponível em: <https://www.pewresearch.org/wp-content/uploads/sites/3/2011/07/SDT-Wealth-Report_7-26-11_FINAL.pdf>; acesso em: jun. 2020. Em 2015, a riqueza média (ativos menos dívidas) das famílias brancas era vinte vezes maior que das famílias negras e dezoito vezes maior que a das famílias hispânicas.

[12] Ver, por exemplo, Melvin Oliver e Thomas Shapiro, *Black Wealth/White Wealth: A New Perspective on Racial Inequality* (Nova York, Routledge. 1995).

[13] As mulheres negras têm o pior desempenho, de acordo com um relatório de pesquisa de 2010 sobre disparidades de riqueza entre diferentes grupos raciais nos Estados Unidos. A riqueza média das mulheres negras solteiras (incluindo mães solteiras chefes de família), no auge de seus anos mais produtivos (de 36 a 49 anos), é de apenas cinco dólares, em comparação com os 42.600 dólares das mulheres brancas solteiras da mesma idade – esse valor representa 61% da riqueza média dos homens brancos solteiros. Ver Mariko Chang, *Lifting as We Climb*, cit.

o sistema de classes com mais precisão. No entanto, ao sugerir que a desigualdade econômica não pode ser avaliada nem efetivamente resolvida apenas por meio da categoria de classe, as análises interseccionais propõem um mapa mais sofisticado da desigualdade social que vai além apenas da classe. A teórica feminista Zillah Eisenstein argumenta que classe e capitalismo são inerentemente interseccionais:

> Quando ativistas dos direitos civis falam sobre raça, aprendem que precisam pensar também em classe. Quando as feministas antirracistas tratam dos problemas relativos ao racismo de gênero, também devem incluir classe. Portanto [...] ao formular a desigualdade de classe, devemos ter em vista também raça e gênero. *O capital é interseccional.* Ele sempre intersecciona os corpos que produzem o trabalho. Logo, o acúmulo de riqueza está incorporado nas estruturas racializadas e engendradas que o aumentam.[14]

Postular que as configurações contemporâneas de capital global que alimentam e sustentam as crescentes desigualdades sociais se referem à exploração de classes, ao racismo, ao sexismo e a outros sistemas de poder promove um repensar nas categorias usadas para entender a desigualdade econômica. Estruturas interseccionais que vão além da categoria de classe revelam como raça, gênero, sexualidade, idade, capacidade, cidadania etc. se relacionam de maneiras complexas e emaranhadas para produzir desigualdade econômica.

Terceiro ponto, o uso da interseccionalidade como ferramenta analítica revela como as políticas públicas diferenciais dos Estados-nação contribuem para reduzir ou agravar a crescente desigualdade global. O período após a Segunda Guerra Mundial foi marcado pelo crescimento dos Estados de bem-estar social em certos contextos nacionais e por sua ausência em outros – e, mais recentemente, por seu desmantelamento. Existem muitas variações de Estados e políticas – por exemplo, políticas públicas de países da antiga União Soviética que seguiram caminhos diferentes para a igualdade social ou colônias que se tornaram países –, mas aqui vamos nos concentrar na social-democracia e no neoliberalismo como termos abreviados para conjuntos de ideias ou filosofias muito mais amplas que tiveram e, aparentemente, continuarão a ter uma influência importante nas políticas públicas dos Estados-nação. Essas estruturas intelectuais abrangentes de social-democracia e neoliberalismo moldam as políticas públicas dos Estados-nação, bem como o

---

[14] Zillah Eisenstein, "An Alert: Capital Is Intersectional; Radicalizing Piketty's Inequality", *The Feminist Wire*, 26 maio 2014. Disponível em: <http://thefeministwire.com/2014/05/alert-capital-intersectional-radicalizing-pikettys-inequality/>; acesso em: jun. 2020. Grifos nossos.

entendimento que um tem do outro. Elas também diferem em aspectos importantes ao interpretar a desigualdade social.

Com base nos princípios da social-democracia, as políticas de bem-estar social se esforçam para proteger os interesses da população. Como filosofia, a social-democracia se baseia na crença de que as instituições democráticas florescem melhor quando veem a proteção do bem-estar social de todas as pessoas como parte de seu encargo. Nesse sentido, a democracia participativa é um forte pilar da social-democracia porque pressupõe que a promoção da ampla participação dos cidadãos de ambos os sexos e o acesso justo aos processos de tomada de decisão do Estado de bem-estar social fortalecem as instituições democráticas. Desemprego, pobreza, discriminação racial e de gênero, falta de moradia, analfabetismo, saúde precária e problemas sociais semelhantes constituem ameaças ao bem público quando permanecem sem solução. Para enfrentar esses desafios, os Estados de bem-estar social buscam promover o bem-estar da população criando várias combinações de agências que regulam o fornecimento de energia elétrica, o abastecimento de água etc., investindo em infraestrutura pública e serviços básicos e fornecendo serviços diretamente. Por exemplo, nos Estados Unidos, há muito tempo segurança ambiental e segurança alimentar são prerrogativas do governo federal, pois se acredita que, para proteger a todos, as indústrias que poluem a água e o ar, bem como os frigoríficos, exigem um regime regulatório justo, porém vigilante. As políticas de bem-estar social preveem uma série de projetos, inclusive financiamento escolar, de rodovias e transporte público, além de programas destinados a idosos, crianças, pobres, pessoas com deficiência, desempregadas ou que necessitem de assistência. No geral, a ideia básica é que proteger os cidadãos de ambos os sexos e agir em nome do bem público constituem os valores fundamentais da social-democracia, e Estados de bem-estar social fortes exigem democracia participativa.

Já as políticas neoliberais têm uma visão diferente do papel do Estado na promoção do bem-estar da população. Como filosofia, o neoliberalismo se fundamenta na crença de que o mercado, por si só, é mais capaz que os governos de produzir resultados econômicos justos, sensíveis e bons para todos. As práticas estatais associadas ao neoliberalismo diferem drasticamente das práticas dos Estados de bem-estar social. Primeiro, o neoliberalismo promove a crescente privatização de programas e instituições governamentais, como escolas, prisões, sistema de saúde, transporte e forças armadas. Sob a lógica da ideologia neoliberal, empresas privadas que respondem às forças do mercado, não à supervisão democrática de cidadãs e cidadãos, podem, potencialmente, fornecer serviços menos

O QUE É INTERSECCIONALIDADE? 37

dispendiosos e mais eficientes que o funcionalismo público. Segundo, a lógica do neoliberalismo defende a redução e, em alguns casos, a eliminação do Estado de bem-estar social. A rede de segurança fornecida pela assistência governamental às pessoas pobres, desempregadas, com deficiência, idosas e jovens é reformulada como um gasto desnecessário, típico de governos irresponsáveis. Terceiro, a lógica neoliberal afirma que menos regulamentação econômica e mais comércio livre de restrições protegem os empregos. Essa ausência de regulamentação e entidades do tipo dos sindicatos deve produzir mais rentabilidade para algumas empresas e levar à criação de mais empregos. Por fim, o neoliberalismo postula uma forma de individualismo que rejeita a noção de bem público. Pela lógica neoliberal, cada um é responsável por seus problemas: a resolução dos problemas sociais se resume à autoconfiança dos indivíduos[15].

A relação entre neoliberalismo e social-democracia é difícil. Filosofias neoliberais têm sido usadas para lançar ataques sustentados contra programas públicos implementados para combater a desigualdade social. Os efeitos vêm causando diminuição do financiamento de instituições públicas de todos os tipos, incluindo escolas, assistência médica, moradia e transporte. A filosofia do neoliberalismo previa que esses cortes não promoveriam a desigualdade social; ao contrário, poderiam reduzi-la. No entanto, desde a década de 1980, como mostra o crescimento exponencial tanto da renda quanto da disparidade de riqueza das nações, o resultado das políticas neoliberais é exatamente o oposto. Os Estados democráticos que adotaram políticas neoliberais identificam o Estado forte não como solução para a desigualdade social, mas como uma de suas causas. Seguindo o princípio econômico do gotejamento, que afirma que cortes de impostos de empresas e gente rica estimulam os investimentos no curto prazo e beneficiam a sociedade como um todo no longo prazo, essas políticas desejam menos interferência do governo no mercado, supondo que as políticas neoliberais reduzirão a desigualdade social, expandindo o mercado e oferecendo mais oportunidades a todos. A desigualdade social global cresceu ao mesmo tempo que o Estado social-democrata enfraqueceu.

Cada vez mais os Estados-nação sociais-democratas que tentam remediar a desigualdade social adotando políticas econômicas neoliberais enfrentam sérios desafios, entre eles o surgimento do populismo de extrema direita. Por um lado, não

---

[15] Cathy Cohen, *Democracy Remixed: Black Youth and the Future of American Politics* (Nova York, Oxford University Press, 2010); David Harvey, *A Brief History of Neoliberalism* (Nova York, Oxford University Press, 2005) [ed. bras.: *O neoliberalismo: história e implicações*, trad. Adail Sobral e Maria Stela Gonçalves, 5. ed., São Paulo, Loyola, 2014].

implementar políticas inspiradas no neoliberalismo pode tornar o Estado menos competitivo no mercado global. Tornar as indústrias mais competitivas no mercado global por meio de automação e inteligência artificial, recepção e exportação de empregos resulta em aumento da lucratividade das empresas. Indústria 4.0 é o nome que se dá à atual tendência de automação e troca de dados em tecnologias de fabricação. Abrange sistemas ciberfísicos, internet das coisas, computação em nuvem e computação cognitiva. Isso terá um impacto cada vez maior sobre a competição econômica global entre Estados e entre cidades. No entanto, essas políticas podem agravar a desigualdade econômica, fazendo com que pessoas que se sentem abandonadas aticem as chamas do populismo de direita.

Por outro lado, como discutiremos no capítulo 5, a implementação de políticas públicas neoliberais como solução para a desigualdade pode promover agitação social. O desenvolvimento econômico do Estado-nação não reduz necessariamente a desigualdade econômica. Essas mesmas estratégias eliminam empregos e suprimem salários, deixando fábricas fechadas e membros da classe trabalhadora sem emprego e instigando seriamente o potencial de agitação social. A experiência do Brasil como anfitrião da Copa do Mundo da Fifa de 2014 revela as tensões que distinguem um Estado-nação que buscava equilibrar as políticas de bem-estar social com as aspirações neoliberais. O dinheiro gasto com os preparativos para o evento pode ter favorecido a imagem do Brasil na arena global, mas, ao mesmo tempo, provocou fortes protestos contra os gastos excedentes e a corrupção. Ironicamente, também levou à ascensão de um populista de extrema direita nas eleições de 2018.

A análise interseccional lança luz sobre os efeitos diferenciais das políticas públicas na produção de desigualdade econômica entre pessoas de cor, mulheres, jovens, residentes de zonas rurais, pessoas sem documentos e pessoas com capacidades diferentes. No entanto, o foco da interseccionalidade na vida das pessoas oferece espaço para análises alternativas desses mesmos fenômenos que não derivam das visões de mundo das elites acadêmicas ou do funcionalismo público. Pessoas negras, mulheres, pobres, LGBTQs, minorias étnicas e religiosas, povos indígenas e pessoas oriundas de castas e grupos considerados inferiores nunca desfrutaram dos benefícios da cidadania plena e, consequentemente, têm menos a perder e mais a ganhar. Pessoas que suportam o peso dos parcos benefícios dos Estados de bem-estar social ou das políticas neoliberais de mercado podem ter mais esperança que servidoras e servidores públicos em relação às possibilidades da social-democracia. Inspirando-se no papa Francisco, também podem ver a crescente desigualdade econômica, bem como as forças sociais que a causam, como "a raiz do mal social", mas se recusam a cruzar passivamente os braços enquanto assistem à desigualdade social destruir sua vida. Sem esperança de mudança, protestos e movimentos sociais são inviabilizados.

O movimento das mulheres negras no Brasil

Mais de mil mulheres negras e pessoas aliadas participaram da sétima edição do Festival Latinidades, evento anual de afro-latinas e afro-caribenhas realizado em Brasília. Sendo o maior festival de mulheres negras da América Latina, o evento de 2014 estava programado para coincidir com o Dia Internacional da Mulher Negra da América Latina e do Caribe. O Latinidades não é um festival comum. Várias décadas de ativismo de mulheres negras no Brasil criaram o espaço político, social e artístico para esse evento dedicado às questões e necessidades das mulheres negras no Brasil especificamente, mas também das afro-latinas e afro-caribenhas de forma geral.

Em 1975, no início da Década das Mulheres promovida pela Organização das Nações Unidas (ONU), as mulheres negras apresentaram o Manifesto das Mulheres Negras no Congresso das Mulheres Brasileiras. O manifesto chamou atenção para como a vida das mulheres negras no trabalho, na família e na economia era moldada por gênero, raça e sexualidade. Durante essa década, as feministas brancas permaneceram indiferentes ou incapazes de abordar as preocupações das mulheres negras. Lélia Gonzalez, Sueli Carneiro e muitas outras ativistas feministas negras continuaram a lutar pelas questões relativas às mulheres negras. Essa luta é ainda mais notável quando se sabe que ocorreu sob o regime militar no Brasil (1964--1985) e precedeu o entendimento contemporâneo da interseccionalidade.

A política nacional brasileira sobre raça e democracia combatia esse ativismo. O Brasil alegou oficialmente não ter "raças", posição que se baseava no modo como o governo abordava as estatísticas raciais. Sem categorias raciais, o Brasil oficialmente não tinha "raças" nem negros como grupo "racial" socialmente reconhecido. Ironicamente, o mito da identidade nacional brasileira apagou a raça para construir uma filosofia de democracia racial em que ser brasileiro substitui outras identidades, como as de raça. Em essência, ao apagar a categoria política de raça, o discurso nacional da democracia racial eliminou a linguagem que poderia descrever as desigualdades raciais que afetavam a vida das pessoas negras brasileiras. Esse apagamento da "negritude" como categoria política permitiu que práticas discriminatórias contra pessoas manifestamente de ascendência africana

40 Interseccionalidade

ocorressem em áreas como educação e emprego, porque não havia termos oficialmente reconhecidos para descrever a discriminação racial nem recursos oficiais para remediá-la[16]. A imagem de identidade nacional que o Brasil cultivava postulava que o racismo não existia e que a cor carece de significado, exceto quando celebrada como uma dimensão do orgulho nacional. Essa identidade nacional não surgiu por acidente nem significou que pessoas de ascendência africana acreditavam nela. As mulheres de ascendência africana possivelmente constituíam um segmento visível e considerável da sociedade brasileira; no entanto, em um Brasil que ostensivamente não possuía raça, as mulheres negras não existiam como categoria de população oficialmente reconhecida. As mulheres negras desafiaram essas interconexões históricas entre ideias de raça e projeto de construção de nação do Brasil como cenário de apagamento das mulheres afro-brasileiras.

As constantes críticas das feministas negras à democracia racial e a defesa das necessidades das mulheres negras forneceram a base para a nova geração de ativistas organizar o Festival Latinidades. Esses laços intergeracionais dentro do movimento social permitiram às negras mais jovens lançar luz sobre as conexões entre gênero, raça e classe expostas inicialmente pelas redes intergeracionais de ativistas feministas negras. Nesse contexto, o propósito expresso do Festival Latinidades de promover a "igualdade racial e combater o racismo e o sexismo" deu continuidade ao legado da geração anterior e mostrou o uso da interseccionalidade como categoria analítica no feminismo afro-brasileiro. Por exemplo, Conceição Evaristo, escritora afro-brasileira e professora de literatura brasileira, participou do festival. Seu romance *Ponciá Vicêncio*, um marco na literatura das mulheres negras brasileiras, ainda hoje é um clássico quando se examinam os desafios e a criatividade de uma negra comum diante das múltiplas expressões de opressão que enfrenta[17]. A presença de Evaristo significou tanto a sinergia das artes, do ativismo e do trabalho acadêmico entre as feministas afro-brasileiras quanto a importância do engajamento político e intelectual intergeracional para o movimento das mulheres negras no Brasil.

O festival uniu uma série de relações que são vistas em geral como separadas. Como no caso da interseccionalidade, o evento recebeu pessoas de todas as esferas da vida. Lideranças comunitárias, docentes universitários, estudantes de pós-graduação, mães e pais, artistas, professores e professoras e estudantes de ensino

---

[16] France Winddance Twine, *Racism in a Racial Democracy: The Maintenance of White Supremacy in Brazil* (New Brunswick, Rutgers University Press, 1998).

[17] Conceição Evaristo, *Ponciá Vicencio* (trad. P. Martinez-Cruz, Austin, Host, 2007) [ed. bras.: *Ponciá Vicêncio*, Belo Horizonte, Mazza, 2003].

médio, representantes de escolas de samba, servidoras e servidores públicos, amantes da música e outros viajaram a Brasília para participar do Festival Latinidades. O festival tem como foco as mulheres de ascendência africana, mas também participaram muitos homens e membros de diversos grupos raciais/étnicos de todas as partes e regiões do Brasil, bem como da Costa Rica, do Equador e de outras nações da América Latina e do Caribe. Essa heterogeneidade transregional e transnacional permitiu às participantes compartilhar estratégias para enfrentar os efeitos do racismo e do sexismo sobre as afro-latinas.

Porém, o aspecto inclusivo do festival também trouxe à tona uma compreensão abrangente da interseccionalidade que reflete a sinergia do trabalho intelectual e ativista. As tradições do ativismo das mulheres negras moldam tanto suas reuniões como seus eventos especiais. O Festival Latinidades não tratou apenas da necessidade de relação entre as divisões sociais de raça, classe, gênero, sexualidade, idade, nacionalidade e capacidade; ele também promoveu oportunidades para que essas relações se estabelecessem. Lideranças comunitárias se aproximaram de pessoas do meio acadêmico, assim como jovens se aproximaram de pessoas idosas reverenciadas. Por exemplo, o discurso de abertura do evento, proferido por Angela Davis, levantou a plateia, muitas pessoas ergueram os punhos como na saudação Black Power. O festival também teve tempo para uma reunião de planejamento a fim de informar as participantes sobre a Marcha das Mulheres Negras que seria realizada no Dia Nacional de Denúncia contra o Racismo [13 de maio]. Outra vertente da programação enfatizou a importância das tradições culturais diaspóricas africanas, principalmente no Brasil. Escritoras e escritores, artistas, ativistas e integrantes da academia aprenderam uns com os outros. De conteúdo de aulas acadêmicas a oficinas sobre estética e beleza negra para meninas, aulas sobre a arte dos turbantes e suas conexões com a beleza negra, capoeira e cerimônia de plantio de mudas de baobá sagrado, o Festival Latinidades vê a cultura como uma dimensão importante da vida das afro-latinas e afro-caribenhas. Depois de dois dias intensos de oficinas, palestras e filmes, participantes do festival saíram do museu e ocuparam a ampla praça em frente para desfrutar de duas noites de música ao vivo. O Festival Latinidades gerou muito trabalho e muita diversão.

O uso que o Festival Latinidades fez da interseccionalidade como ferramenta analítica para estruturar a conferência ilustra questões mais amplas ligadas ao fato de que o compromisso de longa data das afro-brasileiras de desafiar o racismo e o sexismo é reflexo do contexto social específico de suas experiências. Não obstante, o mito da democracia racial e a história específica do Brasil, com escravidão, colonialismo, ditadura e instituições democráticas, moldaram padrões distintos de relações interseccionais de poder quanto a raça, gênero e sexualidade. Encontros sexuais, consensuais e forçados, entre populações de ascendência africana, indígena e europeia geraram um povo com variadas texturas de cabelo, cores de pele, formas físicas e cores de olhos, além de uma série de termos complexos e historicamente voláteis para descrever as misturas resultantes. A cor da pele, a textura do cabelo, as características faciais e outros aspectos físicos tornaram-se marcadores raciais de fato para a distribuição de educação, emprego e outros bens sociais. Como destaca Kia Caldwell,

> a popular imagem do Brasil como um país carnavalesco, um paraíso tropical, tem desempenhado papel central nas construções contemporâneas de identidade social das mulheres mulatas. A reputação internacional do Brasil como democracia racial está intimamente ligada à objetificação sexual de mulheres de origem racial mista como a essência da brasilidade.[18]

Normalmente, as afro-brasileiras de origem mista ou com características físicas mais europeias são consideradas mais atraentes. Além disso, em geral as mulheres de visível ascendência africana são construídas como não sexualizadas e, frequentemente, como trabalhadoras assexuais ou, ao contrário, como prostitutas[19]. A aparência não apenas carrega um peso diferencial para homens e mulheres, mas diferentes estereótipos relacionados às mulheres negras se apoiam em crenças sobre sua sexualidade. Essas ideias remontam às noções de identidade nacional, usando raça, gênero, sexualidade e cor como fenômenos interseccionais.

A estrutura interseccional de construção mútua de categorias de identidade permitiu que as afro-brasileiras desenvolvessem uma política identitária. Nesse caso, elas cultivaram uma identidade feminista negra de feições políticas no cruzamento entre racismo, sexismo, exploração de classe, história nacional e sexualidade. O espaço político criado pela reinstalação da democracia no fim da década de 1980 beneficiou tanto as mulheres como a população negra. No entanto, houve uma diferença significativa entre os dois grupos. Em um ambiente em que os direitos das mulheres englobavam apenas as necessidades das mulheres brancas e a população negra vivenciava um racismo antinegro sob uma suposta democracia racial, as afro-brasileiras recebiam um tratamento diferenciado tanto no movimento

---

[18] Kia Lilly Caldwell, *Negras in Brazil: Re-envisioning Black Women, Citizenship, and the Politics of Identity* (New Brunswick, Rutgers University Press, 2007), p. 58.

[19] Ibidem, p. 51.

feminista quanto no movimento negro. Obviamente, mulheres e homens tiveram experiências diferentes na sociedade brasileira – não havia necessidade de advogar pela integridade das categorias em si. No entanto, a constituição do movimento de mulheres, mesmo em torno de um tema tão inequívoco quanto a "mulher", foi influenciada por outras categorias. Como as mulheres das classes alta e média eram vitais para o movimento feminista, as demandas políticas foram moldadas por um *status* marcado pela categoria de classe, não marcado ainda pela categoria de raça (pois a maioria era branca). O sucesso da eleição de mulheres para cargos políticos no Brasil é reflexo das alianças entre mulheres de todas as classes sociais. Com a notável exceção de Benedita da Silva, primeira mulher negra eleita para a Câmara dos Deputados (1986) e para o Senado (1994), o feminismo levantou questões de gênero e sexualidade, mas de maneira que não envolvia a questão do racismo antinegro, tão importante para as afro-brasileiras.

Diferentemente das brasileiras brancas, a população brasileira negra de todos os sexos e gêneros teve de criar uma identidade política coletiva como "negra" para construir um movimento social antirracista que mostrasse os efeitos do racismo antinegro. A escravidão transatlântica legou ao Brasil uma grande população de ascendência africana – 50% da população brasileira, segundo estimativas. Quem reivindicava uma identidade "negra" parecia contradizer a identidade nacional da democracia racial e, portanto, arriscava-se a acusações de desonestidade e contestações de sua plena nacionalidade. Nesse sentido, o movimento negro que surgiu nos anos 1990 não exigiu tratamento igual para um grupo já reconhecido no interior do Estado democrático. Pelo contrário, tal reconhecimento significava nomear um segmento considerável da população e reconhecer que este sofria discriminação racial antinegra[20].

Nem o feminismo brasileiro, liderado por mulheres que eram sobretudo ricas e brancas, nem o movimento negro, que estava ativamente engajado em reivindicar uma identidade negra coletiva que identificava o racismo como uma força social, poderiam por si sós abordar de maneira adequada as questões das afro-brasileiras. Mulheres negras que participavam do movimento negro tinham aliados combativos quando se tratava de ativismo negro antirracista, mas encontravam muito menos compreensão a respeito do fato de que os problemas enfrentados pela população

---

[20]   Michael Hanchard, *Orpheus and Power: The Movimento Negro of Rio de Janeiro and Sao Paulo, Brazil, 1945-1988* (Princeton, Princeton University Press, 1994) [ed. bras.: *Orfeu e o poder: o movimento negro no Rio de Janeiro e São Paulo (1945-1988)*, trad. Vera Ribeiro, Rio de Janeiro, EdUERJ,, 2001].

44 INTERSECCIONALIDADE

negra possuíam formas específicas de gênero. De fato, as questões específicas da vivência da mulher negra no Brasil, no cruzamento de racismo, sexismo, exploração de classe, cidadania de segunda classe e heterossexismo, tinham pouco reconhecimento. A história da análise de classes no Brasil, que via o capitalismo e os direitos da classe trabalhadora como forças importantes na formação da desigualdade, abriu espaço para indivíduos excepcionais, como Benedita da Silva. No entanto, quando se tratava de raça como categoria de análise, as mulheres negras enfrentavam pressão similar para subordinar suas preocupações específicas à bandeira da solidariedade de classe. Esses movimentos sociais isolados, contemplando feminismo, antirracismo e movimentos da classe trabalhadora, foram importantes, e muitas mulheres negras continuaram a participar deles. No entanto, como nenhum movimento social conseguiu resolver adequadamente as questões específicas das mulheres afro-brasileiras, elas criaram um movimento próprio.

Dar um passo atrás para ver as ideias e as ações das mulheres negras brasileiras mostra como uma política identitária coletiva emergiu de um entendimento politizado de uma identidade coletiva de mulheres negras com base em experiências comuns de dominação, exploração e marginalização[21]. Por exemplo, quando as trabalhadoras domésticas negras se organizaram, ficou nítido que as mulheres de ascendência africana eram desproporcionalmente representadas nessa categoria ocupacional. Nem todas as trabalhadoras domésticas eram "negras", mas essa categoria de emprego estava intimamente associada às mulheres negras. As afro--brasileiras eram mais vulneráveis à violência, sobretudo as que moravam em favelas e faziam trabalho doméstico. Inspiradas nos laços culturais com a diáspora africana, as ativistas negras também consideraram importante para a ação política seu papel como mães e mães de criação. As mulheres de ascendência africana sabiam, por experiência pessoal, que faziam parte de um grupo que compartilhava certas experiências coletivas. Eram desproporcionalmente representadas no trabalho doméstico. Sua imagem foi aviltada na cultura popular. Eram alvo desproporcional de violência misógina. Eram mães que não tinham recursos para criar seus filhos como gostariam, mas tinham laços com o valor atribuído à maternidade na diáspora africana. No entanto, porque careciam de uma identidade política e análises complementares para se apegar a essas experiências, não conseguiam articular uma política identitária coletiva para expressar suas preocupações. Nenhum de seus aliados mais próximos – homens negros no movimento negro, ou mulheres

---

[21] Kia Lilly Caldwell, *Negras in Brazil*, cit.

brancas no movimento feminista, ou socialistas nas organizações que defendiam os direitos da classe trabalhadora – defenderia visceralmente os principais interesses dessas mulheres com tanto fervor quanto elas mesmas[22].

O Festival Latinidades foi um marco na longa luta para que raça, gênero, classe, nação e sexualidade fossem reconhecidos como aspectos multidimensionais construtivos da vida das afro-brasileiras. Foi, ao mesmo tempo, uma celebração e um compromisso de continuação da luta. No entanto, como sugere a morte prematura de Marielle Franco (1979-2018), a construção de um movimento de mulheres afro-brasileiras não é fácil, tampouco chegou ao fim. Marielle era uma mulher negra e bissexual que cresceu em uma favela do Rio de Janeiro. Foi uma das ativistas e políticas mais sinceras de sua geração no Brasil. Eleita para a Câmara Municipal do Rio de Janeiro em 2016, presidiu a Comissão de Defesa das Mulheres e condenou ferozmente os assassinatos cometidos por policiais e a violência policial contra as mulheres. A forte capacidade de mobilização popular e a presença na mídia social fizeram dela uma defensora altamente eficaz dos direitos de mulheres negras, jovens e LGBTQs. O assassinato político de Marielle Franco fez dela um ícone da resistência democrática e da luta pela justiça social no Brasil e no exterior. Defensora dos direitos humanos, sua vida e sua morte nos lembram a importância da interseccionalidade para os movimentos de justiça social.

PRINCIPAIS IDEIAS DAS ESTRUTURAS INTERSECCIONAIS

Nossos três usos da interseccionalidade como ferramenta analítica – a saber, como a Copa do Mundo da Fifa ilustra as relações de poder interseccionais; o crescente reconhecimento da desigualdade econômica como um problema social global; e como a interseccionalidade se manifestou no movimento das mulheres negras no Brasil – podem parecer bem diferentes um do outro. Porém, juntos eles elucidam seis ideias centrais da interseccionalidade: a desigualdade social, as relações de poder interseccionais, o contexto social, a relacionalidade, a justiça social e a complexidade. Assim como esses temas reaparecem dentro da própria interseccionalidade, embora de formas diferentes, eles se repetem de diversas maneiras ao longo deste livro. Apresentados brevemente aqui, nós os desenvolveremos em capítulos futuros e retornaremos a eles no capítulo 8.

---

[22] Sueli Carneiro, "Defining Black Feminism", em Achola O. Pala (org.), *Connecting Across Cultures and Continents: Black Women Speak Out on Identity, Race and Development* (Nova York, UN Development Fund for Women, 1995), p. 11-8.

Primeiro, cada um dos três casos discutidos ilustra análises interseccionais de *desigualdade social*, embora a partir de pontos de vista muito diferentes. O caso da Copa do Mundo de Futebol da Fifa contrasta a representação da justiça dentro de campo com as desigualdades sociais de gênero, raça, nação e classe que caracterizam as práticas da Fifa. Por outro lado, o caso da atenção que a crescente desigualdade global despertou na ISA e na Conferência sobre Capitalismo Inclusivo ilustra como a interseccionalidade pode fornecer explicações diferentes para a desigualdade econômica. As filosofias da social-democracia e do neoliberalismo, ao moldar políticas públicas, têm efeitos importantes sobre a desigualdade econômica que caracteriza a desigualdade social. O movimento de mulheres afro-brasileiras mostra que os movimentos sociais constituem importantes respostas políticas aos padrões nacionais de desigualdade social, no caso em questão, as interseções de racismo, sexismo, exploração de classe e identidade nacional. A interseccionalidade, ao reconhecer que a desigualdade social raramente é causada por um único fator, adiciona camadas de complexidade aos entendimentos a respeito da desigualdade social. Usar a interseccionalidade como ferramenta analítica vai muito além de ver a desigualdade social através de lentes exclusivas de raça ou classe; em vez disso, entende-se a desigualdade social através das interações entre as várias categorias de poder.

Segundo, esses casos destacam diferentes dimensões de *relações de poder interseccionais*, bem como as respostas políticas que se dão a elas. O caso da Copa do Mundo da Fifa ilustra como as relações de poder interseccionais são organizadas e operam em uma instituição social em que a ideologia do *fair play* mascara diferenças significativas de poder. Esse caso mostra que as relações de poder interseccionais devem ser analisadas por meio de interseções específicas – por exemplo, racismo e sexismo, ou capitalismo e heterossexismo –, bem como entre domínios de poder – a saber, estrutural, disciplinar, cultural e interpessoal. O caso da desigualdade social global mostra que as estruturas interseccionais que levam em consideração as relações de poder, principalmente aquelas que analisam como o poder do Estado-nação trabalha com diferentes filosofias da social-democracia e do neoliberalismo, levantam novas questões sobre desigualdade social global. Por outro lado, o movimento das mulheres afro-brasileiras revela como as pessoas comuns se organizam para se opor às relações de poder que as prejudicam. Ao examinar como as mulheres negras no Brasil se organizaram para resistir às múltiplas formas de desigualdade social, o ativismo delas mostra como o engajamento de movimentos sociais comunitários e movimentos sociais de base gerou análises e práticas interseccionais.

Esses casos iluminam um terceiro tema central da análise interseccional, a saber, a importância de examinar as relações de poder interseccionais dentro de um *contexto social*. Como analisar a interseccionalidade em um contexto social global é um tema forte deste livro, selecionamos casos que oferecem diferentes lentes sobre a interseccionalidade em um contexto global, tomando o cuidado de destacar contextos nacionais e contextos particulares dentro deles. A contextualização é especialmente importante para projetos interseccionais produzidos no Sul global. Assim como as atletas da África do Sul, Jamaica e Nigéria enfrentaram obstáculos para participar da Copa do Mundo da Fifa, acadêmicos e ativistas de ambos os sexos que trabalham em Estados-nação do Sul global enfrentam dificuldades para alcançar públicos mais amplos. Selecionamos o caso do movimento das mulheres negras no Brasil para ilustrar quantas das ideias mais proeminentes da interseccionalidade refletem preocupações específicas de um grupo em contextos sociais específicos – nesse caso, mulheres negras no Estado-nação brasileiro com uma história de escravidão e colonialismo. Assim como o feminismo afro-brasileiro situa a interseccionalidade em um contexto brasileiro, outras expressões de interseccionalidade exigem uma contextualização semelhante. A análise da Copa do Mundo examinou os contornos globais das relações de poder interseccionais. A análise do crescente reconhecimento da desigualdade econômica global enfatiza a importância das políticas dos Estados-nação e dos contextos sociais das instituições governamentais.

Quarto, esses casos mostram como a *relacionalidade* afeta todos os aspectos da interseccionalidade. A relacionalidade abrange uma estrutura analítica que muda o foco da oposição entre as categorias (por exemplo, as diferenças entre raça e gênero) para o exame de suas interconexões. A relacionalidade assume várias formas dentro da interseccionalidade e é encontrada em termos como "coalizão", "solidariedade", "diálogo", "conversa", "interação" e "transação". Porém, a terminologia é menos importante que enxergar como essa mudança de perspectiva com relação à relacionalidade abre novas possibilidades para a investigação e a práxis da interseccionalidade. Por exemplo, em relação à investigação, o caso da desigualdade econômica global ilustra como argumentos somente de classe podem ser insuficientes para explicar a desigualdade social global e quais análises interseccionais que examinam relações entre classe, raça, gênero e idade podem ser mais valiosas. Da mesma forma, em relação à práxis, o movimento de mulheres afro-brasileiras ilustra como a interseccionalidade emergiu na construção de coalizões para um movimento social intergeracional.

Quinto, esses casos revelam a *complexidade* da análise interseccional crítica. Usar a interseccionalidade como ferramenta analítica é difícil, precisamente porque a própria interseccionalidade é multifacetada. Como visa a entender e analisar a complexidade do mundo, a interseccionalidade requer estratégias complexas. Em vez de proclamar que a complexidade é importante, nossa intenção é demonstrar, por uma seleção de casos, essa natureza multifacetada da interseccionalidade. Cada um desses casos é uma versão altamente abreviada de um argumento interseccional bem mais complexo. Partimos de uma instituição social conhecida (Fifa), um importante problema social (desigualdade social) ou um fenômeno político aparentemente invisível (movimento de mulheres negras), mas devemos incorporar níveis de análise cada vez mais complexos. Interseções de raça e gênero podem apontar para a necessidade de uma análise de classes ou interseções de nação e sexualidade podem indicar a necessidade de outras categorias de análise. Tal complexidade não facilita a vida de ninguém. Ela complica o trabalho e pode ser uma fonte de frustração para acadêmicos, profissionais e ativistas de ambos os sexos. No entanto, a complexidade não é consequência do uso da interseccionalidade como ferramenta analítica, mas algo que aprofunda a análise interseccional.

Por fim, certo compromisso com a *justiça social* influenciou historicamente grande parte da investigação e da práxis críticas da interseccionalidade. Selecionamos esses casos para apresentar a interseccionalidade, pois todos demonstram como seu uso enquanto ferramenta analítica crítica está conectado a um *éthos* da justiça social. O que faz com que um projeto seja interseccional *crítico* é sua conexão com a justiça social. Por exemplo, nossa análise da desigualdade econômica global ilustra como a promoção da justiça social requer análises complexas da desigualdade econômica global.

No entanto, como os laços da interseccionalidade com a justiça social podem não ser evidentes, a necessidade de seguir uma agenda de justiça social como uma dimensão essencial da interseccionalidade é controversa. Muitas pessoas acreditam que os ideais sociais, como a crença na meritocracia, na justiça e na realidade da democracia, já foram alcançados. Para elas, não há crise global de desigualdade social, porque a desigualdade econômica é o resultado de uma competição justa e de instituições democráticas em pleno funcionamento. A desigualdade social pode existir mesmo não sendo socialmente injusta. Nossos casos desafiam essa visão, sugerindo que a Fifa reproduz a desigualdade social de maneiras que não são justas nem honestas. A justiça social é ilusória em sociedades desiguais, nas quais as regras podem parecer justas, mas são aplicadas de maneira diferenciada por meio de práticas discriminatórias, como é o caso da democracia racial no Brasil. A justiça social também é ilusória onde aparentemente as regras são aplicadas de maneira igual a todos, mas ainda assim produzem resultados desiguais e injustos: nas social-democracias e nos Estados-nação neoliberais, todos podem ter o "direito" de votar, mas nem todos têm igual acesso para fazê-lo, e os votos têm pesos diferentes.

Nosso objetivo neste livro é democratizar a rica e crescente literatura sobre a interseccionalidade – não presumindo que apenas estudantes de origem afro--americana se interessem pela história negra ou que só jovens LGBTQ tenham interesse nos estudos *queer*, tampouco que a interseccionalidade seja destinada apenas a um segmento da população. Ao contrário, convidamos leitoras e leitores a usar a interseccionalidade como uma ferramenta analítica para examinar uma variedade de tópicos, como os que são discutidos aqui. Neste capítulo, apresenta-mos algumas das principais ideias sobre a interseccionalidade usando ela própria como ferramenta analítica. Nos capítulos 2 e 3, examinaremos mais detidamente a estrutura analítica da interseccionalidade, apresentaremos a distinção da interseccio-nalidade como forma de investigação e como práxis e identificaremos o surgimento dessas ideias. Nos capítulos 4 e 5, voltaremos ao uso da interseccionalidade como ferramenta analítica, mostrando sua utilidade na análise de fenômenos globais – em especial os fenômenos relacionados a direitos humanos, direitos reprodutivos, mídia digital, protesto social global e políticas estatais neoliberais. Nos capítulos 6 e 7, abordaremos a política identitária e a educação crítica como duas questões importantes que moldaram a interseccionalidade como discurso. Nosso capítulo final revisita o desafio que é usar a interseccionalidade como ferramenta analítica, bem como as formas variadas que seus principais temas – a saber, a desigualdade social, a relacionalidade, o poder, o contexto social, a complexidade e a justiça social – podem assumir.

2
A INTERSECCIONALIDADE COMO INVESTIGAÇÃO E PRÁXIS CRÍTICAS

Muitos estudos interseccionais partem da suposição de que a interseccionalidade é uma estrutura pronta, que pode simplesmente ser aplicada a determinado projeto de pesquisa ou programa político. No entanto, como sugerem os casos da Copa do Mundo da Fifa, da Conferência da ISA, da Conferência Mundial sobre Capitalismo Inclusivo e do movimento de mulheres negras no Brasil, o uso da interseccionalidade pode assumir várias formas. A generalização da interseccionalidade a partir de um caso particular ou das experiências de um grupo em um contexto social específico corre o risco de perder o processo de descoberta subjacente à forma como as pessoas realmente entendem e usam as estruturas interseccionais. A própria interseccionalidade está em constante processo de construção, e esses casos ilustram diferentes maneiras de usá-la como ferramenta analítica. No entanto, como ela, enquanto forma de investigação crítica e prática, está organizada para realizar esse trabalho analítico?

Este capítulo analisa a investigação e a práxis críticas como dois pontos organizacionais centrais para o uso da interseccionalidade como ferramenta analítica. Como forma de questionamento crítico, passou a haver mais visibilidade no mundo acadêmico quando o termo "interseccionalidade" pareceu adequado ao que já se conhecia e ensinava. Na década de 1990, o termo começou a ser usado tanto dentro como fora das disciplinas tradicionais e da academia. De início, a investigação interseccional era inerentemente crítica porque desafiava corpos de conhecimento, teorias, epistemologias, metodologias e pedagogias existentes, em especial os que estavam relacionados à desigualdade social. Embora a interseccionalidade como forma de investigação crítica possa ocorrer em qualquer lugar, faculdades e universidades se tornaram importantes locais para disseminá-la por meio de estudos, conferências, propostas de bolsas, relatórios de políticas, trabalhos literários e criativos.

Quando usada como uma forma de práxis crítica, a interseccionalidade se refere às maneiras pelas quais as pessoas, como indivíduos ou parte de um grupo, produzem, recorrem ou aplicam estruturas interseccionais na vida cotidiana. Na família e no emprego, como atores institucionais em escolas públicas, faculdades, universidades e organizações religiosas, como lideranças comunitárias e de movimentos de base, cidadás e cidadãos comuns recorrem às ideias da interseccionalidade para orientar sua prática. A práxis crítica da interseccionalidade pode ocorrer em qualquer lugar, dentro e fora do mundo acadêmico. Este livro dá especial ênfase à interseccionalidade como prática crítica porque os entendimentos comuns da interseccionalidade subestimam as práticas que tornam possível o conhecimento interseccional, especialmente aquelas que envolvem crítica, rejeição e/ou tentativa de corrigir os problemas sociais gerados por desigualdades sociais complexas. A práxis crítica também constitui característica importante da investigação interseccional – que está atenta à interseção das relações de poder e é vital para resistir à desigualdade social.

No mundo acadêmico, docentes e estudantes por vezes ignoram as relações de poder que tornam a interseccionalidade uma investigação crítica possível e legítima em suas práticas de estudo e sala de aula. Se consideram o tema da práxis política, em geral tratam a política como um tópico de discussão ou uma variável silenciosa com pouca influência sobre o formato da pesquisa ou as práticas dentro da sala de aula. Essas suposições relegam a política a áreas não acadêmicas e contribuem para a ficção de que o ensino superior é uma torre de marfim em que não há restrições impostas pelas relações de poder. Ativistas que recorrem à interseccionalidade como ponto essencial de sua práxis crítica consideram que as relações de poder e as desigualdades sociais são cruciais para seu trabalho. No entanto, podem achar que a pesquisa intelectual, especialmente as reflexões teóricas sobre a interseccionalidade, são um luxo pelo qual não podem pagar. Alguns ativistas chegam a rejeitar a teoria social, não vendo que as ideias podem levar as pessoas a agir.

Rejeitar essa falsa divisão entre academia e ativismo, ou o pensar e o fazer, sugere que a interseccionalidade como forma de investigação e práxis críticas pode ocorrer em qualquer lugar. O pensamento crítico certamente não se limita à academia, assim como o engajamento político não se encontra apenas nos movimentos sociais ou nos movimentos sociais comunitários. Na experiência vivida, é raro que a investigação crítica e a práxis como princípios organizacionais se distingam tão nitidamente como aqui. No entanto, fazer essa distinção analítica ilumina uma tensão central que se encontra no interior da interseccionalidade, a saber, quando as pessoas imaginam a interseccionalidade, elas tendem a imaginar uma ou outra, ou a investigação ou a práxis, em vez de enxergar as interconexões entre as duas.

Aproximar esses dois princípios organizacionais da interseccionalidade revela a sinergia entre eles. Um relacionamento sinérgico é um tipo especial de relacionalidade em que a interação de duas ou mais entidades produz um efeito combinado que é maior que as partes separadas. No caso da interseccionalidade, a sinergia entre investigação e práxis pode produzir novos conhecimentos e/ou práticas importantes. A investigação e a práxis podem ser eficazes sem levar explicitamente em consideração uma à outra. No entanto, elas podem gerar mais benefícios juntas que separadas. Nos próximos capítulos, usaremos o termo "interseccionalidade" como abreviação dessa sinergia entre investigação crítica e práxis dentro da interseccionalidade. Neste capítulo, distinguiremos esses dois princípios organizacionais para mostrarmos como eles funcionam e trabalham juntos no uso da interseccionalidade como ferramenta analítica. Nosso sentido de interseccionalidade visa a manter o foco na sinergia que liga ideias e ações, na inter-relação entre investigação e práxis.

A INTERSECCIONALIDADE COMO INVESTIGAÇÃO CRÍTICA

A interseccionalidade como forma de investigação crítica invoca um amplo sentido de usos de estruturas interseccionais para estudar uma variedade de fenômenos sociais – por exemplo, a estrutura organizacional do futebol, as filosofias que moldam políticas públicas globais e nacionais e o ativismo social do movimento das mulheres afro-brasileiras – em contextos sociais locais, regionais, nacionais e globais. A interseccionalidade como prática crítica faz o mesmo, mas de maneiras que, explicitamente, desafiam o *status quo* e visam a transformar as relações de poder.

Como nas últimas décadas o crescimento e a institucionalização da interseccionalidade ocorreram amplamente em faculdades e universidades, este capítulo se concentrará na interseccionalidade como forma de investigação crítica na academia. Estudantes, docentes, corpo acadêmico e administrativo costumam usar a terminologia de "estudo" para descrever a interseccionalidade, termo que evoca imagens de intelectuais fazendo pesquisa em disciplinas tradicionais e campos interdisciplinares. No entanto, esse entendimento pode ser muito restrito para a organização real da interseccionalidade. A interseccionalidade também é figura de destaque nas iniciativas em prol da equidade, da diversidade e da inclusão no ensino superior, transformando-se em objetivo institucional. Muitas formas de ativismo estudantil também se baseiam nas estruturas interseccionais. A ideia principal aqui não é equiparar a interseccionalidade a um campo de estudo tradicional – por exemplo,

54 INTERSECCIONALIDADE

uma disciplina acadêmica ou um programa interdisciplinar. As pessoas realizam ações muito mais amplas que apenas acolher passivamente um conhecimento, contemplar ou até criticar o mundo à volta. Muitas fazem trabalhos intelectuais nos meios de comunicação, como no cinema, na música e na mídia digital. As ideias que circulam na internet e em outras plataformas mediadas também penetram no mundo acadêmico.

Uma maneira de chegar a um sentido da interseccionalidade dentro da academia é examinar as ações e as ideias de ativistas do corpo acadêmico e estudantil que se empenharam para levar para esse universo os estudos de raça/classe/gênero[1]. Em 2001, a socióloga Bonnie Thornton Dill entrevistou setenta docentes de dezessete faculdades e universidades dos Estados Unidos – que em boa parte haviam ajudado a criar programas interdisciplinares em estudos de raça/classe/gênero – sobre suas percepções acerca das principais características e estatutos dessa área emergente de pesquisa[2]. As entrevistas tinham dois pontos principais: definir, descrever e caracterizar o trabalho interseccional ou o que significa trabalhar nas interseções; e explorar as estruturas de organização e de liderança pelas quais esse trabalho é realizado. Os sujeitos de pesquisa de Dill identificam o fortalecimento da capacidade institucional como uma importante dimensão de raça/classe/gênero antes dos anos 2000. Em outras palavras, como Dill afirma sucintamente, nesse período inicial de integração a "interseccionalidade [era] o núcleo intelectual do trabalho sobre diversidade"[3].

A carreira de Dill reflete a sinergia entre a investigação e a práxis críticas na introdução da interseccionalidade na academia. Com estudos sobre mulheres de

---

[1] Nossa abordagem da interseccionalidade como forma de investigação crítica baseia-se na noção de campos de poder nas escolas e outras instituições sociais desenvolvida pelos sociólogos franceses Pierre Bourdieu e Jean-Claude Passeron (*Reproduction in Education, Society, and Culture*, Beverly Hills, Sage, 1977). A interseccionalidade como forma de investigação crítica toma várias formas nas disciplinas acadêmicas, nas instituições acadêmicas e nos contextos nacionais. Nos Estados Unidos, por exemplo, há uma diferença na forma como a interseccionalidade é organizada, ensinada e valorizada nas faculdades de artes e ciências de elite e nas faculdades comunitárias. O corpo docente e o discente dessas instituições têm acesso diferenciado a recursos que moldam o conteúdo e a forma de seu engajamento com a interseccionalidade. Uma noção ampla da interseccionalidade como forma de investigação crítica vê a interseccionalidade heterogeneamente organizada nas faculdades, nas universidades e em outros locais de produção de conhecimento.

[2] Bonnie Thornton Dill, "Work at the Intersections of Race, Gender, Ethnicity, and Other Dimensions of Difference in Higher Education", *Connections: Newsletter of the Consortium on Race, Gender, & Ethnicity*, 2002, p. 5-7; "Intersections, Identities, and Inequalities in Higher Education", em Bonnie Thornton Dill e Ruth Zambrana (orgs.), *Emerging Intersections: Race, Class, and Gender in Theory, Policy, and Practice* (New Brunswick, Rutgers University Press, 2009), p. 229-52.

[3] Bonnie Thornton Dill e Ruth Zambrana (orgs.), *Emerging Intersections*, cit., p. 229.

cor e suas famílias[4], ela ajudou a promover pesquisas interseccionais na área de estudo da família. Sob sua liderança, ao lado de Lynn Weber e Elizabeth Higginbotham, o Centro de Pesquisa sobre Mulheres de Cor e do Sul, na Universidade de Memphis, tornou-se um importante centro institucional de estudos sobre raça/classe/gênero na década de 1980[5]. Sua atuação em vários cargos organizacionais ajudou a estabelecer a infraestrutura institucional da interseccionalidade, por exemplo, contribuindo para a criação dos estudos sobre mulheres e do Consórcio de Raça, Gênero e Etnia da Universidade de Maryland e presidindo a Associação Nacional dos Estudos da Mulher. Dada a localização social de Dill, na sinergia da investigação e da práxis críticas, seu estudo de 2001 fornece um importante ponto de partida para o rastreamento dos desenvolvimentos teóricos, epistemológicos e políticos nos estudos de raça/classe/gênero, um precursor da interseccionalidade na academia. Esse importante projeto também lança luz sobre o que significa "trabalhar nas interseções" para praticantes que estejam atravessando esse período de disseminação no mundo acadêmico de movimentos em favor da justiça social.

As pessoas entrevistadas por Dill lembram como foi difícil introduzir os estudos de raça, classe e gênero na vanguarda da vida acadêmica em um período em que as faculdades e as universidades se submetiam cada vez mais às filosofias neoliberais. Também reconhecem que a interseccionalidade como forma de investigação crítica tem uma dívida com esse grupo de atores sociais:

> Nos últimos trinta anos, os estudos que lançaram as bases para o que passou a ser conhecido como análise interseccional constituíram um trabalho pioneiro. Eles enfrentaram indiferença e hostilidade. A inteligência, o conhecimento, o profissionalismo e até a sanidade dos membros da academia que se engajaram na construção de programas de estudos sobre mulheres, etnias, lésbicas, gays, bissexuais e transgênero foram questionados. Nos últimos anos, sofreram ataques dos agentes da desestabilização de uma instituição entendida como uma universidade descentralizada, baseada em princípios unitários do letramento cultural dos Estados Unidos.[6]

---

[4] Bonnie Thornton Dill, "Our Mothers' Grief: Racial Ethnic Women and the Maintenance of Families", *Journal of Family History*, v. 13, 1988, p. 415-31.

[5] Patricia Hill Collins, "Pushing the Boundaries or Business as Usual? Race, Class, and Gender Studies and Sociological Inquiry", em Craig Calhoun (org.), *Sociology in America: A History* (Chicago, University of Chicago Press, 2007), p. 588-92.

[6] Bonnie Thornton Dill, "Intersections, Identities, and Inequalities in Higher Education", cit., p. 229.

56 Interseccionalidade

Nesse contexto, as opiniões dos profissionais que realizaram estudos de raça/classe/gênero na academia são uma importante janela para rastrearmos a entrada e o tratamento subsequente dos temas centrais da interseccionalidade como forma de investigação crítica. Em relatório preliminar sobre as conclusões que tirou de suas entrevistas, Dill diz:

> O que depreendo dessas entrevistas é que o trabalho "nas interseções" é uma estratégia analítica, uma abordagem para entender a vida e o comportamento humano enraizados nas experiências e lutas de pessoas privadas de direitos. É também uma importante ferramenta que liga a teoria à prática e pode auxiliar o empoderamento de comunidades e indivíduos.[7]

Duas características fundamentais resumem como corpo acadêmico e ativistas de estudos de raça/classe/gênero estabeleceram as bases para a interseccionalidade como forma de investigação crítica. Partindo da ligação com o movimento social antes de passar para os cargos ocupados no ensino superior, eles identificaram duas facetas desse "trabalho nas interseções" ou, usando a linguagem deste livro, da adoção da interseccionalidade como ferramenta analítica: 1) uma abordagem para entender a vida e o comportamento humano enraizados nas experiências e lutas de pessoas privadas de direitos; e 2) uma ferramenta importante que liga a teoria à prática e pode auxiliar no empoderamento de comunidades e indivíduos.

A primeira característica de quem trabalha nas interseções consiste em usar as experiências e as lutas de grupos privados de direitos para ampliar e aprofundar o entendimento da vida e do comportamento humano. Trabalhar nas interseções produziu efeitos notáveis nos estudos. Por um lado, a interseccionalidade catalisou novas interpretações sobre trabalho[8], família[9], reprodução e constructos sociais

---

[7] Idem, "Work at the Intersections of Race, Gender, Ethnicity, and Other Dimensions of Difference in Higher Education", cit., p. 6. Dill afirma: "Por fim, é uma perspectiva teórica que insiste em examinar a multidimensionalidade da experiência humana" (idem). Não desenvolvemos esse tema neste livro, mas destacamos que quem estuda raça/classe/gênero entende seu trabalho como uma perspectiva teórica.

[8] Irene Browne e Joy Misra, "The Intersection of Gender and Race in the Labor Market", *Annual Review of Sociology*, v. 29, 2003, p. 487-513.

[9] Bonnie Thornton Dill, "Our Mothers' Grief", cit.; Nancy Naples, "Activist Mothering: Cross-Generational Continuity in the Community Work of Women from Low-Income Urban Neighborhoods", em Esther Ngan-Ling Chow, Doris Wilkinson e Maxine Baca Zinn (orgs.), *Race, Class, and Gender: Common Bonds, Different Voices* (Thousand Oaks, Sage, 1996), p. 223-45; Maxine Baca Zinn, "The Family as a Race Institution", em Patricia Hill Collins e John Solomos (orgs.), *The Sage Handbook of Race and Ethnic Studies* (Londres, Sage, 2010), p. 357-82.

semelhantes e, nesse processo, criticou e/ou revitalizou áreas inteiras de estudo[10]. Por outro lado, os projetos de conhecimento interseccional fomentaram novas questões e áreas de investigação nas disciplinas acadêmicas já existentes, em especial nos campos que tratam da interconectividade da academia com algum aspecto do público geral. Traçar os padrões de integração dos estudos de raça/classe/gênero em geral e da interseccionalidade em particular, dentro da disciplina de sociologia, ilustra essa tendência[11].

Vários textos definidores do campo dos estudos de raça/classe/gênero ajudaram no desenvolvimento e/ou uso das estruturas interseccionais[12]. Esses textos defendem a interseccionalidade como estratégia analítica e mostram a falha de desconsiderar raça, gênero, etnia ou outras categorias de análise que são hoje frequentemente consideradas nos estudos interseccionais. Acadêmicas feministas que fazem estudos pós-coloniais encontraram na interseccionalidade importantes entendimentos teóricos que lhes permitiram avaliar a influência da filosofia pós-estruturalista continental em campo e usar as estruturas interseccionais para refletir sobre as realidades colonial e pós-colonial[13]. Mais importante, elas fizeram isso destacando as experiências de mulheres, pessoas negras e latinas, pobres e outros grupos negligenciados nos estudos existentes.

A segunda característica é que as pessoas entrevistadas por Dill identificam o trabalho nas interseções como "uma importante ferramenta que liga a teoria à prática e pode ajudar no empoderamento de comunidades e indivíduos". Essa característica se assemelha ao foco que damos à interseccionalidade como forma de investigação e práxis críticas. A interseccionalidade não é simplesmente um método de fazer pesquisa, também é uma ferramenta de empoderamento das pessoas. Isso explica, em parte, por que as disciplinas acadêmicas que se orientaram para o engajamento público mostraram um interesse especial pela interseccionalidade.

---

[10]   Bonnie Thornton Dill e Ruth Zambrana (orgs.), *Emerging Intersections*, cit.

[11]   Patricia Hill Collins, "Pushing the Boundaries or Business as Usual?", cit.

[12]   Floya Anthias e Nira Yuval-Davis, *Racialized Boundaries: Race, Nation, Gender, Colour and Class and the Anti-Racist Struggle* (Nova York, Routledge, 1992); Chela Sandoval, *Methodology of the Oppressed* (Minneapolis, University of Minnesota Press, 2000).

[13]   Jacqui Alexander e Chandra Talpade Mohanty, "Introduction: Genealogies, Legacies, Movements", em Jacqui Alexander e Chandra Talpade Mohanty (orgs.), *Feminist Genealogies, Colonial Legacies, Democratic Futures* (Nova York, Routledge, 1997); Anne McClintock, *Imperial Leather: Race, Gender, and Sexuality in the Colonial Contest* (Nova York, Routledge, 1995), p. xiii–xlii [ed. bras.: *Couro imperial: raça, gênero e sexualidade no embate colonial*, trad. Plinio Dentzien, Campinas, Editora da Unicamp, 2010]; Ann Laura Stoler, *Race and the Education of Desire: Foucault's History of Sexuality and the Colonial Order of Things* (Durham, Duke University Press, 1995).

58 Interseccionalidade

Em graus variados, membros da academia e profissionais das áreas de assistência social, criminologia, saúde pública, direito e educação reconhecem que a produção de conhecimento, em seus respectivos campos, não pode ser separada da prática profissional. Normalmente, esses campos examinam como suas práticas de pesquisa, base de conhecimento e práticas profissionais se moldam reciprocamente. Por abranger estudos e práticas, disciplinas acadêmicas com foco clínico ou aplicado têm especial interesse nas estruturas interseccionais.

A interseccionalidade é abordada em campos que já veem a teoria e a prática como interconectadas. Por exemplo, a estreita afinidade da interseccionalidade com a teoria crítica da raça e a teoria Lat-Crit* destaca como especialistas em campos politicamente orientados têm buscado usar a interseccionalidade para moldar a prática pública[14]. Gente da academia, como Kimberlé Crenshaw, Mari Matsuda, Richard Delgado, Patricia J. Williams, Charles Lawrence e Regina Austin, que estavam na vanguarda dos estudos críticos sobre raça, trouxeram uma série de questões interseccionais para esse campo. Nos Estados Unidos, políticas públicas relacionadas a questões como encarceramento em massa, supressão de votantes, direito reprodutivo para mulheres pobres, discriminação contra refugiadas, refugiados e migrantes e auxílio diferenciado em casos de desastre foram contestadas nos tribunais por especialistas e profissionais que trazem certa sensibilidade interseccional para sua atuação profissional. Em termos globais, o campo jurídico relativo aos direitos humanos criou o pano de fundo para uma série de projetos interseccionais (ver capítulo 4). A orientação da práxis foi e ainda é central para o trabalho de Crenshaw e reflete como um grupo mais amplo de acadêmicos, acadêmicas e profissionais do direito compartilha sensibilidades acerca da justiça social[15].

Da mesma forma, como o trabalho social tem uma história não apenas de prática clínica, mas também de prática crítica[16], o campo de estudos relacionado a ele adotou a interseccionalidade. Livros publicados nesse âmbito constituem um importante ponto de partida para desenvolver essas análises interseccionais[17].

---

* Teoria Lat-Crit – estudos latinos com suporte da teoria racial crítica. (N. T.)

[14] Athena Matua, "Law, Critical Race Theory and Related Scholarship", em Patricia Hill Collins e John Solomos (orgs.), *The Sage Handbook of Race and Ethnic Studies*, cit., p. 275-305.

[15] Kimberlé Williams Crenshaw et al. (orgs.), *Critical Race Theory: The Key Writings that Formed the Movement* (Nova York, The New Press, 1995).

[16] Jane Addams, *Twenty Years at Hull-House* (Cutchogue, Buccaneer, 1994).

[17] Ver, por exemplo, Lettie Lockhart e Fran Danis (orgs.), *Domestic Violence: Intersectionality and Culturally Competent Practice* (Nova York, Columbia University Press, 2010); Yvette Murphy et al. (orgs.), *Incorporating Intersectionality in Social Work Practice, Research, Policy, and Education*

O jornal acadêmico *Intersectionalities: A Global Journal of Social Work Analysis, Research, Polity, and Practice* [Interseccionalidades: Jornal Global de Análise, Pesquisa, Política e Prática do Serviço Social] descreve seu objetivo como:

> Compartilhar conhecimento e facilitar o discurso colaborativo entre teóricos, profissionais, educadores, ativistas, pesquisadores do campo do serviço social e membros da comunidade que prestam assistência nos contextos local, regional e global. O periódico procura promover a justiça social, fornecendo um fórum para abordar questões de diferença e poder social em relação a prática progressista, educação, investigação acadêmica e política social.

O foco expresso é vincular a análise interseccional ao campo do trabalho social:

> O periódico tem como objetivo destacar questões relacionadas a opressão, privilégios e resistência na sociedade e no serviço social. De consideração crítica são as maneiras pelas quais interseções de idade, deficiência, classe, pobreza, gênero e identidade sexual, sanidade mental, espiritualidade, (des)localização geográfica, ruralidade, colonialismo/imperialismo, autoctonia, racialização, etnia, cidadania e meio ambiente estão enredadas em processos de justiça e injustiça social.

O campo da justiça criminal também lança luz sobre como a ênfase da interseccionalidade na investigação e na prática crítica afeta os entendimentos das políticas internas de encarceramento em massa e das políticas globais de segurança pública (ver capítulo 5). Como um campo que estuda o sistema penal e treina as pessoas para trabalhar nele, a justiça criminal tem uma relação complicada e contraditória com suas muitas partes interessadas: a comunidade, o governo e as empresas. A justiça criminal treina um grande número de pessoas que gerenciam instituições penais em um setor que cresce rapidamente. Para quem trabalha com justiça criminal, esse tipo de emprego pode ser o melhor à disposição. A justiça criminal também administra políticas públicas que sinalizam as mudanças nas políticas públicas de assistência social, que se baseavam tradicionalmente na reabilitação, na educação, no aconselhamento e na obtenção de emprego. Ela está na linha de frente da implantação impositiva de políticas públicas punitivas, influenciadas pelo neoliberalismo e, cada vez mais, pelo populismo de direita[18]. Por suas políticas,

---

(Washington, DC, NASW Press, 2009); Nathalie Sokoloff e Christina Pratt (orgs.), *Domestic Violence at the Margins: Readings on Race, Class, Gender, and Culture* (New Brunswick, Rutgers University Press, 2005).

[18] Jill McCorkel, *Breaking Women: Gender, Race, and the New Politics of Imprisonment* (Nova York, New York University Press, 2013).

60 Interseccionalidade

estudos acadêmicos e financiamentos ligados aos próprios Estados-nação, a justiça criminal é um campo muito importante, no qual são produzidas e implementadas políticas públicas concorrentes de bem-estar social, neoliberais e populistas de direita. Usar a interseccionalidade como uma estrutura analítica promete fornecer orientações importantes para criminologistas.

A educação também constitui um campo "aplicado" – fundado em uma história de práxis – cujas pesquisas e práticas têm sido altamente receptivas à investigação e à práxis crítica da interseccionalidade. No capítulo 7, oferecemos uma discussão sobre esse campo que, embora extensa, pode tocar apenas superficialmente as várias maneiras pelas quais a interseccionalidade afeta os estudos educacionais como investigação crítica. Aqui, destacamos que pesquisadoras e pesquisadores em educação abordam questões relativas ao modo como interações entre desigualdades sociais de raça, classe, gênero, sexualidade e capacidade moldam as experiências e os resultados no ensino de populações desprovidas de direitos. É importante destacar que os estudos acadêmicos fornecem um discurso importante sobre a juventude e os jovens. A sinergia que une estudo e prática não apenas afeta a formação docente, a matriz curricular e a pesquisa em pedagogia escolar; ela também molda as muitas subespecialidades dos estudos em educação.

A saúde pública é um campo aplicado que possui laços estreitos com a pesquisa médica e demonstra um interesse crescente pela capacidade de a interseccionalida-de, com foco nas complexas desigualdades sociais, explicar a relação entre saúde e doença[19]. Como a saúde pública permanece comprometida com a melhoria das práticas de saúde, o desafio desse campo é a integração das estruturas interseccio-nais na prática clínica, bem como nas políticas públicas. A Análise Política baseada na Interseccionalidade (IBPA, em inglês), iniciativa da Simon Fraser University através do Instituto de Pesquisa e Políticas de Interseccionalidade, é um exemplo significativo desse tipo de iniciativa na área da saúde. O Instituto tem como obje-tivo gerar pesquisas com aplicabilidade direta na política de saúde do Canadá[20].

Além desses campos de estudo, desde 2000 a presença da interseccionalidade na academia, bem como suas crescentes especialização e profissionalização, aumentou

---

[19] Amy Schulz e Leith Mullings (orgs.), *Gender, Race, Class and Health: Intersectional Approaches* (San Francisco, Jossey-Bass, 2006); Lynn Weber e Elizabeth Fore, "Race, Ethnicity, and Health: An Intersectional Approach", em Hernan Vera e Joe Feagin (orgs.), *Handbook of the Sociology of Racial and Ethnic Relations* (Nova York, Springer, 2007), p. 191-218.

[20] Olena Hankivsky (org.), *An Intersectionality-Based Policy Analysis Framework* (Vancouver, Simon Fraser University, 2012).

exponencialmente. Como o interesse pela interseccionalidade se expandiu em várias direções, muitos acadêmicos e profissionais de ambos os sexos desconhecem a amplitude dos estudos interseccionais. O amplo alcance acadêmico da interseccionalidade e seus efeitos sobre tradições e fronteiras disciplinares é um tema vasto. Aqui, podemos apenas destacar as muitas formas que os estudos interseccionais assumem: livros e dissertações sobre uma ampla variedade de temas[21], coleções e antologias para cursos de graduação e público em geral[22], artigos em jornais acadêmicos revisados por pares e vários números especiais de periódicos de diversas disciplinas acadêmicas e campos interdisciplinares[23]. Acadêmicos e acadêmicas de muitas disciplinas e campos interdisciplinares agora usam a interseccionalidade como ferramenta analítica para repensar questões e instituições sociais importantes. Atualmente, existem muitas abordagens interseccionais diferentes, cada qual adaptada a perguntas, histórias e caminhos específicos do campo em questão. Não existe uma estrutura interseccional a ser aplicada a todos os campos. Ao contrário, cada campo acadêmico de estudo aborda diferentes aspectos da interseccionalidade em relação a suas preocupações específicas.

Em alguns casos, a interseccionalidade fornece novas direções para repensar áreas de uma disciplina tradicional. Tomemos, por exemplo, a maneira pela qual

---

[21] A quantidade de livros e teses sobre a interseccionalidade também é um bom indicador da vitalidade acadêmica. A variedade de tópicos é ampla e, enquanto escrevemos este livro, aumenta depressa. Estruturas interseccionais são empregadas nas seguintes áreas: teoria *queer*/trans de cor; estudos críticos sobre deficiência; estudos nativos críticos; estudos sobre a diáspora/migração *queer*; estudos étnicos críticos; justiça transformadora; justiça reprodutiva; estudos prisionais críticos; violência por parceiro íntimo; desastres ecológicos; direitos humanos; delinquência juvenil; justiça restaurativa e transformadora; mercado de trabalho globalizado; representações da mídia; mídia digital e social; voz, agência e resistência política; pedagogia crítica; mudança social; e identidades. Gostaríamos de ter espaço suficiente para apresentar esses estudos florescentes, que prometem orientar as futuras direções da interseccionalidade.

[22] A maioria dos livros publicados são coletâneas ou antologias. Desde 2000, vários livros foram publicados com o termo "interseccionalidade" no título, ou combinações variadas dos termos "raça", "classe", "gênero", "etnia", "sexualidade" e "deficiência". Esses livros expandem substancialmente as áreas de investigação e aplicação de estruturas interseccionais não apenas ao fazer a interseccionalidade dialogar com vários campos e tópicos, mas também ao engajá-la para enfrentar uma variedade de fenômenos sociais em todo o mundo. Dada a impossibilidade de fazer justiça à profundidade e amplitude dessa literatura em um espaço tão limitado, abstivemo-nos de listar títulos.

[23] O número de revistas acadêmicas que publicam edições especiais sobre interseccionalidade tem aumentado em ritmo constante. Na última década, alcançaram, juntamente com a maior especialização do conteúdo, escopo geográfico e pluralidade linguística mais amplos (com edições especiais publicadas em outros idiomas, além do inglês). Leitoras e leitores interessados podem encontrar facilmente essas questões específicas por meio de pesquisa em bancos de dados.

a sociologia estadunidense se envolveu com temas relativos a raça, classe e gênero. Como a sociologia estadunidense se desenvolveu em um contexto político e intelectual de segregação de raça e gênero, a organização geral da disciplina, bem como seus principais temas e práticas nos primeiros cem anos de existência, enxergavam raça, gênero e classe como eixos diferentes e, aparentemente, não relacionados à divisão social[24]. As subdisciplinas sociológicas de classe, raça e gênero entendiam cada área como distinta e geralmente davam pouca atenção uma à outra. Por exemplo, se os estudos sobre casamento e família estavam "focados" nas mulheres, por que o subcampo de raça e etnia deveria se preocupar com gênero? Se a experiência afro-americana era estudada em raça, então não havia necessidade de incluir raça como estrutura explicativa importante nos estudos convencionais sobre estratificação social ou nas críticas marxistas a ela. Se a branquitude dos grupos imigrantes era tomada como norma, então não era necessário estudar as assunções de branquitude que sustentavam a construção da etnia estadunidense. Clivagens de classe associadas a níveis variados de assimilação e mobilidade social ascendente constituiriam o foco da investigação. Consequentemente, as velhas distinções entre as subdisciplinas sociológicas de classe, raça e gênero moldaram as análises a respeito da desigualdade social. Como os sociólogos interessados na estratificação (classe), raça e gênero trabalhavam em contextos sociais especializados, essa lógica de separação afetava seu trabalho intelectual. Assim, os estudos de estratificação/classe com ênfase nos entendimentos dominantes sobre trabalho e ocupações refletem amplamente a tendência generalizada de equiparar as experiências masculinas brancas com as experiências da sociedade como um todo. Para raça e etnia, prevaleceram as questões de cultura, em especial os conceitos de assimilação extraídos das experiências de grupos étnicos brancos. Em relação ao gênero, os estudos sobre a família restringiram as mulheres brancas à profissão da chamada assistência social e/ou as relegaram à esfera "natural" do lar. Preocupadas com a dinâmica familiar interpessoal, as análises de gênero permaneceram restritas à linguagem da psicologia social e à interação social individual. No geral, a abordagem não interseccional limitou a capacidade de cada área de considerar como as outras áreas moldavam as próprias preocupações.

A interseccionalidade levou a sociologia a examinar as conexões entre raça, classe e gênero *dentro* do próprio campo, bem como seus vínculos com outros campos de estudo. Na década de 2000, os sociólogos utilizavam cada vez mais a

---

[24] Patricia Hill Collins, "Pushing the Boundaries or Business as Usual?", cit.

interseccionalidade como ferramenta analítica. Por exemplo, em um livro inovador, *Unequal Freedom: How Race and Gender Shaped American Citizenship and Labor* [Liberdade desigual: como raça e gênero moldaram cidadania e trabalho nos Estados Unidos], a socióloga Evelyn Nakano Glenn faz uma análise interseccional da cidadania estadunidense. No entanto, o caminho para realizar esse estudo não foi fácil. Glenn descreve como conseguiu juntar os fios de diferentes campos de estudo e tradições intelectuais:

> Enquanto luto para formular uma análise integrada de gênero, raça e classe, confio em uma abordagem comparativa histórica que incorpora a economia política e aproveita ideias críticas avançadas pelo pós-estruturalismo. Utilizo uma estrutura construcionista social que considera que raça, gênero e classe são simultaneamente constituídos em locais específicos e períodos históricos por meio de estruturas e discursos sociais "racializados" e "generizados". Tento habitar esse meio-termo [...] observando como raça, gênero e classe são constituídos *relacionalmente*.[25]

Nessa passagem, Glenn fornece uma visão de bastidores dos contornos mutáveis do que significava aplicar a interseccionalidade nas ciências sociais. Seu trabalho reúne áreas distintas da sociologia, tradições sociológicas de raça, classe, gênero e nação. Porém, ela também emprega a interdisciplinaridade para fortalecer sua abordagem de raça, classe, gênero e nação. Com base em uma "abordagem histórica comparativa que incorpora a economia política", uma decisão que a direciona para a história, principalmente a história do trabalho e dos direitos da classe trabalhadora, Glenn também tira proveito das "ideias críticas avançadas pelo pós-estruturalismo", área social que enfatiza a análise do discurso e reaviva o interesse pelas estruturas construcionistas sociais, que se coadunam com a ênfase da interseccionalidade nas relações de poder. De maneira significativa, Glenn aponta para a prática de trabalhar de forma relacional.

Os campos interdisciplinares, embora de maneira diferente, também se baseiam na interseccionalidade de um campo para outro. Por exemplo, nos estudos críticos sobre deficiência, a interseccionalidade é utilizada para criticar as assunções sobre branquitude, masculinidade, gênero, sexualidade e normalidade em que se apoiam os modelos médicos dos estudos tradicionais sobre deficiência. Em contrapartida, os estudos críticos sobre deficiência também repreendem a ausência ou o uso superficial da deficiência como categoria frequentemente mencionada, mas pouco

---

[25] Evelyn Nakano Glenn, "Gender, Race, and Class: Bridging the Language-Structure Divide", *Social Science History*, v. 22, 1998, p. 32. Grifo nosso.

explorada nos estudos interseccionais. O diálogo crítico entre essas áreas pode enriquecer a ambas. Por exemplo, o trabalho de Nirmala Erevelles oferece uma conceituação original da complexa relação da deficiência com os eixos de poder – um quadro complexo de relacionalidade em que a deficiência funciona como pedra angular ideológica para se compreenderem raça, gênero e sexualidade e que Erevelles situa nas relações de classe globais e nos modos capitalistas de produção[26].

Da mesma forma, estudos sobre *queers* de cor usam a interseccionalidade como estrutura analítica para desafiar tanto a teoria *queer* quanto a interseccionalidade como campo de investigação[27]. Aqui, a interseccionalidade funciona como ferramenta analítica para abordar a ênfase excessiva da teoria *queer* na branquitude, nas experiências da classe média e nas preocupações do Norte global, bem como em sua postura anti-identitária. Para especialistas *queer* e trans que se interessam pela categoria de cor, as identidades coletivas são não apenas politicamente estratégicas, como psicologicamente importantes para *queers* e trans de cor em uma sociedade com comunidades LGBTQ racistas. Em contrapartida, especialistas *queer* desafiam a heteronormatividade nos estudos interseccionais. Isso implica entender que o termo "*queer*" desestabiliza a própria ideia de comportamento normal – "*queer*", portanto, torna-se um conjunto de ações, um verbo, não o que uma pessoa é ou tem. Esse entendimento de *queer* dificulta a normalização da interseccionalidade pelos grupos dominantes ou sua assimilação no "mesmo de sempre". Nesse sentido, esses pensadores e essas pensadoras são a própria "interseccionalidade *queer*"[28]. Criticar a heteronormatividade na interseccionalidade cria espaço para novas questões sobre as relações de poder e a sexualidade e para entendimentos sobre a resistência às hierarquias sociais.

Dentro dos estudos interseccionais, pensou-se muito sobre qual tipo de conceito é a interseccionalidade e produziu-se uma gama de interpretações e terminologias[29].

---

[26] Nirmala Erevelles, *Disability and Difference in Global Contexts: Enabling a Transformative Body Politics* (Nova York, Palgrave-Macmillan, 2011).

[27] Juan Battle et al., *Say It Loud, I'm Black and I'm Proud: Black Pride Survey 2000* (Nova York, Policy Institute of the National Gay and Lesbian Task Force, 2002); Cathy Cohen e Tamara Jones, "Fighting Homophobia versus Challenging Heterosexism: 'The Failure to Transform' Revisited", em Eric Brandt (org.), *Dangerous Liaisons: Blacks, Gays, and the Struggle for Equality* (Nova York, The New Press, 1999), p. 80-101.

[28] Sirma Bilge, "Developing Intersectional Solidarities: A Plea for Queer Intersectionality", em Malinda Smith e Fatima Jaffer (orgs.), *Beyond the Queer Alphabet: Conversations in Gender, Sexuality and Intersectionality* (Edmonton, University of Alberta, Teaching Equity Matters E-book Series, 2012).

[29] Estudiosas e estudiosos referem-se à interseccionalidade como uma perspectiva (Irene Browne e Joy Misra, "The Intersection of Gender and Race in the Labor Market", cit.), um conceito (Gudrun-Alexi Knapp, "Race, Class, Gender: Reclaiming Baggage in Fast Travelling Theories",

Uma crítica à interseccionalidade é que essa terminologia imprecisa leva a resultados desiguais. Por exemplo, a literatura sobre interseccionalidade, metodologia e validade empírica[30] é, provavelmente, uma resposta à crítica de que os estudos interseccionais carecem de uma abordagem metodológica[31] precisa[32] e diversa[33]. Porém, essa falta de precisão nesse ponto do desenvolvimento da interseccionalidade pode não ser ruim. A investigação crítica da interseccionalidade reflete as ambiguidades de um campo em formação que está ativamente engajado em processos de autodefinição.

A INTERSECCIONALIDADE COMO PRÁXIS CRÍTICA

Docentes, assistentes sociais, mães e pais, defensoras e defensores de políticas públicas, equipe de apoio em universidades, profissionais do direito, lideranças comunitárias, membros do clero, estudantes graduados e profissionais de

---

European Journal of Women's Studies, v. 12, 2005, p. 249-65), um tipo de análise (Jennifer Nash, "Rethinking Intersectionality", *Feminist Review*, v. 89, 2008, p. 1-15; Nira Yuval-Davis, "Intersectionality and Feminist Politics", *European Journal of Women's Studies*, v. 13, 2006, p. 193-210), uma abordagem metodológica (Amy Steinbugler, Julie Press e Janice Johnson Dias, "Gender, Race and Affirmative Action: Operationalizing Intersectionality in Survey Research", *Gender and Society*, v. 20, 2006, p. 805-25), um paradigma de pesquisa (Ange-Marie Hancock, "When Multiplication Doesn't Equal Quick Addition: Examining Intersectionality as a Research Paradigm", *Perspectives on Politics*, v. 5, 2007, p. 63-79) ou uma variável mensurável e um tipo de dado (Lisa Bowleg, "When Black + Lesbian + Woman (Does Not Equal) Black Lesbian Woman: The Methodological Challenges of Qualitative and Quantitative Intersectionality Research", *Sex Roles*, v. 59, 2008, p. 312-25). Hancock também entende a interseccionalidade como algo que "experimentamos" em nossa própria vida. Essa conceitualização da interseccionalidade sustenta o uso de uma série de métodos narrativos, como autobiografias, autoetnografias e etnografias (individuais e coletivas), que são frequentes nos estudos interseccionais.

[30] Lisa Bowleg, "When Black + Lesbian + Woman (Does Not Equal) Black Lesbian Woman", cit.; Ange-Marie Hancock, "Intersectionality as a Normative and Empirical Paradigm", *Politics and Gender*, v. 3, 2007, p. 248-55; "When Multiplication Doesn't Equal Quick Addition", cit.

[31] Como houve uma espécie de vácuo nos estudos que analisam explicitamente como a interseccionalidade afeta a metodologia de pesquisa, a taxonomia da categorização interseccional proposta por Leslie McCall ("The Complexity of Intersectionality", *Signs*, v. 30, 2005, p. 1.771-800) recebeu uma atenção considerável nos estudos interseccionais. Olhar além da corrente principal da interseccionalidade, no entanto, gera outros entendimentos epistemológicos. A feminista mexicano-americana Chela Sandoval, especialista em pós-colonialismo, afirma que a metodologia não é politicamente imparcial e propõe em seu lugar uma "metodologia dos oprimidos" (ver Chela Sandoval, *Methodology of the Oppressed*, cit.). Conforme discutimos neste capítulo, os estudos ativistas levantam novas questões sobre interseccionalidade e metodologia (Charles Hale, "Introduction", em *Engaging Contradictions: Theory, Politics, and Methods of Activist Scholarship*, Berkeley, University of California Press, 2008, p. 1-28).

[32] Jennifer Nash, "Rethinking Intersectionality", cit.

[33] Leslie McCall, "The Complexity of Intersectionality", cit.

enfermagem, entre outros, são atores de linha de frente que dão respostas aos problemas sociais. Como têm em geral uma relação íntima e pessoal com a violência, a falta de moradia, a fome, o analfabetismo, a pobreza, a violência sexual e problemas sociais semelhantes, esses atores de linha de frente têm uma visão diferente da forma como as desigualdades sociais moldam os problemas sociais e do motivo por que os problemas sociais não se distribuem igualmente pelos grupos sociais. Concentrados principalmente na práxis, em geral querem resolver os problemas, não apenas entendê-los. Para esses profissionais, praticantes e ativistas de ambos os sexos, a interseccionalidade não é simplesmente uma heurística para a investigação intelectual, mas também uma importante estratégia de intervenção para o trabalho de justiça social.

A interseccionalidade como práxis crítica requer o uso do conhecimento adquirido por meio da prática para orientar ações subsequentes na vida cotidiana. A solução de problemas está no cerne da práxis da interseccionalidade, e os tipos de problemas sociais gerados pelos sistemas interseccionais de poder prestam-se ao conhecimento desenvolvido pela práxis. A práxis entende que o pensar e o fazer, ou a teoria e a ação, estão intimamente ligados e moldam um ao outro. Rejeita concepções binárias que veem os estudos acadêmicos como fonte de teorias e estruturas e relega a prática às pessoas que aplicam essas ideias em contextos da vida real ou a problemas da vida real. O conhecimento baseado na práxis – por exemplo, a prática profissional de uma equipe médica treinada ou a habilidade de organizar movimentos sociais – considera que teoria e prática são interconectadas.

Quando se trata de práxis interseccional, os estudos têm se concentrado na maneira pela qual grupos locais, movimentos de base e/ou grupos pequenos recorrem à interseccionalidade para orientar suas ações. A política de solidariedade, que abrange a construção de coalizões, mas não se limita a ela, se encaixa no conceito central da interseccionalidade, o de relacionalidade, e reaparece nos estudos interseccionais sobre movimentos sociais de base. Tomemos, por exemplo, o trabalho da Advogadas Imigrantes Asiáticas (Aiwa, em inglês), organização comunitária progressista que atua em Oakland e San Jose, na Califórnia. Em seu artigo histórico sobre a Aiwa, Chun, Lipsitz e Shin fornecem uma ilustração entusiasmada do modo como as mulheres desse movimento social usam as estruturas interseccionais para lidar com formas de opressão interligadas[34]. Criada para defender os interesses de

---

[34] Jennifer Jihye Chun, George Lipsitz e Young Shin, "Intersectionality as a Social Movement Strategy: Asian Immigrant Women Advocates", *Signs*, v. 38, 2013, p. 917-40.

trabalhadoras imigrantes de baixa renda que falam inglês, a Aiwa evita se apresentar como organização política estruturada com base em origens étnicas e nacionalidades distintas, como chinesa, coreana ou vietnamita. Usa a interseccionalidade como uma ferramenta que permite vários pontos de entrada e formas de engajamento a quem participa. Ao fazer isso, promove um entendimento das identidades como instrumentos que devem ser forjados e usados estrategicamente de maneira complexa e flexível[35]. Uma pesquisa etnográfica e arquivística aprofundada da Aiwa revela que a organização usa a interseccionalidade principalmente de três maneiras: como estrutura analítica para lidar com os campos interligados de gênero, família, trabalho e nação; como abordagem reflexiva para unir a teoria e a prática do movimento social; e como estrutura para orientar a promoção de novas identidades e novas formas de atividade democrática entre as trabalhadoras imigrantes[36].

Outras organizações comunitárias formam redes ou coalizões com grupos afins, baseando-se na interseccionalidade para moldar a logística da organização, bem como a agenda política que defendem. Na obra *Dry Bones Rattling: Community Building to Revitalize American Democracy* [Barulho de ossos secos: construindo comunidades para revitalizar a democracia americana], o sociólogo ativista Mark Warren desafia a suposição de que a intervenção religiosa na política pode significar apenas uma tentativa de impor à sociedade as doutrinas morais de um grupo. Warren acompanha o trabalho da organização Fundação das Áreas Industriais (IAF, em inglês), uma rede inter-religiosa e multirracial de lideranças comunitárias do Texas. Durante duas décadas, a IAF tentou reconstruir comunidades profundamente devastadas. Como Warren aponta: "Se esses grupos fossem simplesmente de gente religiosa que defende pessoas pobres, eles não teriam muita notoriedade: os Estados Unidos estão cheios de grupos de defesa, laicos e religiosos. Não faltam grupos de defesa, mas faltam organizações pelas quais as pessoas participem ativamente da democracia"[37]. Essa grande rede de cidadãos e cidadãs atuante na sociedade civil manifestou uma sensibilidade analítica interseccional muito antes de o termo estar na moda. Além disso, a IAF descobriu uma maneira de unir o fortalecimento da comunidade pela fé com a ação política não partidária, combinação que fez dessa rede um experimento importante para a revitalização da democracia.

---

[35] Ibidem, p. 918.

[36] Ibidem, p. 920.

[37] Mark Warren, *Dry Bones Rattling: Community Building to Revitalize American Democracy* (Princeton, Princeton University Press, 2001), p. 4.

A Generations Ahead, organização de justiça social que se dedica a expandir o debate público sobre as tecnologias genéticas, também lança luz sobre o trabalho de solidariedade que faz parte da práxis interseccional. Desde a criação, em 2008, até o encerramento das atividades, em 2012, a Generations Ahead implantou uma abordagem interseccional da mobilização política para tratar das implicações sociais e éticas das tecnologias genéticas e da genética reprodutiva. Foi uma das poucas organizações estadunidenses que trabalhou a partir de um espectro diversificado de partes interessadas em justiça social – a saber, saúde reprodutiva, justiça e direitos, justiça racial, LGBTQ e grupos de defesa das pessoas com deficiência e dos direitos humanos. A organização calcada na análise interseccional ajudou a estabelecer alianças entre justiça reprodutiva, justiça racial, direitos das mulheres e ativistas dos direitos das pessoas com deficiência para desenvolver estratégias de abordagem das tecnologias genéticas de reprodução[38].

Grupos como a Aiwa, a IAF e a Generations Ahead são exemplos de como organizações populares e comunitárias se baseiam em estruturas interseccionais como parte de sua práxis crítica. Mostram diferentes dimensões do reconhecimento desses grupos de que é importante criar solidariedade tanto dentro da própria organização quanto entre organizações. Bem cientes dos danos causados pela política unidirecional em populações multiplamente oprimidas ou, inversamente, pelos efeitos de um tema único em segmentos de determinada comunidade, ativistas e especialistas da interseccionalidade colocam a diferença e a multiplicidade no centro de sua práxis de justiça social. Grupos como a Aiwa recorrem ao tema da relacionalidade na interseccionalidade para moldar suas políticas internas. Em contraste, grupos como a IAF reconhecem que precisam criar novas maneiras de se envolver no ativismo de temas múltiplos e no trabalho de coalizão. Nenhum grupo simplesmente enfatiza a diferença, mas a redefine em relação a sua práxis. Coletivamente, esses exemplos ilustram como a interseccionalidade tem sido importante tanto para a mobilização política de base quanto para movimentos sociais mais amplos.

Em outros casos, funcionárias e funcionários de governos, empresas e universidades, por exemplo, usam a interseccionalidade como ferramenta analítica para moldar a práxis crítica de suas organizações. Especialistas e profissionais se basearam em estruturas interseccionais para tentar influenciar políticas públicas

---

[38] Dorothy Roberts e Sujatha Jesudason, "Movement Intersectionality: The Case of Race, Gender, Disability, and Genetic Technologies", *Du Bois Review*, v. 10, 2013, p. 313-4.

de agências governamentais[39]. A IBPA, iniciativa da Simon Fraser University já mencionada, ilustra esse tipo de empreendimento em pesquisa e política de saúde. Buscando produzir pesquisas com aplicabilidade direta nas políticas de saúde do Canadá, a IBPA visa a tornar seus materiais acessíveis e relevantes para as partes interessadas nesse campo. Isso implica o importante trabalho de traduzir ideias e facilitar a colaboração entre as partes interessadas. A IBPA desenvolveu um processo participativo envolvendo pesquisadoras e pesquisadores, profissionais e clientela dos serviços de saúde. Sua declaração de missão manifesta a aspiração dos atores sociais de trazer a interseccionalidade para o campo das políticas públicas: "A IBPA fornece um método novo e eficaz para entender as variadas implicações relevantes para a equidade da política e promover melhorias baseadas em equidade e justiça social em uma base populacional cada vez mais diversificada e complexa"[40].

A defesa dos direitos humanos constitui outra arena de vital importância para a interseccionalidade como práxis crítica. As ideias expressas na Declaração Universal dos Direitos Humanos de 1948 invocam entendimentos de interseccionalidade que promovem iniciativas de justiça social. O artigo 1 afirma que todos os seres humanos "nascem livres e iguais em dignidade e direitos"; o artigo 2 declara que todos os seres humanos "têm direito a todos os direitos e liberdades estabelecidos nesta Declaração, sem distinção de nenhum tipo, como raça, cor, sexo, idioma, religião, opinião política ou outra natureza, origem nacional ou social, propriedade, nascimento ou outro"[41]. Contudo, como as categorias protegidas ganham significado tanto em relação uma a outra como em contextos sociais específicos, uma declaração estritamente legal não pode, por si só, proporcionar direitos humanos. Como as ideias e a práxis crítica da interseccionalidade estão alinhadas com o *éthos* dos direitos humanos, o uso da interseccionalidade como ferramenta analítica pode ser uma importante lente crítica para as iniciativas em favor dos direitos humanos[42].

Faculdades e universidades constituem locais cruciais, embora frequentemente desconsiderados, onde há interseccionalidade como práxis crítica. No ensino superior,

---

[39] Tiffany Manuel, "Envisioning the Possibilities for a Good Life: Exploring the Public Policy Implications of Intersectionality Theory", *Women, Politics and Policy*, v. 28, 2006, p. 173-203.

[40] Olena Hankivsky (org.), *An Intersectionality-Based Policy Analysis Framework*, cit.

[41] Ver Michael Freeman, *Human Rights* (Cambridge, Polity, 2011), p. 5.

[42] Maylei Blackwell e Nadine Naber, "Intersectionality in an Era of Globalization: The Implications of the UN World Conference against Racism for Transnational Feminist Practices", *Meridians: Feminism, Race, Transnationalism*, v. 2, 2002, p. 237-48; Kimberlé Williams Crenshaw, "Background Paper for the Expert Meeting on the Gender-Related Aspects of Race Discriminations", Zagrebe, WCAR Documents, 21-24 nov. 2000.

70 Interseccionalidade

distinções rígidas entre administração, docência e serviços dificultam a colaboração entre esses vários grupos para criar as condições que possibilitam a interseccionalidade como forma de investigação e práxis críticas. A atenção focada nos estudos e nas pesquisas sobre a interseccionalidade em geral ofusca a importância da pedagogia, ou do ensino e da aprendizagem da interseccionalidade, como um espaço importante da práxis crítica da interseccionalidade. O artigo da socióloga Nancy Naples, "Teaching Intersectionality Intersectionally" [Ensinando interseccionalidade interseccionalmente] faz uma análise importante das implicações pedagógicas da interseccionalidade. Em resposta ao desafio de realizar pesquisas interseccionais, ela elaborou um curso que não apenas apresenta aos estudantes a complexidade dos estudos interseccionais, mas também tenta fazê-lo por meio de uma pedagogia interseccional. A vasta experiência de Naples com a pesquisa etnográfica fez com que estivesse muito atenta ao processo de planejamento do curso e avaliação de sua trajetória. Como ressalta, "poucos especialistas discutem como fazer diferentes abordagens interseccionais dialogarem entre si. De fato, meu desejo é que mais especialistas que reivindicam uma análise interseccional para seu trabalho explicitem a sua metodologia"[43].

Naples também fornece uma análise importante dos vínculos entre metodologia e práxis. Ela identifica a ênfase da socióloga feminista canadense Dorothy Smith na reflexão, na ação e na responsabilidade como um dos *insights* metodológicos mais poderosos para a pesquisa interseccional. Vê no trabalho de Smith uma "práxis feminista interseccional" que chama atenção para a maneira como o ativismo ou a experiência moldam o conhecimento, um entendimento que, por vezes, se perde quando as abordagens teóricas são institucionalizadas no meio acadêmico. Também reflete a práxis feminista que deu origem ao conceito e reconhece que a teoria se desenvolve em diálogo com a prática[44].

As salas de aula das faculdades podem ser o local onde se aprende sobre a interseccionalidade, mas as experiências em dormitórios, refeitórios, bibliotecas, eventos esportivos e, para quem precisa trabalhar para pagar os estudos, no emprego são onde a interseccionalidade é realmente vivenciada. Se as ideias a respeito da interseccionalidade têm pouco significado para a prática da interseccionalidade no dia a dia estudantil, a legião de funcionárias e funcionários que prestam apoio nas faculdades e nas universidades, desde responsáveis pelas estratégias de diversidade até assistentes residentes em dormitórios, perde uma grande oportunidade

---

[43] Nancy Naples, "Teaching Intersectionality Intersectionally", *International Feminist Journal of Politics*, v. 11, 2009, p. 573.

[44] Ibidem, p. 574.

pedagógica para a práxis interseccional. Equipes administrativas e de apoio que implementam políticas para estudantes ou trabalham diretamente com eles dando aula. O corpo docente universitário também é vanguarda da interseccionalidade como práxis crítica. Coletivamente, estudantes, docentes, quadro administrativo e de suporte podem usar a interseccionalidade como importante ferramenta analítica para moldar sua práxis crítica.

Pensar sobre a pedagogia interseccional mostra que as distinções entre a investigação crítica e a práxis crítica raramente são tão evidentes quanto se imagina. Quando se trata de interseccionalidade, a produção acadêmica, especialmente a que tem influência direta na pedagogia, pode constituir uma forma de ativismo intelectual[45]. O avanço da interseccionalidade como forma de investigação crítica requer a construção de uma base estudantil de graduação e pós-graduação que se envolve com textos seminais sobre interseccionalidade. Nesse sentido, os livros e, sobretudo, os manuais escolares são importantes porque reúnem leituras que fornecem um roteiro para pensar sobre um campo de estudo[46]. Como um desenvolvimento paralelo, os livros se baseiam em variações do termo "interseccionalidade" e oferecem uma seleção de artigos importantes para ajudar a formatar esse campo de investigação[47]. Textos centrais que explicam os principais conceitos a estudantes de graduação também têm uma contribuição importante[48]. O volume editado em 2014 por Patrick Grzanka[49] não só passa em revista os estudos interseccionais, como fornece um marco que sugere uma mudança significativa nos projetos interseccionais aprimorados pelo tipo de investigação e práxis preconizado pelos participantes do estudo de Dill.

A SINERGIA DE INVESTIGAÇÃO E PRÁXIS

No capítulo 1, discutimos brevemente a relacionalidade como um tema central da interseccionalidade que assume formas diversas e emprega termos como

---

[45] Patricia Hill Collins, *On Intellectual Activism* (Filadélfia, Temple University Press, 2012).

[46] Margaret Andersen e Patricia Hill Collins (orgs.), *Race, Class and Gender: Intersections and Inequalities* (10. ed., Belmont, Wadsworth, 2020).

[47] Michele Berger e Kathleen Guidroz (orgs.), *The Intersectional Approach: Transforming the Academy through Race, Class & Gender* (Chapel Hill, University of North Carolina Press, 2009).

[48] Lynn Weber, "A Conceptual Framework for Understanding Race, Class, Gender, and Sexuality", *Psychology of Women Quarterly*, v. 22, 1998, p. 13-32.

[49] Patrick Grzanka (org.), *Intersectionality: A Foundations and Frontiers Reader* (Filadélfia, Westview, 2014).

72 INTERSECCIONALIDADE

"coalizão", "solidariedade", "diálogo", "conversa", "interação" e "transação". Como a ideia de relacionalidade atravessa muitas pesquisas e práticas interseccionais, nós a colocamos no centro deste capítulo e a desenvolvemos para conceituar uma relação sinérgica entre investigação e práxis como dimensões da interseccionalidade.

O restante deste capítulo apresenta dois casos muito diferentes de sinergia interseccional. O primeiro examina de que maneira o uso da interseccionalidade como ferramenta analítica resultou em entendimentos complexos da violência. Visto que a violência contra as mulheres foi um poderoso catalisador da própria interseccionalidade e que a violência parece cada vez mais onipresente no contexto global, as análises interseccionais desse tópico não apenas são generalizadas, como influenciam o ativismo político e as políticas públicas. O uso da interseccionalidade como ferramenta analítica promove uma concepção mais ampla de como formas heterogêneas de violência contribuem para a desigualdade e a injustiça social[50]. A violência é uma questão importante para mostrar como a sinergia entre investigação e práxis realmente funciona na interseccionalidade.

O segundo caso analisa a práxis interseccional em um local improvável, a saber, como o caminho do economista Muhammad Yunus para criar uma estrutura em torno do microcrédito e das pessoas pobres de zonas rurais sugere uma maneira interseccional de trabalhar. Esse caso tem semelhanças com o movimento das mulheres afro-brasileiras, em que estas avançaram as ideias da interseccionalidade antes do surgimento do próprio termo. O termo não é crucial na abordagem de Yunus. Em vez disso, esse caso mostra como a práxis crítica permitiu que dimensões importantes da interseccionalidade se desenvolvessem.

Violência como problema social

O artigo inovador de Kimberlé Crenshaw, "Mapping the Margins: Intersectionality, Identity Politics and Violence against Women of Color" [Mapeando as margens: interseccionalidade, política identitária e violência contra as mulheres de cor"][51], argumenta que a investigação e a práxis interseccionais são necessárias para abordar o problema social da violência contra as mulheres de cor.

---

[50] Patricia Hill Collins, "The Tie That Binds: Race, Gender and US Violence", *Ethnic and Racial Studies*, v. 21, 1998, p. 918-38.

[51] Kimberlé Williams Crenshaw, "Mapping the Margins: Intersectionality, Identity Politics and Violence against Women of Color", *Stanford Law Review*, v. 43, 1991, p. 1.241-99.

O artigo tocou em uma sensibilidade mais profunda sobre a necessidade de novas explicações sobre a forma e os efeitos da violência contra as mulheres de cor que alcançou igualmente o mundo acadêmico e profissional. Não é possível chegar a soluções imaginando as mulheres como uma massa homogênea ou pintando os homens como perpetradores, tampouco concentrando-se exclusivamente nos indivíduos ou no poder do Estado como locais de violência. Soluções para a violência contra as mulheres continuarão improváveis se esse problema for tratado através de lentes exclusivas de gênero, raça ou classe. Por exemplo, lentes exclusivas de gênero, pelas quais os agressores são homens e as vítimas são mulheres, ou lentes exclusivas de raça, que priorizam a violência policial contra homens negros em detrimento da violência doméstica contra mulheres negras, mostram as limitações do pensamento não interseccional.

Quando se trata de violência, o uso da interseccionalidade como ferramenta analítica mostra a relação sinérgica entre investigação e práxis críticas. Três exemplos revelam como a interseccionalidade molda iniciativas de combate à violência. A organização do movimento One Billion Rising for Justice, nosso primeiro exemplo, ilustra como as estruturas interseccionais afetam as atividades ligadas à justiça social em vários contextos locais. O One Billion Rising for Justice é um chamado global para que mulheres que sobreviveram à violência e quem as ama se reúnam em segurança fora dos lugares onde têm acesso à justiça – tribunais, delegacias, agências governamentais, escolas, locais de trabalho, locais que sofrem com a injustiça ambiental, tribunais militares, embaixadas, ambientes de culto, casas ou simplesmente espaços de reunião pública. As mulheres são incentivadas a se reunir em lugares próximos, onde merecem se sentir seguras, porém muitas vezes isso não acontece. O movimento apela para que as sobreviventes quebrem o silêncio, contando suas histórias por meio de arte, dança, marchas, rituais, canções, récitas, testemunhos ou da maneira que acharem melhor. Lançado em 2012, no também Dia dos Namorados norte-americano, 14 de fevereiro, o movimento cresceu e evoluiu.

Em 2013, 1 bilhão de pessoas em 207 países se mobilizou e dançou para exigir o fim da violência contra mulheres e meninas. Surpreendentemente, a iniciativa conseguiu manter o alto nível de envolvimento, casando iniciativas locais com a mídia global. Em 2014, o movimento focou a questão da justiça para sobreviventes da violência de gênero, escolhendo o tema: "Um bilhão de pessoas mobilizadas em favor da justiça". Em 2015, milhões de ativistas em mais de duzentos países se reuniram pela "Mobilização em favor da revolução", pedindo uma mudança no sistema para que a violência contra mulheres e meninas seja impensável. Em 2016, o chamado para mudança teve como foco as mulheres oprimidas, e o objetivo era chamar atenção, em âmbitos nacional e internacional, para seus problemas. Em 2017 e 2018, o tema "Mobilização em favor da solidariedade" reagiu contra a crescente visibilidade do populismo de direita e a ameaça que isso representa para mulheres e meninas. Significativamente, o movimento One Billion Rising incorporou, de modo consistente, uma análise interseccional à missão, à análise da violência contra mulheres e meninas e à explicação para essa violência.

O foco do site e do dia de ação do One Billion Rising for Justice são as necessidades de mulheres e meninas, mas nenhuma mulher ou categoria de mulheres representa esse bilhão. Usando o site e o dia de ação para reunir em uma comunidade global imaginada projetos aparentemente não relacionados, o movimento destaca a multiplicidade de experiências das mulheres com a violência, bem como as estratégias inovadoras a que recorrem para sobreviver. O One Billion Rising for Justice destaca como a violência afeta a vida de todo mundo e vê a necessidade de mobilizar todas as pessoas em apoio às mulheres. As ações envolvem mulheres de diversas origens, entes queridos e aliados. Não se trata de um movimento de exclusão. Ele atua em um contexto global, no qual grupos diferentes entendem que viver sem medo da violência é um aspecto importante dos direitos humanos.

O caso do One Billion Rising for Justice também ilustra o poder da internet e das mídias sociais como ferramentas de mobilização contra a violência na vida cotidiana e o discurso de ódio na cultura popular. Esse discurso de ódio contra as mulheres inclui não apenas palavras, mas uma série de imagens, letras de músicas, gestos e outras formas de comunicação que, coletivamente, contribuem para um *éthos* de violência. Do mesmo modo que a pornografia explícita é identificável porque vincula a sexualidade à violência, imagens constantes na mídia exibindo partes do corpo das mulheres que são sexualizadas na cultura popular fomentam o abuso contra as mulheres. Mas a misoginia adquire sentido diante de outras opressões que agem por meio de raça, religião, heterossexualidade, classe e capacidade. Na cultura popular negra, por exemplo, as mulheres aparecem como alvo de violência. Essa visão tenta dessensibilizar os espectadores para o tipo de violência praticada contra inúmeras mulheres afro-americanas e incentivar os homens afro-americanos (e aqueles que os imitam) a entender que eles têm direito a esse tipo de conduta. A maneira como a mídia de massa representa a violência contra as pessoas negras, isto é, como entretenimento, assemelha-se à violência retratada na pornografia explícita contra as mulheres.

O Centro de Estudos sobre Interseccionalidade e Política Social da Universidade de Columbia fornece um segundo exemplo de iniciativa de combate à violência moldada pela sinergia entre investigação e práxis críticas da interseccionalidade. Liderado por Kimberlé Crenshaw, o centro foi fundado em 2011 com o objetivo de analisar criticamente como as estruturas sociais e as categorias de identidade relacionadas, que interagem em vários níveis, como gênero, raça e classe, resultam em desigualdade social. Primeira instituição desse tipo nos Estados Unidos, o Centro de Estudos de Interseccionalidade e Política Social tem um papel importante, facilitando o diálogo intelectual entre especialistas em interseccionalidade, desenvolvendo redes de pesquisa interdisciplinares, integrando pesquisas e análises interseccionais ao debate sobre políticas e defesa da justiça social e inovando o programa acadêmico e as oportunidades de aprendizagem para estudantes da Faculdade de Direito de Columbia e de outros lugares.

O centro serviu como principal apoio à pesquisa do Fórum de Políticas Afro-Americanas (AAPF, em inglês) para a ação afirmativa nacional e transnacional. Esse *think-tank* reúne membros da academia, ativistas e formuladoras e formuladores de políticas para desmantelar a desigualdade estrutural e desenvolver novas ideias e perspectivas para mudar o discurso e as políticas públicas. O trabalho do AAPF promove estruturas e estratégias que visam às bases da discriminação relacionada às interseções entre raça, gênero e classe.

A violência contra homens e meninos negros foi um catalisador importante para as ações do AAPF. O fórum aprendeu rapidamente que enfrentar a violência exigia uma iniciativa mais ampla e assumiu a liderança ao analisar o My Brother's Keeper (MBK), programa pela justiça racial criado por Barack Obama, ex-presidente dos Estados Unidos. Lançado em fevereiro de 2014, o MBK visava a solucionar o problema de baixo desempenho e orientação de jovens negros e pardos, mas excluía as mulheres jovens. Para muitos, essa exclusão provou como é fácil desconsiderar as opressões entrelaçadas que afetam as oportunidades de vida das mulheres negras. Em solidariedade às mulheres, duzentos homens negros assinaram uma carta aberta ao presidente Obama para expressar sua preocupação com a exclusão de meninas e mulheres negras do MBK. Os signatários pediam "uma iniciativa interseccional" que enfatizasse a "denúncia de privilégios masculinos, sexismo e cultura do estupro na busca pela justiça racial". Argumentaram que "a exclusão de meninas e mulheres do MBK as relegaria mais uma vez ao lugar que ocuparam por muito tempo na luta pela igualdade racial e sexual: as margens"[52].

---

[52] Erica Thurman, "Because All the Women Are Not White and All the Blacks Are Not Men: MBK, Intersectionality, and 1000+ Of Us Who Are Brave", *The Veil*, 19 jun. 2014. Disponível em: <http://ericathurman.com/mbk-and-woc/>; acesso em: jun. 2020.

Duas semanas após a publicação dessa carta, mais de mil mulheres e meninas de cor assinaram uma carta aberta endereçada ao governo Obama pedindo sua inclusão no MBK. Ao elogiar "os esforços da Casa Branca, da filantropia privada, das organizações de justiça social e de outros países para ir além das abordagens 'cegas à cor'* para os problemas específicos das raças", as signatárias expressaram sua consternação com a exclusão de mulheres e meninas de cor desse programa crítico. Argumentaram:

> O enfrentamento da crise que atinge os meninos não deve ocorrer em detrimento do enfrentamento das escassas oportunidades oferecidas às meninas, que moram nas mesmas casas que eles, sofrem nas mesmas escolas que eles e lutam como eles para superar um histórico comum de oportunidades limitadas causado por várias formas de discriminação. Simplesmente não podemos aceitar que os efeitos dessas condições para mulheres e meninas as diminuam a ponto de as tornar invisíveis e consideradas tão insignificantes que não mereçam a atenção das mensagens, das pesquisas e dos recursos dessa iniciativa sem precedentes.[53]

O Centro de Estudos sobre Interseccionalidade e Política Social e o AAPF iniciaram uma série de eventos baseados na interseccionalidade para divulgar seus esforços a fim de educar o público, organizar grupos concernentes e influenciar políticas públicas. O AAPF também divulgou uma série de publicações para o público em geral. Por exemplo, o relatório da instituição, "Black Girls Matter: Pushed Out, Overpoliced and Underprotected" [Meninas negras importam: excluídas, policiadas e desprotegidas], recomenda políticas para lidar com desafios específicos enfrentados por meninas de cor, como revisar políticas que as direcionam a centros de supervisão de menores; desenvolver programas que identifiquem sinais de violência sexual e as ajudem a lidar com experiências traumáticas; promover programas de apoio a adolescentes grávidas, com filhos ou outras responsabilidades familiares significativas; e melhorar a coleta de dados para rastrear de maneira eficaz

---

* Neste livro, adotamos o mesmo critério de tradução para o termo *colorblind* adotado em Patricia Hill Collins, *Pensamento feminista negro* (trad. Jamille Pinheiro Dias, São Paulo, Boitempo, 2019). O termo, em tradução literal, significa "daltônico". No contexto, refere-se ao não reconhecimento oficial de que o fato racial causa diferenças de tratamento na sociedade – ideia próxima ao conceito de neutralidade racial (*race neutrality*). (N. E.)

[53] "Why We Can't Wait: Women of Color Urge Inclusion in 'My Brother's Keeper'", AAPF, 17 jun. 2014. Disponível em: <http://aapf.org/2014/06/woc-letter-mbk/>; acesso em: jun. 2020. Essa carta levou a uma intensa campanha no Twitter sob a *hashtag* #WhyWeCantWait – em referência ao livro de Martin Luther King Jr., inspirado em sua "Carta de uma prisão em Birmingham", publicado em 1964.

A INTERSECCIONALIDADE COMO INVESTIGAÇÃO E PRÁXIS CRÍTICAS 77

a disciplina e o desempenho por raça/etnia e gênero em todos os grupos[54]. O centro também lançou uma série de *hashtags* vinculadas a suas iniciativas programáticas, como a #BreakingtheSilence, relacionada a reuniões em prefeituras para aumentar a conscientização do público sobre os problemas enfrentados por mulheres e meninas negras; a #BlackGirlsMatter, relativa à campanha em mídia social que acompanhou o relatório "Black Girls Matter"; a #SayHerName, amplo esforço para denunciar a brutalidade policial contra as afro-americanas; e a #HerDreamDeferred, em torno de uma série de eventos relacionados à Declaração das Nações Unidas de 2015, para marcar o início do programa Década Internacional de Afrodescendentes. Influenciadas pela filosofia interseccional de seu principal centro, essas atividades do AAPF ilustram a sinergia entre investigação e práxis.

Uma terceira iniciativa de combate à violência também reflete a relação sinérgica entre investigação e práxis críticas. Organizações mais radicais contra a violência, como a do grupo INCITE!, formado por mulheres, pessoas não conformantes de gênero e pessoas trans de cor, que exige que a violência institucionalizada seja detectada em todas as suas formas para pôr fim à violência contra grupos multiplamente oprimidos. Nas palavras da INCITE!, o objetivo é "pôr fim a todas as formas de violência contra mulheres, não conformantes de gênero e pessoas trans de cor e suas comunidades". A organização abrange grupos de movimentos de base locais e afiliados nos Estados Unidos que atuam em questões como violência policial, justiça reprodutiva, justiça na mídia e projetos políticos similares. É significativo o uso de uma estrutura de análise e ação chamada "interseções perigosas":

> Na base do nosso trabalho há uma estrutura que chamamos de interseções perigosas. Isso significa que mulheres, não conformantes de gênero e pessoas trans de cor vivem na perigosa interseção entre sexismo e racismo, além de outras opressões. [...] movimentos contra a violência sexual e doméstica têm sido fundamentais para romper o silêncio em torno da violência contra as mulheres. Porém, à medida que esses movimentos se profissionalizam e se despolitizam, eles, muitas vezes, relutam em abordar como a violência opera de maneira institucionalizada e contra pessoas oprimidas. A INCITE! reconhece que é *impossível* tratar seriamente a violência sexual e a violência cometida por parceiros íntimos nas comunidades de cor sem abordar essas estruturas maiores de violência (o que inclui o militarismo, os ataques aos direitos dos imigrantes e aos tratados indígenas, proliferação de penitenciárias,

---

[54] Kimberlé Williams Crenshaw, Priscilla Ocen e Jyoti Nanda, *Black Girls Matter: Pushed Out, Overpoliced, and Underprotected* (Nova York, African American Policy Forum and Columbia Law School's Center for Intersectionality and Social Policy Studies, 2015).

neocolonialismo econômico, indústria médica etc.). Portanto, nossa mobilização é focada em locais onde a violência do Estado e a violência sexual/cometida por parceiro íntimo se cruzam.[55]

Existem muito mais organizações de base (como a INCITE!) que projetos calcados na internet (como o One Billion Rising) ou organizações de defesa de políticas (como o AAPF). A práxis localmente engajada da INCITE! significa que sua análise pode ser mais radical, e sua situação financeira, mais precária, o que cria desafios específicos para manter a organização ao longo do tempo, de modo que ela possa se engajar contra todas as formas de violência. A INCITE! mantém uma página na internet que dá continuidade a sua missão inicial; sua declaração política está ligada a sua prática de base; e os desafios que enfrenta são semelhantes aos de outras organizações de base que discutiremos nos próximos capítulos.

O movimento One Billion Rising, as iniciativas do AAPF em relação às políticas públicas e a organização de base da INCITE! concordam na necessidade de combater a violência e recorrer à interseccionalidade para dar forma a suas ações. Porém, a sinergia entre investigação e práxis que buscamos nesses casos difere drasticamente. O One Billion Rising é um centro de coordenação global de uma infinidade de projetos (que precisa de apoio para seu esforço de coordenação); os projetos específicos que compõem sua rede global são locais e/ou regionais e têm de encontrar formas de se financiar. Como essa rede é muito grande, os projetos locais podem integrar ou abandonar o movimento sem afetar demasiado sua missão abrangente. O One Billion Rising ilustra os benefícios do ativismo virtual como compartilhamento de ideias, mas sua capacidade restrita de definir políticas públicas dentro e entre Estados-nação aponta para as limitações do ativismo virtual como único mecanismo no caso de iniciativas contra a violência. Em contraste, o AAPF atua com políticas públicas. Para dar continuidade à missão de influenciar políticas públicas, deve ter apoio financeiro e institucional substancial. Suas publicações, campanhas em mídias sociais e reuniões em prefeituras são dispositivos nacionais destinados a informar e mobilizar o público em favor de iniciativas de combate à violência. No entanto, esse apoio institucional pode vir de redes institucionais de universidades, filantropia e governos, que não apenas querem saber como seu dinheiro está sendo gasto, o que é compreensível, mas também podem tentar interferir na governança interna ou nas orientações das entidades financiadas.

---

[55] INCITE! "Analysis: Dangerous Intersections", s. d. Disponível em: <http://incite-national.org/page/analysis>; acesso em: jun. 2020.

Organizações de base, como a INCITE!, sobrevivem em condições financeiras e políticas mais precárias, todavia sua condição de marginalidade também expõe características marcantes de seu trabalho crítico. Notáveis diferenças de opinião em torno da questão da violência também permeiam a compreensão do combate à violência, fornecendo uma oportunidade útil para observarmos a sinergia entre investigação e práxis críticas da interseccionalidade.

No capítulo 1, argumentamos que as relações de poder devem ser analisadas tanto por meio de suas interseções (por exemplo, racismo e sexismo) quanto entre domínios do poder (estruturais, disciplinares, culturais e interpessoais). A violência pode ser analisada tanto pela maneira como atravessa os sistemas de poder interseccionais como pela maneira como é organizada entre os domínios do poder. Em contextos sociais variados, o uso ou a ameaça de violência é central nas relações de poder que produzem desigualdades sociais. Uma análise interseccional revela não apenas como a violência é entendida e praticada dentro de sistemas fechados de poder, mas também como constitui um fio comum que liga racismo, colonialismo, heteropatriarcado, nacionalismo e capacitismo. Ao questionar como as formas de violência dentro de sistemas separados podem de fato se interconectar e se apoiar mutuamente, a estrutura analítica da interseccionalidade abre novos caminhos de investigação. Como a violência tem sido uma preocupação para feministas, lideranças antirracistas, intelectuais, lideranças comunitárias e profissionais de diversos campos de estudo, a investigação e a práxis interseccionais oferecem uma compreensão mais sólida da violência.

Descobrindo a interseccionalidade em lugares improváveis

O trabalho do economista Muhammad Yunus, ganhador do Prêmio Nobel, não costuma ser relacionado à interseccionalidade. No entanto, sua abordagem para trabalhar com pessoas pobres de áreas rurais e seus estudos, em que promove uma nova maneira de conceituar e remediar a pobreza, têm implicações potenciais para a práxis crítica da interseccionalidade. Yunus é conhecido por criar um modelo de microcrédito que oferece acesso a pequenos empréstimos às pessoas pobres. É significativo que seu sistema alternativo de financiamento não apenas as ajude, mas também apresente uma crítica a aspectos específicos do capitalismo. Yunus reconhece que "o capitalismo está em séria crise" e identifica causas econômicas e físicas imediatas para as crises na área de alimentação, energia e meio ambiente. Ele afirma: "Todas essas crises têm algo em comum.

80 Interseccionalidade

Todas refletem a inadequação do sistema econômico atual. Em cada caso, enfrentamos problemas sociais que não podem ser resolvidos apenas pelo livre mercado, como se acredita atualmente"[56]. Ao tratar da grande convulsão gerada pelo colapso de 2008 nos principais setores do sistema financeiro global, afirma: "Uma coisa é evidente. O sistema financeiro quebrou devido a uma distorção fundamental de seu objetivo básico"[57]. Além disso,

> a pobreza não foi criada pelas pessoas pobres, mas é resultado do sistema socio-econômico que projetamos para o mundo [...] a confiança em conceitos falhos explica por que as interações entre instituições e pessoas resultaram em políticas que produzem pobreza para tantos seres humanos, em vez de reduzi-la. A culpa pela pobreza, portanto, está no topo da sociedade, é de intelectuais e formuladores de políticas. Ela não é reflexo de uma falta de capacidade, vontade ou esforço por parte das pessoas empobrecidas.[58]

Esse é um esboço sucinto das principais ideias de seus estudos sobre a pobreza. Reconhecemos que as críticas feministas à maneira como Yunus aborda a pobreza levantam pontos importantes. Yunus não é um pensador social marxista nem um crítico feminista, tampouco um estudioso antirracista. Nas práticas predominantes de categorização dos pensadores para o engajamento com suas ideias, ele não se encaixa perfeitamente em nenhuma. Sua rejeição de uma hipótese central do capitalismo torna sua práxis discretamente radical.

Nossa preocupação é menos a substância da ideia de economia com que Yunus ganhou o Prêmio Nobel ou com a ampliação de suas ideias em um contexto global e mais a forma como a sinergia entre investigação e práxis crítica moldou essa nova abordagem dos desafios enfrentados por pessoas pobres de áreas rurais. Nós nos perguntamos que tipo de prática crítica levou Yunus a seguir essa linha específica de investigação. Muitas pessoas estudam a pobreza rural, mas a pobreza não era a área de conhecimento acadêmico de Yunus. Inúmeros formuladores e formuladoras de políticas se propuseram a remediar a pobreza decorrente das desigualdades econômicas globais que discutimos no capítulo 1, mas esse não era o objetivo principal de Yunus. Ele não partiu das estruturas interpretativas já existentes da

---

[56] Muhammad Yunus, "Economic Security for a World in Crisis", *World Policy Journal*, verão de 2009, p. 6.

[57] Idem.

[58] Idem, "Credit for the Poor: Poverty as Distant History", *Harvard International Review*, outono de 2007, p. 20.

interseccionalidade nem elaborou uma análise de gênero sobre o capitalismo global e a feminização da pobreza. Ele também não se envolveu com o capitalismo nos mesmos termos que os teóricos políticos marxistas. Então, como desenvolveu uma nova abordagem da pobreza?

Na versão transcrita de uma palestra proferida na Universidade da Cidade de Nova York[59], Yunus conta como iniciou seu projeto de microcrédito para pessoas pobres. Em vez de abordar a pobreza com os métodos padrão de pesquisa científica – por exemplo, identificando perguntas e argumentos na literatura, elaborando e depois "testando" hipóteses em campo (sobre pessoas pobres) –, Yunus começou prestando atenção à pobreza na área rural de Bangladesh. Ele descreve como começou seu trabalho:

> Não foi porque eu estava fazendo muita pesquisa ou porque era um membro sério da universidade [...] As circunstâncias em que eu me encontrava em Bangladesh, naquela universidade, naquela situação, de alguma forma, a gente se sente forçado a fazer alguma coisa. A situação era tão terrível ao redor, no *campus*, no país. A gente sente o desespero da situação que nos leva a fazer alguma coisa [...] a universidade onde eu trabalhava ficava perto das aldeias [...] a gente vê as terríveis condições. É um *campus* bonito, mas, do lado de fora, uma vila terrível.[60]

Yunus se perguntou: "Posso fazer alguma coisa de útil para uma pessoa, ainda que seja por um dia?". Essa pergunta simples despertou o que, para o sociólogo Charles Wright Mills, é "imaginação sociológica" como sinergia entre biografia, história e sociedade[61]. Começando de forma modesta e trabalhando de baixo para cima, a partir de coisas aparentemente insignificantes, Yunus pôde pensar fora da caixa da teoria econômica predominante e reformular o modo como compreendia por que as pessoas vivem na pobreza nas áreas rurais. Ele não abandonou a teoria econômica dominante, mas a colocou entre parênteses, tentando ver o mundo como as pessoas pobres o viam. A partir desse novo ângulo de visão adquirido com essa prática, pôde formular novas ideias e estratégias que visavam a ajudar pessoas pobres.

Yunus começou a fazer pequenas coisas para as pessoas que residiam nas aldeias perto da universidade e, nesse processo, passou a entender a vida na aldeia e a vida

---

[59] Idem, "Muhammad Yunus: Global Visionary", *Cuny Forum*, v. 2, 2014-2015, p. 87-92.

[60] Ibidem, p. 87.

[61] Charles Wright Mills, *The Sociological Imagination* (Oxford, Oxford University Press, 2000 [1959]) [ed. bras.: *A imaginação sociológica*, trad. Waltensir Dutra, 6. ed., Rio de Janeiro, Zahar, 1982].

82 Interseccionalidade

das pessoas. Essa perspectiva íntima, pessoal e de baixo para cima convenceu-o de que a concessão de empréstimos contribuía para manter as pessoas pobres em situação de pobreza. Economista capacitado, Yunus sabia que a concessão de empréstimos ultrapassava em muito aquela única vila e ocorria não apenas em Bangladesh; era, sim, um problema global[62]. Ajudar as pessoas pobres naquelas condições parecia um quebra-cabeça teórico e político aparentemente insolúvel. Yunus descreve seu momento de descoberta:

> De repente me ocorreu que eu poderia fazer alguma coisa! E era uma ideia muito simples, e segui em frente. A ideia era: por que não empresto dinheiro para que as pessoas venham me procurar? Assim não precisam procurar agiotas. Por que continuar gritando e escrevendo artigos sobre empréstimos concedidos por agiotas? Posso fazer alguma coisa emprestando meu dinheiro.[63]

A estratégia de emprestar seu próprio dinheiro às pessoas que residiam nas aldeias, confiando que elas o devolveriam, ia muito além da teoria e da prática econômica tradicional. Contudo, elas pagaram o empréstimo. Yunus, ao emprestar o dinheiro devolvido a outras pessoas, percebeu que não podia mais cobrir os empréstimos com seu próprio dinheiro. As pessoas pobres que se tornaram economicamente mais estáveis devido ao microcrédito que receberam, primeiro de Yunus e depois umas das outras, tornaram-se credoras de outras que precisavam de microcrédito. A maneira como ele abordava o comércio bancário seguia princípios drasticamente diferentes daqueles dos bancos tradicionais. Isso levou as pessoas pobres a financiar umas às outras e reconfigurou as relações entre credores e devedores. Os empréstimos iniciais cresceram e se tornaram o banco Grameen, um banco de vilarejo criado em 1983 que possuía, em 2017, cerca de 2.600 agências em Bangladesh e atendia a 97% das aldeias do país, com 9 milhões de mutuários (97% dos quais mulheres). É significativo destacar que o banco é de propriedade desses mutuários e mutuárias. Yunus descreve como a filosofia do banco Grameen difere da dos bancos convencionais:

> Os bancos convencionais exigem garantias, e isso é um grande problema. Você precisa ter muito dinheiro para obter muito dinheiro de um banco. No primeiro dia, dissemos: esqueça isso. Se você pede garantias, não alcança as pessoas pobres,

---

[62] Ver, por exemplo, Kevin Bales, *Disposable People: New Slavery in the Global Economy* (Berkeley, University of California Press, 1999) [ed. port.: *Gente descartável: a nova escravatura na economia global*, trad. António Pescada, Lisboa, Caminho, 2001].

[63] Muhammad Yunus, "Muhammad Yunus: Global Visionary", cit., p. 87.

porque essas pessoas são as que não têm nada. Então, revertemos a coisa toda; nós não pedimos garantias. Como a gente faz, então? Construímos um relacionamento entre as pessoas e o banco [...] o banco todo é baseado na confiança.[64]

A filosofia de Yunus por trás do que ele desenvolveu e acabou se tornando uma iniciativa global ilustra a sinergia entre uma postura de práxis crítica e uma investigação crítica. A decisão de agir e a investigação de baixo para cima complementaram seus conhecimentos de economista capacitado. A abordagem de Yunus também o levou à interseccionalidade, mas não da forma tradicional. Seu projeto inicial era encontrar maneiras de ajudar as pessoas pobres dentro da estrutura capitalista. Contudo, esse ímpeto estimulou conexões entre classe e gênero: "Observei os bancos convencionais [...]. Depois que soube como funcionavam, fui em frente e fiz o contrário. E funcionou [...] eles se dirigem às pessoas ricas; eu me dirijo às pessoas pobres; eles se dirigem aos homens; eu me dirijo às mulheres; eles procuram o centro das cidades; eu procuro as aldeias remotas"[65]. Além disso, como não via as pessoas pobres em termos essencialistas, isto é, como uma pessoa pobre genérica ou uma mulher genérica, ele era receptivo às identidades múltiplas e interseccionais das pessoas que responderam ao projeto. O uso das categorias de classe, gênero e região não precedeu seu projeto, mas emergiu de dentro dele, com sua utilidade comprovada por seu funcionamento. Yunus passou a usar as categorias de classe, gênero e localização não apenas para explicar os problemas existentes, mas também para resolvê-los.

Yunus não pode ser facilmente categorizado em nenhum meio acadêmico ou metodologia predominante. Sua análise e sua práxis única merecem uma investigação mais aprofundada de especialistas em interseccionalidade, na medida que elas abordam temas relevantes para a interseccionalidade. Em primeiro lugar, Yunus se engajou em uma forma de pesquisa ativista sem a necessidade de uma estrutura de pesquisa ativista ou de uma identidade de pesquisador ativista para seguir essa orientação. Sua formação em economia o predispunha a distanciar-se da ação direta. No entanto, sua atuação ao longo de trinta anos à frente do banco Grameen e de negócios sociais relacionados possui semelhanças com as tradições de pesquisa ativista que aparentemente tiveram pouca influência em seu projeto.

Os estudos ativistas são conhecidos por muitos nomes, entre eles pesquisa de ação, pesquisa-ação participativa, pesquisa colaborativa, pesquisa engajada e

---

[64] Ibidem, p. 88.
[65] Idem.

84 Interseccionalidade

pesquisa intelectual pública. Em sua introdução a *Engaging Contradictions: Theory, Politics, and Methods of Activist Scholarship* [Contradições engajantes: teoria, políticas e métodos do estudo ativista], Charles Hale argumenta que a pesquisa e o engajamento político podem ser mutuamente enriquecedores e oferece uma ampla gama de perspectivas disciplinares e interdisciplinares sobre a aproximação dessas duas categorias. Como ele aponta, "os ensaios aqui reunidos têm como objetivo cultivar um campo, não encher um recipiente"[66]. Sua pesquisa de campo rendeu muitas obras de uma variedade de recipientes – tentativas de estabelecer um terreno de definição e, em seguida, estabelecer regras, procedimentos e melhores práticas, muitas vezes em um tom de manual do tipo "como fazer". Em contrapartida, o desafio de seu livro é "fornecer um mapeamento geral de como as pessoas pensam e praticam estudos ativistas, deixando o processo de pesquisa totalmente aberto à contradição, ao acaso e à crítica reflexiva"[67]. A gama de ensaios reunidos no volume detalha a heterogeneidade de abordagens e temas que se enquadram no título "pesquisa ativista".

Curiosamente, o exemplo do banco Grameen e a eficácia de sua abordagem no caso da pobreza rural também têm pontos semelhantes com os princípios da pesquisa-ação participativa (PAP), que envolve pesquisa empírica sistemática em colaboração com representantes da população sob investigação, com o objetivo de agir ou intervir em questões ou problemas em estudo. A PAP baseia-se no trabalho de especialistas críticos, como Paulo Freire[68], que enfatiza quão importante é para as pessoas oprimidas questionar e intervir nas condições de sua opressão. A PAP reflete pressupostos epistemológicos de que o entendimento autêntico dos problemas sociais exige o conhecimento de pessoas diretamente afetadas por eles. O conhecimento local é essencial para todas as etapas da PAP, e pesquisadores externos – por exemplo, de uma universidade – não são especialistas, mas colaboradores que, como copesquisadoras ou copesquisadores locais, trazem habilidades e conhecimentos específicos ao processo de pesquisa[69]. Não há evidências de que Yunus conhecesse a PAP ou a tenha usado como guia em seu trabalho. Mas a ideia de trabalhar com pessoas pobres que definem seus próprios problemas, implementar

---

[66] Charles Hale, *Engaging Contradictions*, cit., p. 3.

[67] Idem.

[68] Paulo Freire, *Pedagogy of the Oppressed* (Nova York, Herder and Herder, 1970) [ed. bras.: *Pedagogia do oprimido*, 69. ed., Rio de Janeiro, Paz & Terra, 2019].

[69] Tara Brown e Louie Rodriguez, "Special Edition: Youth in Participatory Action Research", *New Directions for Youth Development*, 123, 2009, p. 1.

soluções que funcionam (tomar medidas concretas) e avaliar as ações por seus resultados (melhorar a vida das pessoas pobres como meta digna) permeia esse caso.

O projeto do banco Grameen se assemelha a algumas das dimensões clássicas da PAP e difere de outras. Por exemplo, a maioria dos projetos de PAP concentra-se com frequência em populações desfavorecidas e tem objetivos explicitamente políticos. Yunus trabalhou com uma população multiplamente privada de direitos e, embora o projeto tenha tido implicações políticas importantes, seu objetivo inicial não era explicitamente político. O microcrédito não se ajusta aos quadros predominantes do que leva uma ação social a ser política; contudo, seus resultados tiveram impacto político. Da mesma forma, Yunus foi coparceiro no trabalho com mulheres pobres de zonas rurais. Como a pesquisa não era o objetivo principal, mas parte do processo de ajudar as pessoas pobres, essa forma de pesquisa ativista poderia facilmente ser descrita como um ativismo baseado na pesquisa. A sinergia é a força por trás da criação do banco Grameen.

Em segundo lugar, copesquisadoras e copesquisadores podem ser incluídos em diversos estágios do processo da PAP. Como Brown e Rodriguez explicam:

> Copesquisadoras e copesquisadores locais têm um papel essencial na concepção, na criação e na implementação do estudo, que pode mudar em função de fatores como necessidades da população estudada, descobertas ou resultados das ações. Assim, o processo de pesquisa é mais orgânico e dinâmico que em uma pesquisa convencional, em que a criação da pesquisa é predeterminada e fixa.[70]

A comparação da PAP com uma metodologia de pesquisa mais tradicional permite que alguns desafios metodológicos enfrentados por ela sejam identificados, a saber, críticas de que não é metodologicamente especificada e é otimista em excesso[71].

No entanto, o elemento principal que distingue a PAP das pesquisas mais tradicionais reside no entendimento da ação. Ações, campanhas ou influência sobre políticas, por exemplo, devem trazer uma mudança positiva que seja relevante para os objetivos e as conclusões do estudo, para o contexto em que a ação ocorre e para necessidades, interesses e formas de conhecer e se comunicar das pessoas que participaram do estudo. A eficácia da intervenção, baseada nos dados, é uma dimensão vital para avaliar a validade da PAP[72]. Aqui, o caso do banco Grameen aponta para uma ação dentro de uma trajetória sustentada por um longo período.

---

[70] Ibidem, p. 2.
[71] Ibidem, p. 4.
[72] Idem.

86 Interseccionalidade

Não se trata de uma ação episódica dentro de um estudo que usa a PAP como método, trabalha um curto período com pessoas privadas de direitos e depois adota outros métodos para estudar a pobreza. Em vez disso, o trabalho de Yunus à frente do banco Grameen constitui uma metodologia, uma maneira de trabalhar na sinergia entre investigação e práxis que enriquece potencialmente a ambas e é relevante para quem estuda interseccionalidade.

O QUE SIGNIFICA SER CRÍTICO?

Nossa discussão sobre a interseccionalidade como forma de investigação e práxis críticas levanta uma questão importante: o que significa ser crítico? No sentido em que é usado neste livro, o termo "crítico" significa criticar, rejeitar e/ou tentar corrigir problemas sociais que surgem em situações de injustiça social. Esse significado é extraído dos movimentos sociais do século XX que buscavam equidade, liberdade e justiça social. As pessoas envolvidas nos movimentos sociais por libertação anticolonial, direitos das mulheres, fim da segregação racial e liberdade sexual sabiam que suas ideias e ações eram importantes. No cenário histórico específico de um mundo que defendia o fim da segregação e da colonização, ser crítico exigia uma autorreflexividade de pensamento, sentimento e ação sobre a própria prática, bem como abertura a projetos seme-lhantes. Estudiosos, estudiosas e praticantes contemporâneos interessados na interseccionalidade demonstram em geral sensibilidades similares em relação às desigualdades sociais e aos problemas sociais causados por elas. Buscam análises de questões sociais que não apenas descrevem o mundo, mas tomam posição. Esses projetos costumam criticar injustiças sociais que caracterizam complexas desigualdades sociais, imaginar alternativas e/ou propor estratégias de ação viáveis para a mudança. Os diversos projetos críticos descritos neste capítulo refletem essa sensibilidade crítica.

Embora este livro entenda a interseccionalidade como um esforço crítico, a interseccionalidade não é universalmente entendida e praticada dessa maneira. Quando se trata de interseccionalidade, é muito importante prestar atenção à maneira como pensadoras, pensadores e profissionais exercem a crítica. Surpreendentemente, alguns projetos invocam a retórica interseccional em defesa de um *status quo* injusto, usam estruturas interseccionais para criticar a inclusão democrática. Eles podem usar a interseccionalidade como ferramenta analítica para justificar a desigualdade social. Por exemplo, o estudo de Jessie Daniels sobre a literatura supremacista branca ilustra a maneira como esta última identifica as conexões entre mulheres, pessoas negras, pessoas de origem judaica, "*mud people*"*, lésbicas e várias formas de mistura racial como a origem do declínio dos homens brancos[73]. Segundo o discurso supremacista branco, homens negros supostamente levam mulheres brancas de bem a se desviarem, em geral seduzindo-as sexualmente. Esse contato sexual inter-racial arruína efetivamente as mulheres brancas, mas melhora o *status* dos homens negros. "*Mud people*", ou os indivíduos de raça mista que resultam dessas uniões, são um lembrete tangível do embaçamento do tabu dos limites raciais. Lésbicas, que supostamente são judias, forçam as mulheres brancas a abraçar os valores feministas. O resultado, conforme a literatura supremacista branca, é que a mistura de raças, gêneros, sexualidades e religiões contribui para a queda dos homens brancos das posições de superioridade econômica e política[74]. Ironicamente, a interseccionalidade como ferramenta analítica é empregada não como ferramenta de inclusão democrática, mas para justificar a segregação racial, étnica, sexual e de gênero e a desigualdade social. Esse exemplo sugere que, se o discurso supremacista branco consegue encontrar maneiras de desenvolver argumentos interseccionais, projetos igualmente controversos, como o nacionalismo branco, o populismo de direita e o fascismo, também conseguirão fazê-lo[75].

"Crítico" não é necessariamente o mesmo que ser progressista. Esses termos aparecem em geral combinados, dando a impressão de que sabemos o que significa "crítico" antes de usá-lo. Ser progressista (ou conservador) não significa carregar de uma situação para outra uma caixa de ferramentas cheia de crenças "críticas" predefinidas e aplicá-las mecanicamente. Isso pode levar a uma crítica dogmática que se baseia em ideias de policiamento. Em contrapartida, se as ações sociais específicas são, de fato, críticas, não se mede por fórmulas ideológicas abstratas (sejam conservadoras, progressistas, liberais ou radicais), mas pela maneira como as ideias são usadas em contextos históricos e sociais específicos. Em 1968, a ativista afro--americana Fannie Lou Hamer criticou a política de segregação racial do Mississippi

---

* Termo racista informal e inusual para se referir a pessoas negras. Literalmente, "povo da lama". (N. T.)

[73] Jessie Daniels, *White Lies: Race, Class, Gender, and Sexuality in White Supremacist Discourse* (Nova York, Routledge, 1997).

[74] Idem; Abby Ferber, *White Man Falling: Race, Gender, and White Supremacy* (Lanham, Rowman and Littlefield, 1998).

[75] Jason Stanley, *How Fascism Works: The Politics of Us and Them* (Nova York, Random House, 2018) [ed. bras: *Como funciona o fascismo: a política do "nós" e "eles"*, trad. Bruno Alexander, 2. ed., Porto Alegre, L&PM, 2018].

exigindo seu direito ao voto; ela pagou caro por suas ações. Ao enfrentar a injustiça racial, perdeu sua casa, foi espancada e presa. Esquecemos que no Mississippi, em 1968, mulheres e homens afro-americanos que, como cidadás e cidadáos, tentaram exercer seu direito ao voto aderiram a ações não apenas progressistas, mas também radicais. Suas ações não precisaram de um selo de aprovação acadêmico ideológico. Seria bom lembrar que os estudos e as práticas que reivindicam a linguagem da interseccionalidade e da crítica devem refletir uma sinergia de investigação e práxis.

3
COMO ENTENDER A HISTÓRIA DA INTERSECCIONALIDADE?

As histórias que a maioria das pessoas aprende na escola, geralmente, concordam quanto à origem, às figuras-chave que desempenharam papéis importantes e aos fatos notáveis que levaram a resultados importantes. Estudantes fazem provas que avaliam seus conhecimentos sobre os supostos fatos e escrevem artigos sobre seu significado. Essas versões oficiais da história podem ser amplamente aceitas, mas a interpretação direta da história que elas fazem privilegia alguns grupos em detrimento de outros e realça certas experiências em detrimento de outras. As pessoas são ensinadas a tratá-las como universais, mas as histórias oficiais apresentam, em geral, uma visão parcial do mundo, de acordo com a perspectiva dos grupos dominantes. Por exemplo, durante anos, a narrativa oficial da história dos Estados Unidos privilegiou ideias e ações dos homens brancos proprietários, deixando de fora todos os outros grupos. Certamente, incluir na história dominante pessoas de cor, mulheres, LGBTQs, pobres e pessoas sem documentos foi um avanço, mas não foi o suficiente. A escrita e a reescrita da história dos Estados Unidos revelam maior complexidade, múltiplos entrelaçamentos e diversas narrativas individuais e coletivas. O que parecia ser direto e objetivo está longe de o ser.

A história da interseccionalidade não pode ser precisamente organizada em períodos ou pontos geográficos. Relacionar autores a décadas e escolas de pensamento específicas, longe de ser um procedimento neutro, divide a história em períodos, o que leva, em geral, a explicações altamente simplificadas. Neste capítulo, nós nos perguntamos: como certas histórias sobre as origens da interseccionalidade se tornam oficiais em detrimento de outras? Que tipo de trabalho intelectual e político esses relatos legitimados produzem nos meios acadêmicos e ativistas? O que o não entendimento da história da interseccionalidade nos revela sobre a influência das relações de poder na interseccionalidade como forma de investigação e práxis críticas?

90 INTERSECCIONALIDADE

Levantando essas questões desde o início, explicitamos que nosso objetivo não é estabelecer a história da interseccionalidade. Este capítulo parte do fim da década de 1960 e estende-se ao início da década de 1980, período de ativismo social nos Estados Unidos que catalisou as principais ideias da interseccionalidade. As ideias centrais da interseccionalidade, como a desigualdade social, o poder, a relacionalidade, o contexto social, a complexidade e a justiça social, foram elaboradas no contexto de movimentos sociais que enfrentaram as crises de seu tempo, sobretudo os desafios de colonialismo, racismo, sexismo, militarismo e exploração capitalista. Nesse contexto, uma vez que as mulheres de cor foram afetadas não apenas por um desses sistemas de poder, mas pela convergência entre eles, elas criaram movimentos autônomos que expuseram as ideias centrais da interseccionalidade, embora usando vocabulários diferentes.

Um sem-número de especialistas contemporâneos ignora ou não tem consciência desse período, pressupondo que a interseccionalidade não existia antes do fim da década de 1980 e do início da década de 1990, quando foi nomeada. Ao contrário, apontam a "cunhagem" do termo pela estudiosa de direito afro-americana Kimberlé Crenshaw como um momento fundamental da interseccionalidade. O trabalho de Crenshaw é vital, mas discordamos da visão de que a interseccionalidade começou a partir do momento em que foi nomeada. A escolha desse ponto de origem específico apaga o período anterior, quando houve uma forte sinergia entre a investigação crítica da interseccionalidade e a práxis crítica, e facilita a reformulação da interseccionalidade como apenas mais um campo acadêmico. A incorporação institucional da interseccionalidade durante a década de 1990, período em que ela se institucionalizou no ensino superior, não foi fácil nem direta. Frequentemente entendida em algumas narrativas como o suposto advento da interseccionalidade, a década de 1990 somente faz sentido em relação às décadas imediatamente precedentes a ela. Essas décadas também estabeleceram o contexto para o alcance global subsequente da interseccionalidade.

INTERSECCIONALIDADE E ATIVISMO SOCIAL

As décadas de 1960 e 1970 foram importantes para a elaboração das ideias centrais da interseccionalidade. No fim da década de 1960, mulheres de cor se engajaram em ideias e práticas dos direitos civis, do movimento Black Power, de libertação dos chicanos, Red Power e movimentos asiático-americanos em bairros racial e etnicamente segregados. Dentro desses movimentos, as mulheres

COMO ENTENDER A HISTÓRIA DA INTERSECCIONALIDADE? 91

de cor eram, em geral, subordinadas aos homens, apesar da igualdade nominal com eles, o que constituía um problema diferente daquele que vivenciavam com a segregação racial, étnica e de classe. É importante ressaltar que a produção intelectual e o ativismo de mulheres negras, chicanas, asiático-americanas e indígenas não derivaram da chamada segunda onda do feminismo branco, mas eram originais em si[1]. Durante esse período, as feministas negras criaram suas próprias organizações políticas nos Estados Unidos, usando o epíteto "feminista negra"; e as feministas mexicano-americanas articularam uma subjetividade política como mulheres chicanas e formaram um movimento feminista chicano autônomo[2].

Durante a década de 1970, as afro-americanas expressaram suas ideias em panfletos políticos, poesias, ensaios, coletâneas, arte e outras formas criativas dentro dos movimentos sociais e se envolveram em iniciativas comunitárias locais, desenvolvendo, ao longo do tempo, sensibilidades interseccionais. Como as afro-americanas não apenas participaram, mas também assumiram posições de liderança dentro do movimento Black Power e pelos direitos civis, viram a importância de testar as ideias em contextos políticos. Ao mesmo tempo, elas usaram o que aprenderam nos movimentos sociais para construir análises sobre a desigualdade social. Por exemplo, embora separadas das afro-brasileiras pela geografia, pela língua e pelas histórias nacionais, as afro-americanas também entendiam que lidar com a opressão que enfrentavam não se resolveria apenas por meio de estruturas de raça, classe, gênero ou sexualidade[3].

As ideias centrais da interseccionalidade apareceram em vários textos fundamentais do feminismo negro. Por exemplo, *The Black Woman* [A mulher negra], coletânea organizada pela feminista negra e ensaísta Toni Cade Bambara[4], destaca-se como uma publicação pioneira que, com uma variedade de formatos, reúne as ideias das afro-americanas sob diversas perspectivas políticas. Coletivamente, os ensaios apontam que as mulheres negras nunca se libertariam se não abordassem

---

[1] Benita Roth, *Separate Roads to Feminism: Black, Chicana, and White Feminist Movements in America's Second Wave* (Nova York, Cambridge University Press, 2004); Kimberly Springer, *Living for the Revolution: Black Feminist Organizations, 1968-1980* (Durham, Duke University Press, 2005).

[2] Gabriela Arredondo et al. (orgs.), *Chicana Feminisms: A Critical Reader* (Durham, Duke University Press, 2003); Alma Garcia, "The Development of Chicana Feminist Discourse", em Lois A. West (org.), *Feminist Nationalism* (Nova York, Routledge, 1997), p. 247-68; "Introduction", em *Chicana Feminist Thought: The Basic Historical Writings* (Nova York, Routledge, 1997), 16 v.

[3] Patricia Hill Collins, *Black Feminist Thought: Knowledge, Consciousness, and the Politics of Empowerment* (Nova York, Routledge, 2000) [ed. bras.: *Pensamento feminista negro*, trad. Jamille Pinheiro Dias, São Paulo, Boitempo, 2019].

[4] Toni Cade Bambara (org.), *The Black Woman: An Anthology* (Nova York, Signet, 1970).

as opressões de raça, classe e gênero. Escrito para o público em geral, mas também para o público acadêmico, o fato de o livro ter sido publicado constitui em si uma ruptura significativa com uma política em que as mulheres negras eram silenciadas e representadas por outras pessoas. Apesar do título, que refletia as convenções de nomenclatura da época, não havia um pensamento unificado entre as colaboradoras e os colaboradores de *The Black Woman*. Ao contrário, o livro pode ser visto como um texto interseccional importante, embora esquecido, que ilustra como a interseccionalidade incorporou tanto a investigação quanto a práxis crítica.

Uma publicação marcante desse período é o ensaio de Frances Beal, "Double Jeopardy: To Be Black and Female" [Risco duplo: ser mulher e negra], publicado em 1969 como panfleto ("Black Women's Manifesto" [Manifesto das Mulheres Negras]), distribuído pela Aliança das Mulheres do Terceiro Mundo, de Nova York, e reimpresso no ano seguinte em *The Black Woman*. Beal lança mão de um argumento interseccional para explicar a vida das mulheres negras. Começa com uma crítica poderosa ao capitalismo e se refere ao racismo como suas "secundinas"[5]. A abordagem é sistêmica: sua dupla crítica ao patriarcado no movimento Black Power e ao racismo no movimento de libertação das mulheres brancas também abrange o capitalismo. A escolha de palavras de Beal, o duplo risco de raça e gênero, não exclui o capitalismo, mas o situa, intencionalmente, em um plano diferente. Prenunciando os estudos interseccionais contemporâneos, a análise que faz da interseccionalidade examina o racismo, o sexismo e o capitalismo como processos sociais[6]. A análise de Beal das experiências, das condições e das subjetividades na vida das mulheres negras baseia-se firmemente em uma concepção de identidade bastante associada às forças estruturais. Ela argumenta:

> É inútil imaginar as mulheres negras simplesmente cuidando de seus lares e de seus filhos segundo o modelo branco de classe média. A maioria das mulheres negras tem de trabalhar para ajudar a alojar, alimentar e vestir a família. As mulheres negras representam uma porcentagem substancial da força de trabalho negra, e isso é verdade tanto para a família negra mais pobre quanto para a suposta família negra de "classe média". [...] As mulheres negras nunca tiveram acesso a esse luxo

---

[5]   Frances Beal, "Double Jeopardy: To Be Black and Female", em Beverly Guy-Sheftal (org.), *Words of Fire: An Anthology of African American Feminist Thought* (Nova York, The New Press, 1995 [1969]), p. 146-55.

[6]   Ver Grace K. Hong, "The Future of Our Worlds: Black Feminism and the Politics of Knowledge in the University under Globalization", *Meridians: Feminism, Race, Transnationalism*, v. 8, 2008, p. 101.

COMO ENTENDER A HISTÓRIA DA INTERSECCIONALIDADE? 93

falso. Ainda que nos tenhamos deixado intimidar por essa imagem branca, a realidade dos trabalhos degradantes e desumanizantes a que fomos relegadas dissipou rapidamente essa miragem de "feminilidade".[7]

Beal tem clareza do trabalho desprezível representado pelo serviço doméstico e pela labuta agrícola que as mulheres negras foram forçadas a realizar em função de seu *status* nas relações sociais de raça, gênero e classe e constrói seu argumento sobre esse princípio.

Curiosamente, apesar da contribuição de Beal ao feminismo negro, bem como à ideia de opressão interseccional, suas ideias são negligenciadas na maioria das narrativas sobre a história da interseccionalidade. Já "A Black Feminist Statement" [Declaração feminista negra], escrito originalmente em 1977 pelo Combahee River Collective (CRC, em inglês), aparece em histórias da interseccionalidade que reconhecem a influência do movimento social[8]. A declaração do CRC estabeleceu uma estrutura abrangente que permeou a política feminista negra nos anos subsequentes. Refletindo muitas das ideias do panfleto de Beal, esse texto enfoca o entrelaçamento das opressões sistêmicas de racismo, patriarcado e capitalismo. Diferentemente da análise de Beal, a declaração do CRC inclui o heterossexismo e dá mais ênfase à homofobia.

O contexto de formação do CRC é importante para entendermos o significado de sua declaração. As afro-americanas vinham expressando individualmente sensibilidades feministas negras havia algum tempo. Mas nenhuma tinha a audiência do CRC nem os movimentos sociais como contexto social. Por exemplo, o discurso da ex-escrava Sojourner Truth, "Ain't I a Woman?" [Por acaso não sou mulher?], proferido em 1851, é uma referência para a sensibilidade interseccional. Truth era abolicionista e feminista, mas fez seu discurso mais famoso, extemporaneamente, para um público de mulheres brancas. Ela queria ser incluída no feminismo, mas o local onde proferiu seu discurso mais famoso contribui para a percepção de longa data entre as mulheres negras de que o feminismo é, sobretudo, para as brancas. Anna Julia Cooper, cujo brilhante livro *A Voice from the South: By a Black Woman of the South* [Uma voz do Sul: por uma mulher negra do Sul][9] foi reivindicado pelas mulheres negras como um texto central do feminismo negro, não fazia parte de uma comunidade de intelectuais feministas negras nem de um movimento social que transcendesse a política de respeitabilidade do fim do século XIX. Ela

---

[7] Frances Beal, "Double Jeopardy", cit., p. 147.

[8] CRC, "A Black Feminist Statement", em Beverly Guy-Sheftal (org.), *Words of Fire*, cit., p. 232-40.

[9] Anna Julia Cooper, *A Voice from the South: By a Black Woman of the South* (Xenia, Aldine, 1892).

94 Interseccionalidade

desenvolveu uma análise das experiências de mulheres negras que vivenciavam opressões interseccionais de raça, classe, gênero e sexualidade, mas careciam de recursos para fazer sua voz ser ouvida[10].

Porém, o CRC era diferente – não apenas era um coletivo, uma comunidade de feministas negras, mas também desenvolvia uma análise interseccional no contexto dos movimentos sociais de descolonização, dessegregação e feminismo. Um pequeno grupo de feministas socialistas lésbicas negras, que contava com Barbara Smith, Demita Frazier, Beverly Smith e Margo Okazawa-Rey, criou o coletivo em 1974, em Boston, como filial da Organização Nacional Feminista Negra (NBFO, em inglês). Vendo como a homofobia dentro da NBFO limitava a organização, o grupo reconheceu o fosso entre sua visão política radical de mudança social e a da NBFO. Elas se separaram da matriz e se organizaram politicamente como lésbicas negras socialistas radicais. As reflexões de Barbara Smith descrevem o valor político e psicológico da organização autônoma:

> O Combahee foi realmente tão maravilhoso porque pela primeira vez eu podia ser quem eu era em um mesmo lugar. Foi a primeira vez que não tive de deixar meu feminismo de fora, como teria de fazer para ser aceita em um contexto político negro conservador. Não tive de deixar minha lesbiandade de fora. Não tive de deixar minha raça de fora, como teria de fazer em um contexto de mulheres brancas, onde elas não queriam saber disso. Foi realmente maravilhoso poder ser todo o nosso ser e sermos aceitas como éramos. No início da década de 1970, ser feminista lésbica negra significava que você era uma pessoa absolutamente corajosa. Era quase aterrador. Passei muito tempo me perguntando se seria capaz de me expressar publicamente, porque não via nenhuma maneira de ser ao mesmo tempo negra, feminista e lésbica. Não pensava tanto em ser feminista. Só pensava como poderia adicionar a identidade de lésbica à identidade de mulher negra. Era como se não houvesse nenhum lugar para nós. Foi isso que o Combahee criou, um lugar onde poderíamos ser nós mesmas e onde éramos valorizadas. Um lugar sem homofobia, um lugar sem racismo, um lugar sem sexismo.[11]

Truth e Cooper eram pessoas de coragem, mas sem o ativismo coletivo e generalizado dos negros nenhuma das duas conseguiu encontrar o espaço de liberdade do CRC.

---

[10] Ver Vivian May, Anna Julia Cooper, *Visionary Black Feminist: A Critical Introduction* (Nova York, Routledge, 2007).

[11] Entrevista de Barbara Smith em Duchess Harris, "All of Who I Am in the Same Place: The Combahee River Collective", *Womanist Theory and Research*, v. 2, 1999, p. 10.

Do ponto de vista do CRC, o fato de a NBFO "não questionar o heterossexismo como força opressora na vida das mulheres negras"[12] e os escrúpulos sobre a suposta influência das lésbicas negras na organização[13] contribuíram para a necessidade de uma organização separada. A declaração do CRC transmite de maneira objetiva uma visão da sexualidade como um sistema de poder (heterossexismo) que é parte dos sistemas de opressão entrelaçados, não um complemento: "Inicialmente, uma posição antirracista e antissexista conjunta nos uniu, e, à medida que nos desenvolvíamos politicamente, passamos a abordar o heterossexismo e a opressão econômica sob o capitalismo"[14]. Smith tem uma análise sofisticada do capitalismo, um fato evidente na própria declaração.

Como as histórias oficiais da interseccionalidade começam principalmente na década de 1990, ou seja, quinze anos após a declaração do CRC, elas excluem ideias importantes que foram apresentadas nesse texto fundamental da interseccionalidade. Por exemplo, a declaração do CRC é o primeiro documento a enfocar a identidade através de uma lente interseccional e apresentar a política identitária como uma ferramenta vital de resistência. Significativamente, o entendimento do CRC sobre a política identitária se baseia na "contextura de múltiplas camadas da vida das mulheres negras"[15], que estrutura as experiências das mulheres negras quando elas se posicionam nas relações de poder interseccionais. A política identitária politizou uma posição estrutural compartilhada por meio da investigação e da práxis:

> Esse foco em nossa própria opressão está incorporado no conceito de política identitária. Acreditamos que a política mais profunda e potencialmente mais radical provém diretamente de nossa identidade, em vez de trabalharmos para acabar com a opressão de outra pessoa. [...] A política sexual sob o patriarcado é tão difundida na vida das mulheres negras quanto as políticas de classe e raça. Nós [...] temos dificuldade para separar raça e classe da opressão sexual, porque com muita frequência as vivenciamos simultaneamente. Sabemos que existe uma opressão racial-sexual que não é apenas racial nem exclusivamente sexual.[16]

Essa percepção abrangente da política identitária promovida pelo CRC fazia coro com a política identitária das mulheres indígenas. Por exemplo, a pesquisadora

---

[12]   Kimberly Springer, *Living for the Revolution*, cit., p. 130.
[13]   Ibidem, p. 210-1.
[14]   CRC, "A Black Feminist Statement", cit., p. 234.
[15]   Ibidem, p. 235.
[16]   Ibidem, p. 234.

96 Interseccionalidade

kanien'kéha (moicana), advogada, educadora e ativista Patricia Monture-Angus argumenta que

> algumas aborígines se voltaram para o movimento feminista ou de mulheres em busca de consolo (e solução) para a opressão comum das mulheres. Tenho certa dificuldade para ver isso como uma solução integral. Não sou apenas mulher. Sou uma mulher do povo moicano. Não é apenas o meu gênero, pelo qual vivencio o mundo, é a minha cultura (e/ou raça) que precede o meu gênero. Na verdade, se sou objeto de alguma forma de discriminação, é muito difícil separar o que acontece comigo por causa do meu gênero e o que acontece comigo por causa da minha raça e cultura. Meu mundo não é vivenciado de maneira linear e compartimentalizada. Vivencio o mundo simultaneamente como moicana e mulher. Parece que não posso repetir essa mensagem muitas vezes. Separar de forma artificial meu gênero da minha raça e cultura me força a negar a maneira como vivencio o mundo. Essa negação tem efeitos devastadores nas construções aborígines da realidade.[17]

Em geral, as representações contemporâneas da política identitária ignoram o fato de que a política identitária articulada na declaração do CRC e, com maior frequência, expressada por mulheres de cor nos movimentos sociais é coletiva e estrutural. Como o trecho a seguir elucida, a análise estrutural é central para o entendimento do CRC a respeito da natureza composta das opressões que elas enfrentam:

> Estamos ativamente comprometidas com a luta contra a opressão racial, sexual, heterossexual e de classe e vemos como nossa tarefa o desenvolvimento de análises e práticas integradas baseadas no fato de que os principais sistemas de opressão são interligados. [...] A síntese dessas opressões cria a condição de nossa vida. Como mulheres negras, vemos o feminismo negro como um movimento político lógico para combatermos as múltiplas e simultâneas opressões que todas as mulheres de cor enfrentam. [...] Precisamos articular a situação real de classe de pessoas que não são apenas trabalhadoras sem raça e sem sexo, mas para as quais a opressão racial e sexual são determinantes significativos de sua vida profissional/econômica.[18]

A análise não é apenas estrutural, apontando raça, gênero, sexualidade e opressão de classe, mas também integrada. Ao usar termos como "entrelaçamento", "múltiplo", "simultâneo" e "síntese", a análise trata a opressão como resultado das operações relacionais dos principais sistemas de opressão que formam uma complexa

---

[17] Patricia Monture-Angus, *Thunder in My Soul: A Mohawk Woman Speaks* (Halifax, Fernwood, 1995), p. 177-8.
[18] CRC, "A Black Feminist Statement", cit., p. 232 e 235.

estrutura social de desigualdade. O CRC também enfatizou a criação de ferramentas analíticas e políticas integradas para combater os sistemas de opressão entrelaçados.

As principais ideias contidas na declaração do CRC operam em duas frentes: teoria e política. A teoria é necessária, contudo não pode ser o ponto-final, pois existem lutas e necessidades políticas. As experiências que emergem das lutas políticas podem catalisar um vocabulário conceitual enriquecido para entendermos as opressões interseccionais, mas a experiência não examinada também é insuficiente. A sinergia entre ideia e ação é importante. Nesse sentido, o "nós" da afirmação prenuncia o "nós" das antologias escritas subsequentemente pelas mulheres de cor. O "nós" mais abrangente da política identitária coletiva "não é uma subjetividade homogênea, mas um espaço coletivo que explica as particularidades de localização"[19].

Dada a discriminação histórica contra as mulheres de ascendência africana, é tentador atribuir às afro-americanas a propriedade da suposta descoberta da interseccionalidade, então sem nome. No entanto, nos Estados Unidos, as afro-americanas faziam parte de alianças heterogêneas com chicanas, latinas, indígenas e asiático-americanas. Embora as experiências e os movimentos sociais que elas criaram ou aos quais aderiram tivessem formas diferentes, esses grupos foram os primeiros a reivindicar a interconectividade de raça, classe, gênero e sexualidade em suas experiências cotidianas, bem como a importância dessa análise interseccional para suas aspirações políticas.

Múltiplas narrativas da interseccionalidade

Examinar como mulheres negras, mulheres indígenas e mulheres de cor (Biwoc, em inglês) abordaram nos Estados Unidos a tarefa de seu próprio empoderamento dentro e através de diferentes comunidades raciais/étnicas, e em diferentes contextos nacionais, demonstra padrões variados na forma como raça, classe, gênero e sexualidade foram negociados no contexto da política do movimento social. Por exemplo, as afro-americanas e as chicanas tiveram de incorporar a categoria de gênero nos argumentos predominantes de raça/classe dos movimentos nacionalistas negros e chicanos, bem como as categorias de raça e classe em um movimento feminista que apresentava argumentos somente de gênero.

---

[19] Brian Norman, "'We' in Redux: The Combahee River Collective's Black Feminist Statement", *Differences: A Journal of Feminist Cultural Studies*, v. 18, 2007, p. 112.

Nesse contexto, análises interseccionais sobre raça, classe, gênero e sexualidade foram aperfeiçoados dentro e através dos múltiplos movimentos sociais.

As chicanas estavam engajadas em lutas semelhantes às das afro-americanas por empoderamento intelectual e político dentro da política dos movimentos sociais que enfatizavam questões relacionadas ao colonialismo e à nação[20]. Tanto o feminismo chicano quanto o afro-americano chegaram à maioridade na mesma década – fim da década de 1970 e início da de 1980 –, a partir de movimentos ativistas populares e, no caso do feminismo latino, no trabalho de escritoras chicanas; consequentemente, há um impulso semelhante em ambos os grupos na direção da interseccionalidade. Assim como no feminismo afro-americano, o feminismo chicano/latino também estabeleceu uma base para o surgimento da interseccionalidade[21].

O trabalho de Gloria Anzaldúa permanece central para a ascensão do feminismo latino e da interseccionalidade. Como AnaLouise Keating aponta, Anzaldúa é, geralmente, reconhecida como autora "lésbico-feminista chicana", mas ela própria se descreveu de maneira mais ampla dentro do espaço fronteiriço, ou seja, no limiar entre várias coletividades. Observemos as sensibilidades interseccionais que Anzaldúa expressa quando se localiza em relação às várias comunidades que a reivindicam:

> "Sua lealdade é à Raza, ao movimento chicano", dizem os membros da minha raça. "Sua lealdade é ao Terceiro Mundo", dizem minhas amigas e meus amigos negros e asiáticos. "Sua lealdade é a seu gênero, às mulheres", dizem as feministas. Depois, há minha lealdade ao movimento gay, à revolução socialista, à Nova Era, à magia e ao ocultismo. E há minha afinidade com a literatura, o mundo da arte. O que eu sou? *Uma feminista lésbica do Terceiro Mundo com tendências marxistas e místicas.* Eu era dividida em pequenos fragmentos, e cada um era marcado com um rótulo.[22]

Anzaldúa encontrou maneira de se posicionar em vários projetos políticos sem rejeitar as pessoas centrais para esses projetos. Ao reivindicar um espaço limítrofe, ajudou a criar as condições para um entendimento amplo e sólido da

---

[20] Maylei Blackwell, *Chicana Power! Contested Histories of Feminism in the Chicano Movement* (Austin, University of Texas Press, 2011).

[21] Maxine Baca Zinn e Ruth Zambrana, "Chicanas/Latinas Advance Intersectional Thought and Practice", *Gender and Society*, 22 jun. 2019. Disponível em: <https://doi.org/10.1177/0891 243219853753>; acesso em: jul. 2020.

[22] AnaLouise Keating, "Introduction: Reading Gloria Anzaldúa, Reading Ourselves... Complex Intimacies, Intricate Connections", em *The Gloria Anzaldúa Reader* (Durham, Duke University Press, 2009), p. 2.

COMO ENTENDER A HISTÓRIA DA INTERSECCIONALIDADE? 99

interseccionalidade. Seu clássico *Borderlands/La Frontera*[23] [Fronteiras] não apenas influenciou a teoria cultural chicana, como continua sendo um texto central para os estudos de raça, classe, gênero e sexualidade. E seu trabalho sobre a consciência mestiça, a nepantla* (entre espaços, meio-termo) e a relacionalidade se tornou uma importante fonte de inspiração para a próxima geração de ativistas e acadêmicas feministas radicais e *queer* de cor e seu envolvimento com a interseccionalidade.

Como Anzaldúa, outras feministas chicanas/latinas também demonstraram compromisso com o trabalho coletivo dentro de comunidades políticas, como parte de seu trabalho intelectual e político. Dessa maneira, suas ideias e suas ações catalisaram o trabalho que vinham realizando sobre a interseccionalidade como forma de investigação e práxis críticas. No início da década de 1980, Cherrie Moraga e Gloria Anzaldúa organizaram o livro *This Bridge Called My Back* [Essa ponte chamada *My Back*], importante coletânea de escritos de mulheres de cor radicais, com diferentes experiências étnicas, raciais e coloniais (feministas negras, chicanas e latinas, indígenas e asiático-americanas). Como outras coletâneas pioneiras de feministas de cor radicais da década de 1980, apresenta artigos, ensaios, depoimentos, poesia e ilustrações[24].

Essa tradição de trabalho coletivo, reunindo escritos de feministas de cor de diferentes origens étnicas, religiosas, linguísticas e raciais, bem como distintas sexualidades e

---

23   Gloria Anzaldúa, *Borderlands/La Frontera* (San Francisco, Spinsters/Aunt Lute, 1987).

*   "Nos textos de Andzaldúa, 'neplanta' é uma extensão e uma elaboração de suas teorias sobre as *Borderlands*, o estado de Coatlicue. Assim como as regiões fronteiriças, neplanta indica o(s) espaço(s) liminar(es) onde ocorre a transformação e, como o estado de Coatlicue, indica espaços/ tempos de grande confusão, ansiedade e perda de controle. [...] Neplanta – como processo, liminaridade e mudança – ocorre durante os muitos estágios transitórios da vida e refere-se tanto a questões relacionadas à identidade quanto a preocupações epistemológicas." AnaLouise Keating, "Introduction", em *Entremundos/AmongWords: New Perspectives on Gloria Anzaldúa* (Nova York, Palgrave/MacMillan, 2005), p. 6. (N. T.)

24   Cherrie Moraga e Gloria Anzaldúa (orgs.), *This Bridge Called My Back: Writings by Radical Women of Color* (Albany, State University of New York Press, 2015 [1983]). Em 1973, a escritora e ativista Dorinda Moreno organizou uma antologia de escritos feministas chicanos, e, em 1976 e 1977, Marta Cotera publicou duas grandes monografias sobre os pensamentos e movimentos feministas chicanos. No início da década de 1990, a publicação de duas antologias, uma organizada por Gloria Anzaldúa, *Making Face, Making Soul/Haciendo caras* (San Francisco, Aunt Lute Foundation, 1990), e a outra por Norma Alarcón e colegas, *Chicana Critical Issues : Mujeres Activas en Letras y Cambia Social* (Berkeley, Third Woman, 1993), juntamente com trabalhos como os de Irene Blea, *La Chicana and the Intersection of Race, Class, and Gender* [As chicanas e a interseção entre raça, classe e gênero] (Newport, Praeger, 1992), contribuiu para moldar a interseccionalidade como uma análise analítica e uma orientação política, dentro do pensamento feminista chicano e latino. Ver também os estudos históricos de Alma Garcia, "The Development of Chicana Feminist Discourse", cit.; "Introduction", em *Chicana Feminist Thought*, cit.; Maxine Baca Zinn e Ruth Zambrana, "Chicanas/Latinas Advance Intersectional Thought and Practice", cit.

100 INTERSECCIONALIDADE

identidades de gênero, continua, por exemplo, no livro publicado pelo Grupo Feminista Latina, fundado em 1993, *Telling to Live: Latina Feminist Testimonios* [Relatar para viver: testemunhos de feministas latinas] [25]. Essa coletânea ilustra a visão das feministas de cor radicais das décadas de 1970 e 1980 que procuraram promover diálogos entre movimentos e se envolver criativamente com suas diferenças (de classe, religiosas, étnicas, raciais, linguísticas, sexuais e nacionais – ou combinações variadas dessas diferenças), em vez de tentar silenciá-las por uma questão de unidade. Como Aurora Levins Morales coloca, elas se baseiam em uma concepção de "mulheres de cor" que "não é uma etnia. Trata-se de uma das invenções da solidariedade, uma aliança, uma necessidade política que não é o nome de toda mulher de pele escura e língua colonizada, mas uma escolha sobre como resistir e com quem"[26]. Por meio de *testimonios* (testemunhos ou histórias de vida), as colaboradoras recuperam e regeneram a tradição de construção do conhecimento com base em realidades vividas, politizando identidades e promovendo possibilidades dialógicas com outras tradições de conhecimento subordinadas. Como as autoras apontam na introdução à coletânea, "o *testimonio* tem sido fundamental nos movimentos de libertação da América Latina, oferecendo uma forma artística e uma metodologia para criar entendimentos politizados da identidade e da comunidade"[27].

A criação de cursos e programas universitários que cresceram a partir do ativismo social também desempenhou papel notável durante as décadas formativas da interseccionalidade. Por exemplo, a Universidade da Califórnia em Berkeley e a Universidade Estadual de San Francisco foram importantes locais sociais para o surgimento e a estruturação do feminismo asiático-americano. A publicação do primeiro periódico asiático-americano, *Asian Women* [Mulheres asiáticas], em 1971, foi fruto dos esforços de asiático-americanas matriculadas em cursos universitários. Além de *This Bridge*, que inclui obras de feministas asiático-americanas, duas outras coletâneas publicadas no fim da década de 1980 foram importantes para a formação do feminismo asiático-americano: *Making Waves* [Fazendo ondas], da Awuc [Mulheres Asiáticas Unidas da Califórnia][28], e *The Forbidden Stitch* [A costura proibida], organizada por Shirley Geok-lin Lim e Mayumi Tsutakawa[29], que reúnem artigos, contos,

---

[25] Latina Feminist Group (org.), *Telling to Live: Latina Feminist Testimonios* (Durham, Duke University Press, 2001).

[26] Ibidem, p. 100.

[27] Ibidem, p. 3.

[28] Awuc (org.), *Making Waves: An Anthology of Writing by and about Asian American Women* (Boston, Beacon, 1989).

[29] Shirley Geok-lin Lim e Mayumi Tsutakawa (orgs.), *The Forbidden Stitch: An Asian American Women's Anthology* (Corvallis, Calyx, 1989).

poemas e ilustrações de asiático-americanas de diferentes origens étnicas e nacionais, especificamente chinesa, japonesa, filipina, coreana, vietnamita e indiana. Há outros exemplos dignos de nota. O artigo de Esther Ngan-Ling Chow, "The Development of Feminist Consciousness among Asian American Women" [O desenvolvimento da consciência feminista entre mulheres asiático-americanas][30], fala das "pressões cruzadas" enfrentadas pelas mulheres asiático-americanas, destacando a importância do uso de uma lente múltipla, e examina a realidade dessas mulheres como parte da organização do feminismo asiático-americano. O ensaio de Lisa Lowe, "Heterogenei-ty, Hybridity, Multiplicity: Marking Asian American Differences" [Heterogeneidade, hibridismo, multiplicidade: marcando as diferenças asiático-americanas][31], fornece uma conceituação original das diferenças asiático-americanas. Na década de 1990, o feminismo asiático-americano também desenvolveu afinidades com feminismos transnacionais. Esses laços foram valiosos para questionar o tratamento dado como certo das categorias de nação, Estado-nação e nacionalismo no pensamento inter-seccional inicial.

Os feminismos indígenas têm sido particularmente notáveis na desnaturalização da legitimidade dos Estados-nação coloniais e das sociedades coloniais brancas. A consciência feminista indígena, como ponto de vista político adquirido, não é dissociada de questões como a soberania indígena e o respeito pelos tratados. O nexo de poder que elas enfrentam inclui o colonialismo, o patriarcado, a supremacia branca e a pobreza. É importante ressaltar que os feminismos indígenas situam a prática anticolonial no centro de sua organização e de seus discursos. Expressam, frequentemente, o objetivo de descolonizar a mentalidade colonizada (domínio in-terpessoal do poder), capturada na coletânea *Unsettling Ourselves* [Desestabilizando--nos][32]. Esse trabalho de descolonização oferece uma contra-história do feminismo das narrativas dominantes. Contestando os marcos feministas dominantes que dividem o feminismo em "ondas", as feministas indígenas argumentam que elas não apareceram subitamente na terceira onda para trazer diversidade ao feminismo convencional. Como Andrea Smith, estudiosa feminista, ativista e cofundadora do INCITE!, devidamente diz:

---

[30] Esther Ngan-Ling Chow, "The Development of Feminist Consciousness among Asian American Women", *Gender and Society*, v. 1, n. 3, 1987, p. 284-99.

[31] Lisa Lowe, "Heterogeneity, Hybridity, Multiplicity: Marking Asian American Differences", *Diaspora*, v. 1, 1991, p. 23-44.

[32] Unsettling Minnesota (UM) (org.), *Unsettling Ourselves: Reflections and Resources for Deconstructing Colonial Mentality*. UM, 2009. Disponível em: <https://unsettlingminnesota.files.wordpress.com/2009/11/um_sourcebook_jan10_revision.pdf>; acesso em: jul. 2020.

Essa periodização situa as mulheres brancas da classe média como as agentes históricas centrais às quais se unem as mulheres de cor. No entanto, se reconhecêssemos a agência das mulheres indígenas em um relato da história feminista, poderíamos começar em 1492, quando as nativas resistiram coletivamente à colonização. Isso nos permitiria ver que existem várias histórias feministas emergindo de várias comunidades de cor que se cruzam em alguns pontos e se afastam em outros. Isso não negaria as contribuições das feministas brancas, mas tiraria as feministas brancas do centro da nossa historização e análise.[33]

Especialistas em estudos indígenas/nativos também estavam na vanguarda do esforço para trazer a sexualidade e a teoria *queer* para o campo dos estudos indígenas, mas, diferentemente de outras conversas críticas entre teorias e campos, a deles foi particularmente articuladas com questões sobre soberania indígena e orientada pelo desarranjo ou colonialismo no colono *queer*[34]. Obviamente, o espírito que preside os diálogos teóricos que estimulam os estudos indígenas *queer* é profundamente impregnado de uma relacionalidade radical[35] e faz coro com vários componentes essenciais do pensamento interseccional.

Mulheres negras, chicanas e latinas, asiático-americanas e indígenas/aborígines/nativas têm histórias distintas, mas o trabalho ativista e intelectual que desenvolvem foi moldado também pela constante colaboração entre esses grupos. Os movimentos sociais característicos das Biwoc desenvolveram entendimentos sistêmicos da opressão e trataram também das experiências de vida que privilegiavam uma política de identidade individual e coletiva. Por exemplo, em 1970 a Aliança das Mulheres Negras da Cidade de Nova York, em colaboração com o movimento das mulheres porto-riquenhas, fundou a Aliança das Mulheres do Terceiro Mundo. Elas usaram o termo "Terceiro Mundo" para demonstrar solidariedade às contínuas lutas anti-colonialistas e anti-imperialistas e oposição à Guerra do Vietnã, uma sensibilidade que Gloria Anzaldúa expressa em seu trabalho[36]. Em seu boletim informativo, *Triple Jeopardy: Racism, Imperialism, Sexism* [Triplo risco: racismo, imperialismo, sexismo], elas identificam o "capitalismo como o contexto do triplo risco para as

---

[33] Andrea Smith, "Indigenous Feminism without Apology", em ibidem, p. 159.

[34] Qwo-Li Driskill et al. (orgs.), *Queer Indigenous Studies: Critical Intervention in Theory, Politics, and Literature* (Phoenix, University of Arizona Press, 2011); Mark Rifkin, *When Did Indians Become Straight? Kinship, the History of Sexuality and Native Sovereignty* (Nova York, Oxford University Press, 2011).

[35] Winona LaDuke, *All Our Relations: Native Struggles for Land and Life* (Cambridge, South End, 1999).

[36] Gloria Anzaldúa, *Borderlands/La Frontera*, cit.

mulheres de cor" e abordam os componentes do triplo risco "como sistemas, não como identidades individuais, opressões ou experiências"[37].

Em razão do lugar onde estavam situadas e do fato de muitas terem imigrado de vários pontos diferentes do Império Britânico, as mulheres negras ou "racializadas" na Grã-Bretanha enfrentavam um conjunto de preocupações diferentes de suas homólogas nos Estados Unidos. Elas também criaram um movimento social autônomo em torno da negritude como identidade política de coalizão; nesse contexto, o termo "negro" fundiu as experiências negativas de dominação de pessoas negras da África, do sul da Ásia e do Caribe[38]. Uma das influências mais decisivas sobre a política das mulheres negras na Grã-Bretanha, a Organização de Mulheres de Ascendência Asiática e Africana (Owaad, em inglês), que atuou entre 1978 e 1983, foi organizada "com base na unidade afro-asiática", cuja identidade política coletiva o uso do termo "negro" realizava um esforço para criar. Isso não ocorreu sem dificuldades: internamente, significava encontrar maneiras de trabalhar com e através das diferenças entre mulheres de ascendência africana e asiática que se situavam diferentemente em relação às antigas potências coloniais. Como explicaram Beverley Bryan, Stella Dadzie e Suzanne Scafe, todas veteranas da Owaad:

> Quando usamos o termo "negro" o fazemos como termo político. Ele não descreve a cor da pele, define nossa situação aqui na Grã-Bretanha. Estamos aqui como resultado do imperialismo britânico; e nossa contínua opressão na Grã-Bretanha é o resultado do racismo britânico.[39]

Apesar de seu compromisso com o empoderamento das mulheres, a Owaad rejeitou explicitamente o termo "feminismo":

> Nós não somos feministas – rejeitamos esse rótulo porque sentimos que ele representa uma ideologia branca. Em nossa cultura, o termo está associado a uma ideologia e uma prática anti-homens. Não alienamos os homens por eles rejeitarem as mulheres negras, pois reconhecemos que a fonte disso é a cultura imperialista branca.

---

[37] Ver Delia Aguilar, "From Triple Jeopardy to Intersectionality: The Feminist Perplex", *Comparative Studies of South Asia, Africa and the Middle East*, v. 32, 2012, p. 421.

[38] Beverley Bryan, Stella Dadzie e Suzanne Scafe, *The Heart of the Race: Black Women's Lives in Britain* (Londres, Virago, 1997 [1985]); Heidi Safia Mirza (org.), *Black British Feminism: A Reader* (Nova York, Routledge, 1997).

[39] Beverley Bryan, Stella Dadzie e Suzanne Scafe, *The Heart of the Race*, cit., p. 43.

No fim da década de 1970 e ao longo da década de 1980, as ideias centrais dos movimentos sociais começaram a desenvolver um vocabulário comum, ou significantes da interseccionalidade. Um dos primeiros vocábulos da interseccionalidade foi "risco" – por exemplo, a discussão de Beal sobre o duplo risco de raça e sexo no contexto do capitalismo[40]. Houve variações subsequentes, como "triplos riscos" na obra de Beverly Lindsay[41] e em publicações ativistas, como o boletim da Aliança das Mulheres do Terceiro Mundo[42], e "múltiplos riscos" no trabalho de Deborah King[43]. Lindsay argumenta que o conceito de triplo risco, ou seja, a interação de sexismo, racismo e opressão econômica, constitui "a perspectiva mais realista para analisar a posição das mulheres negras americanas; e essa perspectiva servirá de elo comum entre as discussões de outros grupos minoritários de mulheres"[44], como os de americanas indígenas/nativas, chicanas e asiático-americanas. O objetivo de Lindsay é encontrar pontos em comum para promover a colaboração entre as mulheres de cor. No campo da sociologia, King usa uma série de termos dignos de nota, como "efeitos multiplicativos", "opressões interativas" e "nexos" – um conjunto de elementos sinteticamente ligados – que a ajudam a evitar as armadilhas das abordagens aditivas e abrir caminho para a metáfora da interseccionalidade. Existem muitos outros significantes da interseccionalidade desses anos de formação. Já descrevemos o uso que o CRC fazia de expressões como "sistemas de opressão interligados", "simultâneos" e "múltiplos" para descrever o que Patricia Hill Collins chamaria mais tarde de "a matriz da dominação"[45]. Nossa leitura cuidadosa de obras escolhidas de mulheres negras, indígenas e de cor durante os anos de formação da interseccionalidade revela uma combinação verdadeiramente original: uma maneira de interconectar experiências pessoais e análises estruturais de opressões entrelaçadas sem eludir o significado das experiências de vida, das múltiplas identificações e das comunidades políticas.

---

[40] Frances Beal, "Double Jeopardy", cit.

[41] Beverley Lindsay, "Minority Women in America: Black American, Native American, and Chicana Women", em Eloise C. Snyder (org.), *The Study of Women: Enlarging Perspectives on Social Reality* (Nova York, Harper and Row, 1979), p. 318-63.

[42] Ver Delia Aguilar, "From Triple Jeopardy to Intersectionality", cit.

[43] Deborah King, "Multiple Jeopardy, Multiple Consciousness: The Context of a Black Feminist Ideology", *Signs*, v. 14, 1988, p. 42-72.

[44] Beverley Lindsay, "Minority Women in America", cit., p. 328.

[45] Patricia Hill Collins, *Pensamento feminista negro*, cit.

INCORPORAÇÃO INSTITUCIONAL DA INTERSECCIONALIDADE NO MEIO ACADÊMICO

Nas décadas de 1980 e 1990, os movimentos sociais ficaram em suspenso, com protestos políticos sob diferentes formas[46]. O ativismo persistiu, embora não sob as formas das décadas de 1960 e 1970. Na era dos movimentos sociais visíveis, as pessoas saíam às ruas e participavam de manifestações, protestos, marchas, boicotes e coletivas de imprensa. Exigiam mudanças em educação, moradia, emprego, saúde e segurança. Uma questão importante nos movimentos sociais era como as instituições sociais não apenas excluíam muitos grupos sociais de emprego, educação e moradia, mas também discriminavam pessoas que estavam inclusas. Grande parte dessa atividade política ocorreu fora das principais instituições políticas, muitas vezes ligada a uma demanda de justiça por meio da inclusão.

Nas décadas de 1980 e 1990, porém, as instituições sociais responderam às críticas de exclusão recrutando pessoas que antes eram excluídas. Espontaneamente ou por ordem judicial, escolas e empresas procuraram remediar práticas discriminatórias que favoreciam a desigualdade social. Um dos resultados foi que ativistas políticos se transferiram para essas mesmas instituições, frequentemente foram recrutados por essas mesmas empresas, escolas e agências governamentais contra as quais eles antes protestavam por práticas de exclusão. Essas pessoas foram eleitas para cargos políticos, encontraram emprego em agências de serviço social e passaram a ocupar cargos administrativos em hospitais, escolas e repartições governamentais. Além disso, elas eram com frequência encarregadas de resolver os problemas de exclusão que haviam identificado quando faziam parte do ambiente dos movimentos sociais.

Nas faculdades e nas universidades, essa transição da política visível dos movimentos sociais para a incorporação institucional teve implicações importantes para a interseccionalidade como forma de investigação e práxis críticas. Muitas afro-americanas, latinas, asiático-americanas, indígenas, mulheres brancas pobres e da classe trabalhadora que se engajaram no ativismo social viram-se nas mesmas instituições que antes as excluíam. Durante as décadas de 1980 e 1990, indivíduos de grupos antes excluídos ingressaram em faculdades e universidades como pós-graduandos, instrutores, professores assistentes, funcionários e administradores.

---

[46] Verta Taylor, "Social Movement Continuity: The Women's Movement in Abeyance", *American Sociological Review*, n. 54, 1989, p. 761-75.

Muitas mulheres desses grupos historicamente excluídos permaneceram fora das instituições sociais, demonstrando a necessidade de projetos de justiça social à parte do mundo acadêmico.

Nem todos esses atores políticos levaram responsabilidades e experiências dos movimentos sociais para o meio acadêmico. Mas muitos o fizeram. Mulheres de cor e simpatizantes levaram para o mundo acadêmico ideias como multiplicidade de opressões, a importância das políticas identitárias e o significado da transformação estrutural que moldou seus entendimentos sobre a incorporação institucional. Como as mulheres do estudo de Dill sobre especialistas em raça, classe e gênero (no capítulo 2 deste volume), esses grupos levaram com eles uma sensibilidade do "trabalho nas interseções". Em essência, os movimentos sociais ficaram em suspenso, mas isso constituiu uma mudança política estratégica[47].

Se os movimentos sociais não tivessem lutado pela inclusão das mulheres e das pessoas de cor em faculdades e universidades, é improvável que as concepções de interseccionalidade introduzidas por agentes de movimentos sociais surgissem na academia. Alice Walker, Angela Davis, Nikki Giovanni, Barbara Smith e outras figuras importantes do feminismo e da interseccionalidade negra tinham experiência com movimentos sociais. O acesso a cargos acadêmicos permitiu que as mulheres afro-americanas levassem diretamente para a academia ideias da política feminista negra por meio de vários projetos de feminismo negro, estudos de raça/classe/gênero, estudos étnicos e estudos chicanos. Os principais trabalhos realizados por mulheres afro-americanas, estabelecendo as bases para o que ficou conhecido como interseccionalidade, incluem *Civil Wars* [Guerras civis], de June Jordan[48]; o livro clássico de Audre Lorde, *Irmã outsider*[49]; e o livro inovador de Angela Davis, *Mulheres, raça e classe*[50]. Em trabalhos como esses, é possível perceber que a produção intelectual das mulheres negras continha uma análise explícita da interconectividade de raça, classe, gênero e sexualidade como sistemas de poder que estava nitidamente vinculada a diversos projetos de justiça social catalisados pelo envolvimento dessas mulheres com os movimentos sociais[51]. A obra de Gloria Anzaldúa[52] também foi de imensa

---

[47] Idem.

[48] June Jordan, *Civil Wars* (Boston, Beacon, 1981).

[49] Audre Lorde, *Sister Outsider – Essays and Speechs* (Trumansburg, Crossing, 1984) [ed. bras.: *Irmã outsider*, trad. Stephanie Borges, São Paulo/Belo Horizonte, Autêntica, 2019].

[50] Angela Davis, *Women, Race, and Class* (Nova York, Random House, 1981) [ed. bras.: *Mulheres, raça e classe*, trad. Heci Regina Candiani, São Paulo, Boitempo, 2016].

[51] Patricia Hill Collins, *Pensamento feminista negro*, cit.

[52] Gloria Anzaldúa, *Borderlands/La Frontera*, cit.

importância nesse período de incorporação, fornecendo categorias relevantes de análise, como consciência mestiça e nepantla (entre espaços).

Quando feministas negras e latinas e atores políticos oriundos dos movimentos sociais entraram no ambiente acadêmico, eles não trouxeram apenas ideias aprimoradas no contexto dos movimentos sociais. Eles também encontraram normas acadêmicas que eram antitéticas a muitas dessas visões. Ideias oriundas de movimentos sociais, como o significado da desigualdade social enquanto um importante tema de estudo, a atenção às relações de poder interconectadas e o valor da justiça social como estrutura ética, simplesmente não combinavam com as normas vigentes da produção acadêmica genuína. Quando o feminismo negro, o feminismo chicano e iniciativas de justiça social similares foram incorporados à academia, seu foco principal na justiça social, dado como certo nos movimentos sociais, não podia mais ser um pressuposto. No ambiente dos movimentos sociais, o CRC, por exemplo, não precisava defender que a justiça social era importante – ele começou sua análise a partir desse pressuposto. Por outro lado, a incorporação institucional dos estudos de raça/classe/gênero significava defender a justiça social e as sensibilidades políticas de movimentos sociais heterogêneos dentro de um contexto acadêmico, com suas próprias convenções sobre política e ética.

A denominação inicial desse campo como estudos de raça/classe/gênero refletia as relações instáveis entre os vários movimentos sociais, cada qual empenhado em tentar descobrir sua relação com o outro, agora dentro das faculdades e das universidades. Em razão dessa expansão na academia, "raça/classe/gênero" se viu lutando por espaço e legitimidade dentro das políticas acadêmicas predominantes. À medida que a incorporação na academia progredia, as estratégias e os argumentos associados aos estudos de raça/classe/gênero mudavam. A sobrevivência no meio acadêmico significava reformular a dinâmica e confusa política dos movimentos sociais em estudos de raça/classe/gênero como um campo mais reconhecível de estudo acadêmico. Inicialmente, esses estudos e projetos interdisciplinares similares tentaram transformar a academia[53]. No entanto, com o tempo, tornou-se evidente que era mais fácil imaginar que realizar a transformação institucional.

---

[53] Bonnie Thornton Dill, Ruth Zambrana e Amy McClaughlin, "Transforming the Campus Climate through Institutions, Collaboration, and Mentoring", em Bonnie Thornton Dill e Ruth Zambrana (orgs.), *Emerging Intersections: Race, Class, and Gender in Theory, Policy, and Practice* (New Brunswick, Rutgers University Press, 2009), p. 253-73; Joe Parker, Ranu Samantrai e Mary Romero (orgs.), *Interdisciplinarity and Social Justice: Revisioning Academic Accountability* (Albany, State University of New York Press, 2010).

108 Interseccionalidade

Essa fase intermediária dos estudos de raça/classe/gênero na década de 1980 enfrentou o dilema de conservar as formas de investigação e práxis críticas desenvolvidas nos movimentos sociais e, ao mesmo tempo, adotar as normas da academia. Tais estudos também enfrentavam novos desafios no meio acadêmico. Primeiro, faculdades e universidades resistiam firmemente à incorporação desses programas. Lembramos aqui a observação de Dill de que a incorporação enfrentou "indiferença e hostilidade. A inteligência, o conhecimento, o profissionalismo e até a sanidade dos membros da academia que se engajaram na construção de programas de estudos sobre mulheres, etnias, lésbicas, gays, bissexuais e transgênero foram questionados"[54]. Segundo, as relações entre os vários programas de estudo estavam longe de ser harmoniosas. Muitas vezes, os novos campos de estudo eram herdeiros de histórias distintas e constructos de conhecimento que explicavam a desigualdade social, e o conceito de raça/classe/gênero desafiava essas abordagens. As primeiras tentativas de construir coalizões no meio acadêmico tiveram de enfrentar o desafio intelectual e político de trabalhar além das fronteiras que separavam esses campos. Por exemplo, o artigo clássico de Maxine Zinn, "The Cost of Exclusionary Practices in Women's Studies" [O custo das práticas excludentes nos estudos sobre mulheres][55], analisa algumas das questões relativas às interseções de raça e gênero nos estudos sobre as mulheres. Como esse campo, cujo nome delimita um espaço muito específico de raça/classe/gênero, negociaria essas preocupações amplas, dinâmicas e frequentemente contestadas?

Por último, os estudos de raça/classe/gênero poderiam continuar seu desenvolvimento intelectual sem uma estrutura comum? Como os estudos sobre a sexualidade, uma área que ainda estava surgindo, e pesquisas interdisciplinares similares interagiam com os estudos de raça/classe/gênero? O nome "estudos de raça/classe/gênero" suscitou outras preocupações, assim como uma diminuição da atenção dispensada à análise de classe nas disciplinas e certa demanda para que nação, etnia e capacidade fossem integradas ao campo em desenvolvimento. Como os estudos de raça/classe/gênero poderiam distinguir os projetos críticos baseados na sensibilidade dos movimentos sociais daqueles que não o eram?

O uso do termo "interseccionalidade" para renomear o campo dos estudos de raça/classe/gênero aparentemente enfrentou esses desafios. Um novo termo genérico poderia permitir a construção de coalizões entre segmentos de crescimento

---

[54] Bonnie Thornton Dill, "Intersections, Identities, and Inequalities in Higher Education", em Bonnie Thornton Dill e Ruth Zambrana (orgs.), *Emerging Intersections*, cit., p. 229.

[55] Maxine Baca Zinn et al., "The Cost of Exclusionary Practices in Women's Studies", *Signs*, v. 11, 1986, p. 290-303.

exponencial e com frequência concorrentes. Renomear o campo também poderia ajudar a legitimar os estudos realizados nessas áreas, tornando-os mais compatíveis com as normas acadêmicas de descoberta, autoria e propriedade.

Como foi dito no capítulo anterior, as narrativas predominantes sobre o surgimento da interseccionalidade costumam dizer que Kimberlé Crenshaw "cunhou" o termo "interseccionalidade" no artigo "Mapping the Margins: Intersectionality, Identity Politics, and Violence against Women of Color" [Mapeando as margens: interseccionalidade, política identitária e violência contra as mulheres de cor][56], publicado em 1991 na *Stanford Law Review*. Como estudantes e especialistas em direito que ajudaram a iniciar o campo dos estudos críticos sobre raça, Crenshaw ocupava uma posição ideal para escrever esse artigo em particular. Ela conhecia os movimentos sociais tanto dentro como fora da academia. Sua formação em direito lhe oferecia uma visão abrangente das leis tanto como lugar de repressão como de justiça social. Ela também via as possibilidades oferecidas pela chamada virada linguística na teoria social, ocorrida na década de 1990. Argumentos legais são um tipo particular de narrativa que liga o domínio cultural do poder às relações estruturais de poder.

Como é frequentemente citado como origem da interseccionalidade, "Mapping the Margins" constitui um documento fundamental para marcar a tradução dos entendimentos de interseccionalidade que emanavam do feminismo negro e chicano e de projetos de justiça social similares e os entendimentos de interseccionalidade dentro da academia. No entanto, uma leitura atenta do artigo serve para unir os entendimentos de interseccionalidade como forma de investigação e práxis críticas aprimoradas nos movimentos sociais e como um campo legítimo de investigação acadêmica. Em outras palavras, Crenshaw aparentemente "cunhou" o termo "interseccionalidade", mas seu trabalho inovador fez muito mais que isso. O artigo "Mapping the Margins" identifica um marcador importante que mostra não apenas a crescente aceitação da interseccionalidade nos meios acadêmicos, mas também como essa aceitação reconfigurou a interseccionalidade como uma forma de investigação e práxis críticas.

Vários elementos do artigo de Crenshaw prenunciam pontos focais subsequentes dentro da interseccionalidade, dos quais alguns foram calorosamente adotados e outros continuam gerando discórdia[57]. Primeiro, ela trata das experiências

---

[56] Kimberlé Williams Crenshaw, "Mapping the Margins: Intersectionality, Identity Politics and Violence against Women of Color", *Stanford Law Review*, v. 43, 1991, p. 1.241-99.

[57] Patricia Hill Collins e Valerie Chepp, "Intersectionality", em Laurel Weldon (org.), *Oxford Handbook of Gender and Politics* (Nova York, Oxford, 2013), p. 31-61; Patricia Hill Collins, *Intersectionality as Critical Social Theory* (Durham, Duke University Press, 2019).

vivenciadas pelas mulheres de cor, um grupo desvalorizado do ponto de vista acadêmico, bem como da sociedade estadunidense em geral. Argumenta que as experiências das mulheres de cor são relevantes em si, porém são particularmente significativas quando se trata de compreender e solucionar questões sociais importantes. Também reconhece que a expressão "mulheres de cor" se baseia em uma solidariedade que deve ser construída, não tomada como um pressuposto. Crenshaw segue os princípios da epistemologia do ponto de vista, reconhecendo que a experiência é importante não apenas ao incorporar experiências individuais, mas também ao ver as mulheres de cor localizadas em lugares diferentes enquanto criadoras de conhecimento[58]. Ângulos de visão e desafios distintos acompanham localizações sociais diferentes, tema desenvolvido pela atenção de Crenshaw com as variadas experiências que mulheres de cor têm com a violência doméstica. Todos os discursos provêm de um ponto de vista específico, mas os das mulheres de cor são frequentemente ocultados.

Segundo, Crenshaw se coloca na narrativa, identificando-se como "feminista negra". Com essa estratégia, ela sinaliza uma posição epistemológica específica para acadêmicos, especialmente acadêmicos de cor, que se dedicam ao feminismo negro, estudos de raça/classe/gênero e/ou projetos de conhecimento interseccional. A experiência e o conhecimento incorporado são valorizados, assim como o tema da responsabilidade e prestação de contas que acompanha esse conhecimento.

Terceiro, Crenshaw argumenta que as necessidades das mulheres de cor não podem ser atendidas através de uma categoria de análise. A inovação introduzida por ela reside no fato de construir seu argumento a partir das experiências das mulheres de cor e, em seguida, mostrar como os múltiplos sistemas de poder são inseparáveis na maneira como afetam sua vida. Sistemas de poder que se constroem mutuamente produzem lugares sociais distintos para cada indivíduo e grupo dentro deles. Nesse caso, as múltiplas identidades das mulheres de cor as situam nas complexas desigualdades sociais de maneira diferente de como situam os homens brancos ou as mulheres brancas.

Quarto, o artigo de Crenshaw expressa um *éthos* de justiça social que pressupõe que análises mais abrangentes dos problemas sociais produzirão ações sociais mais eficazes. Por que escrever um artigo sobre mulheres de cor e violência se não para fornecer *insight* para as iniciativas de justiça social?

---

[58] Ver Patricia Hill Collins, *Fighting Words: Black Women and the Search for Justice* (Minneapolis, University of Minnesota Press, 1998), p. 201-8.

Quinto, o artigo de Crenshaw dá ênfase à relacionalidade. Ao propor o termo "interseccionalidade", ela questiona a natureza das relações nas e entre as entidades que se interseccionam. Ela se baseia em ideias de mulheres de cor desenvolvidas em movimentos sociais reais, que perceberam que a questão do relacionamento era crucial – não bastava ter um inimigo comum, era necessário encontrar padrões de interconectividade. O argumento de Crenshaw tem essa nuance, na medida em que ela inclui vários grupos na categoria genérica "mulheres de cor", atentando para especificidades e pontos comuns das experiências de cada uma com a violência doméstica. Porque elas tiveram de descobrir como vários indivíduos e movimentos sociais podiam trabalhar juntos, essa atenção com a relacionalidade e sua importância para a política de coalizão é significativa.

Resumindo: "Mapping the Margins" 1) identifica várias das ideias da interseccionalidade que reaparecem na interseccionalidade como forma de investigação crítica, por exemplo, a relacionalidade, as relações de poder e a justiça social; 2) mostra como a interseccionalidade pode ser usada como ferramenta analítica; e 3) marca um momento de transição importante na história da interseccionalidade. Em outras palavras, mostra o que persistiu, o que perdeu força e o que desapareceu[59].

A "cunhagem" do termo por Crenshaw acabou sendo um momento fundamental para a interseccionalidade, mas não da maneira como é entendida atualmente, no contexto de certo cânone emergente da história da interseccionalidade. Em vários artigos, vemos o mesmo vocabulário da "cunhagem" repetido literalmente. Essa prática não apenas se esquece dos textos e das atividades das muitas pessoas que antecederam Crenshaw, como interpreta mal a extensão dos argumentos da autora. Ela também ignora o trabalho subsequente de Crenshaw, no qual a interseccionalidade se desenvolve como forma de investigação e práxis críticas[60]. Crenshaw se baseia nas ideias do CRC não apenas para nomear a interseccionalidade, mas também para 1) estabelecer vínculos entre identidade individual e identidade coletiva; 2) manter o foco nas estruturas sociais; 3) teorizar as relações de poder na violência contra as mulheres de cor a fim de destacar a dinâmica estrutural, política e representacional do poder; e 4) lembrar que o objetivo dos estudos interseccionais é contribuir para iniciativas de justiça social. Crenshaw está defendendo a interseccionalidade abertamente como um constructo de justiça social, não como

---

[59] Patricia Hill Collins, "Intersectionality's Definitional Dilemmas", *Annual Review of Sociology*, v. 41, 2015, p. 1-20; e *Intersectionality as Critical Social Theory*, cit.

[60] Ver, por exemplo, nossa discussão sobre o trabalho de Crenshaw com o AAPF no capítulo 2 deste volume e seu envolvimento com os direitos humanos no capítulo 4.

112 Interseccionalidade

uma teoria da verdade desconectada das preocupações com a justiça. No entanto, esse aspecto de seu trabalho é cada vez mais ignorado.

Talvez "Mapping the Margins" tenha sido tão bem recebido, em parte, porque demonstrou capacidade de posicionar as sensibilidades dos movimentos sociais e o compromisso com as iniciativas de justiça social com relação à crescente importância das análises pós-modernas e pós-estruturalistas nos meios acadêmicos no fim do século XX. Crenshaw, portanto, falou com dois públicos primordiais na academia. Primeiro, seu trabalho falou com ativistas e especialistas cujas sensibilidades sociais abrangiam o *éthos* de justiça social da interseccionalidade, como especialistas em raça/classe/gênero e do campo emergente dos estudos críticos sobre raça. Segundo, a dimensão narrativa pós-estruturalista de sua análise foi bem recebida por estudiosos e estudiosas que perceberam o valor das tradições narrativas e do dizer a verdade. O texto de Crenshaw tinha o objetivo de desafiar as normas acadêmicas. Contudo, para muitos leitores e muitas leitoras, o artigo se encaixa confortavelmente nelas.

O artigo de Crenshaw fornece um retrato útil de um momento de transição importante para a formação contemporânea dos cânones, quando a interseccionalidade, como um constructo ostensivamente novo, se instalou na academia e teve de se adaptar ao novo contexto social. Ironicamente, à medida que os contornos estruturais das políticas dos movimentos sociais das décadas de 1960 e 1970 recuavam ao passado, a incorporação da interseccionalidade na academia na década de 1990 aparentemente a dissociou de suas amarras na justiça social e ofuscou seu entendimento da práxis crítica. A interseccionalidade como forma de investigação e prática críticas mudou os projetos de conhecimento de baixo para cima, refletidos na capacidade de Crenshaw de se apoiar na política de base, para projetos de conhecimento de cima para baixo, cujos contornos estruturais foram cada vez mais moldados pelas estruturas teóricas e práticas normativas da academia.

A incorporação da interseccionalidade na academia adquiriu várias formas e fomentou novos debates entre as pessoas desse universo. Tomemos, por exemplo, a questão das conexões de interseccionalidade entre gênero e feminismo. Nos Estados Unidos, onde existe uma tradição da teoria crítica da raça, a interseccionalidade evoluiu mais holisticamente, não apenas como uma teoria do gênero, que também tem influência sobre o modo como se lida na academia com questões de gênero e classe social. Para citar apenas um exemplo, o furacão Katrina (2005) produziu um volume considerável de estudos que se basearam na interseccionalidade para explicar por que um desastre natural teve impacto tão desproporcional sobre

COMO ENTENDER A HISTÓRIA DA INTERSECCIONALIDADE? 113

pessoas pobres e negras. A maioria dos especialistas enfatizou a relação com a política racial e de classe, apontando a ação ou a inação do governo como elemento significativo para explicar as mortes e outras consequências[61]. O gênero era uma dimensão frequente nessa análise, mas não um elemento determinante. Porém, como ficou evidente que mulheres e crianças enfrentavam desafios particulares, por exemplo ser enviadas à força para cidades distantes de suas famílias ou transferidas de escola, a natureza de gênero desse desastre se destacou. O que começou como raça e classe expandiu-se e incorporou questões de gênero. Além disso, à medida que os desastres naturais se tornam um fenômeno global cada vez mais comum, os estudos interseccionais sobre o furacão Katrina fornecem uma base para o trabalho subsequente acerca dos efeitos das mudanças climáticas nas categorias de raça, classe, gênero, idade e localização geográfica.

A interseccionalidade faz um importante trabalho intelectual em relação a questões sociais mais amplas, como a pesquisa sobre desastres naturais e mudanças climáticas, principalmente porque sua estrutura flexível permite múltiplas conexões entre categorias. A incorporação de raça, classe, nação e gênero surgiu ao longo do tempo, e esse modo de trabalhar, adicionando categorias de análise, proporciona complexidade à interseccionalidade. No entanto, a interseccionalidade permanece fortemente associada aos estudos sobre mulheres e gênero, a tal ponto que algumas pessoas partem do pressuposto de que uma análise de gênero é uma dimensão necessária dos estudos interseccionais. Docentes e estudantes de programas de estudos sobre mulheres e gênero têm sido os responsáveis pelo desenvolvimento da interseccionalidade como forma de investigação e prática críticas na academia. Esse fato é importante para o impacto e a visibilidade acadêmica da interseccionalidade. Assim como a relação entre a interseccionalidade, os estudos críticos sobre deficiência e o trabalho acadêmico sobre pessoas *queer* de cor continua sendo um lugar de negociação constante, o mesmo ocorre com a relação entre a interseccionalidade e os estudos sobre mulheres, gênero e sexualidade. Quando Kathy Davis, importante pensadora feminista, publicou o artigo intitulado "Intersectionality as a Buzzword: A Sociology of Science Perspective on What Makes a Feminist Theory Successful"[62] [Interseccionalidade

---

[61] Chester Hartman e Gregory D. Squires (orgs.), *There Is No Such Thing as a Natural Disaster: Race, Class and Hurricane Katrina* (Nova York, Routledge, 2006); Cedric Johnson (org.), *The Neoliberal Deluge: Hurricane Katrina, Late Capitalism, and the Remaking of New Orleans* (Minneapolis, University of Minnesota Press, 2011).

[62] Kathy Davis, "Intersectionality as a Buzzword: A Sociology of Science Perspective on What Makes a Feminist Theory Successful", *Feminist Theory*, v. 9, n. 1, 2008, p. 67-85.

114 INTERSECCIONALIDADE

como um chavão: uma perspectiva da sociologia da ciência sobre o que torna uma teoria feminista bem-sucedida], a interseccionalidade foi categorizada como uma forma de teoria feminista. Porém, essa categorização é precisa?

A maneira pela qual a interseccionalidade está ligada ao gênero não é óbvia nem pacífica. Isso é ainda mais verdadeiro na Europa, onde se tornou clichê declarar que a interseccionalidade é uma ideia original do feminismo[63]. Tomemos a convocatória de artigos da *Italian Review of Sociology* para seu número especial sobre interseccionalidade (março de 2016). A convocatória apresentou a interseccionalidade da seguinte forma: "A noção de interseccionalidade está presente no debate internacional há pelo menos vinte anos, mas somente nos últimos tempos esse conceito se espalhou para além do campo dos estudos de gênero, no qual foi originalmente elaborado". Esse entendimento da trajetória da interseccionalidade erra ao interpretar como interseccional sua origem no campo dos estudos de raça/classe/gênero porque lida com as relações entre raça, classe e gênero. O que é notável é que essas sociólogas e esses sociólogos reconhecem o potencial da interseccionalidade para a sociologia disciplinar, desde que seu alcance analítico seja estendido além da percepção que se limita aos estudos de gênero: "Atualmente, a ideia de interseccionalidade representa um importante dispositivo analítico no debate e na pesquisa teórica sociológica não apenas em estudos e discriminação de gênero, mas também na investigação da estratificação social e da agência social".

A forma como a investigação crítica da interseccionalidade foi adotada na academia também continua a suscitar importantes debates de definição sobre o que conta como interseccionalidade[64]. Um enfoque renovado na metodologia é um dos resultados desses debates no campo dos estudos interseccionais. Estudantes, docentes e especialistas que pretendem usar a interseccionalidade como uma lente analítica se perguntam se os métodos que usam são de fato "interseccionais". Para pós-graduandos e pesquisadores de ambos os sexos, a questão central é como a interseccionalidade pode ser conceitualizada dentro de um projeto de pesquisa particular que esteja atento às ideias centrais da interseccionalidade e que faça um esforço legítimo para implantá-la como ferramenta analítica em face de tanta incerteza.

Esses debates estão longe de ser benignos, porque falam sobre o que conta como estudos interseccionais e quais critérios determinam o que importa[65]. Perguntas

---

[63] Sirma Bilge, "Intersectionality Undone: Saving Intersectionality from Feminist Intersectionality Studies", *Du Bois Review*, v. 10, 2013, p. 405-24.

[64] Patricia Hill Collins, "Intersectionality's Definitional Dilemmas", cit.

[65] Idem, *Intersectionality as Critical Social Theory*, cit.

aparentemente simples podem gerar grandes controvérsias. Por exemplo, o gênero deve sempre estar presente para que os estudos interseccionais sejam suficientemente interseccionais? Raça é uma categoria que sempre precisa ser incluída? Um estudo que utilize mais categorias, por exemplo, classe, sexualidade, idade e etnia, fornece uma abordagem melhor que um que utilize menos categorias? De que maneira, se é que há alguma, os estudos interseccionais devem abraçar objetivos aparentemente políticos, por exemplo, a descolonização do conhecimento pela descolonização da metodologia[66]? Não há respostas únicas para essas perguntas espinhosas. No entanto, uma vez que a interseccionalidade como forma de práxis crítica está atenta ao modo como as relações de poder moldam o conhecimento, ela orienta como se devem fundamentar essas preocupações teóricas mais amplas.

QUAL É A IMPORTÂNCIA DE UM NOME?

Quando o termo "interseccionalidade" começou a ser usado na década de 1990, ele parecia ser adequado a essa forma emergente de investigação e práxis críticas que funcionava em espaços limítrofes entre movimentos sociais e políticas acadêmicas. Contudo, nomear também levantou um novo desafio, que foi associado à correção da história da interseccionalidade. As interpretações contemporâneas do passado da interseccionalidade ignoram cada vez mais as formas heterogêneas que ela assumiu durante o auge dos movimentos sociais. Tais interpretações se limitam a localizar um ponto de origem no início da década de 1990, no ambiente acadêmico, geralmente identificando Crenshaw como a fundadora da interseccionalidade e construindo uma narrativa linear a partir desse ponto de origem. Aparentemente, a interseccionalidade não existia até ser descoberta por membros da academia, nomeada e legitimada por eles. Por meio da amnésia institucional que reescreve a história, categorias inteiras de pessoas que foram essenciais para o início da interseccionalidade foram apagadas do cânone interseccional.

O que pode explicar os padrões de incorporação da interseccionalidade na academia e, sobretudo, sua rápida adoção depois que recebeu um nome? Poderíamos pensar que, durante as décadas cruciais em que o neoliberalismo ganhou legitimidade, cada vez mais universidades orientadas pela lógica de mercado rejeitariam

---

[66] Ver Linda Tuhiwai Smith, *Decolonizing Methodologies* (2. ed., Londres, Zed, 2012) [ed. bras.: *Descolonizando metodologias*, trad. Roberto G. Barbosa, Curitiba, Ed. UFPR, 2019].

os estudos sobre mulheres, raça/classe/gênero, pessoas negras, étnicos e projetos que criticavam a academia. Paradoxalmente, aconteceu o contrário. Ao incorporá--los, as universidades suprimiram as dimensões transformadoras e potencialmente perturbadoras desses projetos críticos[67].

Aqui é importante examinarmos as várias maneiras pelas quais a interseccionalidade pode ser crítica, conforme discutido no capítulo 2. Alguns estudiosos e algumas estudiosas veem a interseccionalidade como uma ferramenta de intervenção crítica e a utilizam como ferramenta analítica para facilitar mudanças institucionais importantes em universidades e instituições sociais relacionadas. Por exemplo, a socióloga canadense Olena Hankivsky[68] apoia a "integração da diversidade", argumentando que a integração da interseccionalidade em todos os estágios da formação de políticas de saúde promove a igualdade holística nos processos de definição de tais políticas públicas. Da mesma forma, ao avaliar um programa de integração da igualdade e da diversidade na Irlanda do Norte, Barbara Bagilhole[69] argumenta que a interseccionalidade é útil para evitar abordagens predominantemente de gênero. Uma pequena parcela de especialistas argumenta que a interseccionalidade se beneficiaria de uma melhor integração disciplinar, por exemplo, a sociologia da estratificação[70]. Outros sugeriram, a partir de uma visão mais cética sobre os resultados positivos da institucionalização da interseccionalidade, que a incorporação despolitiza e coopta a interseccionalidade[71]. No entanto, um grande número de especialistas vê a institucionalização como questão complexa a ser tratada com cautela.

Há especialistas que apontam problemas específicos com a incorporação institucional da interseccionalidade. Alguns afirmam que as formas cada vez mais institucionalizadas na academia de interseccionalidade e feminismo negro não são mais

---

[67] Sirma Bilge, "Whitening Intersectionality: Evanescence of Race in Intersectionality Scholarship", em Wulf D. Hund e Alana Lentin (orgs.), *Racism and Sociology* (Berlim, Lit/Routledge, 2014), p. 175-205.

[68] Olena Hankivsky (org.), *An Intersectionality-Based Policy Analysis Framework* (Vancouver, Simon Fraser University, 2012).

[69] Barbara Bagilhole, "Applying the Lens of Intersectionality to UK Equal Opportunities and Diversity Policies", *Canadian Journal of Administrative Sciences*, v. 27, n. 3, 2010, p. 263-71.

[70] Sylvia Walby, "Complexity Theory, Systems Theory, and Multiple Intersecting Social Inequalities", *Philosophy of the Social Sciences*, v. 37, 2007, p. 449-70; Nira Yuval-Davis, "Beyond the Recognition and Re-distribution Dichotomy: Intersectionality and Stratification", em Helma Lutz, Maria Teresa Herrera Vivar e Linda Supik (orgs.), *Framing Intersectionality: Debates on a Multi-Faceted Concept in Gender Studies* (Burlington, Ashgate, 2011).

[71] Umut Erel et al., "On the Depoliticisation of Intersectionality Talk", em Esperanza Miyake e Adi Kuntsman (orgs.), *Out of Place: Queerness and Raciality* (York, Raw Nerve, 2008).

suficientemente críticas[72]. Contudo, essa crítica não implica que as contra-histórias – como a que apresentamos aqui, conectando a interseccionalidade aos movimentos sociais – romantizem o período pré-institucional da interseccionalidade como se não tivesse sido afetado pelas operações de poder do capitalismo e pelo Estado.

Não temos como objetivo resolver essas tensões, mas apontamos certas estratégias que podem ajudar a resolvê-las. Neste capítulo, oferecemos uma leitura crítica da história da interseccionalidade, afirmando desde o início que não há uma história única legitimada. Também apresentamos uma leitura crítica da história legitimada da interseccionalidade que mostra os efeitos de essa lacuna moldar os entendimentos contemporâneos do que vem se tornando a interseccionalidade. Por exemplo, as leituras detalhadas que apresentamos aqui das análises de raça e gênero de Beal como parte do capitalismo, a política identitária sólida como prática holística de justiça social apresentada nos trabalhos do CRC e as compreensões de interseccionalidade de Crenshaw como uma forma de investigação e prática críticas, tudo isso ilustra como as diferentes histórias da interseccionalidade podem promover diferentes entendimentos contemporâneos sobre o que é interseccionalidade. Neste capítulo, examinamos textos menos conhecidos precisamente porque suas premissas estão se perdendo para uma nova geração de especialistas e profissionais da interseccionalidade. Em muitos casos, as pessoas simplesmente não conhecem as obras do período que antecede a nomeação da interseccionalidade, em parte porque para elas a história desse campo começa a partir da cunhagem do termo por Crenshaw, e em parte porque a própria interseccionalidade se desenvolveu exponencialmente.

O dilema fundamental da incorporação institucional está na tensão entre visar a provocar a transformação institucional e, ao mesmo tempo, reconhecer que trabalhar para a mudança social nos muda. Ao discutir a institucionalização dos estudos culturais, Stuart Hall faz uma pergunta importante:

> O que acontece quando um campo [...] definido como um projeto político tenta se desenvolver como um tipo de intervenção teórica coerente? Ou, ao contrário, o que acontece quando um empreendimento acadêmico e teórico tenta se engajar em pedagogias que envolvem o engajamento ativo de indivíduos e grupos, tenta fazer a diferença no mundo institucional em que está localizado?[73]

---

[72] Nikol Alexander-Floyd, "Disappearing Acts: Reclaiming Intersectionality in the Social Sciences in a Post-Black Feminist Era", *Feminist Formations*, v. 24, 2012, p. 1-25; Sirma Bilge, "Intersectionality Undone", cit.; "Whitening Intersectionality", cit.

[73] Stuart Hall, "What Is This 'Black' in Black Popular Culture?", em Michele Wallace e Gina Dent (orgs.), *Black Popular Culture* (Seattle, Bay, 1992), p. 284.

A incorporação institucional da interseccionalidade também requer atenção tanto as continuidades quanto as brechas nas maneiras pelas quais a interseccionalidade foi entendida e praticada nos diferentes estágios de seu desenvolvimento e nos diferentes contextos nacionais e institucionais.

Que diferença a interseccionalidade pode fazer e faz no ensino superior? Como a própria interseccionalidade é alterada quando se tentam mudar as práticas institucionais da academia? Como outras formas de investigação e práxis críticas que inicialmente lançam um olhar crítico sobre a academia, a interseccionalidade enfrenta o desafio contínuo de ser disciplinada por práticas acadêmicas normativas[74]. Em outras palavras, dentro da universidade neoliberal, a interseccionalidade foi convidada a se estabelecer nos marcos da universidade, não perturbar os quadros estabelecidos de produção e disseminação do conhecimento. Essa mudança é uma absorção aparentemente bem-sucedida da interseccionalidade que põe de lado seu compromisso inicial com a justiça social? Ou reflete escolhas estratégicas daqueles e daquelas que projetam e produzem conhecimento orientado para a justiça social, encontrando novas maneiras de sobreviver dentro de uma academia cada vez mais conservadora?

---

[74] Sirma Bilge, "Whitening Intersectionality", cit.

4
O ALCANCE GLOBAL DA INTERSECCIONALIDADE

O início do novo milênio estabeleceu um marco importante para o alcance da interseccionalidade no contexto social transnacional em que ela circula e é usada como ferramenta analítica e política. Suas ideias foram incorporadas a vários projetos globais importantes. Em todo o mundo, diversos grupos recorreram às estruturas interseccionais para abordar muitas das questões sociais apresentadas até agora neste volume, entre elas, a desigualdade social e a violência global, além de novas e importantes iniciativas globais.

Tomemos, por exemplo, a implantação cada vez mais frequente da interseccionalidade em uma ampla e heterogênea constelação de projetos globais de justiça ambiental, bem como no conjunto cada vez maior de pesquisas sobre as mudanças climáticas e as questões ambientais[1]. Neste novo milênio, os efeitos da mudança climática no meio ambiente são cada vez mais reconhecidos como uma questão mundial relevante para sociedades e populações díspares. A preocupação com o meio ambiente é um dos principais problemas da juventude, catalisando, por exemplo, um movimento de estudantes de ensino médio na Europa. Além disso, a gama de projetos sobre mudanças climáticas e meio ambiente vem crescendo

---

[1] Ver, entre outros, o número especial da *Environmental Sociology: Intersectional Environmental Justice*, v. 4, n. 1, 2018, em particular o editorial de Stephanie Malin e Stacia Ryder ("Developing Deeply Intersectional Environmental Justice Scholarship") e o artigo de Kishi Animashaun Ducre ("The Black Feminist Spatial Imagination and an Intersectional Environmental Justice"), que desenvolve uma abordagem feminista especificamente negra sobre a interseccionalidade. Ver também Anna Kaijser e Annica Kronsell, "Climate Change through the Lens of Intersectionality", *Environmental Politics*, v. 23, n. 3, 2014, p. 417-33, sobre o uso da interseccionalidade na pesquisa sobre as mudanças climáticas; Stephanie Buechler e Anne-Marie Hanson (orgs.), *Political Ecology of Women, Water and Global Environmental Change* (Londres, Routledge, 2015), um livro sobre as mulheres, a água e a mudança ambiental global que estabelece pontes entre a ecologia política feminista, a interseccionalidade e os marcos da justiça ambiental; e Anna Olofsson, Susanna Öhman e Katarina Nygren, "An Intersectional Risk Approach for Environmental Sociology", *Environmental Sociology*, v. 2, n. 4, 2016, p. 346-54, para o desenvolvimento de uma abordagem interseccional do risco climático na sociologia ambiental.

exponencialmente. Em alguns casos, a interseccionalidade converge para iniciativas já existentes – como é o caso dos projetos políticos contra o racismo ambiental que estão em andamento nos Estados Unidos e estudam como fatores ambientais determinam disparidades na saúde de pessoas negras e pobres que vivem perto de usinas de energia, rodovias e refinarias de petróleo, onde a poluição do ar e outros riscos ambientais são enormes[2]. Concentrar-se nas mulheres de cor expande esse marco ambiental para uma justiça ambiental, destacando, assim, a centralidade do gênero e influenciando o surgimento do ecofeminismo[3].

Para desenvolver o uso da interseccionalidade nos estudos ambientais, podemos recorrer ao exemplo dos "desastres naturais". Nos Estados Unidos, o furacão Katrina, ocorrido em 2005, foi um momento decisivo nos estudos dos desastres naturais no qual se tornaram evidentes as conexões entre o meio ambiente construído, as desigualdades sociais de raça, classe e região e as respostas inadequadas do governo a esse evento catastrófico. Desde essa tempestade, há um crescente consenso de que os eventos climáticos extremos, como furacões, incêndios florestais e inundações, afetam desproporcionalmente grupos com desvantagens múltiplas, como pessoas negras pobres. Em essência, o campo de pesquisa dos desastres naturais se deslocou para uma concepção que desnaturaliza os "desastres naturais". Significativamente, o campo dos estudos críticos sobre justiça ambiental parece estar alinhado sobretudo a muitas das premissas e ideias principais da interseccionalidade. De fato, o enfoque ambiental crítico se baseia fortemente na interseccionalidade quando vê "racismo, heteropatriarquia, classismo, nativismo, capacitismo, etarismo, especismo (a crença de que uma espécie é superior a outra) e outras formas de desigualdade como eixos interseccionais de dominação e controle"[4]. Como os projetos de justiça ambiental abrangem a opressão contra seres humanos e não humanos, bem como a atenção com os animais e os direitos dos animais em um contexto global, eles oferecem diálogos potencialmente ricos com a interseccionalidade.

O envolvimento da interseccionalidade com a análise crítica das mudanças climáticas e do meio ambiente mostra como suas ideias se propagam em um

---

[2] Robert D. Bullard (org.), *Unequal Protection: Environmental Justice and Communities of Color* (San Francisco, Sierra Club, 1994).

[3] Dorceta E. Taylor, "Women of Color, Environmental Justice, and Ecofeminism", em Karen Warren e Nisvan Erkal (orgs.), *Ecofeminism: Women, Culture, Nature* (Bloomington, Indiana University Press, 1997).

[4] David Naguib Pellow, *What Is Critical Environmental Justice?* (Cambridge, Polity, 2018), p. 19.

contexto global. Este capítulo explora três importantes padrões de envolvimento da interseccionalidade com iniciativas globais que já se encontram em vigor e/ou estão surgindo que, como o movimento pela justiça ambiental, deixam uma marca cada vez mais profunda em nosso planeta.

Primeiro, a interseccionalidade está há muito presente na arena das políticas públicas globais por seus vínculos de longa data com a agenda dos direitos humanos. A interseccionalidade está alinhada com as orientações políticas da ONU para a igualdade de direitos e antidiscriminação, conforme estabelecido na Declaração Universal dos Direitos Humanos de 1948. O artigo 1 afirma que todos os seres humanos "nascem livres e iguais em dignidade e direitos". O artigo 2 declara que todos "têm direito a todos os direitos e as liberdades estabelecidos nesta declaração, sem distinção de qualquer tipo, como raça, cor, sexo, idioma, religião, opinião política ou de outra natureza, origem nacional ou social, propriedade, nascimento ou outro"[5]. Grupos usaram esse marco para conscientizar as pessoas sobre as violações dos direitos humanos e solicitar reparação legal. Nesse sentido, os direitos humanos forneceram um marco legal importante para os projetos de justiça social. Mas os casos cumulativos também levantam questões sobre como se podem interpretar e implementar políticas de direitos humanos. As leis podem prometer direitos que dão forma às políticas públicas, mas é preciso ação para dar vida a essas políticas. A interseccionalidade tem sido crucial para a reflexão sobre essa relação entre as políticas de direitos humanos e a prática destes.

Segundo, a interseccionalidade também se alinhou aos projetos globais de justiça reprodutiva, bem como aos projetos associados de saúde e direitos reprodutivos. Aqui, conceituamos a justiça reprodutiva como um projeto global de saúde pública que visa ao bem-estar de mulheres, crianças e famílias. Em termos globais, as questões de saúde materna e infantil são vitais para o bem-estar de muitos países, onde a mortalidade materna e infantil é um grande problema de saúde pública. No entanto, como classe, raça, sexualidade, deficiência, idade, religião, etnia e estatutos de cidadania influenciam o acesso a informações e serviços de saúde, a interseccionalidade fornece um importante marco interpretativo para iniciativas de justiça reprodutiva. Ademais, como as questões relativas a autonomia sexual, gravidez, gestação e criação de filhos tendem a recair mais frequentemente sobre

---

[5] Ver Michael Freeman, *Human Rights* (Cambridge, Polity, 2011), p. 5.

mulheres e meninas, esse grupo está na vanguarda de diversas iniciativas de justiça reprodutiva em diferentes contextos nacionais.

Por fim, a interseccionalidade se instalou na mídia digital e agora tem um impacto digital global. Novas TICs mudaram o terreno da produção intelectual e da ação política para pessoas, Estados-nação, empresas e movimentos sociais. A mídia digital agora serve como plataforma vital para a comunicação sobre direitos humanos, justiça reprodutiva e iniciativas similares que são importantes para a interseccionalidade – e a própria interseccionalidade se tornou um tópico bastante debatido na internet. A mídia digital também forneceu espaço para a difusão de notícias falsas e interferência em eleições democráticas e está comprometida em alguns atos flagrantes de violência. O alcance crescente da mídia digital levanta questões importantes sobre o uso que a interseccionalidade faz e pode fazer dessas plataformas.

INTERSECCIONALIDADE E DIREITOS HUMANOS

Os preparativos para a Conferência Mundial das Nações Unidas contra o Racismo (WCAR, em inglês), realizada em 2001 em Durban, África do Sul, desempenharam um papel importante no comprometimento da interseccionalidade com os direitos humanos. Em maio de 2000, o primeiro Comitê Preparatório da ONU, que se reuniu em Genebra, incluiu representantes do Brasil, da Índia, de Portugal, do Reino Unido, de Israel, da Guatemala, das Filipinas, de Mali e de Uganda. Após essa reunião, as referências à interseccionalidade na arena internacional tornaram-se cada vez mais comuns. Por exemplo, em dezembro de 2000, a Conferência do Cidadão contra o Racismo e a Reunião Intergovernamental Preparatória das Américas, realizada em Santiago, Chile, também como a preparação para a WCAR, introduziram marcos interseccionais na agenda de direitos humanos da ONU. Outros grupos também se prepararam para Durban encomendando documentos de referência, dos quais alguns contribuíram para a disseminação da interseccionalidade nos espaços dedicados aos direitos humanos na ONU. Por exemplo, um documento de base encomendado pela Comissão Internacional dos Direitos Humanos de Gays e Lésbicas analisou a opressão interseccional em relação a raça e sexualidade.

O comitê de planejamento de Genebra convidou Kimberlé Crenshaw para apresentar um *position paper* [ensaio de posicionamento] e organizar uma oficina de capacitação para a WCAR, e seu envolvimento no processo de planejamento deu ainda mais visibilidade à interseccionalidade nos espaços globais dedicados aos direitos humanos. O artigo de fundo de Crenshaw[6] foi crucial para a história da interseccionalidade, pois marcou

> a inclusão de teoria, pesquisa e política interseccionais nos mais altos níveis da diplomacia internacional. Embora possa ser um exagero falar de "inclusão", já que a aceitação das recomendações de Crenshaw foi parcial, a consideração da interseccionalidade no nível da ONU, e mais que apenas na retórica, significa um grau inegável de legitimidade e reconhecimento político para o movimento. Além disso, o trabalho de Crenshaw para a ONU (entre outras organizações dedicadas aos direitos humanos e à justiça social) incorpora princípios fundamentais da configuração original da interseccionalidade das feministas negras como um projeto ativista de transformação social.[7]

Em 2000, os elementos centrais da interseccionalidade já estavam presentes na arena internacional dos direitos humanos[8]. A importância da reunião de 2001 em Durban para o engajamento mundial da interseccionalidade não é exagerada. Imaginem cerca de 10 mil delegados de todo o mundo, mulheres na maioria, informando-se sobre as lutas uns dos outros. Representantes do movimento sem-terra da África do Sul; dalits e adivasis em luta pelos direitos das castas na Índia; movimentos indígenas; e a Intifada, a revolta palestina contra a ocupação israelense – todos compareceram. Esses representantes contribuíram com eixos de múltiplas questões que refletiam a complexidade de suas experiências e suas lutas políticas. Independentemente de se ter usado o termo "interseccionalidade", ou outros termos terem captado sua essência, as ideias da interseccionalidade ganharam uma plataforma global de disseminação e desenvolvimento.

O título completo da conferência, Conferência Mundial contra o Racismo, a Discriminação Racial, a Xenofobia e Formas Correlatas de Intolerância, foi histórico por si só. A expressão "formas correlatas de intolerância" ligou o racismo a suas interseções com a pobreza, a discriminação de gênero, a imigração e a homofobia. Após décadas de luta para conseguir que os impactos de gênero do racismo, da

---

6   Kimberlé Williams Crenshaw, "Background Paper for the Expert Meeting on the Gender-Related Aspects of Race Discriminations", Zagrebe, WCAR Documents, 21-24 nov. 2000.

7   Patrick Grzanka (org.), *Intersectionalityy: A Foundations and Frontiers Reader* (Filadélfia, Westview, 2014), p. 16-7.

8   Nira Yuval-Davis, "Intersectionality and Feminist Politics", *European Journal of Women's Studies*, v. 13, 2006, p. 193-210.

124 Interseccionalidade

xenofobia e da violência fossem reconhecidos, essa foi a primeira conferência contra o racismo patrocinada pela ONU a incluir o termo[9].

O ativismo feminista pelos direitos das mulheres, bem como os preparativos feministas para a WCAR de 2001 e as atividades da própria conferência, foram importantes para aumentar o interesse pela interseccionalidade nos círculos da ONU[10]. A WCAR poderia ter se baseado nas conferências anteriores da ONU sobre o estatuto das mulheres. Por exemplo, a Declaração de Pequim adotada na 4ª Conferência Mundial sobre as Mulheres[11] constitui uma das primeiras traduções da ideia de interseccionalidade, embora sem o termo, na linguagem da ONU. A declaração pede aos governos que

> intensifiquem os esforços para garantir o gozo igual de todos os direitos humanos e liberdades fundamentais para todas as mulheres e meninas que enfrentam múltiplas barreiras a seu empoderamento e seu progresso devido a fatores como raça, idade, idioma, etnia, cultura, religião, deficiência, ou porque são indígenas.[12]

Em muitos países, principalmente aqueles com grande diversidade racial/étnica, os preparativos das organizações de mulheres para a WCAR chamaram mais atenção para diferenças e tensões internas, bem como para as exclusões das tendências dominantes do feminismo no país. O movimento de mulheres afro--brasileiras se engajou em um esforço de longa data para lidar com as perspectivas concorrentes do movimento negro e o principal movimento feminista brasileiro de mulheres brancas[13] e desenvolveu uma expressão própria do feminismo negro, que apresentou ideias importantes sobre a interseccionalidade como investigação e práxis críticas. Outros grupos de mulheres em nível local, regional e nacional que estavam envolvidos em projetos semelhantes puderam compartilhar suas experiências na conferência. Esses movimentos visavam a abordar os problemas sociais associados à desigualdade social global e reconheceram as constelações

---

9   Maylei Blackwell e Nadine Naber, "Intersectionality in an Era of Globalization, Globalization: The Implications of the UN World Conference against Racism for Transnational Feminist Practices", *Meridians: Feminism, Race, Transnationalism*, v. 2, 2002,p. 240.

10   Patrick Grzanka (org.), *Intersectionality*, cit.; Nira Yuval-Davis, "Intersectionality and Feminist Politics", cit.

11   ONU, *Beijing Declaration and Platform for Action Adopted by the Fourth World Conference on Women: Action for Equality, Development and Peace* (Pequim, ONU, 15 set. 1995). Disponível em: <https://www.un.org/en/development/desa/population/migration/generalassembly/docs/globalcompact/A_CONF.177_20.pdf>; acesso em: jul. 2020.

12   Idem.

13   Sueli Carneiro, "A Batalha de Durban", *Estudos Feministas*, v. 10, n. 1, 2002, p. 209-14.

particulares de relações de poder de raça, classe, gênero, sexualidade, religião, idade, deficiência e cidadania em seus contextos sociais específicos. E esse reconhecimento permitiu que muitos deles negociassem entre si as diferenças políticas que os separavam. O movimento das mulheres afro-brasileiras não fez nada de diferente nesse sentido, mas oferece um olhar mais atento aos projetos políticos dos grupos enquanto se preparavam para a WCAR. O processo permitiu que feministas de todo o mundo vissem que raça, gênero e pobreza eram uma questão de direitos humanos e mobilizassem a interseccionalidade em uma série de espaços oferecidos pela ONU[14].

Apesar dessas diferenças, ou talvez por causa delas, os preparativos para a conferência valeram a pena. O artigo 119 da Declaração do Fórum das ONGs na WCAR inclui uma definição da abordagem interseccional da discriminação:

[Ele] reconhece que toda pessoa, homem ou mulher, existe em um quadro de múltiplas identidades, com fatores como raça, classe, etnia, religião, orientação sexual, identidade de gênero, idade, deficiência, cidadania, identidade nacional, contexto geopolítico, saúde, incluindo o *status* soropositivo e qualquer outro, que são determinantes para suas experiências com racismo, discriminação racial, xenofobia e intolerâncias relacionadas. A abordagem interseccional destaca a maneira como se dá a interação simultânea da discriminação como resultado de múltiplas identidades.

Essa afirmação marcou um momento decisivo para a visibilidade global da interseccionalidade. No entanto, os ganhos de Durban foram muito maiores que declarações e documentos oficiais.

Independentemente da perspectiva ideológica, por exemplo, as filosofias da social-democracia, do neoliberalismo e, cada vez mais, os desafios do populismo de direita, o aparato governamental constitui o lugar primário em que políticas e práticas de direitos humanos são diferentemente implementadas. A incorporação da interseccionalidade em um marco mundial abrangente de direitos humanos deu aos Estados-nação um encargo mais objetivo para revisar suas políticas e práticas de igualdade. As políticas nacionais na Europa ilustram essas conexões. Em 2000, a União Europeia (UE) adotou diretrizes juridicamente vinculativas sobre discriminação com base em raça e etnia, bem como idade, deficiência, orientação

---

[14] Sylvanna Falcón, "Transnational Feminism and Contextualized Intersectionality at the 2001 World Conference Against Racism", *Journal of Women's History*, v. 24, 2012, p. 99-120; *Power Interrupted: Antiracist and Feminist Activism inside the United Nations* (Seattle, University of Washington Press, 2016).

sexual e religião[15]. A adoção dessas novas diretrizes promoveu a disseminação de outra abordagem institucionalmente integrada da discriminação.

Em toda a Europa, diferentes organismos nacionais usam a interseccionalidade como ferramenta analítica para dar forma a suas políticas públicas de igualdade. No Reino Unido, a incorporação de gênero, raça, deficiência, sexualidade, religião/ crença e idade à legislação sobre a igualdade de oportunidades e diversidade levou à criação de um novo órgão único dedicado a esse tema na Grã-Bretanha (Inglaterra, Escócia e País de Gales)[16]. A adoção de novas diretrizes levou à reforma das políticas de igualdade em muitos países – alguns deles criaram órgãos de promoção da igualdade que aplicariam a legislação a todos os motivos proibidos de discriminação. A Comissão Britânica de Igualdade e Direitos Humanos, por exemplo, começou a se reunir para combater as discriminações baseadas em gênero, raça, deficiência, idade, religião ou crença, sexualidade e *status* transgênero. Em geral, a interseccionalidade era vista por analistas de política como um modelo institucional para a abordagem de desigualdades múltiplas ou complexas. Assim, a integração da interseccionalidade foi um avanço significativo na arena da política de igualdade porque ajudou a evitar as abordagens de questão única e enfocar o gênero em primeiro lugar[17].

Apesar das implicações desse marco legal, outros países europeus têm sido muito menos diligentes no desenvolvimento de políticas e/ou no cumprimento das diretrizes da ONU. Além disso, o surgimento de movimentos de extrema direita nos países da UE impõe um desafio considerável para o cumprimento e a implementação dessas diretrizes por meio de políticas públicas. Nos últimos anos, muitos países europeus viram partidos e movimentos populistas de extrema direita se transformarem em grandes atores políticos. Esses autodenominados eurocéticos rejeitam tanto o quadro antidiscriminação da UE quanto a própria ideia da UE (ver o Brexit, no Reino Unido) ou, como na Hungria, simplesmente zombam das diretrizes da UE, abrindo precedentes para violações mais preocupantes dos direitos humanos. Dentro e além da política eleitoral, muitos desses movimentos

---

[15] Andrea Krizsan, Hege Skjeie e Judith Squires, "Institutionalizing Intersectionality: A Theoretical Framework", em Andrea Krizsan, Hege Skjeie e Judith Squires (orgs.), *Institutionalizing Intersectionality: The Changing Nature of European Equality Regimes* (Basingstoke, Palgrave-Macmillan, 2012), p. 2.

[16] Barbara Bagilhole, "Applying the Lens of Intersectionality to UK Equal Opportunities and Diversity Policies", *Canadian Journal of Administrative Sciences*, v. 27, n. 3, 2010, p. 263-71.

[17] Idem; Olena Hankivsky, "Gender vs. Diversity Mainstreaming: A Preliminary Examination of the Role and Transformative Potential of Feminist Theory", *Canadian Journal of Political Science*, v. 38, n. 4, 2007, p. 977-1.001.

fazem avançar retóricas e práticas que lembram o fascismo[18]. Esse contexto político instável aponta para os desafios de interpretação e implementação de políticas ligadas aos direitos humanos.

UM OLHAR MAIS ATENTO: MARCOS INTERSECCIONAIS E POLÍTICAS DE DIREITOS HUMANOS

As orientações políticas das trajetórias da ONU e as políticas dos Estados-nação da UE mostram que a interseccionalidade como forma de investigação e práxis críticas está sendo negociada no nível macro da análise. Porém, fortalecer as políticas e os mandatos legislativos requer que se pense como as pessoas tentam contextualizar os marcos interseccionais em contextos nacionais, regionais e locais. Aqui, apresentamos uma análise mais detalhada de uma das muitas reuniões em um contexto global de direitos humanos, em que profissionais vinculados a movimentos de base, ativistas, intelectuais, advogados e advogadas tentaram descobrir como usar a interseccionalidade enquanto estrutura analítica.

Em 2013, aproximadamente 25 especialistas em direito, defesa pública de ideias e mundo acadêmico reuniram-se em uma sala de conferências no Centro de Direitos Reprodutivos da Faculdade de Direito da Universidade de Columbia para participar do simpósio "Interseccionalidade no Sistema Interamericano de Direitos Humanos" (IAHRS, em inglês).

O talento presente era notável, inclusive de representantes de organizações como Wangki Tangni, criada para atender às necessidades da comunidade Miskito na Nicarágua, Disability Rights International, Anistia Internacional, Programa de Ação pela Igualdade e Inclusão Social (Colômbia), bem como de programas de faculdades de direito, como a Clínica Internacional de Direitos Humanos da Mulher da Faculdade de Direito da Universidade da Cidade de Nova York, o Projeto Direitos Humanos nos Estados Unidos e os projetos do Centro de Direito de Gênero e Sexualidade da Faculdade de Direito da Universidade de Columbia.

A reunião foi convocada por Tracy Robinson (Jamaica) e Rose-Marie Belle Antoine (Santa Lúcia), duas representantes eleitas da Comissão Interamericana de Direitos Humanos (CIDH). Robinson e Antoine foram responsáveis por áreas

---

[18] Jason Stanley, *How Fascism Works: The Politics of Us and Them* (Nova York, Random House, 2018) [ed. bras: *Como funciona o fascismo: a política do "nós" e "eles"*, trad. Bruno Alexander, 2. ed., Porto Alegre, L&PM, 2018].

específicas que ajudariam a CIDH a monitorar o cumprimento dos tratados interamericanos de direitos humanos nos Estados-nação vinculados à Organização dos Estados Americanos (OEA). A comissão foi muitas vezes o primeiro contato de peticionárias e peticionários que desejam prestar queixa por violação de direitos humanos. Enquanto relatoras da CIDH designadas para diferentes áreas de interesse, as duas comissárias supervisionaram espaços variados de direitos humanos. Robinson supervisionou atividades ligadas aos direitos das mulheres, bem como de lésbicas, gays, bissexuais, transexuais e intersexuais. Antoine foi relatora de queixas relacionadas aos direitos de afrodescendentes, povos indígenas e contra a discriminação racial. Trabalhando de forma independente, Robinson e Antoine concluíram que muitas queixas não se enquadravam diretamente em nenhuma das quatro áreas. Ambas reconheceram que a maneira como gênero, sexualidade, raça e ética eram entendidos nos tribunais limitava sua capacidade de reparar as violações dos direitos humanos. Elas decidiram trabalhar juntas; a reunião foi um passo nesse sentido.

Robinson abriu a reunião identificando três temas importantes que ajudariam comissárias e comissários a ser mais eficazes no tratamento dos direitos humanos. Primeiro, apontou a necessidade de ferramentas mais eficientes para identificar a discriminação. Em um mundo em que as queixas de violações de direitos humanos podiam ser classificadas em várias categorias, era difícil conceituar o que significa discriminação. Quando a discriminação é juridicamente enquadrada em termos de sexo, gênero ou raça, qual é a melhor maneira de atender a pessoas cujas queixas concernem a mais de um campo discriminatório? Segundo, ela identificou a necessidade de melhores avaliações de dor, sofrimento e lesão. Que tipo de dor e sofrimento é aceitável para apresentar uma queixa de violação de direitos humanos? De que maneira as questões relativas à dignidade humana são importantes? Um terceiro ponto dizia respeito à busca de reparações e soluções adequadas para as vítimas de violação de direitos humanos. Quais são as responsabilidades do Estado-nação se a injúria foi documentada e o sofrimento ocorreu?

Robinson e Antoine reconheciam as limitações de uma declaração estritamente legal de direitos humanos e que as categorias protegidas adquiriam significado quando continuavam a desenvolver marcos intersecionais e seus efeitos na práxis, por exemplo, reparação para as pessoas injuriadas. Os participantes da reunião foram encarregados de analisar como a ênfase da interseccionalidade na interação e na influência mútua dos eixos da divisão social pode moldar os direitos humanos. Como a interseccionalidade é capaz de contribuir para conceituar a discriminação,

O alcance global da interseccionalidade   129

sugerir maneiras de lidar com os danos causados pelas opressões interseccionais e orientar a remediação ou a reparação das violações de direitos humanos?

À medida que o dia se desenrolava, as pessoas presentes se engajaram nas questões de Robinson, discutindo, sobretudo, casos específicos que elucidavam várias dimensões da interseccionalidade e dos direitos humanos. Em sessões dedicadas a gênero e sexualidade, gênero e raça, etnia e migração, gênero e pessoas indígenas, elas apresentaram casos reais que revelavam temas centrais recorrentes, como violência, ameaça de violência, variações de violência do Estado e negação da dignidade humana. Havia violação de direitos humanos quando mulheres eram estupradas, crianças eram tiradas de suas famílias por ação do Estado e povos indígenas eram forçados a sair de suas terras. A vulnerabilidade não era uma categoria absoluta; embora as mulheres fossem centrais nos casos selecionados, estava claro que a categoria genérica "mulher" obscurecia mais que revelava. Em especial, algumas mulheres eram mais vulneráveis que outras, se fossem indígenas, negras, pobres e jovens. Como as categorias de etnia, raça, *status* econômico e idade não se alinhavam perfeitamente, elas não eram nem equivalentes, nem intercambiáveis.

Os casos em consideração mostraram a importância de um tribunal de direitos humanos para a justiça social global, bem como os desafios do uso dos marcos interseccionais nesse cenário jurídico global. A interseção dos sistemas de poder estava implicada na formação tanto da vida das pessoas que haviam sofrido violações de direitos humanos quanto das decisões do tribunal como reparação para essas violações. Por exemplo, em 2005, o caso Dilcia Yean e Violeta Bosico *versus* República Dominicana alegou violação de direitos humanos contra duas meninas de ascendência africana que se tornaram apátridas em consequência das políticas de cidadania desse país. Nascidas na República Dominicana de mães que também haviam nascido lá, as meninas tinham pais haitianos e avós maternos haitianos. O governo dominicano rejeitou a tentativa das mães de registrar o nascimento das filhas – um problema sério, porque muita coisa na República Dominicana, como frequentar escolas, casar-se e ter um contrato de uso de celular, exigem comprovação de cidadania. Como não existia solução interna nos tribunais dominicanos, o caso foi submetido ao tribunal internacional. O tribunal também buscou orientação sobre três casos que envolviam estupro de meninas: Rosendo Cantú et al. *versus* México (1994-2001), Fernández Ortega et al. *versus* México (2001-2010), e Ana, Beatriz e Celia González Perez *versus* México (2002-2010). Esses casos mostraram um padrão de violência contra povos indígenas durante a militarização de Guerrero e Chiapas no México. Reconhecendo que compensar as vítimas individualmente não era suficiente, dois dos casos concederam reparações significativas no nível da comunidade.

As complexidades de casos como esses indicaram os desafios do pensamento através da conexão de interseccionalidade e direito aos direitos humanos. A análise dessa conexão requer: 1) determinar como interpretações variadas da interseccionalidade têm implicações diferentes para as obrigações do governo com relação aos direitos humanos; 2) examinar as diferentes maneiras pelas quais a interseccionalidade é aplicada na prática dos direitos humanos; e 3) especificar como a interseccionalidade pode e deve se refletir no Sistema Internacional de Direitos Humanos (SIDH), por meio de decisões, relatórios, recomendações e reparações ordenadas pela Corte Interamericana e pela CIDH. Obviamente, essas ideias não puderam ser desenvolvidas em um dia, mas o fato de ao menos ter havido a reunião ressalta a grande importância da interseccionalidade para os direitos humanos globais.

Vários aspectos da reunião destacam certas conexões entre as políticas de direitos humanos, as políticas de igualdade do Estado e possíveis contribuições da interseccionalidade. Primeiro, a interseccionalidade se expandiu além do marco dos direitos civis para um marco de direitos humanos que aborda tanto questões em contexto transnacional quanto a implementação de políticas de direitos humanos nos Estados-nação. Essa expansão se manifesta no trabalho de Crenshaw, desde os primeiros artigos sobre interseccionalidade[19] até o *position paper* escrito para a Conferência de Durban[20]. A comunidade dos direitos humanos complementou a defesa dos direitos civis que solicita reparação ao Estado-nação com uma defesa dos direitos humanos que apela para organizações internacionais e intergovernamentais, como o Tribunal Penal Internacional de Haia.

Segundo, esse discurso aprofundado da interseccionalidade e dos direitos humanos potencializa a análise da ligação das violações dos direitos humanos com as desigualdades sociais globais, catalisadas pela interseção dos sistemas de poder e dos problemas sociais gerados por essas violações. Defensoras e defensores dos direitos de cidadania, justiça reprodutiva, contra a exploração do trabalho infantil, encarceramento em massa e direito dos presos, justiça ambiental e direito dos

---

[19] Kimberlé Williams Crenshaw, "Demarginalizing the Intersection of Race and Sex: A Black Feminist Critique of Anti-Discrimination Doctrine, Feminist Theory, and Anti-Racist Politics", *University of Chicago Legal Forum*, v. 140, 1989, p. 139-67; "Mapping the Margins: Intersectionality, Identity Politics and Violence against Women of Color", *Stanford Law Review*, v. 43, 1991, p. 1.241-99.

[20] Idem, "Background Paper for the Expert Meeting on the Gender-Related Aspects of Race Discriminations", cit.

migrantes podem reivindicar a proteção ética da Declaração dos Direitos Humanos da ONU e buscar soluções em organizações como a CIDH.

Terceiro, um aspecto significativo dos esforços para desenvolver iniciativas no campo dos direitos humanos baseadas na interseccionalidade diz respeito à incorporação da práxis crítica da interseccionalidade. O simpósio foi um exemplo de prática crítica baseada na colaboração. A reunião afirmou a necessidade de um trabalho colaborativo que leve a sério os pontos de vista das várias partes interessadas sobre uma questão social específica. É por isso que examinar o contexto social específico do simpósio do SIDH de 2003 é tão importante – os representantes presentes reconheceram as complexidades do dano social coletivo, bem como sua limitada capacidade de remediá-lo. Como lideranças de organizações de defesa, especialistas em direito e lideranças comunitárias, eles colaboraram para mostrar como vários pontos de vista podem produzir resultados.

Por fim, esse exemplo ilustra a ênfase da interseccionalidade na justiça social. As pessoas que trabalham com a violência contra as mulheres entendem que as soluções não podem ser desenvolvidas a partir da perspectiva da mulher como um grupo homogêneo ou concentrando-se nas relações interpessoais ou no poder do Estado como lugares de violência. Como os marcos fundados nos direitos humanos podem apresentar seus próprios conjuntos de problemas, como a confiança exagerada nos processos judiciais ou a visão da injustiça social como questão individual, em oposição ao coletivo, conversas entre pessoas de posições diferentes promovem um entendimento mais rico tanto dos direitos humanos quanto da interseccionalidade.

Assim, as análises interseccionais nos ajudam a entender tendências globais importantes no que diz respeito à justiça social, entendendo as relações interseccionais de poder e direitos humanos. Em outras palavras, a interseccionalidade como forma de investigação crítica não pode se desenvolver apartada de sua prática crítica.

INTERSECCIONALIDADE E JUSTIÇA REPRODUTIVA

Desde o início, os projetos de justiça reprodutiva estão conectados à interseccionalidade como forma de investigação e práxis críticas. Em 1994, um grupo de ativistas feministas negras introduziu a expressão "justiça reprodutiva" em uma conferência pró-escolha nos Estados Unidos. Como líderes comunitárias, as participantes do grupo consideravam que mudanças estruturais eram essenciais para a justiça reprodutiva. A ideia de justiça reprodutiva se espalhou rapidamente em um contexto global em que o apoio da ONU aos direitos humanos dialogava com as necessidades de vários grupos. Loretta Ross, uma das líderes do movimento pela justiça reprodutiva nos Estados Unidos, descreve a sinergia entre as feministas afro-americanas e as mulheres do Sul global em relação à ideia de justiça reprodutiva:

> Na Conferência Internacional sobre População e Desenvolvimento, realizada em setembro de 1994, no Cairo, nós fortalecemos nossa análise inicial, desenvolvida três meses antes, levando em consideração as mulheres do Sul global, que usavam o marco dos direitos humanos para reivindicar com mais força sua autonomia sexual e reprodutiva, enfatizando a dialética entre direitos individuais e direitos de grupo.[21]

Ambos os grupos reconheceram a interconectividade entre direitos humanos e direitos das mulheres, bem como as relações entre direitos individuais e direitos de grupo. Ao fazer isso, trouxeram uma sensibilidade de justiça social para certo marco de justiça reprodutiva[22].

As iniciativas referentes a justiça reprodutiva se concentram em três dimensões inter-relacionadas dos direitos humanos: 1) o direito de ter filhos nas condições de escolha própria; 2) o direito de não ter filhos, fazendo uso de controle de natalidade, aborto ou abstinência; e 3) o direito de ter filhos em ambientes seguros e saudáveis, livres de violência cometida por um indivíduo ou pelo Estado. Embora esse marco contemple os direitos humanos de todas as mulheres, era evidente que as desigualdades sociais globais significavam que mulheres e meninas nos Estados Unidos e transnacionalmente não tinham autonomia para reivindicar seus direitos humanos universais. Como salienta Dorothy Roberts, a introdução de um marco de justiça social "reposicionou os direitos reprodutivos em um contexto político de opressões interseccionais de raça, gênero e classe"[23]. O termo "justiça" traz as relações de poder tanto para o discurso dos direitos civis nos Estados Unidos quanto para o discurso mais amplo dos direitos humanos, em um contexto global. O marco da justiça reprodutiva sinalizou uma mudança significativa no contexto estadunidense que foi além da defesa dos direitos reprodutivos. A ênfase foi na forma "como as mulheres de cor abordavam elas próprias as questões reprodutivas por

---

[21] Loretta Ross, "Reproductive Justice as Intersectional Feminist Activism", *Souls: A Critical Journal of Black Politics, Culture, and Society*, v. 19, n. 3, 2017, p. 293.

[22] Os livros de Dorothy Roberts, *Killing the Black Body* (Nova York, Random House, 1997), e de Jael Silliman et al., *Undivided Rights* (Boston, South End, 2004), são dois dos mais citados no movimento por justiça reprodutiva.

[23] Dorothy Roberts, "Reproductive Justice, Not Just Rights", *Dissent*, out. 2015, p. 79.

O alcance global da interseccionalidade   133

meio de pesquisas militantes e comunitárias baseadas em análises interseccionais para fortalecer coalizões de base, não em termos jurídicos"[24].

As expressões "justiça reprodutiva", "saúde reprodutiva" e "direitos reprodutivos" são frequentemente usadas de forma intercambiável, mas significam coisas diferentes. Refletem distintos públicos, análises e estratégias. A premissa básica da *saúde reprodutiva* é que as pessoas têm o direito de se reproduzir e devem ter a liberdade de decidir se, quando e com que frequência fazê-lo. As iniciativas em favor da saúde reprodutiva ajudam as pessoas a ter acesso a informações e serviços reprodutivos, como contracepção e cuidados durante e após o parto. Como pessoas pobres, mulheres de cor e outros grupos desfavorecidos vivem em geral em comunidades, regiões e contextos nacionais que carecem de serviços de saúde, eles apresentam mais problemas de saúde reprodutiva. Por exemplo, taxas mais altas de mortalidade materna e infantil, falta de acesso a serviços de contracepção e barreiras ao acesso a serviços básicos de saúde são fatores que afetam a saúde da mulher. Garantir a saúde reprodutiva tem sido um pilar fundamental do movimento pela saúde da mulher.

Direitos reprodutivos abrangem esforços para garantir que as pessoas tenham a capacidade legal e política de fazer escolhas relacionadas a vida sexual e reprodutiva. A distribuição de direitos reprodutivos ou a falta deles estão relacionadas às políticas públicas diferenciais das distintas unidades governamentais nacionais, regionais e locais. Nos Estados Unidos, por exemplo, o movimento pró-escolha defendia uma agenda de direitos reprodutivos na década de 1980 que se concentrava na criação de leis e mecanismos de fiscalização, garantindo que as mulheres tivessem direitos legais aos serviços de saúde reprodutiva. Na jurisprudência estadunidense, o engajamento público com a questão reprodutiva ocorreu no âmbito dos direitos reprodutivos, com acesso ao aborto legal e seguro enquadrado por um discurso binário "pró-escolha" e "pró-vida". Esses debates se intensificaram após 2016, no contexto do crescimento do populismo de extrema direita na política eleitoral dos Estados Unidos, em nível tanto nacional quanto estadual. Os debates sobre os direitos reprodutivos, que tiveram e continuam a ter impacto desproporcional na regulação da liberdade reprodutiva de mulheres de cor, afro-americanas, indígenas e pobres, afetam cada vez mais todas as mulheres e meninas.

As lutas pelos direitos reprodutivos são necessárias, mas têm limitações. As estratégias legais, por exigirem longas batalhas judiciais e mudanças legislativas, são lentas.

---

[24]   Zakiya Luna e Kristin Luker, "Reproductive Justice", *Annual Review of Law and Social Science*, v. 9, 2013, p. 338.

Elas dependem da *expertise* de profissionais, principalmente de advogadas e advogados, e dos processos legais para manter o foco na proteção dos direitos reprodutivos de mulheres e meninas. Também necessitam de pesquisas em políticas de saúde, cujos estudos são vitais para os casos legais. Além disso, as vitórias legais, ao expandirem os direitos reprodutivos de mulheres e meninas, incentivam a contramobilização, garantindo que "mais tempo e dinheiro sejam gastos para manter direitos que pareciam a salvo"[25]. Embora essenciais e bem-intencionadas, essas estratégias legais podem marginalizar as pessoas a quem pretendem ajudar. Como Roberts aponta,

> por muito tempo, a retórica da "escolha" privilegiou, sobretudo, as mulheres brancas de classe média, que têm a possibilidade de escolher entre opções reprodutivas indisponíveis para as mulheres pobres e de baixa renda, e principalmente para as mulheres de cor. A corrente dominante do movimento pelos direitos reprodutivos reduziu suas preocupações à defesa quase exclusiva do direito legal ao aborto, distanciando ainda mais sua agenda dos interesses das mulheres que foram alvo de esterilização abusiva em razão da desvalorização de seu direito a filhos.[26]

No contexto estadunidense, o próprio marco da justiça reprodutiva que surgiu na década de 1990 foi uma resposta às limitações do enquadramento das necessidades de mulheres e meninas, principalmente pela lente dos direitos reprodutivos.

Destacando a dinâmica relação entre lei, movimentos sociais e estudos acadêmicos, a *justiça reprodutiva* é um constructo mais amplo que a saúde reprodutiva ou os direitos reprodutivos. Reconhecendo a importância dos serviços de saúde para a manutenção da boa saúde, a justiça reprodutiva considera a garantia do bem-estar físico, espiritual, político, econômico e social de mulheres e meninas parte da saúde reprodutiva. Reconhecendo a necessidade de proteções legais, a justiça reprodutiva visa a transformar os direitos humanos formais em direitos reprodutivos substantivos. As instituições sociais, principalmente os governos, são obrigadas a garantir condições sociais que promovam os direitos reprodutivos de mulheres e meninas. Isso pode significar resolver questões ligadas a moradia, acesso a água potável, segurança alimentar, poluição do ar e riscos ambientais, como residir perto de indústrias que possam provocar problemas de saúde.

O problema da violência sexual ilustra como marcos interpretativos diferentes de justiça reprodutiva, saúde reprodutiva e direitos reprodutivos destacam dimensões distintas das iniciativas em andamento para garantir justiça reprodutiva para

---

[25] Ibidem, p. 336.

[26] Dorothy Roberts, "Reproductive Justice, Not Just Rights", cit., p. 79.

mulheres e meninas. Como discutimos no capítulo 2, o compromisso da interseccionalidade com a investigação e a práxis críticas fornece um marco importante para análises mais amplas da violência contra populações vulneráveis. Quer se trate do acesso à educação sexual, aos contraceptivos e a toda a gama de serviços de saúde, do direito de decidir quando iniciar a vida sexual e quais formas terá sua sexualidade, quer se trate das políticas que privilegiem e/ou penalizem injustamente certas formas de expressão sexual, a sexualidade é uma questão crítica nesses três marcos reprodutivos. Os esforços para disciplinar as escolhas sexuais de mulheres e meninas, de acordo com as normas culturais mobilizadas para defender essas práticas disciplinares, muitas vezes são acompanhados de violência. A liberdade sexual repousa sobre relações interpessoais que não desempoderam mulheres e meninas. Quando se trata de violência sexual, privilegiar um marco em prejuízo de outros é um passo na direção certa, mas somente a elaboração de uma agenda abrangente contra a violência sexual possibilitará mudanças reais. Apenas coletivamente se poderá abordar a opressão, a pobreza e o *status* econômico, a falta de apoio social ao acesso de mulheres e meninas a informações e serviços ligados à saúde reprodutiva, os sistemas legais que não oferecem proteção nem auxílio legal e os estigmas culturais contra mulheres e meninas que sobreviveram a estupros e incesto.

Desde o início, as iniciativas em favor da justiça reprodutiva adotaram uma abordagem abrangente e inclusiva dos direitos de mulheres e meninas que reflete e contribui para a ênfase da interseccionalidade na interseção entre as relações de poder e de justiça social. Por exemplo, defensores e defensoras da justiça reprodutiva identificam a política do corpo como um pilar da vida das mulheres, uma dimensão central da justiça reprodutiva. O marco da justiça reprodutiva inclui liberdade sexual e autonomia sobre o próprio corpo, tornando visíveis as consequências materiais da corporiedade como parte das relações de poder interseccionais. Questões sociais como sexualização do corpo de meninas, tentativas de regular a feminilidade das atletas, assédio sexual no local de trabalho, pornografia nos meios de comunicação de massa e estupro indicam que o corpo das mulheres é visto e policiado em diferentes configurações culturais.

Defensoras e defensores da justiça reprodutiva desafiaram políticas tradicionais sobre o corpo promotoras de normas de gênero que contribuíram para as disparidades na saúde reprodutiva das mulheres, nos direitos reprodutivos e no acesso à justiça reprodutiva. Enfatizando a distinção entre sexo biológico e gênero socialmente construído, questionaram as concepções biológicas de gênero e expandiram a ideia de feminilidade e masculinidade. Os marcos da justiça reprodutiva podem

136 Interseccionalidade

incluir experiências de pessoas que não se definiam biologicamente como mulheres e meninas, mas vivenciaram opressões reprodutivas[27]. Especificamente homens trans, mulheres trans e não conformantes tornam-se parte da população protegida que necessita de justiça reprodutiva. Esse marco da política sobre o corpo é inerentemente interseccional, pois as relações de poder interseccionais entre gênero, raça, idade, capacidade, etnia, sexualidade e classe usam o corpo para determinar e explicar as desigualdades sociais. Defensoras e defensores da justiça reprodutiva pertenciam a um movimento mais amplo que visava a redefinir as políticas sobre o corpo levando em conta a justiça social.

Enquanto defensores e defensoras da saúde reprodutiva e dos direitos reprodutivos defendiam a integridade da pessoa e do corpo, defensores e defensoras da justiça reprodutiva identificaram e defenderam a integridade física de grupos e comunidades como uma dimensão importante da liberdade reprodutiva. O amplo entendimento da justiça reprodutiva, segundo o qual as pessoas têm o direito de gerar filhos em ambientes seguros e saudáveis, livres de violência praticada por indivíduos ou Estado, destaca a importância das comunidades e dos grupos nas iniciativas em prol da justiça reprodutiva que se baseiam em análises interseccionais. Esse marco mais amplo da justiça reprodutiva baseada no coletivo permitiu que fossem censuradas algumas das práticas governamentais mais flagrantes contra pessoas pobres, grupos raciais/étnicos, pessoas sem documento, incapacitadas e indígenas. Por exemplo, levar ao Tribunal de Direitos Humanos casos de meninas estupradas durante a militarização do México ilustra a importância de buscar soluções em grupo para problemas vividos em grupo. Nesses casos, meninas sofreram individualmente violência sexual, e comunidades inteiras de povos indígenas se sentiram feridas. Como Ross aponta,

> o controle externo sobre a reprodução de terceiros é uma ferramenta de dominação e opressão, conforme descrito na Convenção das Nações Unidas para a Prevenção e a Punição do Crime de Genocídio, porque pode ser caracterizado como "imposição de medidas destinadas a impedir nascimentos dentro do grupo e, mediante o uso de força, transferir crianças de um grupo para outro".[28]

Uma análise interseccional da justiça reprodutiva mostra que há interconectividade entre lutas por justiça social aparentemente distintas, concernentes a gênero, raça, classe, sexualidade, etnia, capacidade e nacionalidade. Formas históricas e

---

[27] Loretta Ross, "Reproductive Justice as Intersectional Feminist Activism", cit., p. 291.
[28] Ibidem, p. 292-3.

contemporâneas de eugenia (por exemplo, a esterilização forçada de mulheres indígenas no Canadá, assim como de populações colonizadas, porto-riquenhas e negras nos Estados Unidos, mulheres encarceradas, mulheres cadastradas em programas de assistência e mulheres com deficiência) e o afastamento forçado de crianças de suas famílias e comunidades (por exemplo, entre povos indígenas da Austrália, do Canadá dos Estados Unidos) influenciam-se mutuamente. As lutas pela justiça reprodutiva podem assumir várias formas, mas, coletivamente, fazem parte de um diálogo mais amplo e cada vez mais global.

Apesar das conexões entre os marcos da saúde reprodutiva, os direitos reprodutivos e a justiça reprodutiva, é importante ressaltar que as questões dessa natureza são priorizadas de diferentes maneiras nos países. Mulheres e meninas podem enfrentar desafios semelhantes na obtenção de justiça reprodutiva, serviços de saúde e proteções legais que garantem seu direito à reprodução, mas as particularidades de cada história significam que a defesa e o ativismo reprodutivo são moldados de formas diferentes dependendo do contexto. Essas diferenças estão diretamente relacionadas ao modo como raça, classe, gênero, sexualidade, capacidade e idade afetam direitos e serviços e as supostas obrigações das mulheres. Os discursos sobre a saúde e as políticas públicas se esforçam para lidar com desafios comuns, mas cada lugar tem suas próprias lutas.

Legados de escravidão, colonialismo e imperialismo, bem como a forma das lutas anticoloniais, impactaram tanto as normas culturais dos Estados nacionais quanto a infraestrutura disponível para a prestação de serviços de saúde. Essas histórias nacionais determinam como se entende e se trata a constelação de questões relativas à reprodução nos Estados-nação. Estes últimos não apenas têm trajetórias distintas no campo da social-democracia, do neoliberalismo ou do populismo de extrema direita, como sustentam visões culturais díspares sobre gênero, feminilidade, masculinidade e, consequentemente, sobre o *status* de mulher e menina. Eles também contam com recursos dramaticamente diferentes para promover a saúde reprodutiva dentro de suas fronteiras. A justiça reprodutiva pode ser um marco importante como resposta crítica ao discurso dos direitos reprodutivos nos Estados Unidos, mas a compreensão do perfil da justiça reprodutiva em um contexto global mais amplo requer uma compreensão mais diferenciada das particularidades nacionais, regionais e locais. Nesse sentido, a interseccionalidade proporciona um importante conjunto de ferramentas conceituais para analisar o poder do Estado, as políticas públicas de saúde e os resultados obtidos na saúde.

Justiça reprodutiva e o Sul global

Questões de saúde reprodutiva, direitos e justiça dizem mais respeito às gerações mais novas, à medida que elas entram, avançam e saem de seus anos férteis. Até o momento, discutimos mulheres e meninas e seu lugar fundamental nas iniciativas de justiça reprodutiva, mas é importante ressaltar que homens e meninos também são afetados pela justiça reprodutiva. Além do mais, quando se trata de saúde reprodutiva, direitos e justiça, 90% dos jovens de ambos os sexos vivem na África, na América Latina e em países em desenvolvimento da Ásia. Mulheres e meninas dessas regiões que estão chegando ou já chegaram à idade fértil constituem parte considerável dessa faixa etária, o que sugere que, quando se trata de justiça reprodutiva, é preciso concentrar mais atenção nelas, bem como nas mulheres e nas meninas do Norte global que vivem em condições semelhantes às das classes menos favorecidas do Sul global.

O foco tanto nas pessoas que vivem no Sul global quanto nas unidades políticas onde elas moram fornece uma lente diferente para as questões de justiça reprodutiva. O termo "Sul global" é mais que uma localização geográfica, um local físico que abriga histórias de colonialismo, escravidão, racismo e imperialismo. Essas histórias moldam as relações de poder no interior dos Estados-nação do Sul global, onde vive a maioria das pessoas jovens, mas também as relações de poder dos Estados-nação no Norte global, que historicamente se beneficiaram desses sistemas. Reconhecemos que há uma imensa heterogeneidade entre as histórias nacionais e as políticas públicas dos muitos Estados-nação que compõem o Sul global. Aqui, selecionamos alguns casos não como representativos dessas questões maiores, mas como uma janela para refletirmos sobre algumas dimensões da justiça reprodutiva em dimensão global, em especial como a contextualização das preocupações relacionadas à reprodução – nesse caso a conjuntura nacional das políticas públicas das nações do Sul global – influencia as questões de justiça reprodutiva.

A gama de questões relacionadas à reprodução nos 54 Estados-nação da África continental é imensa. A diversidade de histórias, governos, grupos étnicos e populações desmente o uso fácil de termos como "global" ou mesmo da expressão "Sul global". Após a 57ª sessão da Comissão da Condição Jurídica e Social da Mulher, realizada em março de 2013, Grace Adofoli, então estagiária da National Women's Health Network [Rede Nacional de Saúde da Mulher], analisou como as estruturas de saúde reprodutiva, direitos reprodutivos e justiça reprodutiva eram priorizadas em contextos nacionais distintos. Sua experiência como mulher africana lhe ofereceu uma perspectiva diferente sobre a justiça reprodutiva diante de histórias e conjunturas nacionais tão díspares: "A África tem 54 países e inúmeras tribos, tradições, culturas e idiomas – embora as pessoas tendam a agrupar a África em uma categoria única e ignorar sua diversidade. Portanto, no contexto africano, qualquer esforço para promover a justiça reprodutiva, a saúde reprodutiva e os direitos reprodutivos sofrerá variações em função de cada país em particular"[29].

Adofoli ressalta que, em países sob ação militar (por exemplo, Sudão e Congo), os principais problemas de saúde reprodutiva e sexual são o combate à violência contra as mulheres, a proteção contra o estupro e o acesso à saúde em geral em tempos de conflito e guerra. Já países com governos mais estáveis (por exemplo, Zâmbia e Gana) dão ênfase à redução das altas taxas de mortalidade materna. Adofoli explica por que esses três pontos focais podem ser necessários e o motivo de alguns terem precedência sobre outros:

> Todos esses esforços se inscrevem na estrutura mais ampla de justiça, direitos e saúde reprodutiva das mulheres. Do ponto de vista dos direitos, é importante aprovar leis que defendem as mulheres que foram vítimas de abuso e incentivar punições severas aos agressores [...] são necessárias políticas para expandir o acesso das mulheres a serviços (como contracepção e aborto) que as ajudem a evitar gravidezes não planejadas e doenças sexualmente transmissíveis (DST). A prestação de serviços de saúde reprodutiva que atendam às necessidades das mulheres permite que elas ajam de acordo com a melhor decisão para seu corpo. *Cada comunidade e país devem determinar quais questões são mais significativas e onde investir suas energias.*[30]

É necessário um trabalho mais detalhado sobre as conjunturas nacionais específicas, bem como sobre as mulheres em contextos étnicos e religiosos variados. Nesse sentido, a comparação das decisões das sul-africanas e das zimbabuenses em matéria de reprodução permite uma reformulação da justiça reprodutiva que evidencia a agência das mulheres em dois contextos nacionais diferentes. Sendo vizinhos, esses dois países têm histórias sociais com elementos convergentes e

---

[29] Grace Adofoli, "Young Feminist: The Need for Different Voices: Revisiting Reproductive Justice, Health and Rights", *National Women's Health Network*, dez. 2013. Disponível em: <https://www.nwhn.org/young-feminist-the-need-for-different-voices-revisiting-reproductive-justice-health--and-rights/>; acesso em: jul. 2020.

[30] Idem. Grifos nossos.

divergentes. A decisão de abortar assume formas distintas nesses dois contextos nacionais, lançando luz sobre as tomadas de decisão reprodutivas[31].

Ao contrário da África imaginária, formada pela junção de vários Estados-nação africanos, a Índia é um Estado-nação que abriga 25% da população mundial entre suas fronteiras. As políticas populacionais da Índia geraram uma literatura volumosa sobre justiça reprodutiva que examina as conexões entre desenvolvimento, população e desigualdades sociais. Quando a resistência anticolonial se intensificou na Índia, assim como em outras colônias, a ideia de reprodução como ameaça à ordem racial permeava cada vez mais os discursos a respeito da superpopulação e do desenvolvimento. "O crescimento da população na Índia, como em outros lugares, se construía explicitamente nos discursos dominantes sobre o desenvolvimento como uma ameaça geopolítica"[32]. Aparentemente a natureza entrelaçada da superpopulação como um problema para os países em desenvolvimento poderia ser remediada por meio de ações do Estado para controlar o tamanho da população. Essa conexão entre superpopulação e desenvolvimento preparou o terreno para políticas de controle populacional em muitos países, em especial na Índia, cujo tamanho e história a implicaram um esforço muito maior.

Kapana Wilson, em sua análise crítica das políticas reprodutivas da Índia, reúne muitas dimensões de certa discussão a respeito da justiça reprodutiva e ilustra o funcionamento da interseccionalidade como estrutura analítica. Ironicamente, a mesma Conferência Internacional sobre População e Desenvolvimento que em setembro de 1994 promoveu a colaboração transnacional entre defensores da justiça reprodutiva marcou uma virada nas políticas de reprodução da Índia. Antes da conferência, o controle populacional era mais escancarado – China, Índia e Estados-nação com populações em crescimento definiam a superpopulação como um obstáculo ao desenvolvimento e adotavam políticas demográficas para reduzir seu número de habitantes. A política do "filho único" na China se destaca como um empreendimento maciço em um país gigantesco. Esterilizações forçadas e políticas punitivas foram incentivadas para o bem do Estado. Na conferência de 1994, o governo indiano alegou ter abandonado as metas de controle populacional, mas manteve as políticas orientadas para as populações "indesejáveis". No entanto, desde

---

[31] Malvern Chiweshe, Jabulile Mavuso e Catriona Macleod, "Reproductive Justice in Context: South African and Zimbabwean Women's Narratives of Their Abortion Decision", *Feminism and Psychology*, v. 27, n. 2, 2017, p. 203-24.

[32] Kapana Wilson, "For Reproductive Justice in an Era of Gates and Modi: The Violence of India's Population Policies", *Feminist Review*, v. 119, 2018, p. 92.

O ALCANCE GLOBAL DA INTERSECCIONALIDADE 141

a conferência, os objetivos do governo indiano se concentraram no uso e na escolha de contraceptivos, assim como nas maneiras de incentivar e avaliar os serviços.

Essa mudança na política populacional é menos nítida e, aparentemente, mais humana, sobretudo porque reflete a norma neoliberal da escolha como um marcador da liberdade individual. Apesar da ilusão da escolha, a coerção continua sendo característica predominante das políticas de controle populacional na Índia: a esterilização forçada ainda suplementa os dispositivos injetáveis e os implantes como elemento central de suas políticas públicas. Depois de 2012, em vez da esterilização forçada, a Índia pretendia que mais 48 milhões de mulheres adotassem a contracepção. No entanto, as opções contraceptivas disponíveis para os diferentes grupos de mulheres e meninas, assim como para os homens, diferem caso se considere que o grupo a que pertencem contribui para a superpopulação. Embora combatidos globalmente por ativistas e especialistas em saúde reprodutiva e direitos das mulheres, os anticoncepcionais hormonais injetáveis e implantáveis surgiram como as principais opções contraceptivas na Índia.

Essas políticas reprodutivas incidem desigualmente sobre os diferentes grupos de mulheres e homens, de modo que determinados corpos são "marcados como 'descartáveis' para intervenção e regulação"[33]. Por exemplo, as representações culturais têm como alvo a comunidade muçulmana, percebida como uma população de crescimento alto que ameaça o Estado. As representações no domínio cultural do poder são uma coisa. O exercício do poder disciplinar por meio de políticas públicas direcionadas a grupos específicos ilustra o funcionamento do poder estrutural do Estado nos esforços para controlar a população:

> [As] iniciativas de controle populacional do Estado indiano, em associação com o capital global, também podem ser entendidas como direcionadas a segmentos particulares da população que os discursos dominantes sobre o desenvolvimento constroem como supérfluos para a acumulação do capital e, portanto, legitimamente sujeitos a múltiplas formas de deslocamento e desapropriação. É o caso específico da

---

[33] Ibidem, p. 91. Wilson cita duas notícias de 2016 e 2017 que mostram que as dalits e as adivasis protestaram contra essas políticas populacionais coercitivas. Cada evento se opôs a um conjunto de ideias que o Estado indiano incorporou durante muito mais tempo, a saber, a assunção de que a fertilidade das mulheres pobres constituía um obstáculo ao desenvolvimento da Índia e os programas de esterilização em massa eram uma resposta razoável, sancionada pelo Estado, a essa ameaça ao desenvolvimento. Como afirma Wilson: "As esterilizações coercitivas na Índia são uma forma de violência contra as pessoas marcadas pelas interseções de gênero, casta, classe e comunidade, perpetradas pelos atores estatais e transnacionais […] Embora seja uma característica antiga da política indiana, essa violência foi estendida e intensificada […] num quadro de políticas econômicas neoliberais e padrões de acumulação global de capital". Idem.

esterilização de mulheres das comunidades adivasis (indígenas) que vivem em terras ricas em minério e são vistas como um obstáculo à exploração pelo capital corporativo.[34]

Wilson argumenta que as políticas neoliberais complementam cada vez mais e talvez até suplantem as antigas iniciativas governamentais que identificavam explicitamente a superpopulação como um problema para o Estado. Especificamente, a história do planejamento familiar, o controle populacional e o desenvolvimento se entrelaçaram de tal maneira que mobilizaram teses nacionalistas hindus que promoviam a endogamia de casta (casamentos dentro da própria casta) e definiam dalits, adivasis e castas oprimidas como impróprias para a reprodução. Essa ideologia estava embutida nas políticas de "planejamento familiar" pós-independência da Índia[35].

Interseccionalidade e práxis da justiça reprodutiva

O foco da interseccionalidade na construção de coalizões como uma dimensão importante da práxis também está no centro das iniciativas relacionadas à justiça reprodutiva. Loretta Ross identifica a conexão entre interseccionalidade, práxis e defesa da justiça reprodutiva.

> Práxis é um termo usado com mais frequência por grupos oprimidos para mudar sua realidade econômica, social e política por meio de ações de justiça social baseadas em reflexões teóricas. A práxis da justiça reprodutiva coloca o conceito de justiça reprodutiva em ação ao elaborar a conexão entre ativismo e teoria feminista interseccional. Os ativistas empregam intencionalmente uma abordagem interseccional complexa, porque a teoria da justiça reprodutiva é inerentemente interseccional, baseada na universalidade e na indivisibilidade de sua fundação nos direitos humanos.[36]

Os temas da política de coalizão caracterizam a práxis do ativismo pela justiça reprodutiva. Ross concentra sua análise na práxis reprodutiva, argumentando que a teoria gerada molda e é moldada pela interseccionalidade. Por exemplo, o Coletivo SisterSong de Justiça Reprodutiva das Mulheres de Cor, fundado em 1997 por Luz Rodriguez, na época diretora da Mesa Redonda Latina sobre Saúde e Direitos

---

[34] Ibidem, p. 98.

[35] Ibidem, p. 93.

[36] Loretta Ross, "Reproductive Justice as Intersectional Feminist Activism", cit., p. 287.

Reprodutivos, teve uma influência importante sobre as formas que o ativismo pela justiça reprodutiva assumiu nos Estados Unidos.

O estudo de Patricia Zavella sobre a política de coalizão de duas organizações de base muito diferentes entre si que derrubaram um movimento de votação contra o aborto em Albuquerque, no Novo México, mostra de que modo a militância a favor da justiça reprodutiva se funda em estruturas interseccionais[37]. A Mulheres Jovens Unidas (YWU, em inglês) e a Famílias Fortes do Novo México (SFNM, em inglês) têm públicos-alvo muito diferentes, porém uniram forças em defesa da justiça reprodutiva. A campanha, realizada sob um clima político polarizado, foi um sucesso, permitindo a união de organizações e grupos eleitorais que, normalmente, não demonstravam ter interesses comuns.

Dois elementos se destacam nesse exemplo. Primeiro, organizadores e organizadoras buscaram um interesse em comum para a coalizão e trabalharam juntos para criar uma nova estrutura interpretativa acerca do aborto. A presunção de que a YWU e a SFNM tinham perspectivas diferentes e polarizadas sobre o aborto, aquela "pró-escolha" e esta "pró-vida", teve de ser abandonada. Buscar um interesse em comum significou desenvolver um novo alicerce que se baseasse no marco mais amplo da justiça reprodutiva e que reconhecesse a heterogeneidade das experiências e dos interesses dos grupos representados por essas duas organizações. Nesse caso, houve uma reformulação da campanha não em termos de pró-vida ou pró-escolha, mas de respeito às mulheres de Albuquerque. A campanha "Respeite as mulheres de Albuquerque" permitiu que as organizações identificassem semelhanças que poderiam perfeitamente acomodar as diferenças existentes entre as mulheres representadas por ambas. Elas não enquadraram as mulheres como vítimas, mas se concentraram em seus pontos fortes, oferecendo uma estrutura mais familiar a comunidades normalmente tidas como contrárias à justiça reprodutiva.

> Ao elaborar uma campanha baseada nos pontos fortes, em colaboração direta com o ativismo confessional e trazendo para seu centro as discussões espiritualmente significativas sobre o aborto, o ativismo pela justiça reprodutiva mostrou que a inclusão e a espiritualidade são vitais para a justiça reprodutiva.[38]

Segundo, a campanha "Respeite as mulheres de Albuquerque" fornece uma visão próxima e pessoal das tensões criativas das políticas de coalizão, mesmo quando

---

[37] Patricia Zavella, "Intersectional Praxis in the Movement for Reproductive Justice: The Respect ABQ Women Campaign", *Signs*, v. 42, n. 2, 2017, p. 509.

[38] Ibidem, p. 528.

144 INTERSECCIONALIDADE

essas políticas são moldadas pela interseccionalidade. Esse único caso local mostra quanto trabalho está envolvido na política de coalizão e porque esse trabalho é tão importante. O sucesso da campanha, de acordo com Zavella, é resultado do

> trabalho interseccional [...] [que] agrega organizações e indivíduos com diferentes focos, habilidades, públicos e perspectivas para ampliar o alcance da mensagem. Trabalho interseccional também significava trabalhar com comunidades que normalmente não têm participação direta no apoio ao direito de abortar, como as comunidades envolvidas no ativismo confessional.[39]

Com uma questão tão polarizadora quanto o aborto, a militância teve de reconhecer as diferenças de seus públicos-alvo em questões comuns. Esse caso de política de coalizão envolveu um grau substancial de interação entre pessoas que moravam na mesma área e foram expostas a uma experiência comum. As semelhanças entre a justiça reprodutiva e a interseccionalidade não eram abstrações – as pessoas nesse contexto social específico puderam compartilhar experiências, histórias e pontos de vista como parte do processo de mobilização da comunidade. Nesse contexto, era potencialmente mais fácil conceituar e implementar uma política de coalizão moldada pela interseccionalidade, pois essas duas estruturas têm muitos pontos convergentes.

Esse caso sugere questões mais amplas nas possibilidades e nas restrições da justiça reprodutiva como práxis. Muitos defensores e defensoras da justiça reprodutiva apontam para as possibilidades da interseccionalidade como maneira de organizar as pessoas que não têm acesso adequado à saúde reprodutiva ou à defesa dos direitos reprodutivos. Por exemplo, apontando para falhas em todo o espectro político dos Estados Unidos, Dorothy Roberts analisa os perigos que as mulheres pobres e de cor correm nos Estados Unidos ao oferecer apoio acrítico à agenda de direitos reprodutivos.

> [O] marco da justiça reprodutiva pode atrair apoio de milhares de mulheres alienadas pela agenda principal – mulheres pobres e de baixa renda, mulheres de cor, mulheres *queer*, mulheres com deficiência e mulheres cuja atividade principal é a prestação de cuidados. Além disso, o foco do movimento na justiça social fornece uma base concreta para a construção de coalizões radicais com organizações que lutam pela justiça racial, econômica e ambiental para imigrantes, *queers* e pessoas com deficiência, e por mudanças sistemáticas na aplicação da lei, nos cuidados com saúde e na educação.[40]

---

[39] Ibidem, p. 523.
[40] Dorothy Roberts, "Reproductive Justice, Not Just Rights", cit., p. 81.

O sucesso da campanha "Respeite as mulheres de Albuquerque" fornece evidências para esse ponto de vista. Ao mesmo tempo, existem desafios significativos para o tipo de política de coalizão sugerido pela interseccionalidade. Teoricamente, as coalizões são uma boa ideia, mas como os grupos e as comunidades as exercem na prática? O sucesso da campanha "Respeite as mulheres de Albuquerque", em um ambiente político e jurídico desafiador, é louvável. No entanto, iniciativas de base como essa levantam um importante conjunto de questões sobre a durabilidade das coalizões. Como Zavella aponta,

> [essas] coalizões são contingentes e se baseiam em lutas específicas, o que significa que podem não durar. Enquanto os altos riscos pressionavam os membros da coalizão a colaborar estreitamente, as diferenças de objetivos, os recursos dos grupos, cultura e raça podiam minar a solidariedade presente. A intensidade da campanha permitiu pouca reflexão na época.[41]

A política local parece ser a visão mais otimista sobre as coalizões duradouras, já que as pessoas se organizam em torno de preocupações específicas da comunidade local e constroem infraestruturas organizacionais que podem sustentar seu envolvimento. A expansão do nível local para abstrações geográficas cada vez maiores altera os termos das coalizões possíveis. E a mudança para o espaço digital cria novos conjuntos de questões para a política de coalizão moldada pelos marcos interseccionais, bem como pela própria interseccionalidade.

DEBATES DIGITAIS: INTERSECCIONALIDADE E MÍDIAS DIGITAIS

Na atualidade, as mídias digitais e sociais constituem um dos palcos mais vibrantes da interseccionalidade, em que uma nova geração de ativistas, artistas e especialistas debatem sua importância intelectual e política. Essas plataformas facilitam o alcance global da interseccionalidade, criando redes de ativistas, intelectuais, representantes eleitas e eleitos por voto, advogadas, advogados, lideranças comunitárias que desenvolvem projetos de justiça social. As novas TICs mudaram as regras do jogo tanto para os indivíduos quanto para os movimentos sociais. Os ambientes digitais passaram a desempenhar um papel cada vez mais proeminente na mediação de questões de interesse público não apenas fornecendo as plataformas nas quais ocorrem os debates públicos,

---

[41]   Patricia Zavella, "Intersectional Praxis in the Movement for Reproductive Justice", cit., p. 524.

mas também permitindo a configuração interativa de temas e dinâmicas. O desenvolvimento da Web 2.0 e a disseminação de aplicativos que vão além da exibição de conteúdo estático criam comunidades interativas que podem adicionar, editar e atualizar conteúdos. Ao transformar as práticas e apagar a fronteira entre quem produz e quem consome, o florescimento da mídia aberta e digital criou novos espaços de engajamento.

Não é de surpreender que um termo tão visível e polêmico como "interseccionalidade" tenha se tornado objeto de debates acalorados nas mídias digitais e sociais. Uma revisão superficial da literatura sobre o uso da interseccionalidade em ambientes e culturas digitais mostra como ela é mobilizada tanto para a análise quanto para o combate de vários fenômenos mediados digitalmente e relacionados à justiça social. Essa literatura também abrange tentativas acadêmicas de elaborar teorias de interseccionalidade digital[42] e abre áreas de investigação, como o Black Twitter[43] ou os estudos da tecnologia feminista negra interseccional[44]. Esses estudos desvelam questões não abordadas anteriormente, como os vieses interseccionais nas estruturas digitais – por exemplo, como os algoritmos de buscadores como o Google moldam as opressões interseccionais[45] e como aplicativos digitais discriminatórios ampliam a supremacia branca[46]. A tomada de decisão algorítmica, que é baseada em dados históricos, pode fazer com que um apartamento seja negado a uma pessoa negra porque o sistema analisa, por exemplo, quantas pessoas foram despejadas na vizinhança nos dez anos anteriores: "quando o locador faz uma verificação de crédito, se você é negro e [o sistema] diz que historicamente houve um grande número de despejos [em uma comunidade negra], você pode não conseguir alugar o apartamento"[47]. Atender à

---

[42]   Ver Brendesha Tynes, Joshua Schuschke e Safiya Umoja Noble, "Digital Intersectionality Theory and the #BlackLivesMatter Movement", em Safiya Umoja Noble e Brendesha Tynes (orgs.), *Intersectional Internet: Race, Sex, and Culture Online* (Nova York, Peter Lang, 2016), p. 21-40.

[43]   Sanjay Sharma, "Black Twitter? Racial Hashtags, Networks, and Contagion", *New Formations*, v. 78, n. 1, 2013, p. 46-64.

[44]   Safiya Umoja Noble, "A Future for Intersectional Black Feminist Technology Studies", *The Scholar and Feminist Online*, v. 13-14, n. 3-1, 2016. Disponível em: <http://sfonline.barnard. edu/traversing-technologies/safiya-umoja-noble-a-future-for-intersectional-black-feminist-technology-studies/2/>; acesso em: jul. 2020.

[45]   Idem, *Algorithms of Oppression: How Search Engines Reinforce Racism* (Nova York, New York University Press, 2018).

[46]   Ruha Benjamin (org.), *Race After Technology* (Cambridge, Polity, 2019).

[47]   Mutale Nkonde, citado em Samara Lynn, "Artificial Intelligence and Algorithms: 21st Century Tools for Racism", *Black Enterprise*, 30 abr. 2019. Disponível em: <https://www.blackenterprise. com/racism-of-artificial-intelligence-and-algorithms/>; acesso em: jul. 2020.

O ALCANCE GLOBAL DA INTERSECCIONALIDADE 147

amplitude e profundidade dessa literatura florescente exigiria um livro exclusivo para esse fim – e esses livros já existem[48].

Essa literatura revela uma enorme diversidade no modo como o foco nas relações de poder interseccionais de raça, classe, gênero, sexualidade, idade, capacidade e nação lança luz sobre a demografia dos usuários de mídia digital e seus propósitos. Também revela a importância do contexto social na elaboração de debates digitais simultaneamente locais e globais. Desde historiografias alternativas das humanidades digitais através da lente interseccional[49], sites e aplicativos de relacionamento[50], empreendedorismo digital[51], ativismo interseccional transnacional de ciganas por, entre outros, mídias digitais e sociais[52], até orientações sobre aparência para um número crescente de homens jovens descontentes por meio de *chats* e mídias sociais usados por supremacistas brancos ou extremistas jihadistas, violência e assédio de gênero na cultura dos jogos on-line, uma variedade de fenômenos mediados digitalmente pode ser examinada – como de fato é – com interpretações e aplicações cada vez mais sofisticadas sob os prismas analíticos interseccionais. Além disso, essa literatura também teoriza como raça, gênero e categorias semelhantes permeiam o espaço digital.

A notável presença digital da interseccionalidade, em especial nas mídias sociais, mostra, sem dúvida, como usuárias e usuários digitais, com uma variedade de experiências e em várias configurações, entendem diferentemente, interpretam e usam a interseccionalidade para uma variedade de fins políticos. Aqui examinamos o alcance global da interseccionalidade pela mídia digital, observando de perto três áreas: 1) interseccionalidade e públicos feministas on-line; 2) interseccionalidade e violência digital; 3) movimentos sociais em rede digital, sobretudo aqueles que trabalham com justiça racial e o ativismo descolonial.

---

[48] Ver Lisa Nakamura, *Cybertypes: Race, Ethnicity, and Identity on the Internet* (Nova York, Routledge, 2002); Lisa Nakamura e Peter Chow-White (orgs.), *Race After the Internet* (Nova York, Routledge, 2011); Safiya Umoja Noble, "A Future for Intersectional Black Feminist Technology Studies", cit.; Safiya Umoja Noble e Brendesha Tynes (orgs.), *Intersectional Internet*, cit.; Ruha Benjamin (org.), *Captivating Technology: Race, Carceral Technoscience and Liberatory Imagination in Everyday Life* (Durham, Duke University Press, 2019); *Race After Technology*, cit.

[49] Roopika Risam, "Beyond the Margins: Intersectionality and the Digital Humanities", *English Faculty Publications*, paper 4, 2015. Disponível em: <http://digitalcommons.salemstate.edu/english_facpub/4>; acesso em: jul. 2020.

[50] Molly Niessen, "Love Inc: Toward Structural Intersectional Analysis of Online Dating Sites and Applications", em Safiya Umoja Noble e Brendesha Tynes (orgs.), *Intersectional Internet*, cit., p. 161-78.

[51] Leung Wing-Fai, *Digital Entrepreneurship, Gender and Intersectionality: An East Asian Perspective* (Basingstoke, Palgrave-Macmillan, 2019).

[52] Laura Corradi, *Gypsy Feminism: Intersectional Politics, Alliances, Gender and Queer Activism* (Nova York, Routledge, 2018).

Interseccionalidade e públicos feministas on-line

A visibilidade crescente e muitas vezes questionada da interseccionalidade nas mídias sociais oferece uma oportunidade importante para examinarmos interseções de classe, raça, colonialidade, sexualidade, gênero, casta e idade. Certamente, a interseccionalidade tem uma presença marcante e intensa nas mídias sociais entre jovens – ou, como diz o título de um artigo da revista *Ms.*, a "mídia social se preocupa com a lacuna interseccional"[53]. Ao aumentar a participação de jovens no ativismo feminista digital e na produção de conteúdo midiático, novas tecnologias de inovação e comunicação transformaram o feminismo.

A mídia digital e principalmente plataformas como Facebook, Twitter, Instagram e YouTube criam públicos feministas on-line e desempenham um papel importante na introdução do feminismo entre as novas gerações de meninas e adolescentes, mudando, assim, o perfil e a idade média das feministas. Em um artigo intitulado "Is the '4th Wave' of Feminism Digital?" [A "quarta onda" do feminismo é digital?], Ragna Rök Jóns afirma que as mídias digitais, entre elas a blogosfera, portais de notícias e as plataformas de mídia social, mudaram completamente "as operações, a economia, as comunicações, a leitura, a divulgação e a apresentação do feminismo"[54].

Ainda há dúvidas sobre quem são as feministas digitais que têm acesso aos principais meios de comunicação social, quem tem legitimidade e quem não tem seus direitos respeitados por semear a discórdia, ser elitista ou inútil à causa feminista. Dada a influência potencial da interseccionalidade no público feminista on-line, é importante entender como o conceito é adotado por intelectuais e ativistas que trabalham com e nas culturas digitais em todo o mundo, o que fazem com a interseccionalidade on-line e como isso molda o caminho pelo qual mulheres e meninas descobrem o feminismo.

Durante a expansão do público feminista on-line, até o início dos anos 2000, o feminismo digital era amplamente percebido como um conjunto de práticas iniciadas na mídia digital por "leitores e leitoras de formação superior, brancos, de classe média alta, falantes de língua inglesa e culturalmente sofisticados", com

---

[53] Anita Little, "Social Media Minds the Intersectional Gap", *Ms.*, 16 ago. 2013. Disponível em: <https://msmagazine.com/2013/08/16/social-media-minds-the-intersectional-gap/>; acesso em: jul. 2020.

[54] Ragna Rök Jóns, "Is the '4th Wave' of Feminism Digital?", *Bluestockings Magazine*, 19 ago. 2013. Disponível em: <http://bluestockingsmag.com/2013/08/19/is-the-4th-wave-of-feminism-digital/>; acesso em: jul. 2020.

referências à interseção de gênero e raça "extremamente raras tanto nas práticas ciberfeministas quanto nas críticas a elas"[55]. Os debates feministas digitais partiam do pressuposto de que, em grande parte, "'gênero' é uma categoria unificada e, por conseguinte, as tecnologias digitais significam o mesmo para todas as mulheres em todas as diferenças de raça, classe e sexualidade"[56]. Esse pressuposto facilitou a manutenção da dinâmica de poder racializada.

Mais recentemente, essa perspectiva passou por um exame cuidadoso, em especial pela presença on-line constante de feministas de cor que se tornaram as principais defensoras e promotoras da interseccionalidade. A popularidade das revistas digitais – e, sobretudo, dos blogs mantidos por feministas de cor – mostra a vitalidade e a relevância da interseccionalidade como forma de investigação e práxis críticas para os projetos de justiça social promovidos por mulheres, não conformantes de gênero, *queers* e trans de cor. As feministas de cor não apenas estão on-line, como se apoiaram na interseccionalidade para analisar a importância fundamental do espaço digital para a reprodução das relações de poder interseccionais. Em um livro importante e oportuno, *Algorithms of Oppression* [Algoritmos da opressão], Safiya Umoja Noble define o novo campo dos estudos da tecnologia feminista negra, assim batizado por ela, como "uma abordagem epistemológica de pesquisa de identidades racializadas e de gênero no campo dos estudos de mídia digital e analógica que oferece uma nova lente para explorar o poder mediado por identidades interseccionais"[57].

Contudo, a resistência, ou mesmo a hostilidade pura e simples, de algumas feministas brancas à interseccionalidade indica a forte reação à presença de mulheres de cor no espaço digital e sua capacidade de usar a interseccionalidade como ferramenta analítica e política. Essa deslegitimação é ainda mais significativa em um contexto de ascensão da extrema direita nas plataformas digitais e seu foco específico na interseccionalidade. Algumas mulheres brancas veem a interseccionalidade como fonte de desunião dentro do feminismo, como a causa das chamadas guerras tóxicas do feminismo. Outras acusam a interseccionalidade de ser um conceito elitista, interpretando-a erroneamente como "teoria esotérica", abstrata e obscura demais para quem está fora da torre de marfim, e afirmam que ela prejudica o feminismo

---

[55] Maria Fernandez, Faith Wilding e Michelle Wright (orgs.), *Domain Errors! Cyberfeminist Practices* (Brooklyn, Autonomedia, 2003), p. 21.

[56] Jessie Daniels, "Rethinking Cyberfeminism(s): Race, Gender, and Embodiment", *Women's Studies Quarterly*, v. 37, 2009, p. 103.

[57] Safiya Umoja Noble, *Algorithms of Oppression*, cit., p. 171.

em vez de ajudá-lo. Ironicamente, essa crítica é feita principalmente por blogueiras brancas, jovens, feministas, de classe média e urbanas, e é diametralmente oposta às críticas das acadêmicas feministas brancas, a saber, que a interseccionalidade não é uma "teoria madura" e deve ser "elevada" teoricamente[58]. Com essa estratégia, as feministas brancas desvalorizam a interseccionalidade ora porque é pouco teorizada, ora porque é excessivamente teorizada, a primeira posição sendo defendida pelas feministas disciplinares da academia, e a segunda, pelas feministas digitais (autodeclaradas) "famosas".

Essas distorções digitais da interseccionalidade como ferramenta para mulheres de cor privilegiadas promovem um quadro conflitante no feminismo que inverte as posições de privilégio e subordinação dentro do movimento feminista. Não mais privadas de direitos, as mulheres oprimidas, as mulheres negras e as mulheres de cor oprimem mulheres brancas de pouca escolaridade ao empregar a palavra alienante – interseccionalidade – ou se apoiam em uma política identitária falha, em que a política interseccional mina o feminismo. Significativamente, esses debates digitais sobre a interseccionalidade repetem velhos padrões de exclusão dentro dos grupos políticos – padrões que estavam no cerne do advento da interseccionalidade feminista negra no fim das décadas de 1960 e 1970, a saber, a falta de consciência racial no feminismo dominante, a falta de consciência de gênero nos movimentos sociais afro--americanos e a falta de atenção ao heterossexismo no feminismo negro dominante.

Flavia Dzodan, autora do *slogan* feminista que viralizou, "Meu feminismo será interseccional ou será uma merda!"[59], lança uma luz bastante necessária sobre essas atitudes feministas brancas que minam a interseccionalidade. Ela mostra que a tática de "rejeitar o termo, não o conceito" se tornou comum entre as feministas brancas, em particular entre as formadoras de opinião. Ao rejeitar o termo "interseccionalidade", essas feministas privam as mulheres negras e de cor de suas ferramentas conceituais e reforçam a clonagem cultural ("fale nossa língua, use nossas palavras"), que mantém temas e vocabulários feministas brancos na vanguarda das preocupações feministas digitais.

No cerne dessa rejeição da palavra, mas não do "conceito", encontra-se a rejeição do conhecimento produzido e desenvolvido por mulheres negras e de cor. Visto que, diante das evidências esmagadoras, essas feministas brancas não podem negar que o

---

[58] Sirma Bilge, "Intersectionality Undone", cit.; "Whitening Intersectionality", cit.

[59] Flavia Dzodan, "My Feminism Will Be Intersectional, or I Will Be Bullshit!", *Tiger Beatdown*, 10 out. 2011. Disponível em: <http://tigerbeatdown.com/2011/10/10/my-feminism-will-be-intersectional-or-it-will-be-bullshit/>; acesso em: jul. 2020.

racismo está vivo e ativo, elas farão o que é possível: privar-nos do uso das palavras que nos ajudam a explicar como somos exclusivamente afetadas por essas estruturas de poder. […] No cerne dessa negação reside o apagamento das nossas ferramentas, o próprio tecido das teorias e dos conhecimentos que explicam nossa vida. […] "Use nossas palavras; caso contrário nossos problemas não serão prioridade".[60]

Nesse contexto de críticas feministas brancas à interseccionalidade, blogueiras feministas negras lançaram no Twitter *hashtags* que viralizaram[61]. Várias dessas *hashtags* visavam a denunciar a cumplicidade feminista branca com o racismo, a heteropatriarquia e a misopretoginia* em movimentos sociais negros liderados por homens, além da atenção insuficiente das comunidades negras à violência contra mulheres e meninas negras. Evidentemente, as razões para o lançamento dessas *hashtags* se assemelham às do CRC e das afro-brasileiras para fundamentar o movimento na política identitária coletiva.

Como ilustram esses casos, as jovens feministas de cor que conhecem as mídias sociais usam cada vez mais as estruturas interseccionais para desafiar várias formas de opressões entrelaçadas que elas próprias enfrentam. Para muitas feministas negras, a interseccionalidade se tornou

a principal ferramenta pela qual articulamos nossa compreensão a respeito da criação e da manutenção das desigualdades sociais, sendo uma preocupação fundamental que essa análise se torne uma prática normativa para o movimento mais amplo, não uma preocupação de um círculo minoritário.[62]

As mídias sociais, em particular o Twitter e a blogosfera feminista, desempenham um papel importante ao fornecer plataformas para feministas de cor que, até hoje, raramente teriam acesso a públicos maiores. Ganhar popularidade nas mídias sociais

---

[60] Idem, "I Can't Think of Any High-Profile White UK Feminist who has 'Rejected' Intersectionality", *Red Light Politics*, 1º jan. 2014. Disponível em: <http://www.redlightpolitics.info/post/71842333716/i-cant-think-of-any-high-profile-white-uk-feminist>; acesso em: jul. 2020.

[61] Alguns exemplos: #SolidarityIsForWhiteWomen, iniciado por Mikki Kendall; #BlackPowerIsForBlackMen, iniciado por Jamilah Lemieux; e #BlackLivesMatter, o mais conhecido de todos, iniciado pelas feministas negras homossexuais Alicia Garza, Opal Tometi e Patrisse Cullors, além do movimento #MeToo, iniciado por outra mulher negra, Tarana Burke. Este último tornou-se mundial, como evidencia seu amplo uso por mulheres ativistas, em particular estudantes, da China à Índia, passando por Oriente Médio, África do Norte e Subsaariana, com suas inflexões locais – por exemplo, o movimento marroquino #Masaktach ("Não vou me calar").

* Neologismo criado a partir do termo original *misogynoir* [ódio às mulheres negras]. (N. T.)

[62] Lola Okolosie, "Beyond 'Talking' and 'Owning' Intersectionality", *Feminist Review*, v. 108, 2014, p. 90.

também pode impulsionar a carreira das blogueiras feministas negras, ajudando-as a publicar em veículos mais tradicionais.

Infelizmente, as polêmicas em torno da interseccionalidade que vêm ocorrendo entre feministas digitais na Europa e na América do Norte tendem a ofuscar o que acontece em outros lugares. A diversidade e a vitalidade do público feminista digital que se engaja na interseccionalidade em todo o mundo perdem-se muitas vezes na atenção desmesurada que se dá ao Norte global. Talvez seja porque a literatura científica ainda esteja desenvolvendo uma crítica sistemática à branquitude no ativismo feminista digital de tais países [63]. Essa ausência é particularmente sensível nas polêmicas feministas digitais relacionadas à interseccionalidade que destacam as linhas de falha feministas que se dividem ao longo das linhas raciais, embora às vezes elas se disfarcem de divisões de classe.

Em todo o mundo, mulheres que sofrem múltiplas opressões criam comunidades on-line que, de várias maneiras, usam a interseccionalidade como ferramenta analítica: desde afro-brasileiras introduzindo a interseccionalidade num ativismo digital a favor dos direitos maternos sem preconceitos raciais[64] até ativistas de mídia social dalit-bahujan, que lutam contra a opressão de castas e suas interseções com gênero e patriarcado na Índia[65] e tentam construir espaços on-line anticastas usando de forma inovadora YouTube, Facebook, Twitter e Instagram[66], e as campanhas #EndRapeCulture iniciadas pelas estudantes dos *campi* sul-africanos.

Interseccionalidade e violência digital

Outra área de análise interseccional diz respeito à violência digital, principalmente como as TICs permitem, banalizam e exacerbam formas off-line de abuso, ódio e discriminação. Um estudo conduzido pela Anistia Internacional e pela Element AI, empresa global de *softwares* de inteligência artificial, sugere

---

[63] Jessie Daniels, "The Trouble with White Feminism: Whiteness, Digital Feminism, and the Intersectional Internet", em Safiya Umoja Noble e Brendesha Tynes (orgs.), *Intersectional Internet*, cit., p. 41-60.

[64] Andrea Medrado e Ana Paula Muller, "Maternal Rights Digital Activism and Intersectional Feminism", *Brazilian Journalism Research*, v. 14, n. 1, 2018, p. 174-201.

[65] Smita Patil, "Debrahmanizing Online Spaces on Caste, Gender and Patriarchy", *Intersectional Feminism – Desi Style!*, 22 set. 2017. Disponível em: <https://feminisminindia.com/2017/09/22/debrahmanizing-online-spaces-caste-gender/>; acesso em: jul. 2020.

[66] Tejas Harad, "Toward an Internet of Equals", *Live.mint*, 31 ago. 2018. Disponível em: <https://www.livemint.com/Leisure/c7XqIj7NcWEhmcV3WdeauI/Towards-an-internet-of-equals.html>; acesso em: jul. 2020.

que, apesar da força do Black Twitter como espaço de ativismo feminista negro, o Twitter também pode ser um lugar tóxico para as mulheres, em especial para as mulheres de cor. Estas (negras, asiáticas, latino-americanas e miscigenadas) têm 34% mais chances de ser alvo de tuítes abusivos que as mulheres brancas, e o nível de assédio e ódio que elas sofrem no Twitter é exponencialmente pior: são 84% mais suscetíveis que as mulheres brancas de ser mencionadas em tuítes abusivos ou problemáticos[67]. Os depoimentos coletados nesse projeto, chamado "Troll Patrol" [Patrulha das provocações], forneceram evidências, por uma amostra incriminatória de mensagens de ódio, da extensão da violência digital interseccional sofrida no Twitter por mulheres e trans de cor[68]. A violência digital dirigida em particular às feministas negras serviu de impulso para a carreira de polemistas que contaram muitas vezes com o apoio de feministas brancas influentes e tornou-se um modelo para novos ataques misóginos e de extrema direita realizados com contas falsas, como no caso de Gamergate[69].

O escrutínio acadêmico expôs as diversas maneiras pelas quais o abuso digital se imbui de relações de poder interseccionais: não são apenas aquelas pessoas que são alvo frequente de abuso digital que estão na interseção entre várias formas de opressão, como racismo, sexismo e transfobia; os próprios autores podem ser agressores interseccionais – por exemplo, misóginos que também são abusadores domésticos e/ou racistas de extrema direita. Há interseções significativas entre a violência digital antifeminista e a racista: ativistas antifeministas e de extrema direita combatem o suposto declínio da masculinidade (branca) e da civilização ocidental e atribuem a culpa desse suposto declínio às mulheres, às minorias étnicas e raciais e à esquerda. Em *Online Othering: Exploring Digital Violence and Discrimination on the Web* [A estigmatização on-line do outro: explorando a violência e a discriminação digital na web][70], as coautoras argumentam que "a estigmatização on-line do outro é interseccional" e recorrem à interseccionalidade para tratar da complexidade da

---

[67] Amnesty International, "Troll Patrol Findings", *Amnesty International*, 2018. Disponível em: <https://decoders.amnesty.org/projects/troll-patrol/findings>; acesso em: jul. 2020.

[68] Idem, "Toxic Twitter – Women's Experiences of Violence and Abuse on Twitter", *Amnesty International*, 2018. Disponível em: <https://www.amnesty.org/en/latest/research/2018/03/online-violence-against-women-chapter-3/>; acesso em: jul. 2020.

[69] Joan Donovan, "First They Came for the Black Feminists", *The New York Times*, 15 ago. 2019. Disponível em: <https://www.nytimes.com/interactive/2019/08/15/opinion/gamergate-twitter.html>; acesso em: jul. 2020.

[70] Karen Lumsden e Emily Harmer (orgs.), *Online Othering: Exploring Digital Violence and Discrimination on the Web* (Basingstoke, Palgrave-Macmillan, 2019).

violência digital, examinando a construção e a execução de abusos on-line por meio de exemplos, como a extrema direita e os ativistas dos direitos dos homens, bem como a experiência das vítimas e sua resistência a várias formas de violência digital, como a pornografia vingativa e os discursos de ódio.

Tanto acadêmicos quanto ativistas de ambos os sexos questionam o discurso de neutralidade e liberdade de expressão com que as plataformas se eximem de qualquer responsabilidade relacionada à violência digital que permitem em seus ambientes. Além do mais, pressionam os governos para criar leis que responsabilizem as plataformas a título de editores, não apenas de provedores. Esses desafios também podem servir para ampliar o entendimento da violência ou o estudo do racismo. Por exemplo, especialistas propuseram o conceito de "racismo em plataforma" para apreender as plataformas de mídia social como "amplificadores e produtores de discurso racista" e descrever "os modos de governança das plataformas que reproduzem (mas também podem resolver) as desigualdades sociais"[71]. Ao investigar como as plataformas de mídia social rearticulam novas formas de opressão e violência, muitos estudos analisam tanto suas políticas concretas (do design ao modelo de negócios, ativos técnicos e falhas) quanto suas culturas específicas empresariais e de usuários.

Se as tecnologias digitais impulsionam movimentos sociais progressistas que promovem agendas e solidariedades intersecionais, elas também estimulam movimentos populistas de extrema direita que cooptam pessoas por meio de plataformas digitais e visões racistas, sexistas e homofóbicas. De fato, evidências mostram que os movimentos de direita se beneficiaram mais das tendências digitais que os movimentos de esquerda, pois têm mais dinheiro e uma estrutura mais hierarquizada, o que maximiza estratégias eficientes de comunicação digital[72]. Quando se trata de discursos de ódio em plataformas digitais, uma questão importante diz respeito à forma como a violência on-line gera violência off-line. Atos violentos praticados por homens brancos, indiscriminadamente, como matança em escolas ou de grupos específicos – judeus, muçulmanos, negros, latinos, LGBTQs e mulheres –, são predominantemente explicados como patologias individuais, não como padrões estruturados de violência. Um exemplo é a narrativa generalizada do "lobo solitário". Do Quebec a Christchurch, na Nova Zelândia, terroristas do tipo "lobo solitário" atacaram mesquitas e assassinaram

---

[71] Ariadna Matamoros-Fernández, "Platformed Racism: The Mediation and Circulation of an Australian Race-Based Controversy on Twitter, Facebook and YouTube", *Information, Communication & Society*, v. 20, n. 6, 2017, p. 930.

[72] Jen Schradie, *The Revolution That Wasn't: How Digital Activism Favors Conservatives* (Cambridge, Harvard University Press, 2019).

muçulmanos, homens e mulheres, nos últimos anos. Em cada caso, a radicalização on-line desses terroristas foi documentada, o que refuta a narrativa predominante do lobo solitário e chama criticamente atenção para um terrorismo supremacista branco em rede internacional. Existem evidências sólidas de que os autores de ações terroristas eram ávidos seguidores da direita alternativa, através de discursos digitais de extrema direita que glorificavam ataques anteriores. No entanto, essa correlação entre ações terroristas brancas e o aumento exponencial do discurso supremacista branco on-line é negligenciada em um contexto de normalização do supremacismo branco (repaginado como nacionalismo branco), em que o discurso de ódio branco é tolerado e legitimado em nome da liberdade de expressão pelos comentários de altos funcionários do governo no Twitter. Em outras palavras, o discurso de ódio branco, e não o discurso de ódio em geral, aparentemente tem passe livre.

Globalmente, a ascensão da extrema direita não apenas transcende as divisões de classe como base de apoio aos partidos políticos, como envolve segmentos consideráveis entre as maiorias sociais, ou seja, as mais poderosas, em torno do nacionalismo nativista contra minorias, sejam pessoas imigrantes, refugiadas, muçulmanas, sejam latinas[73]. Nesse contexto, compreender como as plataformas digitais contribuem para a normalização da violência contra pessoas consideradas um problema para órgãos políticos nacionais é uma questão premente de interesse público. Os marcos interseccionais trazem uma luz analítica muito necessária, por exemplo, sobre a maneira pela qual a direita alternativa cria comunidades on-line eficientes e transnacionalmente vinculadas, recorrendo a uma variedade de repertórios de nós/eles que são interseccionalmente constituídos e propagam uma interseccionalidade de ódio[74]. Análises interseccionais de casos de violência digital são imprescindíveis no momento presente, mais que nunca.

---

[73] John Holmwood, "Claiming Whiteness", *Ethnicities*, 15 abr. 2019. Disponível em: <https://doi.org/10.1177/1468796819838710>; acesso em: jul. 2020.

[74] Alguns exemplos ilustram essa constituição interseccional dos tropos nós/eles que são tão úteis aos populistas de extrema direita. Tomemos, por exemplo, o "povo", que garantiu a vitória eleitoral nas eleições dos Estados Unidos (eleição presidencial, 2016) e no Reino Unido (Brexit, 2016). O "povo" era uma construção complexa que combinava classe trabalhadora e branquitude. Embora a vitória das lideranças da extrema direita tenha sido apresentada como uma "revolta da classe trabalhadora" para "retomar o país", uma lente interseccional revela uma lógica racializada profundamente arraigada. Uma composição interseccional também caracteriza a intensidade do ódio dos leais republicanos de extrema direita estadunidenses contra pessoas de cor, mulheres, muçulmanos e imigrantes. Por exemplo, em 2019, a congressista democrata recém-eleita Ilhan Omar, muçulmana negra de 37 anos nascida na Somália que usa o *hijab* e é crítica ferrenha do imperialismo estadunidense, foi alvo de opositores políticos.

Movimentos sociais em rede e ativismo pela justiça social

Quando se trata de movimentos sociais conectados digitalmente, é crucial evitar a armadilha de equipará-los a movimentos orientados para a justiça social e, desse modo, repetir o tecno-otimismo que há muito tempo vem ditando a agenda de pesquisas em tecnologia e mídia. Essa posição dominante vê a internet como uma força intrinsecamente progressiva e democratizadora, dada a suposta facilidade e acessibilidade do ativismo digital, embora as evidências provem o contrário. A narrativa enaltecedora da internet como "uma força revolucionária de nivelamento que está remodelando o ativismo, principalmente após o surgimento das mídias sociais"[75], ignora o simples fato de que as forças conservadoras têm mais dinheiro, tudo o que é preciso, somado ao capital tecnológico, para criar e manter públicos on-line. Em vez de revigorar a democracia participativa e construir um mercado de ideias mais inclusivo e igualitário, o estudo empírico de Schradie mostra que o ativismo digital não nivelou o campo de jogo; ao contrário, ele "simplesmente acabou reproduzindo e, em alguns casos, intensificando os desequilíbrios de poder preexistentes" na continuidade da realidade histórica de que "ferramentas de comunicação que pareciam oferecer novas vozes acabam sob a propriedade ou o controle de quem tem mais recursos"[76]. Como observamos no item sobre violência digital, os movimentos de direita em rede são de longo alcance, globalmente interconectados e interseccionais. Chegou a hora de criticar o viés tecno-otimista que persiste nos estudos de mídia e levar a sério o fato de que o campo digital se inclina a favor dos conservadores e do capital, com o qual o mundo corporativo exerce um poder descomedido nos ambientes digitais[77]. Os movimentos de direita usam a mídia digital como uma ferramenta potente para recrutar e reunir apoiadores e sustentar-se em posições identitárias interseccionais – como indivíduos discriminados por serem brancos, cis, homens etc. –, enquanto atacam ativistas digitais interseccionais focados na justiça social. Esses são tópicos importantes que deixaremos para outras pessoas, pois estão além do escopo imediato deste livro. Passemos agora ao ativismo digital orientado para a justiça social e consideremos brevemente como as sensibilidades analíticas e políticas interseccionais moldam suas várias instanciações.

---

[75] Jen Schradie, *The Revolution That Wasn't*, cit.

[76] Ibidem, p. 7 e 25.

[77] Nikos Smyrnaios, *Internet Oligopoly: The Corporate Takeover of Our Digital World* (trad. ingl. Cynthia Johnson, Bingley, Emerald, 2018).

Análises interseccionais de raça, indigeneidade/colonialidade, gênero, classe e sexualidade são destaque no ativismo digital por justiça social. Graças às redes digitais, políticas de base, organização comunitária e movimentos sociais mais amplos, as comunidades historicamente privadas de direitos usam a interseccionalidade de maneira inovadora e significativa. Nos últimos anos, o uso de tecnologias digitais na política e na organização de movimentos sociais tem sido objeto de estudos consistentes, sob uma variedade de ângulos teóricos e bases empíricas[78], mas frequentemente com o viés tecno-otimista mencionado. Entre esses estudos, um corpo de trabalho crescente tem se concentrado no ativismo interseccional das mídias sociais[79] e une a pesquisa das mídias sociais e dos movimentos sociais a linhas interseccionais de investigação e sensibilidades analíticas.

A interseccionalidade constitui um quadro de análise polivalente importante para o entendimento do ativismo jovem em contextos em que as mídias digitais e sociais têm destaque. Em um estudo baseado em entrevistas semiestruturadas de lésbicas, gays, bissexuais e trans latinos imigrantes sem documentação, Veronica Terriquez e colegas revelam os múltiplos usos que o ativismo faz da interseccionalidade como uma estrutura de ação coletiva que funciona como

1) um sistema de diagnóstico para ajudar ativistas a entender suas próprias identidades multiplamente marginalizadas; 2) um sistema motivacional para inspirar ações; e 3) um sistema prognóstico para orientar a construção de organizações inclusivas e a interligação dos movimentos sociais.[80]

---

[78] Ver, por exemplo, Jennifer Earl e Katrina Kimport, *Digitally Enabled Social Change: Activism in the Internet Age* (Cambridge, MIT Press, 2011); W. Lance Bennett e Alexandra Segerberg, *The Logic of Connective Action: Digital Media and the Personalization of Contentious Politics* (Cambridge, Cambridge University Press, 2013); Manuel Castells, *Networks of Outrage and Hope: Social Movements in the Internet Age* (2. ed. Cambridge, Polity, 2015) [ed. bras.: *Redes de indignação e esperança: movimentos sociais na era da internet*, trad. Carlos Alberto Medeiros, Rio de Janeiro, Zahar, 2013]; Zeynep Tufekci, *Twitter and Teargas: The Power and Fragility of Networked Protest* (New Haven, Yale University Press, 2017).

[79] Ver, por exemplo, Yarimar Bonilla e Rosa Jonathan, "#Ferguson: Digital Protest, Hashtag Ethnography, and the Racial Politics of Social Media in the United States", *American Ethnologist*, v. 42, n. 1, 2015, p. 4-17; Yannis Theocharis et al., "Using Twitter to Mobilize Protest Action: Online Mobilization Patterns and Action Repertoires in the Occupy Wall Street, Indignados, and Aganaktismenoi Movements", *Information, Communication and Society*, v. 18, n. 2, 2015, p. 202-20; Melissa Brown et al., "#SayHerName: A Case Study of Intersectional Social Media Activism", *Ethnic and Racial Studies*, v. 40, n. 11, 2017, p. 1.831-46; Thomas Elliott, Jennifer Earl e Thomas Maher, "Recruiting Inclusiveness: Intersectionality, Social Movements, and Youth Online", *Research in Social Movements, Conflicts and Change*, v. 41, 2017, p. 279-311.

[80] Veronica Terriquez, Tizoc Brenes e Abdiel Lopez, "Intersectionality as a Multipurpose Collective Action Frame: The Case of the Undocumented Youth Movement", *Ethnicities*, v. 18, n. 2, 2018, p. 260.

Outros estudos se concentram mais especificamente no ativismo digital jovem para dissecar a socialização política e o ativismo de uma geração de "nativos da web"[81].

Linhas de pesquisa interseccionais também são encontradas, independentemente do uso do termo ou não, em estudos sobre a influência mútua dos diferentes movimentos nacionais em favor da justiça social. Philip Howard e Muzammil Hussain examinaram o complexo papel da internet, dos celulares e dos aplicativos de redes sociais na Primavera Árabe e explicam a propagação das revoltas nos países vizinhos em grande parte pelo fato de que "a mídia digital permitiu que as comunidades percebessem que compartilhavam ressentimentos e porque promoveram estratégias transportáveis de mobilização contra os ditadores"[82]. Muitos estudos abordam o entrelaçamento de ativismo digital e capitalismo digital e as contradições entre o ativismo digital em favor da justiça social e o capitalismo digital das novas tecnologias de informação nas quais eles se apoiam[83], bem como o papel das tecnologias digitais na justiça racial e no ativismo descolonial, como nos protestos estudantis #RhodesMustFall* e #FeesMustFall** na África do Sul[84]. Juntos, esses estudos identificam a centralidade das tecnologias digitais no ativismo em favor da justiça social.

---

[81] Thomas Elliott, Jennifer Earl e Thomas Maher, "Recruiting Inclusiveness", cit.

[82] Philip Howard e Muzammil Hussain, *Democracy's Fourth Wave? Digital Media and the Arab Spring* (Oxford, Oxford University Press, 2013), p. 3.

[83] Veronica Barassi, *Activism on the Web: Everyday Struggle against Digital Capitalism* (Nova York, Routledge, 2015).

* Movimento estudantil, iniciado em 9 de março de 2015, que pedia a remoção da estátua de Cecil Rhodes da Universidade da Cidade do Cabo. Rhodes foi primeiro-ministro da Colônia do Cabo de 1890 a 1896. Acreditava que os anglo-saxões eram "a primeira raça do mundo" e, em carta de 1877, afirmou: "Quanto mais habitarmos no mundo, melhor será para a raça humana". (N. E.)

** Movimento de protestos iniciado em meados de outubro de 2015 na África do Sul com o objetivo de conter o aumento das taxas escolares e ampliar o financiamento público estudantil. Começou na Universidade de Witwatersrand e espalhou-se rapidamente para outras universidades do país. (N. E.)

[84] Tanja Bosch, "Twitter Activism and Youth in South Africa: The Case of #RhodesMustFall", *Communication and Society*, v. 20, n. 2, 2017. p. 221-32; Khadija Khan, "Intersectionality in Student Movements: Black Queer Womxn and Nonbinary Activists in South Africa's 2015-2016 Protests", *Agenda: Empowering Women for Gender Equity*, v. 31, n. 3-4, 2017, p. 110-21.

5
INTERSECCIONALIDADE, PROTESTOS SOCIAIS E NEOLIBERALISMO

Em 2015, sem muita cobertura da mídia internacional, o governo espanhol adotou a Lei de Segurança Cidadã, que concedia à polícia poderes discricionários sem precedentes no que se refere à liberdade de associação e protesto. A nova lei prevê multas de até 650 mil dólares por manifestações realizadas sem autorização nas proximidades de terminais de carga ou usinas nucleares e até 30 mil dólares, por exemplo, por filmar ou fotografar policiais durante protestos ou não apresentar documentos de identidade. A lei também reprime manifestações simples, sem autorização, em frente a universidades, hospitais e outros órgãos do governo. Proibidos de se manifestar fora do Parlamento, ativistas espanhóis desenvolveram uma estratégia engenhosa de resistência popular: usaram hologramas para realizar o primeiro protesto virtual do mundo. O movimento NoSomosDelito [Não somos delito], que reúne mais de cem organizações diferentes, convidou simpatizantes de todo o mundo a participar do evento pioneiro simplesmente exibindo o rosto no site da campanha através de uma *webcam*. Durante uma hora de protesto, foram postados mais rostos do que poderiam ser usados. A aprovação da lei não virou manchete nos jornais internacionais, mas o protesto virtual com mais de 2 mil imagens enviadas de todas as partes do mundo teve enorme repercussão.

A Espanha é uma das muitas democracias liberais que adotaram políticas coercitivas, de repressão policial e outras ações punitivas do Estado como maneira de controlar tanto a agitação social quanto o medo causado por ela. No entanto, o uso excessivo da força policial é apenas um aspecto do problema, já que governos de todo o mundo tomam cada vez mais medidas legislativas para reprimir protestos públicos. Essa supressão regulatória de protestos pacíficos e do direito de reunir-se em locais públicos inclui "exigências legais obstrucionistas, como períodos de notificação desnecessários; seguros obrigatórios que reproduzem uma discriminação socioeconômica sistêmica; proibições de fato de protestos espontâneos; [e] definições legais estritas de protestos 'legítimos'"[1]. Em muitos países, leis antiterroristas são usadas contra protestos pacíficos, e o obstrucionismo administrativo prevalece como tática de dissuasão. As paradas do orgulho gay em geral são proibidas em países como Turquia e Hungria, e a França proibiu manifestações a favor da Palestina e em 2019 tentou adotar uma polêmica lei "antivandalismo" após os protestos dos "coletes amarelos". Hoje, a polícia australiana tem autoridade para banir manifestantes individuais de espaços públicos por um ano. Protestar nas proximidades de prédios governamentais, convenções políticas e cúpulas globais, fora das chamadas "zonas de liberdade de expressão", sempre fortemente policiadas, é crime federal nos Estados Unidos desde 2012.

O aumento dos distúrbios sociais diante das crescentes desigualdades econômicas não surpreende. No entanto, o uso da força como resposta aos protestos sociais em democracias aponta para uma erosão da relação de confiança entre os cidadãos e seus governos. Uma pesquisa da Oxfam realizada em seis países (Espanha, Brasil, Índia, África do Sul, Reino Unido e Estados Unidos) mostra que a maioria das pessoas acredita que as leis são distorcidas em favor das pessoas ricas e que, quando se criam leis e se quebram regras para beneficiá-las, "a riqueza captura a formulação de políticas governamentais"[2]. O *slogan* "Somos os 99%" do movimento Occupy (2011-2012), protesto social que chegou a mais de 82 países, captou esse sentimento crescente de descontentamento. As desigualdades sociais cada vez maiores em todo o mundo prometem ser um ponto de inflexão tanto na forma como os Estados-nação lidam com o neoliberalismo quanto na maneira como as pessoas que arcam com os custos das políticas neoliberais respondem a elas.

Este capítulo examina como a interseccionalidade favorece um entendimento mais robusto de dois fenômenos inter-relacionados. O primeiro envolve um protesto social global contra as desigualdades sociais que surgem em contexto locais e encontra novas formas de organização por meio das mídias sociais e das redes sociais. O fenômeno interliga os problemas sociais causados pela desigualdade social global, a organização comunitária local, os novos usos do ciberespaço, por exemplo, para fóruns sobre a interseccionalidade, e as políticas culturais para a juventude.

---

[1] International Network of Civil Liberties Organizations (Inclo), "'Take Back the Streets': Repression and Criminalization of Protest around the World", out. 2013. Disponível em: <https://www.inclo.net/pdf/take-back-the-streets.pdf>; acesso em: jul. 2020.

[2] Oxfam, *Working for the Few: Political Capture and Economic Inequality.* 178 Oxfam Briefing Paper, 20 jan. 2014, p. 2-3. Disponível em: <https://www-cdn.oxfam.org/s3fs-public/file_attachments/bp-working-for-few-political-capture-economic-inequality-200114-en_3.pdf>; acesso em: jul. 2020.

O segundo fenômeno está intimamente relacionado ao primeiro. Os protestos sociais locais têm como alvo Estados-nação que implementam políticas neoliberais impopulares. Muitos Estados democráticos adotam atitudes coercitivas – ou seja, recorrem cada vez mais à força para obrigar seus cidadãos a obedecer. Uma constelação de expressões descreve essa mudança coercitiva, entre elas "Estado de segurança", "Estado de vigilância coercitiva", "Estado policial", "Estado carcerário" ou, simplesmente, "Estado neoliberal". As políticas coercitivas assumem inúmeras formas, com variações de um Estado-nação para outro. Encarceramento em massa, militarização da polícia e securitização da imigração constituem políticas sociais implementadas pelos Estados-nação que refletem particularidades de suas populações, histórias e aspirações neoliberais. O uso da interseccionalidade como ferramenta para analisar esses fenômenos interdependentes lança luz sobre a estrutura em rede dos protestos sociais globais e das políticas neoliberais.

INTERSECCIONALIDADE E PROTESTO SOCIAL GLOBAL

Os protestos sociais globais podem parecer particularistas, descoordenados, dispersos e locais. Contudo, esses protestos miram o aumento da desigualdade econômica e da privação de direitos sociais provocado pela crescente influência do neoliberalismo tanto na geopolítica global quanto nos Estados-nação. Como filosofia, o neoliberalismo desafiou com êxito os princípios básicos das sociais-democracias, minando seu compromisso com a democracia participativa como garantia de equidade e bem público. Aparentemente hegemônica, a aceitação do neoliberalismo foi tão abrangente que alguns estudiosos e ativistas identificam seus efeitos globais como uma nova ordem mundial neoliberal. Essa ordem mundial neoliberal repousa sobre um sistema capitalista global modulado por relações desiguais de raça, gênero, sexualidade, idade, deficiência e cidadania. A organização global do poder também catalisa políticas neoliberais de Estado que visam a reduzir a participação democrática por meio de políticas cada vez mais repressivas. Se as teorias universais do capitalismo que se apoiam exclusivamente em explicações baseadas na desigualdade econômica são limitadas, as teorias de protesto político global que adotam a organização em torno de uma única questão podem ser igualmente estreitas.

A crescente conscientização sobre as desigualdades econômicas tem sido um catalisador importante para as ondas globais de protesto. Entre 2009 e 2015, levantes populares contra diversos tipos de injustiça se espalharam pelo mundo. Esses protestos tinham muitos nomes, alcançaram públicos diversos e, às vezes, contraditórios e não eram unificados por uma ideologia única ou um alvo específico. Eram singulares em suas especificidades históricas e participações geopolíticas e tomaram diferentes formas em cada país. Apesar das diferenças, a interseccionalidade lança luz sobre diversas características em comum desses protestos aparentemente dispersos.

Eles começaram em geral pequenos, às vezes até por uma iniciativa individual que viralizava e acabava coordenada pelas mídias sociais. Em 2011, a autoimolação de um vendedor de frutas em protesto contra a perseguição e a corrupção policial na pequena cidade de Sidi Bouzid, na Tunísia, e a disseminação rápida e generalizada nas mídias sociais de um vídeo desse protesto, gravado com um celular, desencadearam uma onda de rebeliões em todo o mundo árabe que foi conhecida como Primavera Árabe. Em 2012, a greve de fome da chefe da nação Attawapiskat, Theresa Spence, para chamar a atenção do mundo para a contínua erosão dos tratados e direitos indígenas no Canadá desencadeou o movimento Idle No More [Inação Nunca Mais], que também ganhou força rapidamente através de mídias sociais, comícios e seminários.

Em alguns casos, os alvos iniciais eram questões altamente localizadas ou específicas, como o aumento do preço do transporte público (Brasil), as taxas de matrícula no ensino superior (Quebec, Chile, Reino Unido), preservação de um parque urbano contra a construção de um shopping center (Turquia), protestos contra uma nova lei de extradição na China (Hong Kong) ou corrupção policial em um mercado local (Tunísia). Com frequência os protestos iniciais repercutiam um descontentamento público mais amplo em relação a políticas governamentais específicas, como corrupção, governos autoritários e desigualdades sociais resultantes de direitos não adquiridos. Por exemplo, os protestos contra a Copa do Mundo de 2014 no Brasil se espalharam por cem cidades brasileiras graças às mídias sociais. Inicialmente críticos aos gastos exorbitantes de dinheiro público com a construção de estádios, os grupos de protesto rapidamente abordaram outras questões sociais, desde habitação e desapropriações, direito à realização de manifestações pacíficas, reforma da saúde e da educação e desmilitarização da polícia, que no país é parte do legado da ditadura brasileira.

Em outros casos, desde o início os protestos visavam a questões sociais muito mais amplas. Mudança climática, com o movimento transnacional Greve Escolar pelo Clima, que começou quando a ativista ambiental Greta Thunberg organizou uma ação em agosto de 2018 em frente ao Parlamento sueco; especulação financeira e bolhas imobiliárias (movimento Occupy); dívida nacional, medidas de austeridade e desemprego (Indignados na Espanha e Aganaktismenoi na Grécia, Uncut no Reino Unido); corrupção política (Brasil, México), autoritarismo e falta de democracia (Primavera Árabe, Hong Kong); violação dos direitos humanos (Primavera Árabe); violência narcoestatal (México); direitos indígenas, colonização e meio ambiente (Idle No More no Canadá e o movimento estudantil no Chile em defesa dos direitos dos mapuches) – todas essas questões foram alvo de protestos sociais globais.

Uma volumosa produção acadêmica sobre os movimentos sociais apresenta estudos de contexto específicos para os exemplos de protesto social que citamos aqui. Como nos referimos ao protesto social em um contexto global, é impossível detalhar as especificidades históricas desses movimentos. Mas podemos identificar alguns temas e características em comum que consideramos significativos para inserir em um diálogo produtivo com a interseccionalidade.

Os catalisadores desses protestos provinham de muitas fontes – corte de recursos públicos em educação, saúde e outros serviços sociais, aumento do preço de transporte, moradia e alimentação, e desemprego crescente entre jovens, deixando categorias inteiras sem perspectivas significativas de trabalho ou, no caso da crise climática, sem perspectiva de futuro. No entanto, a ação punitiva do Estado e, especificamente, a violência policial inflamaram muitos desses protestos e contribuíram para o clamor público contra a reação da polícia. A violência policial tem sido fundamental para o desdobramento dos protestos em diversos contextos: Grécia, Espanha, Egito, Turquia e México, em vários locais do movimento internacional Occupy, bem como no movimento estudantil internacional de Chile, Quebec, África do Sul e Reino Unido. Ironicamente, os marcos interseccionais estavam presentes tanto nos discursos de autoidentificação dos manifestantes como nas representações da grande mídia que deslegitimavam os movimentos e suas reivindicações.

Uma característica determinante desses protestos locais aparentemente dispersos é a forma como militantes se veem parte de uma luta transnacional mais ampla a respeito da qual eles se mantêm informados. Na Turquia, um dos *slogans* dos protestos de Gezi em 2013 – "Taksim em toda a parte, resistência em todos os lugares" – capta o fato de que o espaço da resistência local, a praça Taksim, em Istambul, é vista como um espaço transnacional de resistência. Essa sensibilidade transnacional permeia *slogans* entoados por manifestantes em São Paulo, "O amor acabou, a Turquia é aqui", ou ecoa no título de uma carta aberta escrita por manifestantes egípcios: "De Taksim e Rio a Tahrir, o cheiro é de gás

164 Interseccionalidade

lacrimogêneo"[3]. Essas ações ilustram um aspecto do que a literatura sobre os movimentos sociais chama de globalização a partir de baixo. Essa expressão se refere a um imaginário político transnacional, a saber, uma forma de visualizar uma ação política que vai além da organização local face a face e da política nacional, abrangendo um enfoque transnacional mais amplo. As questões sociais são vistas como maiores que qualquer local específico – o caso, por exemplo, da visão das mudanças climáticas como um problema social criado pelo homem que não pode ser resolvido por um país sozinho. Para os movimentos de justiça social, esse conceito de imaginário político transnacional permite que eles vejam seus problemas locais como parte de uma resistência global.

Esse imaginário político transnacional se apoia na interseccionalidade para lançar luz sobre a inter-relação desses protestos. As histórias específicas de privação de direitos, associada a racismo, heterossexismo, exploração de classes, colonialismo e subordinação de casta/étnica/religiosa que se moldam em contextos sociais específicos, não são mais entendidas como eventos separados, mas, ao contrário, como interconectadas. A condição necessária, mas não suficiente, para que surja esse imaginário político transnacional são suas possibilidades de comunicação por meio de tecnologias móveis e digitais e plataformas de mídia social que estão fora da mídia convencional, que censura ou retrata esses movimentos de maneira negativa.

Uma segunda característica desses movimentos é o uso de tecnologias digitais, tanto que podem ser vistos como movimentos sociais digitalmente mediados. Manuel Castells se refere a eles como movimentos sociais em rede e destaca o uso tanto do ciberespaço como do espaço urbano para a mobilização[4]. Desde vídeos gravados por cidadãs e cidadãos com celulares e transmitidos via YouTube até o uso de plataformas de mídia social como Twitter e Facebook, os manifestantes recorrem a novas tecnologias para fornecer notícias atualizadas sobre os protestos e compartilhar informações vitais – por exemplo, quais caminhos evitar, o que fazer em caso de detenção e remédios caseiros contra gás lacrimogêneo. As tecnologias digitais são parte dos movimentos locais, mas também desempenham um papel importante vinculando os movimentos locais nacionalmente e transnacionalmente. As mídias digitais e sociais ajudaram a criar um sentimento de pertencimento a uma comunidade de resistência

---

[3] Cihan Tugal, "'Resistance Everywhere': The Gezi Revolt in Global Perspective", *New Perspectives on Turkey*, v. 49, 2013, p. 157 e 160.

[4] Manuel Castells, *Networks of Outrage and Hope: Social Movements in the Internet Age* (2. ed. Cambridge, Polity, 2015), p. 221 [ed. bras.: *Redes de indignação e esperança: movimentos sociais na era da internet*, trad. Carlos Alberto Medeiros, Rio de Janeiro, Zahar, 2013].

global imaginária e facilitaram a fecundação cruzada dos movimentos em termos de estilo, tática, inspiração e uso da arte, bem como a construção de público e apoio internacionais. Para o sociólogo turco Cihan Tugal, dado que os países sacudidos por essas ondas de protesto social manifestam dinâmicas totalmente diferentes, "é a tecnologia (e mais amplamente o estilo), não os fatores sociais, que interliga os levantes entre eles"[5]. No entanto, seria um grande erro supor que a criação de comunidades digitais funciona apenas para os movimentos progressistas. Como discutimos no capítulo 4, a ascensão da extrema direita (a extrema direita digitalmente mediada) ao longo dos últimos anos mostrou que as redes transnacionalmente interligadas de neonazistas e grupos de extrema direita e simpatizantes também se beneficiam do recrutamento on-line. Da mesma forma, nos últimos anos, algumas ferramentas virtuais (como *fake news*, *bots* etc.) têm sido fundamentais para o sucesso eleitoral de muitos partidos populistas de orientação autocrática em países como Brasil, Filipinas, Turquia, Índia, Hungria e Estados Unidos.

Um terceiro ponto em comum entre esses movimentos é o entendimento interseccional dos problemas sociais abordados por eles. Em um estudo empírico minucioso de vários desses movimentos, Manuel Castells afirma que "eles com frequência expressam uma consciência aguda do entrelaçamento de questões que preocupam a humanidade em geral e evidentemente exibem uma cultura cosmopolita, ao mesmo tempo que estão enraizados em sua identidade específica"[6]. A interseccionalidade fornece uma análise política do catalisador inicial, seja a defesa de um parque urbano, seja o preço do transporte público, de modo que o protesto social se torna uma plataforma de mobilização para uma variedade de grupos privados de direitos. Essa sensibilidade interseccional também se manifesta nos esforços para criar uma identidade política inclusiva para os movimentos[7], em especial a propensão a estabelecer coalizões horizontais.

Coletivamente, o protesto social global abarca um imaginário político transnacional que se apoia na mídia digital para se comunicar entre diferentes grupos privados de direitos. A interseccionalidade permite a esses grupos ver a interconectividade das questões que lhes dizem respeito, bem como seu próprio lugar nas relações globais de poder. E essas mesmas mídias digitais fornecem ferramentas de organização.

---

[5]   Cihan Tugal, "'Resistance Everywhere'", cit., p. 157.

[6]   Manuel Castells, *Networks of Outrage and Hope*, cit., p. 221.

[7]   Sobre os Indignados espanhóis, ver, por exemplo, Marta Cruells Lopez e Sonia Ruiz Garcia, "Political Intersectionality within the Spanish Indignados Social Movement", *Intersectionality and Social Change*, v. 31, 2014, p. 3-25.

166 Interseccionalidade

Como resultado, o ativismo político é ao mesmo tempo local e transnacional, de maneira que reflete as restrições e as possibilidades da nova ordem mundial neoliberal. O protesto social, embora intenso e episódico, torna-se o catalisador ou a base dos movimentos sociais comunitários. Quando grupos locais se unem dentro de um Estado-nação, ou quando desenvolvem redes transnacionais ligadas ao imediatismo de protestos específicos de diferentes tipos em contextos nacionais, os movimentos sociais tomam novas formas transnacionais. As novas tecnologias de comunicação possibilitam esse tipo de organização comunitária que ultrapassa bairros, local de trabalho ou regiões geográficas. Expõem não apenas a semelhança dos problemas – por exemplo, o Estado coercitivo e a securitização que adquirem uma forma heterogênea –, como fornecem ferramentas para associar movimentos de base, organizações da sociedade civil e movimentos sociais mais amplos.

A tragédia do Rana Plaza

O protesto social mundial desencadeado após a tragédia do edifício Rana Plaza, em 2013, em Daca, capital de Bangladesh, ilustra como o uso dos marcos interseccionais pode lançar luz sobre os protestos sociais globais e o ativismo político. O incêndio e o desabamento do Rana Plaza, um prédio que abrigava dezenas de confecções, mataram 1.129 trabalhadoras e trabalhadores e feriram outras 2.500 pessoas. É considerado hoje o acidente que mais matou na história global da indústria do vestuário. Tragédias menos mortais são tão comuns nas *sweatshops** do Sul global que raramente chegam às manchetes[8]. Foi necessário que acontecesse uma tragédia dessa magnitude para que houvesse alguma mudança na indústria do vestuário.

A indústria do vestuário tem uma longa história de exploração e condições precárias de trabalho, pontuadas por tragédias terríveis que, como a do Rana Plaza, podem incentivar o ativismo. Por exemplo, em 1911, nos Estados Unidos, a fábrica da Triangle Shirtwaist Company em Nova York pegou fogo. O incêndio matou 145 trabalhadores, em sua maioria mulheres jovens imigrantes. Quase todas eram

---

* Oficinas de confecção de roupas em que os trabalhadores recebem uma remuneração muito baixa e as condições de trabalho são degradantes – em algumas, há situações análogas à escravidão. (N. E.)

8 Em setembro de 2012, mais de 300 trabalhadores e trabalhadoras morreram em um incêndio em uma fábrica de roupas em Karachi (Paquistão); em novembro do mesmo ano, mais 112 morreram em um incêndio em uma fábrica em Daca (Bangladesh); e, em maio de 2015, um incêndio em uma fábrica de chinelos em Manila (Filipinas) matou pelo menos 72 pessoas.

adolescentes que não falavam inglês e trabalhavam doze horas por dia, todos os dias, por quinze dólares semanais. Em 1909, quando o Sindicato Internacional das Trabalhadoras da Indústria do Vestuário para Senhoras liderou uma greve exigindo melhores salários e jornadas de trabalho mais curtas e preestabelecidas, a Triangle Company foi um dos poucos fabricantes que se opôs. Acionou a polícia para prender as grevistas e subornou políticos para ignorarem as violações que cometia. O perigo de incêndios em fábricas como as da Triangle era conhecido, mas o nível de corrupção na indústria do vestuário e na Prefeitura da cidade garantia que poucas precauções fossem tomadas. As mortes na tragédia da Triangle poderiam ter sido em grande parte evitadas – a maioria das vítimas ficou presa no oitavo andar, em recintos que estavam trancados a chave. O incêndio durou apenas dezoito minutos, mas 49 pessoas foram queimadas até a morte ou morreram sufocadas pela fumaça, 36 pessoas foram encontradas mortas no poço de um elevador e outras 58 morreram ao pular do prédio em chamas. O Sindicato das Trabalhadoras organizou uma marcha em 5 de abril na Quinta Avenida, em Nova York, para protestar contra as condições que levaram ao incêndio; o protesto contou com a presença de 80 mil pessoas. A mobilização após a tragédia promoveu reformas legais importantes para a prevenção de desastres semelhantes no futuro.

O desabamento do Rana Plaza mostra sinais semelhantes de que se tornará um grito de guerra do movimento contemporâneo contra as *sweatshops*, nas quais as trabalhadoras e os trabalhadores da confecção enfrentam condições de trabalho muito semelhantes. Em todo o mundo, milhares de trabalhadoras se mobilizaram para relembrar o segundo aniversário do incêndio do Rana Plaza. Com um *slogan* de mobilização, "Rana Plaza está em toda a parte", as seções nacionais da Marcha Mundial das Mulheres participaram, em 24 de abril de 2015, de uma ação feminista global de 24 horas para relembrar a tragédia que mais matou na indústria do vestuário feminino[9]. Foi necessária uma catástrofe dessa magnitude em um país que possui a segunda maior produção de vestuário do mundo para atrair atenção internacional e revitalizar o movimento contemporâneo contra as *sweatshops*.

Tragédias como a do incêndio da Triangle Shirtwaist e o desabamento do Rana Plaza catalisaram ao mesmo tempo os protestos globais e a mobilização pelos direitos de trabalhadoras e trabalhadores. O movimento contra a exploração como

---

[9] Começando na Nova Caledônia e dando a volta ao mundo, ações foram realizadas entre meio-dia e uma hora em todos os fusos horários do mundo para dar visibilidade às lutas das trabalhadoras nas fábricas. Depoimentos, fotos e vídeos foram postados para compor um arquivo digital de solidariedades feministas transnacionais para as trabalhadoras da indústria hiperglobalizada do vestuário.

parte de um apelo mais geral pelos direitos da classe trabalhadora revela maneiras importantes de protesto contra a crescente desigualdade social, a saber, a construção de um imaginário político transnacional como forma de entender como as trabalhadoras são exploradas na indústria do vestuário.

O uso da interseccionalidade como ferramenta analítica destaca como algumas das principais características do desabamento do Rana Plaza levaram ao protesto social global. Primeiro, porque a tragédia mostra como as políticas do capitalismo e do Estado-nação convergem para moldar as desigualdades sociais na indústria global do vestuário. A interseccionalidade sugere novos caminhos para se investigarem os protestos sociais. No capítulo 1, apresentamos a Fifa como parte de um setor global de lazer, esporte e turismo, no qual a remuneração desigual e o tratamento diferenciado dispensado aos jogadores do Sul global contrastam com a lucratividade da Fifa como negócio global. Ironicamente, a indústria global do vestuário também faz parte da indústria da Copa do Mundo, para a qual produz roupas e suvenires. A diferença impressionante entre o salário de operárias e operários e o preço exorbitante da parafernália produzida para a Copa do Mundo chamou cada vez mais atenção, graças à cobertura da mídia, para as desigualdades econômicas globais e a indústria do vestuário.

O protesto social se concentrou não apenas na tragédia do Rana Plaza, mas também nas condições de trabalho das pessoas que morreram no desabamento. Dentro do capitalismo global, a indústria do vestuário apresenta uma versão particularmente cruel da perda de direitos da classe trabalhadora. Os empregadores instalaram suas fabriquetas no Rana Plaza, em Bangladesh, porque se sentiram atraídos pela mão de obra barata, abundante e aparentemente obediente do país. A regulação favorável de Bangladesh também contribuiu para as condições de trabalho nas fábricas. A legislação frouxa permitiu construções de má qualidade e condições inseguras para o exercício das atividades. Apesar das certificações de cumprimento das normas internacionais de trabalho, a conformidade real é mínima. O resultado é que o serviço nessas fábricas não tem remuneração justa, proteção e segurança. A tragédia do Rana Plaza mostra as más condições de trabalho nas *sweatshops*. Os gerentes frequentemente bloqueiam janelas e portas, não oferecem saídas de emergência, sufocam sindicatos e violam os direitos trabalhistas com práticas como jornadas semanais de setenta horas ou mais e horários restritos para o uso do banheiro.

Segundo, a indústria do vestuário depende de trabalhadores que estão em desvantagem múltipla dentro dos sistemas de gênero, idade, raça e cidadania. O caso em questão mostra como os sistemas de poder interseccionais produzem lugares sociais de desvantagem para quem trabalha e de privilégio para quem gerencia e tem a propriedade. A indústria do vestuário conta com uma força de trabalho altamente feminizada, depende do trabalho infantil em alguns países, usa raça e etnia como marcadores para o tipo de pessoa que é contratada e dá preferência para trabalhadoras e trabalhadores migrantes sem documentos. Isso significa que a força de trabalho provém de populações que se encontram em desvantagem nos sistemas de opressão interseccionais. Pobreza, analfabetismo, gênero, idade, *status* migratório, raça, casta ou etnia tornam essa força de trabalho mais vulnerável à exploração e violência capitalista e principalmente ao abuso físico e sexual. A indústria do vestuário explora essas desigualdades étnicas e de gênero, bem como as diferenças de *status* migratório e idade, para lucrar.

Terceiro, é provável que os protestos de trabalhadoras e trabalhadores tenham respostas punitivas. Quando a força de trabalho da indústria do vestuário reduz a produção, organiza greves ou cria sindicatos para bradar contra as péssimas condições de trabalho e os baixos salários, em geral as empresas reagem com demissões e intimidações (ameaças, violência e prisões)[10]. Frequentemente se mudam para países onde as leis são mais favoráveis às condições clandestinas e o trabalho é mais barato. O que se deve entender é que essas práticas não são novidade.

As práticas de trabalho na indústria do vestuário têm raízes históricas profundas e ultrapassam as fronteiras nacionais. Podemos traçar uma linha entre as jovens trabalhadoras da Triangle Shirtwaist e as do Rana Plaza. As confecções foram transferidas de Nova York para cidades menos regulamentadas e menos sindicalizadas do Sul dos Estados Unidos, do Caribe (principalmente Haiti) e da América Central, e para o Sul asiático, onde a mão de obra é mais barata e a legislação é menos rigorosa. Nos marcos tradicionais da economia neoclássica, esses padrões históricos são simplesmente o custo de fazer negócios em um mercado cada vez mais global. No entanto, os marcos interseccionais que explicam como as relações de poder interseccionais moldaram essa indústria em particular fornecem argumentos mais sutis sobre as conexões entre as pessoas que se convertem em trabalhadoras da indústria do vestuário (domínio interpessoal), o controle e a exploração do trabalho dessas pessoas por parte dos gerentes (domínio disciplinar), a localização das fábricas em países onde a mão de obra é barata e a fiscalização governamental

---

[10] Ralph Armbruster-Sandoval, *Globalization and Cross-Border Labor Solidarity in the Americas: The Anti-Sweatshop Movement and the Struggle for Social Justice* (Nova York, Routledge, 2005), p. 3-4.

170 Interseccionalidade

é frouxa (domínio estrutural) e as normas sociais que enviam jovens mulheres para as fábricas a fim de ajudar no sustento da família (domínio cultural).

Quarto, nesse contexto, a magnitude da tragédia do Rana Plaza serviu como poderoso catalisador para coalizões entre ativistas dos direitos da classe trabalhadora e o ativismo dos consumidores. O poder das mídias sociais e o ativismo digital dos consumidores revitalizaram o sindicalismo, permitindo que a classe trabalhadora abrisse caminho para instrumentos juridicamente vinculantes e pressionasse marcas multinacionais a aderir a eles. Em um artigo do jornal *The Guardian*, em 24 de abril de 2014, a jornalista Christy Hoffman explica que durante anos os movimentos de trabalhadores e as ONGs tentaram, em vão, criar um regime independente de fiscalização para a indústria do vestuário em Bangladesh. Foi só depois da tragédia do Rana que conseguiram levar essa proposta adiante. Dois sindicatos internacionais e vários sindicatos de Bangladesh, com mais de 160 marcas de vinte países da Europa, da América do Norte, da Ásia e da Austrália, assinaram um acordo juridicamente vinculante que abrangia cerca de metade de todas as fábricas exportadoras de Bangladesh e 2 milhões de trabalhadoras e trabalhadores. Foi o primeiro acordo efetivo entre sindicatos internacionais e empresas multinacionais. A magnitude do desastre do Rana Plaza revigorou o ativismo do setor consumidor, principalmente entre os estudantes universitários, que tomaram conhecimento do modelo de exploração do trabalho a partir do qual eram produzidas as camisetas e o material escolar das marcas que eles consumiam. Além disso, a lista das multinacionais que se recusaram a assinar qualquer acordo e as que se recusaram a indenizar as famílias das vítimas e os sobreviventes do desabamento do Rana Plaza circulou nas mídias sociais e gerou um ativismo baseado em boicotes e petições.

Aparentemente, há uma nova onda de ativismo do setor consumidor no Norte global, cada vez mais preocupado com as condições econômicas da classe trabalhadora e os impactos ambientais dos produtos consumidos. Desde os seus primórdios, no fim da década de 1960 e no início da de 1970, o ativismo do setor consumidor no Sul global esteve atento à justiça social[11]. Mais recentemente, esse ativismo cresceu no Norte global. Na era da mídia digital, as informações sobre as condições de trabalho circulam ampla e rapidamente e podem influenciar as escolhas de consumidoras e consumidores. As ações coordenadas de boicote a empresas que não se responsabilizam pelo impacto que causam sobre o bem-estar social e o meio ambiente podem

---

[11] Matthew Hilton, *Prosperity for All: Consumer Activism in an Era of Globalization* (Ithaca, Cornell University Press, 2009).

incentivar multinacionais que lucram com a subcontratação de fábricas em países pobres a usar seu poder para mudar positivamente as condições de trabalho e salário.

O impacto do ativismo do setor consumidor na era digital não pode ser subestimado. Por exemplo, depois de um abaixo-assinado com um milhão de assinaturas, a italiana Benetton concordou em contribuir para um fundo destinado aos sobreviventes do Rana Plaza, indenizando essencialmente trabalhadoras e trabalhadores que não eram por ela empregados diretos. Em outro artigo do jornal *The Guardian*, em 10 de abril de 2015, Tansy Hoskins, autora de *Stitched Up: The Anti-Capitalist Book of Fashion* [Descosturando: o livro anticapitalista da moda], cita Bettina Musiolek, ativista da Clean Clothes Campaign que há vinte anos luta pelos direitos da classe trabalhadora: "Não houve uma única vez ou um único caso que tenha estabelecido essa relação de marcas indenizando pessoas que não eram funcionárias. Foi um processo de quinze ou vinte anos de campanhas realizadas pela sociedade civil ou de direitos humanos que definiu a responsabilidade das marcas e dos varejistas". É evidente que a pressão pública a favor do boicote e a publicidade negativa ajudaram a mudar o clima na indústria do vestuário; agora as marcas precisam cumprir seu compromisso com a retórica do salário digno para manter sua reputação de socialmente sustentáveis. Tais compromissos estão longe de produzir "mudanças significativas em campo"[12]. O fundo inicial de indenização do Rana Plaza, de 8,5 milhões de dólares, constituiu uma pequena vitória para militantes que lutam há muito tempo contra as *sweatshops*. Esse valor não é suficiente para ressarcir adequadamente milhares de vítimas, mas pode entrar para a agenda dos movimentos sociais.

Por último, resta a pergunta: como o movimento global de combate à exploração sustentará as solidariedades transnacionais, especialmente se considerarmos as diferenças de nação, gênero, idade, sexualidade, raça e etnia? Esse movimento social inclui trabalhadoras e trabalhadores da indústria do vestuário, organizações comunitárias, sindicatos, associações de consumidores, grupos de mulheres, associações estudantis e grupos religiosos, além de várias ONGs[13]. Também inclui os diversos lugares entrelaçados com o ativismo político já mencionados: movimentos de base, organizações da sociedade civil, ativismo digital e movimentos sociais.

A interseccionalidade levanta novas questões para entendermos o tipo de protesto social global associado ao desabamento do Rana Plaza, os contornos do movimento

---

[12] Remi Edwards, Tom Hunt e Genevieve LeBaron, *Corporate Commitments to Living Wages in the Garment Industry* (Sheffield, Sheffield Political Economy Research Institute, 2019).

[13] Ralph Armbruster-Sandoval, *Globalization and Cross-Border Labor Solidarity in the Americas*, cit., p. 2.

global contra a exploração do trabalhador e o protesto social global em geral. Como as solidariedades transnacionais que emergem do protesto social global influenciam entendimentos interseccionais da práxis política? Como os projetos políticos que operam em diferentes níveis e/ou têm prioridades diferentes – por exemplo, o movimento contra a exploração do trabalhador e o ativismo do setor consumidor – podem encontrar valor nas sensibilidades analíticas e nas políticas da interseccionalidade? Quais são as possibilidades de uma política de coalizão em situações tão complexas como o desabamento do Rana Plaza e as desigualdades sociais sustentadas por elas?

A VIRADA COERCITIVA NOS ESTADOS-NAÇÃO

As análises interseccionais do protesto social global revelam os vínculos entre redes sociais locais e globais. No entanto, o desabamento do Rana Plaza ocorreu em Bangladesh, um Estado-nação cujas políticas nacionais, modelos de governança e história específica contribuíram para as formas de protesto local e para o movimento social global do qual fizeram parte esses protestos. Nesse sentido, as estruturas de governança específicas dos Estados-nação constituem locais importantes de ligação das políticas local e global.

Apesar das diferenças nas formas de governo, nas tradições políticas e na história, as respostas do governo aos protestos sociais e às ondas de revolta social foram surpreendentemente semelhantes, a saber, repressão policial e ações punitivas do Estado. Quando se trata de responder aos protestos sociais, dirigentes de Estados autoritários ou liberais em geral ampliam as técnicas do Estado policial em que apoiam o combate ao terrorismo e à guerra[14]. Por exemplo, uma unidade antiterrorista proposta pelo Departamento de Polícia de Nova York solicitou permissão para portar metralhadoras durante protestos públicos. As revoltas urbanas revelam a extensão da virada punitiva de muitos Estados-nação democráticos em que os métodos e as práticas de aplicação da lei, adquiridos ao longo de décadas de guerra às drogas, ao terror ou às insurgências tornaram-se comuns. De Cleveland a Calcutá, os poderes ampliados de uma polícia militarizada e cada vez mais privatizada são exercidos de modo mais severo contra as populações menos privilegiadas estruturalmente, cuja localização social nos sistemas entrecruzados de opressão as torna vulneráveis à violência.

A interseccionalidade lança luz sobre vários aspectos desse processo, a saber, a indústria das punições, o policiamento diferenciado de minorias e comunidades

---

[14] Cihan Tugal, "'Resistance Everywhere'", cit., p. 158 e 160.

pobres, o aprimoramento das técnicas de vigilância, a militarização da polícia, a detenção desumana de quem solicita asilo humanitário e a criminalização de seu resgate. Primeiro, os Estados-nação priorizam a punição e a tornam lucrativa, graças a estratégias variadas de encarceramento em massa. Em muitos Estados democráticos, o número de pessoas encarceradas aumentou substancialmente desde o fim do século XX. O aumento tanto do nível de condenação para uma infinidade de delitos como da população carcerária é reflexo da virada punitiva das políticas nacionais. De acordo com estatísticas de maio de 2019 fornecidas pelo site Statista a propósito das taxas de encarceramento nos países da OCDE, os Estados Unidos lideram, com 655 presos para cada 100 mil habitantes, seguidos de Turquia, com 318, e Israel, 234. Mesmo em países com taxas menores de encarceramento, análises longitudinais mostram aumentos significativos. Entre 1993 e 2012, a população carcerária da Grã-Bretanha dobrou, enquanto na França houve um aumento de 50% entre 2002 e 2012, período que coincide com a adoção de uma sentença mínima obrigatória mais longa (a partir de 2007). No Canadá, embora a taxa de criminalidade esteja diminuindo desde o início dos anos 2000, a população carcerária chegou a seu nível mais alto, e o orçamento federal do Serviço Correcional aumentou 40% desde 2008[15].

No Brasil, o crescimento da população carcerária é maciço desde 1990, resultando na quarta maior população carcerária do mundo, depois dos Estados Unidos, da China e da Rússia; a chamada guerra às drogas, realizada por meio de práticas discriminatórias de policiamento, como perfil racial e de classe, também tem um papel importante nesse aumento. Aproximadamente 25% dos presos são acusados de tráfico de drogas, a maioria dos quais são pequenos revendedores de regiões pobres. Jovens negros de bairros pobres ou favelas são os principais alvos das leis antidrogas e do policiamento agressivo. Nessa guerra às drogas, o governo brasileiro matou, prendeu ou pôs em detenção provisória muitos jovens moradores de favelas, acusando-os de crimes menores e sem lhes dar salvaguarda para evitar que sofressem violência ou fossem cooptados pelo crime organizado.

Os marcos interseccionais mostram que a virada coercitiva dos Estados neoliberais incidiu fortemente sobre as populações desfavorecidas em razão de raça, classe, gênero, sexualidade, deficiência, religião e *status* migratório. Nas cidades globalizadas, as políticas de saneamento ou revitalização urbana podem levar à criminalização

---

[15] Para mais informações, ver Statista, uma espécie de Wikipédia dedicada à estatística. Disponível em: <https://www.statista.com/statistics/300986/incarceration-rates-in-oecd-countries/>; acesso em: jul. 2020.

das favelas e ao despejo das pessoas mais pobres, consideradas "desagradáveis" e "vítimas do desenvolvimento"[16]. Na Índia, por exemplo, a população urbana de rua cresceu exponencialmente desde a década de 1990, graças principalmente aos deslocamentos maciços causados por planos de desenvolvimento e desemprego nas regiões rurais. As pessoas em situação de rua são criminalizadas pelo Estado, brutalmente perseguidas pela polícia, privadas do mais básico, como abrigo, água corrente e instalações sanitárias, e expulsas como se fossem "forasteiras" ou "invasoras". Em resposta, pessoas em situação de rua das zonas urbanas estão se mobilizando com a ajuda de ONGs para reivindicar os direitos humanos mais básicos, em uma luta que muitos consideram um dos principais novos movimentos sociais da Índia contemporânea. Nesse movimento urbano de pessoas em situação de rua, as mulheres desempenham um papel importante e fazem "demandas específicas de gênero em relação aos meios de subsistência, saúde sexual e reprodutiva, cuidado dos filhos, privacidade, segurança e reabilitação"[17]. As mulheres em situação de rua enfrentam problemas diferentes daqueles dos homens em situação de rua e correm mais risco de sofrer agressões sexuais. Paromita Chakravarti argumenta que é necessário encontrar um terreno comum para classes e castas e entre os diversos movimentos em favor do acesso à cidade e à cidadania liderados por mulheres citadinas privadas de direitos. O movimento das mulheres em situação de rua deve dialogar "com outras mobilizações de mulheres citadinas em situações variadas de rua, como vendedoras ambulantes e profissionais do sexo, ou movimentos que exigem segurança para as mulheres nos espaços públicos, como o Take Back the Night [Recupere a Noite], que ganhou força nas cidades indianas após um estupro coletivo em Nova Délhi"[18].

Os marcos interseccionais são úteis para explicar como a organização do poder afeta os tipos e os resultados da ação policial em diferentes grupos populacionais. As táticas de policiamento aplicadas aos afro-americanos nos Estados Unidos ilustram esses padrões. Por exemplo, o assassinato de Eric Garner, em 2014, pela polícia de Staten Island não pode ser dissociado de sua localização social nas relações de poder interseccionais. Garner era um negro alto que trabalhava como ambulante,

---

[16] Paul Amar, "Turning the Gendered Policies of the Security State Inside Out?", *International Feminist Journal of Politics*, v. 13, 2011, p. 299-328.

[17] Paromita Chakravarti, "Living on the Edge: Mapping Homeless Women's Mobilization in Kolkata, India", em Margaret Alston (org.), *Women, Political Struggles and Gender Equality in South Asia* (Basingstoke, Palgrave-Macmillan, 2014), p. 117-8.

[18] Ibidem, p. 118.

vendendo marcas não autorizadas de cigarros. O policial que o sufocou até a morte, e posteriormente foi inocentado pelo tribunal, viu Garner como um marginal altamente perigoso, não como ele era – um homem desarmado que repetia: "Eu não consigo respirar". Tanisha Anderson, negra, foi morta pela polícia de Cleveland durante um "surto psicótico". Sua mãe ligou para a polícia, pedindo ajuda para a filha, mas, quando chegaram, os policiais jogaram Anderson no chão de uma maneira que resultou em sua morte. A morte de Anderson reflete sua localização social nos sistemas de poder interseccionais: uma mulher negra de 37 anos com problemas de saúde mental, cuja família provavelmente não ligaria para a polícia se tivesse acesso à saúde privada. Para os policiais, Anderson não era alguém que precisasse de cuidados, mas uma ameaça: uma mulher negra agitada. A força de estereótipos como "negro bandido" ou "negra louca" é, literalmente, letal quando associada ao poder policial em uma sociedade estruturada por formas interseccionais de domínio racial e de gênero.

Os marcos interseccionais revelam as maneiras pelas quais as políticas públicas favorecem as desigualdades sociais. Tomemos como exemplo a militarização da política de concessão de asilo na Austrália. Um artigo do jornal *The New York Times*, "Australia's Rigid Immigration Barrier" [A rígida barreira da imigração na Austrália][19], fala da autoridade da Marinha australiana, que pode interceptar e devolver barcos com imigrantes para países como Indonésia, onde eles vivem em um limbo legal, ou Sri Lanka, onde podem enfrentar um processo. Aqueles que conseguem desembarcar são levados para locais remotos ao largo da costa. É a chamada Solução Pacífico – uma política denunciada inúmeras vezes pelo Conselho de Direitos Humanos da ONU –, que permite ao governo australiano enviar quem solicita asilo, inclusive crianças, para a ilha Manus (Papua-Nova Guiné) e Nauru, onde as condições de vida são infernais, e assim mantidas para desestimular pedidos de asilo. Utilizada de 2001 a 2007, e interrompida em 2008, a prática da deslocalização de imigrantes persiste. Em 2013, a Austrália firmou um Acordo Regional de Reassentamento com a Papua-Nova Guiné, o qual permitiu às Forças de Defesa australianas enviar todas as "chegadas marítimas não autorizadas", ou seja, imigrantes sem visto, para detenção ilimitada e obrigatória na ilha Manus, sem possibilidade de residência na Austrália. Esses imigrantes são mantidos em uma base militar sob condições terríveis e enfrentam um tratamento severo dos

---

[19]   Gabrielle Appleby, "Australia's Rigid Immigration Barrier", *The New York Times*, 7 maio 2015. Disponível em: <http://www.nytimes.com/2015/05/08/opinion/australias-rigid-immigration-barrier.html?_r=0>; acesso em: jul. 2020.

funcionários, que às vezes resulta em morte. Greves de fome e tentativas de suicídio são frequentes. Não é de admirar que Donald Trump – cujo governo separa filhos de pais para tentar dissuadir os pedidos de asilo – elogiou (em um tuíte de 26 de junho de 2019) as políticas de asilo da Austrália, pautadas na dissuasão pela crueldade.

A prática de detenção e envio de solicitantes de asilo para a ilha Manus lembra a detenção deslocalizada de suspeitos de terrorismo em Guantánamo (Cuba), praticada pelos Estados Unidos. Os dois lugares operam em um vácuo legal, uma terra de ninguém globalmente não regulamentada, onde os Estados Unidos exercem um poder de Estado não controlado fora de suas fronteiras nacionais. As pessoas detidas ficam "longe dos olhos, longe do pensamento, longe dos direitos"[20]. O Estado carcerário opera, como evidenciam esses casos de prisão, por meio de espaços intermediários onde populações criminalizadas, solicitantes de asilo ou suspeitos de terrorismo ficam em situação indeterminada em relação a seus direitos humanos mais básicos. O caso de Lucía Vega Jiménez ilustra várias facetas da repressão policial e outras ações punitivas do Estado como resposta governamental a protestos sociais e outras ações percebidas como ameaças. Em 1º de dezembro de 2013, Jiménez terminou o turno da noite como camareira em um hotel de Vancouver. Ela pegou o SkyTrain para casa, aonde nunca chegou. Durante uma verificação de rotina, a Polícia de Trânsito (TP, em inglês) deteve a trabalhadora mexicana de 42 anos porque ela não forneceu provas de que havia pagado pelo transporte. Quando percebeu seu sotaque, o oficial que a deteve entrou em contato com a Agência de Serviços de Fronteiras do Canadá (CBSA, em inglês). Jiménez foi entregue à CBSA por suspeita de residência ilegal no Canadá. Ficou vinte dias detida, primeiro em uma prisão de segurança máxima, depois no centro de detenção de imigração, no subsolo do Aeroporto Internacional de Vancouver. Durante o período de detenção, não recebeu assistência jurídica ou médica adequada. Por causa disso, o que parecia uma negligência deliberada lhe custou o direito de contestar a deportação. Há evidências de que a CBSA dificultou o processo, ocultando-lhe informações vitais sobre os procedimentos. Menos de 48 horas depois que a data de deportação foi marcada, ela cometeu suicídio.

Analisando a história de Lucía Jiménez através dos marcos intersseccionais, vemos que raça, classe, gênero e *status* de imigrante se interconectam como categorias de poder. A aparência de Jiménez a tornou alvo de políticas de perfilamento.

---

[20] Jude McCulloch e Sharon Pickering, "The Violence of Refugee Detention", em Phil Scraton e Jude McCulloch (orgs.), *The Violence of Incarceration: Advances in Criminology* (Nova York, Routledge, 2008), v. 5, p. 229.

Posteriormente, em depoimento, um oficial da TP disse que decidiu entrar em contato com a CBSA para verificar a identidade dela, porque a mulher "tinha sotaque" e ele achou que "ela não tinha nascido no Canadá". Ela foi perfilada racialmente por um oficial armado da TP. A criminalização de Jiménez era uma dimensão ideológica das relações de poder interseccionais. A detenção por várias semanas em uma prisão de segurança máxima mostra a extensão da criminalização dos imigrantes sem documentos. A cada ano, cerca de 11 mil imigrantes sem documentos, incluindo crianças, são criminalizados pela CBSA. A detenção de Jiménez também chamou atenção para a existência de celas no subterrâneo do reluzente Aeroporto Internacional de Vancouver, onde ela cometeu suicídio. Harsha Walia, cofundadora da filial em Vancouver do No One Is Illegal [Ninguém é Ilegal], destaca sobriamente em um artigo do jornal *The Mainlander*, em 6 de outubro de 2014:

> Durante o último mês de sua vida, todas as instituições com as quais Lucía entrou em contato estavam mais interessadas na aplicação da lei que em sua segurança. Embora isso não seja chocante para ninguém que esteja familiarizado com o sistema de imigração, os fatos que estão surgindo sobre o que aconteceu com Lucía durante a sua custódia são elucidadores para aqueles que não estão familiarizados com o modo como a imigração funciona de fato.

Além disso, aparentemente o governo tentou encobrir o suicídio. Os documentos divulgados pela CBSA, por força da Lei de Acesso à Informação, sugerem que a agência omitiu deliberadamente informações aos repórteres e ao público sobre a morte de Jiménez.

Esse caso mostra como as práticas disciplinares também operam através das relações de poder interseccionais de raça, classe e gênero. A ampliação dos poderes policiais, além das forças policiais reais, é uma das maneiras pelas quais os governos democráticos regulam o cotidiano das pessoas. Especificamente, a responsabilidade da TP é deter quem sonega pagamento no transporte público, mas, nesse caso, o oficial agiu como se fosse da polícia de fronteira, transformando o transporte público em uma fronteira de fato. Todos os dias, em várias estações da SkyTrain e em pontos de ônibus da região metropolitana de Vancouver, a TP – a única polícia de trânsito armada do Canadá – aborda pessoas de cor e entrega à CBSA as suspeitas de residência ilegal. Segundo a Transportation Not Deportation [Transporte, não Deportação], campanha comunitária cujo objetivo é encerrar imediatamente a colaboração da TP com a CBSA, a TP de Vancouver TP denunciou 328 pessoas à CBSA em 2013, e uma em cada cinco enfrentou subsequentemente um processo

178 Interseccionalidade

investigativo da imigração que poderia ter resultado em deportação. Lucía Vega Jiménez foi uma delas.

No entanto, a dinâmica de poder mais significativa nesse caso, e a mais intimamente ligada às principais ideias deste capítulo, envolve as relações estruturais de poder dos Estados-nação que adotaram filosofias neoliberais. O tratamento dispensado ilustra como o capitalismo global, a imigração e a violência estatal trabalham juntos para categorizar como descartáveis pessoas como Jiménez[21]. Do ponto de vista dos grupos oprimidos, os modos como os Estados-nação os privam de direitos, desumanizam e tornam descartáveis estão por toda a parte. Políticas e práticas como o encarceramento em massa, a criminalização de pessoas em situação de rua através de multa por dormir a céu aberto, o despejo de pobres em nome da revitalização urbana e o bloqueio de portas e janelas em *sweatshops* para garantir que quem lá trabalha não fuja constituem uma cadeia de eventos que ilustram coletivamente como os Estados-nação organizam o trabalho combinado do capitalismo global e da securitização.

As políticas de imigração são elaboradas e implementadas pelos Estados-nação. Embora se baseiem com frequência em diferentes dimensões do neoliberalismo, eles não adotam as mesmas dimensões das filosofias neoliberais nem as implementam da mesma maneira. As tendências comuns em todo o Norte global são a ampliação do controle nas fronteiras e o aumento do número de agentes de segurança dentro das fronteiras. Por exemplo, no Reino Unido, a Lei de Imigração de 2014 determina que empregadores, educadores, profissionais de saúde e locadores atuem como guardas de fronteira no dia a dia. As pessoas sujeitas a essa vigilância podem passar por verificação constante de identidade e discriminação ao procurar moradia, educação, emprego e serviços públicos. Como a TP de Vancouver, quando impõe leis aparentemente justas cujos resultados são injustos, vários provedores de serviços participam da patrulha de fronteira ao fazer interpretações vagas, que refletem preconceitos e estereótipos racistas. Assim, a conversão de cidadãos comuns em agentes de imigração se coaduna com outras formas de vigilância e privatização neoliberais.

No geral, há evidências da existência de um aparato de segurança estatal globalizado, com participação de muitos Estados-nação, que produz encarceramento de longo prazo de populações e faz do complexo industrial penitenciário um dos setores de negócios que mais crescem no mundo. Ao vincular fenômenos aparentemente

---

[21] Kevin Bales, *Disposable People: New Slavery in the Global Economy* (Berkeley, University of California Press, 1999) [ed. port.: *Gente descartável: a nova escravatura na economia global*, trad. António Pescada, Lisboa, Caminho, 2001].

independentes, o uso da interseccionalidade como forma de investigação e práxis críticas pode lançar luz sobre a relação entre o crescimento dos Estados neoliberais coercitivos, o capitalismo global e a configuração de divisões e hierarquias sociais baseadas em classe, gênero, sexualidade, raça, etnia, deficiência, religião, nacionalidade e localização. As análises interseccionais das conexões entre imigração, securitização e Estado carcerário ilustram mais uma maneira de usar essas estruturas para analisar fenômenos sociais importantes.

SECURITIZAÇÃO: UM PROBLEMA PARA TODOS?

Desenvolvimentos como a indústria da punição em pleno crescimento, o policiamento diferenciado para comunidades minoritárias e pobres, a detenção sob condições intencionalmente desumanas de pessoas que buscam asilo humanitário, o aprimoramento de técnicas de vigilância por intermédio da expansão da rede de pessoas dotadas de poderes policiais e a militarização da polícia mostram como os Estados democráticos respondem aos protestos sociais. Eles estão investindo ativamente em políticas neoliberais de securitização.

O termo "securitização" surgiu no fim da década de 1990, na Escola de Copenhague, para descrever "como atos de fala política ou representações midiáticas produzem assuntos de política que são usados para transferir a governança social, econômica e cultural cotidiana para o domínio da força policial de emergência e da ocupação militar"[22]. Com essa mudança, grupos cada vez maiores de pessoas de determinada população – designadas como um problema jurídico, em vez de sujeitos de direito – são cada vez mais vigiados, controlados e encarcerados. Desse modo, os Estados-nação que implementam políticas públicas neoliberais se retiram da regulação dos mercados e da prestação de serviços sociais, mas intensificam as práticas de vigilância e controle da vida cotidiana das pessoas. O conceito de securitização é útil para entendermos essa mudança – por exemplo, como o protesto social pode ser equiparado ao terrorismo e contido com práticas de policiamento antiterrorista.

A securitização tem muitas facetas. Por exemplo, o policiamento diferenciado de bairros parece planejado para resguardar fronteiras e reprimir pessoas pobres de cor, não as proteger. A securitização também pode se referir a uma população. Por exemplo, a população jovem mundial é uma das mais vulneráveis às políticas

---

[22] Paul Amar, "Turning the Gendered Policies of the Security State Inside Out?", cit., p. 306.

180 Interseccionalidade

de securitização, independentemente de seu *status* de cidadania. Como Jiménez, pessoas jovens são frequentemente paradas por policiais, adultos e seguranças que questionam seu comportamento. Pessoas adultas que são tratadas como crianças (como mulheres e pessoas de cor) se ressentem, porque esse tipo de tratamento denota relações de poder desiguais.

A securitização da imigração se refere a processos pelos quais medidas de execução identificam imigrantes e solicitantes de asilo como grupos problemáticos, a pretexto de proteger a segurança nacional. Como chegam sem antes passar pela seleção do governo, quem solicita asilo costuma ser associado à ilegalidade, à desordem e à fraude. As representações podem variar do mais inofensivo "são falsos refugiados, fura-fila" à crença francamente hostil de que "são criminosos" ou "terroristas". Essa representação coloca quem busca asilo como uma ameaça à segurança nacional e torna aceitável a detenção. A mudança nos regimes de gestão das fronteiras se manifesta na adoção de estratégias de aplicação da lei para dissuadir solicitações de asilo, imigração ilegal e permanência sem visto. Essas estratégias incluem construção de barreiras, como a cerca entre Estados Unidos e México, detenção em prisões de segurança máxima e criação de terras de ninguém, onde quem pede asilo se vê impedido de reclamar os direitos estabelecidos pelas convenções de proteção dos refugiados e os Estados podem fugir à obrigação de protegê-las.

As formas de detenção de imigrantes funcionam no Norte global para repelir, impedir e conter os chamados imigrantes ilegais, entre eles os solicitantes de asilo do Sul global (que não estão fazendo nada de ilegal, de acordo com a Convenção de Genebra). Existe uma tendência punitiva global contra as pessoas que pedem asilo, tendência defendida pela Austrália, que instituiu um programa de detenção obrigatória, prolongada e até mesmo indefinida, como nunca houve nos países do Norte global[23]. Casos mais recentes de criminalização de quem tenta resgatar solicitantes de asilo, seja em alto-mar (Itália), seja deixando água no deserto (Estados Unidos), constituem outra faceta da atual crueldade contra os imigrantes.

Lançando uma nova luz sobre a intrincada relação entre securitização e Estado coercitivo, especialistas e ativistas podem usar os marcos intersseccionais para criticar essas práticas. Por exemplo, Liat Ben-Moshe[24] aproveita a intersseccionalidade para reexaminar os termos do debate sobre o encarceramento em massa, abordando

---

[23] Jude McCulloch e Sharon Pickering, "The Violence of Refugee Detention", cit., p. 226, 228 e 239.

[24] Liat Ben-Moshe, "Disabling Incarceration: Connecting Disability to Divergent Confinements in the USA", *Critical Sociology*, v. 39, n. 3, 2013, p. 385-403.

quem conta como encarcerado, e reconceituar os vínculos entre institucionalização médica/psiquiátrica e a prisão não apenas como uma analogia, mas como uma profunda interconexão em sua lógica, representação histórica e efeitos sociais. Considerado sob uma perspectiva que redefine o que conta como encarceramento, fica evidente que as taxas de encarceramento nos Estados Unidos são há muito tempo extremamente altas – e que inúmeros espaços podem se tornar locais de encarceramento. Da mesma forma, especialistas e ativistas que usam os marcos interseccionais nos ajudam a entender como a vigilância e a violência de Estado impactam desproporcionalmente pessoas trans e não conformantes de gênero racializadas. Em geral, os movimentos dominantes de justiça racial ou direitos dos migrantes ignoram as necessidades desse grupo, argumentando que "questões trans" não são significativas ou representativas de seu público-alvo.

Os marcos interseccionais também demonstram como a política progressista pode consolidar o Estado de segurança. Algumas vertentes do feminismo contribuem involuntariamente para a ampliação dos poderes repressivos de um Estado e a criminalização da sociedade quando privilegiam determinados tipos de ação de combate à violência contra as mulheres. É o caso quando defendem estratégias pró-criminalização impulsionadas pelo Estado e pedem mais policiamento, processos penais e prisões, assim como leis contra a prostituição e o tráfico de drogas[25]. Apoiando-se num trabalho de campo etnográfico, Elizabeth Bernstein[26] argumenta que existe uma conivência entre o "feminismo carcerário" e o humanitarismo militarizado dentro do movimento feminista contra o tráfico de pessoas. As soluções políticas preferidas parecem ser aquelas carcerárias e os aparatos estatais securitizados. Problematizando algumas vertentes do feminismo, como a abolicionista e contra o tráfico sexual, que não refletem a práxis interseccional em seu apelo à ação repressiva do Estado sob a forma de uma criminalização da demanda de prostituição (clientes), Bernstein sugere uma abordagem de responsabilização comunitária que ouça as profissionais do sexo e suas necessidades, em seus próprios termos. Para Bernstein,

> [essas ações feministas consolidam] o Estado carcerário em questões como o "trabalho sexual" ou o "tráfico", [...] abraçam o moralismo sexual sancionado pelo

---

[25] Kristin Bumiller, *In an Abusive State: How Neoliberalism Appropriated the Feminist Movement against Sexual Violence* (Durham, Duke University Press, 2008).

[26] Elizabeth Bernstein, "Militarized Humanitarianism Meet Carceral Feminism: The Politics of Sex, Rights, and Freedom in Contemporary Anti-trafficking Campaigns", *Signs*, v. 36, 2010, p. 45-71.

Estado e as políticas de respeitabilidade (branca, de classe média e heteronormativa). Como tal, a política de respeitabilidade feminista alimenta a política de fronteiras do Estado de segurança por meio da "guerra contra o tráfico de pessoas" – dessa forma, as feministas podem sancionar involuntariamente a deportação de profissionais do sexo em nome de resgatá-las da "prostituição".[27]

INTERSECCIONALIDADE, PROTESTO SOCIAL E POPULISMO DE EXTREMA DIREITA

O uso da interseccionalidade como ferramenta analítica implica o desafio de considerar as diversas formas de populismo em diferentes contextos nacionais e as formas específicas do contexto em que o populismo de extrema direita desafia os movimentos sociais progressistas e seus projetos políticos orientados para a justiça social[28].

Aqui, a questão crucial é em que medida o populismo de extrema direita promove a injustiça social, e isso precisa ser perguntado e respondido de maneira historicamente específica – uma tarefa que ultrapassa o escopo deste livro. O que propomos, então, é uma breve discussão sobre os limites recorrentes dos grupos que a retórica populista de extrema direita constrói e ativa – limites que mostram semelhanças impressionantes, apesar de suas particularidades históricas e contextuais – e a utilidade da interseccionalidade para compreendermos a formidável plasticidade do populismo, ou seja, como ele parece estar ligado a projetos e ideologias políticas diferentes – e até mesmo contraditórias – em contextos variados e momentos diversos.

Normalmente, a filosofia do populismo de extrema direita afirma representar os interesses de um segmento que representa "o povo" e se sente excluído ou preterido nas políticas sociais. Ela identifica esse grupo como as cidadãs e os cidadãos mais desejáveis, legítimos e patriotas; acusa os "outros" de se aproveitarem indevidamente

---

[27] Ibidem, p. 54.

[28] O ressurgimento do populismo de extrema direita em todo o mundo traz uma série de desafios, não apenas aos Estados-nação que tentam encontrar um equilíbrio entre políticas de bem-estar social e neoliberalismo, como discutimos no capítulo 1, mas também para os movimentos sociais, borrando os limites entre as reivindicações de justiça social e a intrusão de nativismo e xenofobia (ver, por exemplo, os "coletes amarelos", o movimento de extrema direita alternativa que surgiu no oeste do Canadá em 2018, após os protestos dos *gilets jaunes* [coletes amarelos] na França, e o polêmico movimento American Descendants of Slavery [Descendentes Americanos de Escravos] nos Estados Unidos, que pede reparação aos descendentes de escravos).

do grupo eleito e do Estado-nação. Em geral esses "outros" compreendem grupos raciais/étnicos, minorias sexuais, migrantes sem documentos, pobres, mulheres e crianças. Esse modo de pensar baseado em um nós/eles identifica um segmento da população considerado digno dos benefícios da cidadania plena e relega todos os outros a um *status* inferior. Distingue um nós "merecedor" de outros "não merecedores". O populismo de extrema direita também identifica uma elite que considera cúmplice do declínio da identidade nacional e traidora do interesse nacional, porque favorece interesses de pessoas indignas, em detrimento do interesse genuíno do grupo eleito. Em geral, o populismo de extrema direita acusa intelectuais, servidores públicos, partidos políticos e jornalistas de serem cúmplices da deterioração do Estado e, por consequência, de seu próprio grupo.

Essa filosofia está presente em muitas situações sem ser nomeada como tal e chega a diferentes contextos nacionais. As diversas terminologias que descrevem diferentes aspectos do populismo de extrema direita refletem a maleabilidade e a adaptabilidade dessa filosofia em diferentes contextos nacionais. Cada contexto tem sua própria história e constelação de relações de poder que se prestam à manipulação ideológica do populismo de extrema direita. Trabalhando nos Estados Unidos com a história das relações de branquitude, negritude e indigeneidade, o populismo de extrema direita levou ao uso da expressão "nacionalismo branco" como maneira de descrever as sensibilidades populistas. No contexto europeu, o populismo se articula mais fortemente com as ideias de etnia e diferença religiosa, com referência às populações imigrantes e às minorias estabelecidas de longa data nas nações europeias. O ressurgimento do antissemitismo, assim como a onipresença da islamofobia, trabalha com a estrutura do nós/eles do populismo de extrema direita estadunidense. Na Índia, grupos dalit/bahujan e muçulmanos identificam o nacionalismo hindu como expressão do populismo de extrema direita que se baseia nesse contexto específico de casteísmo e islamofobia. As principais ideias do populismo de extrema direita se assemelham às da ideologia do "fascismo" – termo que não usamos levianamente[29].

Quais foram as respostas ao populismo de extrema direita nos Estados-nação e à disseminação de suas ideias no contexto global? Se o protesto social global é de fato interseccional, como afirmamos aqui, como o populismo de extrema direita afetou seus contornos? A eleição de um líder populista de extrema direita à presidência

---

[29] Ver Madeleine Albright, *Fascism: A Warning* (Nova York, HarperCollins, 2018) [ed. bras.: *Fascismo: um alerta*, trad. Jaime Biaggio, São Paulo, Planeta, 2018]; Jason Stanley, *How Fascism Works: The Politics of Us and Them* (Nova York, Random House, 2018) [ed. bras: *Como funciona o fascismo: a política do "nós" e "eles"*, trad. Bruno Alexander, 2. ed., Porto Alegre, L&PM, 2018].

dos Estados Unidos em 2016 surpreendeu muitos cidadãos que, após oito anos de políticas públicas democráticas de centro, esperavam resultado semelhante. A resposta imediata foi evidente. Em 21 de janeiro de 2017, no dia seguinte à posse do novo presidente, a Marcha das Mulheres em Washington catalisou protestos sociais em todo o mundo. Como o maior protesto realizado em um dia na história dos Estados Unidos, a Marcha das Mulheres foi transmitida ao vivo no YouTube, no Facebook e no Twitter. Houve notícias de que aproximadamente 675 marchas ocorreram naquele mesmo dia, nos sete continentes, inclusive na Antártida.

A plataforma da Marcha das Mulheres demonstrou evidente sensibilidade interseccional. Em 12 de janeiro, as lideranças da marcha lançaram uma plataforma política que abordava os direitos reprodutivos, as leis de imigração, a reforma da saúde, a discriminação religiosa (principalmente contra muçulmanos estadunidenses), direitos LGBTQ, desigualdades de gênero e raça, direitos da classe trabalhadora etc. A frase "*Build bridges, not walls*" [Construir pontes, não muros], em referência ao chamamento do novo governo à construção de um muro ao longo da fronteira mexicana, foi um refrão recorrente durante toda a marcha. As lideranças também abordaram questões ambientais:

> Acreditamos que todas as pessoas e todas as comunidades do nosso país têm direito a água potável, ar limpo, acesso e uso de terras públicas. Acreditamos que nosso ambiente e nosso clima devem ser protegidos, e nossas terras e recursos naturais não podem ser explorados para o ganho ou a ganância das empresas – principalmente com o risco da segurança e da saúde públicas.[30]

A Marcha das Mulheres não apenas apoiou suas declarações políticas na interseccionalidade, como demonstrou certa práxis interseccional nas muitas coalizões que surgiram em relação à causa comum contra o populismo de extrema direita.

A capacidade dos políticos de extrema direita de conseguir representação política em governos eleitos democraticamente e ocupar altos cargos nesses governos, concomitantemente aos protestos sociais contra o populismo de extrema direita em diferentes contextos nacionais, levanta questões sobre a relação dos movimentos de protesto social com as próprias sociais-democracias. Quando se trata de justiça social, qual pode ou deve ser o papel do Estado-nação? Aqui, o contexto social é muito importante. O Estado é o maior defensor das iniciativas de justiça social, o maior inimigo das iniciativas de justiça social ou tanto amigo como inimigo – ou

---

[30] "Guiding Vision and Definition of Principles", *Women's March on Washington*, 20 jan. 2017. Disponível em: <https://archive.org/details/WMWGuidingVisionDefinitionofPrinciples>.

nem uma coisa nem outra? O protesto social global continuará a existir até que os problemas sociais que o catalisam diminuam e desapareçam. Contudo, é provável que a natureza das formas que ele adota nos bairros, nas regiões, nos Estados-nação e globalmente permaneça em aberto.

No que diz respeito à interseccionalidade, o ressurgimento do populismo de extrema direita aponta para a necessidade de ampliação das concepções de protesto social para além daqueles que se dirigem contra o Estado-nação. É possível protestar contra as políticas promovidas pelo neoliberalismo, mas as tradições de protesto social dirigido contra o Estado podem ser mais características e prevalecentes nos Estados-nação da Europa e da América Latina, onde há um histórico de manifestações desse tipo. Nesses casos, a ideologia populista de extrema direita pode dar vida nova às políticas neoliberais, revisando velhos argumentos que defendem as desigualdades sociais e, talvez, criando outros. A Marcha das Mulheres foi inovadora, mas é suficiente uma marcha comum contra um conjunto de ideias ou um inimigo em comum? Com a ajuda de mídias digitais poderosas, uma marcha dessa magnitude pode realçar o escopo de uma preocupação compartilhada. Mas, assim como um movimento social não pode ser reduzido a um único evento, ou mesmo a uma série de eventos, o protesto social global é uma ação de longo prazo. O poder das mídias no domínio cultural do poder precisa ser complementado com mudanças estruturais relacionadas às pessoas eleitas, com mudanças nas políticas públicas que orientam as práticas disciplinares e com mudanças no senso de identidade que ancora as identidades interseccionais no contexto de uma política identitária coletiva orientada para a justiça social.

No entanto, a questão permanece: quais formas suplementares de protesto social existem para combater o racismo, o sexismo e a homofobia promovidos pelos movimentos populistas de extrema direita? Os domínios de poder estruturais e disciplinares que enfatizamos neste capítulo são cruciais. No entanto, de que outras maneiras as pessoas resistem às desigualdades sociais realçadas pelo populismo de extrema direita? Para isso, trataremos primeiro da identidade e em seguida da educação como lugares importantes de interseccionalidade em que são negociadas as relações de poder culturais e interpessoais.

6
INTERSECCIONALIDADE E IDENTIDADE

O uso da interseccionalidade como ferramenta analítica promove entendimentos mais amplos das identidades coletivas e da ação política. A identidade foi uma dimensão importante para o surgimento da interseccionalidade como forma de investigação e práxis críticas – é o caso, por exemplo, das negras brasileiras que politizaram a identidade negra e feminina em uma sociedade que desvalorizava ambas as coisas (ver capítulo 1) ou do surgimento da interseccionalidade nos Estados Unidos, refletindo a união das políticas identitárias entre afro-americanas, latinas, asiático-americanas e indígenas (ver capítulo 3). Da mesma forma, os projetos de justiça reprodutiva enfatizam as compreensões tradicionais da identidade feminina que limitam o acesso de mulheres e meninas à autonomia sobre o próprio corpo, a serviços de saúde e proteções legais (ver capítulo 4). Muitas das manifestações progressistas globais, organizadas para combater os problemas sociais provocados pelas políticas públicas neoliberais, apoiam-se em uma política identitária que se opõe à securitização e às políticas opressivas do Estado (ver capítulo 5). Ironicamente, os populistas de extrema direita se organizaram para apoiar essas mesmas relações de poder, usando ferramentas semelhantes em favor de uma agenda política conservadora. A ascensão do populismo de extrema direita, que promove políticas públicas contra imigrantes, mulheres, pessoas negras e de minorias raciais/étnicas, pode ser vista como uma forma de política identitária que também agrega ideias de raça, gênero, sexualidade, capacidade e cidadania. De fato, as expressões "política identitária branca" e "nacionalismo branco" passaram a ser cada vez mais utilizadas pelo público depois da eleição presidencial de 2016 nos Estados Unidos.

A interseccionalidade também promoveu um entendimento complexo das identidades individuais. O vasto corpo de estudos no interior da interseccionalidade, envolvendo o tema das identidades individuais como interseccionais e performativas, mudou o significado de identidade de algo que *se tem* para algo que *se constrói*. Em vez de uma essência fixa que a pessoa carrega de uma situação para a outra, entende-se agora que as identidades individuais se aplicam diferentemente de um contexto social para outro. E esses contextos sociais são moldados pelas relações de poder interseccionais. O trabalho de Stuart Hall resume essa tensão entre a natureza performativa da identidade e o significado das estruturas sociais:

> A identidade não é um conjunto de atributos fixos, a essência imutável do eu interior, mas um processo de *posicionamento* em constante mudança. Tendemos a pensar que a identidade nos leva de volta a nossas raízes, à parte de nós que permanece essencialmente a mesma ao longo do tempo. De fato, a identidade é sempre um *processo* de devenir que nunca se completa – um processo de *identificações* mutáveis, não um estado de ser singular, completo e acabado.[1]

A ideia – que hoje se tornou senso comum – de que a identidade individual é moldada por múltiplos fatores que se destacam diferentemente de um contexto social para outro deve muito à premissa da interseccionalidade a respeito das identidades interseccionais. Em nível elementar, uma pessoa não precisa mais se perguntar: "Sou primeiro chicana, mulher ou lésbica?". A resposta "sou *simultaneamente* chicana *e* mulher *e* lésbica" expande esse espaço de subjetividade e abrange múltiplos aspectos da identidade individual.

Nesse sentido, a interseccionalidade fez contribuições importantes para reconceitualizar a identidade e a subjetividade individuais. Para muitos indivíduos, esse foco na construção social de identidades interseccionais que podem se realizar diferentemente de um cenário para outro tem servido como um espaço de empoderamento individual. Por exemplo, os ensaios acadêmicos, os relatos pessoais, a investigação etnográfica e os escritos criativos de *Critical Articulations of Race, Gender, and Sexual Orientation* [Articulações críticas de raça, gênero e orientação sexual][2] mostram como identidades sexuais complexas emergem em diversas configurações de sistemas de opressão interligados. Da mesma forma, os ensaios de *Critical Autoethnography: Intersecting Cultural Identities in Everyday Life* [Autoetnografia crítica: identidades culturais interseccionais no cotidiano][3] investigam os complexos emaranhados de experiências interpessoais de gênero, sexualidade,

---

[1] Stuart Hall, *Familiar Stranger: A Life Between Two Islands* (Durham, Duke University Press, 2017), p. 16.

[2] Sheena C. Howard (org.), *Critical Articulations of Race, Gender, and Sexual Orientation* (Londres, Lexington, 2014).

[3] Robin Boylorn e Mark Orbe (orgs.), *Critical Autoethnography: Intersecting Cultural Identities in Everyday Life* (Walnut Creek, Left Coast, 2014).

raça, etnia e capacidade e como eles se relacionam com sistemas maiores de poder, opressão e privilégio social. O processo de elaboração de um senso único de si mesmo sustentado em múltiplas possibilidades gerou novas perguntas sobre as múltiplas identidades que se interconectam e se formam mutuamente nas relações de poder interseccionais, não sobre como devem ser classificadas.

Apesar dessas possibilidades, há uma tendência generalizada nos estudos contemporâneos sobre interseccionalidade e identidade que merece uma análise precisamente porque a identidade é fundamental na investigação e na práxis críticas da interseccionalidade. Cada vez mais as pessoas envolvidas com a interseccionalidade a entendem como uma teoria da identidade. Tomemos, por exemplo, o resumo que a introdução à edição especial de um periódico dedicado a "raça, classe e gênero" faz dessa perspectiva: "Outro atributo desta edição especial é a amplitude com que ela expressa a interseccionalidade – uma perspectiva multifacetada, que reconhece a riqueza das múltiplas identidades socialmente construídas que se combinam para criar cada um de nós como um indivíduo único"[4]. Decerto, a interseccionalidade valoriza a riqueza das múltiplas identidades que tornam cada indivíduo único. Mas a interseccionalidade é muito mais que isso. Entender a interseccionalidade primeiro como uma teoria da identidade individual, em geral com o objetivo de criticá-la, dá demasiada ênfase a algumas dimensões da interseccionalidade, enquanto subestima outras.

Há muito em jogo no entendimento correto da relação entre identidade e interseccionalidade. Para explorar essas conexões, este capítulo analisa os laços entre as políticas identitárias e a interseccionalidade como forma de investigação e práxis críticas. Primeiro, visto que a questão dos laços entre identidade e interseccionalidade se estende além dos debates acadêmicos, este capítulo começa não pelas discussões acadêmicas, mas pelo *hip-hop*, um discurso importante nas esferas culturais globais. Dada a atenção que alguns estudiosos e estudiosas dispensam ao tópico da identidade, é útil examinarmos um projeto de investigação e práxis críticas que não faz parte da academia e cujo conteúdo dá ênfase às contribuições do domínio cultural das relações de poder interseccionais como lugar de engajamento político. Além disso, o *hip-hop* é um fenômeno global que encontra eco na juventude do Sul global.

Segundo, o capítulo examina certas dimensões dos debates acadêmicos sobre os laços entre identidade e interseccionalidade. Visto que o tom desses debates reflete

---

[4] Rebecca Ann Lind, "A Note from the Guest Editor", *Journal of Broadcasting & Electronic Media*, v. 54, 2010, p. 3.

em geral o esforço para negar a importância da identidade para projetos significativos de justiça social, o capítulo se concentra em uma vertente específica desses debates, a saber, os estudos que criticam a interseccionalidade em razão de seus laços com a identidade. Aqui, o contexto social é importante. Estudiosos que criticam esses laços entre identidade e interseccionalidade podem apresentar argumentos provocativos, mas normalmente fazem isso em faculdades e universidades do Norte global. Existem muitos pontos de vista sobre identidade e interseccionalidade dentro da academia, mas esse pequeno grupo, altamente visível, tem uma voz relativamente forte.

Enfim, o capítulo termina com uma discussão baseada em quatro dimensões importantes a respeito dos laços entre interseccionalidade e identidade. Esses tópicos mostram como as principais ideias da interseccionalidade – em particular o contexto social, a relacionalidade, a desigualdade social e a justiça social – se relacionam. Também falam do significado da identidade individual e coletiva como um princípio organizacional central do domínio interpessoal do poder.

HIP-HOP, INTERSECCIONALIDADE E POLÍTICA IDENTITÁRIA

Quando o tema é identidade, a interseccionalidade e o *hip-hop* têm semelhanças notáveis. Como as pessoas que sofrem discriminação de raça, classe, idade, sexualidade e cidadania têm sido fundamentais para a criação e a reprodução do *hip-hop* e da interseccionalidade, é lógico existirem paralelos significativos entre essas duas formas de investigação e práxis críticas[5]. Em especial, fazer a interseccionalidade e o *hip-hop* dialogarem entre si pode fornecer um ângulo de visão diferente sobre a política identitária de cada um.

O tema da identidade com certeza é importante para a interseccionalidade. O Coletivo Combahee River (CRC) forneceu a primeira expressão da política identitária, articulando-a em um momento fundamental de interseccionalidade, e ainda hoje ela é uma das mais nítidas elaborações da política identitária na interseccionalidade. Uma breve revisão sobre os princípios do CRC em relação à política de identidade: 1) o CRC entendia que a identidade é moldada de múltiplas formas pela localização social compartilhada de integrantes enquanto mulheres afro-americanas inseridas em sistemas de opressão entrecruzados; 2) o CRC conceituou

---

[5] As conexões entre interseccionalidade e *hip-hop* são particularmente evidentes no feminismo *hip-hop* – uma vertente do feminismo da terceira onda, articulada inicialmente por jovens negras no fim da década de 1990 e hoje presente em várias partes do mundo, tanto no Norte como no Sul globais.

a identidade como um projeto político que se alcançou com a conscientização das condições de vida compartilhadas dentro das estruturas de poder; 3) o CRC imaginava o feminismo negro como o movimento político lógico de combate às múltiplas e simultâneas opressões que participantes enfrentavam como mulheres negras; e 4) o CRC identificou a importância da construção de uma identidade coletiva como projeto político para as mulheres de cor e outros grupos privados de direitos. A "Declaração Feminista Negra" do CRC articula de maneira expressa a política de identidade como ferramenta vital para resistir à opressão e depende inequivocamente de um entendimento da identidade como lugar político, não como essência[6]. Essa é a concepção de política identitária que Crenshaw tinha em mente em seu importante artigo sobre a interseccionalidade[7].

O *hip-hop* expressa uma sensibilidade semelhante em relação à identidade, mas de uma forma menos explícita que esses exemplos de interseccionalidade. Independentemente da letra das músicas, o *rap* é uma poderosa forma de expressão pessoal, pela qual se reivindica uma voz que enfatiza a identidade individual. No contexto global de hoje, as pessoas jovens estão bem posicionadas para elaborar uma política de identidade que critica os problemas sociais com que se deparam nas instituições sociais que incorporaram as filosofias neoliberais. São frequentemente as primeiras a ver as maneiras pelas quais os sistemas de poder interseccionais as ameaçam, sobretudo porque as experiências de desigualdade social em seu cotidiano expressam várias interseções (raça, gênero, classe, sexualidade e capacidade). Crianças, adolescentes e jovens adultos têm um ponto de vista especial sobre as desigualdades sociais baseadas na idade enquanto sistema de poder e suas interseções com outras desigualdades. Se moram em bairros pobres, sabem que sua comunidade recebe serviços sociais e de saúde de qualidade inferior e pode ser alvo de vigilância e policiamento ostensivo. Percebem que professores e professoras são menos experientes, que as escolas ocupam prédios antigos e em ruínas e os livros didáticos que usam são desatualizados. Sabem que vagas de emprego com carteira assinada para adolescentes são raras, pagam mal e oferecem poucos benefícios. As categorias de raça, classe, gênero e cidadania colocam muitos grupos em desvantagem sob as políticas neoliberais; no entanto, visto que a idade abarca todas essas categorias, as experiências das pessoas jovens com os problemas sociais são mais intensas.

---

[6] Linda Alcoff, *Visible Identities: Race, Gender, and the Self* (Nova York, Oxford University Press, 2006), p. 15.

[7] Kimberlé Williams Crenshaw, "Mapping the Margins: Intersectionality, Identity Politics, and Violence Against Women of Color", *Stanford Law Review*, v. 43, 1991.

192 INTERSECCIONALIDADE

Muitos artistas do *hip-hop* se concentraram na miríade de problemas sociais que a juventude enfrenta todos os dias. As práticas associadas ao *hip-hop* – por exemplo, as letras que criticam a polícia e as escolas, a grafitagem de espaços públicos e a desobediência às regras – rompem o *status quo* tradicional. Inicialmente visto como "barulho", o *hip-hop* é cada vez mais considerado uma forma de política cultural complementar à política tradicional do voto e do exercício de cargo eletivo[8]. Novas demais para votar ou exercer cargos públicos, como protestam as pessoas jovens? Quando questionam a escola, o mercado de trabalho e outras instituições sociais como parte do domínio estrutural do poder, ou quando experimentam o policiamento do domínio disciplinar do poder, procuram outros lugares para se expressar politicamente.

A música, a dança, a poesia e a arte do domínio cultural do poder, assim como a política pessoal do domínio interpessoal, ganham importância como expressões de ativismo político. Significativamente, o crescimento das mídias de massa na década de 1990 como um canal do *hip-hop* e, mais recentemente, a disseminação das mídias digitais e sociais na década de 2000 forneceram ferramentas de cultura e engajamento que falam direto com a juventude. O conteúdo do *hip-hop* destaca a importância da identidade para as pessoas jovens, dá voz a suas experiências como negras, mestiças, pobres e em situação semelhante na política global cambiante do neoliberalismo. No *hip-hop*, adolescentes e jovens adultos de ambos os sexos contam a história de sua vida, as verdades de suas experiências. O *hip-hop* não é uma política identitária abstrata. Ao contrário, é um espaço importante de desenvolvimento daquele tipo de política identitária coletiva que dá forma à práxis interseccional contemporânea[9].

Quando se trata dos laços entre política e identidade, a interseccionalidade e o *hip-hop* enfrentam conjuntos semelhantes de desafios que moldam a política identitária em cada domínio. Primeiro, ambos tiveram um crescimento rápido, à medida que suas ideias iam além de suas origens regionais, afetando diferentes contextos regionais e nacionais. Nos dois discursos, a política identitária dos grupos

---

8 Andreana Clay, *The Hip-Hop Generation Fights Back: Youth, Activism and Post-Civil Rights Politics* (Nova York, New York University Press, 2012); Tricia Rose, *Black Noise: Rap Music and Black Culture in Contemporary America* (Hanover, Wesleyan University Press, 1994).

9 Por exemplo, Jennifer Jihye Chun, George Lipsitz e Young Shin, "Intersectionality as a Social Movement Strategy: Asian Immigrant Women Advocates", *Signs*, v. 38, 2013, p. 917-40. Kimberlé Williams Crenshaw, "Mapping the Margins", cit.; Veronica Terriquez, "Intersectional Mobilization, Social Movement Spillover, and Queer Youth Leadership in the Immigrant Rights Movement", *Social Problems*, v. 62, 2015, p. 343-62.

privados de direitos passou para o espaço público global, o que, em troca, impactou a construção em curso da identidade coletiva.

No entanto, enquanto a interseccionalidade foi incorporada na academia, no âmbito dos direitos humanos e em todo o espaço digital, o *hip-hop* era adotado de maneira diferenciada nesses espaços. Como produto cultural e político de jovens, o *hip-hop* tinha acesso a lugares em que a academia e o governo eram menos visíveis, mas as mídias de massa e o espaço digital tinham destaque. A comercialização e o marketing de suas principais figuras e a "autenticidade" das narrativas de identidade se fundiram em uma nova forma de arte que enfatizava a política cultural. A política identitária da juventude ocupa esse espaço contestado entre a pressão conformista das tradições e o *éthos* participativo do *hip-hop*, que é muito nítido na palavra falada e no qual todos têm voz. Em uma era digital acelerada, a estética e a política do *hip-hop* foram desarticuladas e rearticuladas em vários lugares. Como cada bairro e cada cidade têm sua própria história e seu histórico, o *hip-hop* adquire formas diferentes e promove questões distintas. Não existe uma liderança nem um modelo arquetípico de *hip-hop*. Ao contrário, o *hip-hop* constitui um conjunto de projetos locais vagamente conectados em que o sentido do local é constantemente remoldado pelas próprias mídias sociais.

Verdadeiro fenômeno global, o alcance geopolítico do *hip-hop* vai muito além de sua origem estadunidense. Ele é usado por jovens de ambos os sexos como uma forma de política cultural para intervir em questões sociais importantes em todo o mundo. Por exemplo, filhas e filhos de imigrantes usam o *hip-hop* no Sul global para criar um espaço que não é nem o país de origem de seus pais nem a terra "de adoção" onde eles enfrentam o "outro". Jovens muçulmanos de ambos os sexos protestam através do *hip-hop* contra os ataques dos países ocidentais aos países muçulmanos e ao islã em geral sob o pretexto de uma guerra global ao terrorismo[10], enquanto jovens indígenas utilizam o *hip-hop* para denunciar o colonialismo dos brancos[11]. O paradigma do Atlântico negro[12], com sua crítica ao nacionalismo cultural e à conceituação de um espaço geopolítico e cultural híbrido e distintamente

---

[10]   Hisham Aidi, *Rebel Music: Race, Empire, and the New Muslim Youth Culture* (Nova York, Vintage, 2014).

[11]   Benjamin Shingler, "The Next Hot Sound? Powwow Step, Aboriginal Hip-Hop", *Aljazeera America*, 28 nov. 2013. Disponível em: <america.aljazeera.com/articles/2013/11/28/the-next-hot-soundyouhearwillbepowwowstepaboriginalhiphop.html>; acesso em: ago. 2020.

[12]   Paul Gilroy, *The Black Atlantic: Modernity and Double Consciousness* (Cambridge, Harvard University Press, 1993) [ed. bras.: *O Atlântico negro: modernidade e dupla consciência*, trad. Cid Knipel Moreira, São Paulo/Rio de Janeiro, Editora 34/Centro de Estudos Afro-Asiáticos, 2019].

194 Interseccionalidade

moderno, ao mesmo tempo africano, americano, caribenho e europeu-ocidental, constitui outro eixo importante do âmbito diaspórico do *hip-hop* com o legado específico da escravidão transatlântica. A heterogeneidade das experiências vividas pelas pessoas jovens indica que as questões que elas colocam podem se assemelhar em algumas dimensões, mas não em outras. Por exemplo, como os problemas que elas enfrentam nas periferias segregadas da França se assemelham aos problemas da juventude urbana nos Estados Unidos, o *hip-hop* francês e o *hip-hop* estadunidense têm energias semelhantes. Em contraste, jovens que vivem em cidades pequenas ou vilarejos, em uma realidade rural muito diferente, em geral o adaptam à cultura local como forma de arte para expressar sua política identitária.

Segundo, a interseccionalidade e o *hip-hop* reconhecem a importância das identidades para a consciência e o comportamento político. Não apenas oferecem análises alternativas dos problemas sociais, como apontam a reformulação das identidades como uma dimensão importante do empoderamento político das pessoas oprimidas. As comunidades *hip-hop* entendem as narrativas de identidade pessoal como uma influência poderosa no cotidiano das pessoas, principalmente quando respondem a problemas sociais. Em sua etnografia, *5 Grams: Crack, Cocaine, Rap Music, and the War on Drugs* [5 gramas: crack, cocaína, *rap* e a guerra às drogas], Dimitri Bogazianos argumenta que o *hip-hop* forneceu uma narrativa alternativa para as drogas que, por sua vez, contestava as políticas públicas de criminalização que demonizavam e prendiam jovens de cor. Ele apresenta uma tese nova sobre esse feito do *hip-hop*: "O que sugerem o *rap*, a literatura etnográfica sobre o tráfico de crack e as pesquisas sobre a diminuição da violência nos Estados Unidos é que jovens se envolveram seriamente no esforço de se monitorar, treinar e conter"[13]. Em outras palavras, como viram o perigo das identidades estereotipadas que foram fabricadas para eles, usaram o *rap* para rechaçá-las. Bogazianos sugere que o declínio do mercado de crack e, por consequência, a diminuição da violência letal desde o início da década de 1990 foram "seriamente influenciados pelo estigma cultural que jovens das comunidades mais afetadas pelo crack atribuíam a usuários, referindo-se depreciativamente a essas pessoas como 'cabeça de crack'"[14]. Em outras palavras, não apenas jovens propuseram uma análise alternativa do uso do crack, como a criação, a politização e a censura da identidade de "cabeças de crack" era parte importante de sua resposta política às drogas. Essas pessoas jovens tiveram

---

[13] Dimitri Bogazianos, *5 Grams: Crack, Cocaine, Rap Music, and the War on Drugs* (Nova York, New York University Press, 2012). p. 12.

[14] Ibidem, p. 4.

de criar identidades autodefinidas, uma tarefa importante para quem se encontra privado de direitos, que frequentemente tem de criar identidades significativas para si em resposta aos estereótipos impostos de cima.

Terceiro, tanto o *hip-hop* como a interseccionalidade rejeitam as visões identitárias que opõem indivíduo a coletivo. Ambos destacam, sim, como a consciência política coletiva emerge quando as pessoas se dão conta de que suas experiências de vida refletem experiências coletivas, e também que tanto a identidade individual como a coletiva são moldadas por forças sociais mais amplas. As narrativas do *hip-hop* contêm uma crítica à pobreza, à violência, ao racismo e aos problemas sociais que a interseccionalidade também contesta, mas elas fazem isso por intermédio de uma afirmação ousada da política identitária coletiva como veículo de comentário social. Por exemplo, jovens de cor de ambos os sexos, principalmente em ambientes urbanos, são muito conscientes dos efeitos da falta de investimento e do descaso com a educação pública em sua vida. Nas áreas urbanas, esse descaso com a educação serve como catalisador para desabafos sobre as formas de injustiça social. Em geral, os temas do *hip-hop* são duros e apontam os efeitos das políticas decididas por outros na vida das pessoas jovens. Embora tenha sido criado por jovens pobres e de classe trabalhadora de origem afro-americana, afro-caribenha e latina como forma de expressar experiências e sentimentos sobre os desafios econômicos, sociais e políticos encarados, o *hip-hop* foi muito além da crítica e forneceu espaço para uma política identitária emergente.

A poesia da palavra falada constitui um lugar importante em que o conteúdo das narrativas identitárias juvenis reflete uma injeção da narrativa da interseccionalidade de múltiplas identidades. Nas batalhas de *rap*, cada artista compartilha suas experiências com a violência sexual, a situação de rua, o perfilamento racial, o ser pobre demais para comprar roupas, a violência homofóbica, a expulsão de casa e as terríveis condições das escolas públicas. No entanto, não o faz na privacidade das confidências, mas em locais públicos, em comunidades de apoio criadas e mantidas pelo grupo. A palavra falada se torna um local de cura para as feridas provocadas pelas diferentes combinações de opressão. Mas as narrativas da poesia falada não tratam apenas de raiva ou tristeza. Como parte de um desenvolvimento mais amplo do *hip-hop* para incluir artistas de vários gêneros, sexualidades, origem religiosa e até idade (também há o *rap* "dos antigos"), as batalhas de *rap* demonstram a importância da arte como lugar de amor, cura e intimidade.

Por fim, e de maneira significativa, tanto a interseccionalidade como o *hip-hop* enfrentam o desafio de lançar um olhar autorreflexivo sobre as suas respectivas políticas identitárias. Faculdades e universidades foram importantes para a emergência e a institucionalização da interseccionalidade, um lugar que tornou os estudos acadêmicos a face visível da política cultural da interseccionalidade. Em contraste, o terreno institucional do *hip-hop* é a indústria da música, uma instituição com uma história mais visível de exploração de artistas. A visibilidade do *hip-hop* na televisão, na música e na moda levanta questões sobre a política cultural como forma de ativismo político. Em muitos sentidos, a manipulação das identidades e das políticas identitárias é mais visível nos videoclipes ou no enorme número de seguidores no Twitter que em livros e artigos acadêmicos. A interseccionalidade enfrenta pressões para se tornar uma mercadoria atrativa para o consumo acadêmico, mas o *hip-hop* tem sido muito mais bem-sucedido nessa missão. A indústria cultural conhece o poder das próprias práticas. Como gênero, o *hip-hop* confronta as relações do mercado capitalista de um ponto de vista aparentemente diferente: sua lucratividade o protege da obscuridade, ainda que essa visibilidade possa prejudicar a mensagem política.

O *hip-hop* pode ter potencial para promover uma política identitária coletiva, que abarque uma consciência crítica, mas isso realmente acontece? Especialistas e artistas de *hip-hop* criticaram o *rap*, em particular por promover a hipermasculinidade, a misoginia e a homofobia. No entanto, a questão não é criticar o *hip-hop* como um todo, mas engajar políticas contestadas de gênero, sexualidade, classe e etnia *em* diferentes linhas de *hip-hop*. Análises mais sutis de especialistas e artistas que desejam desenvolver o *hip-hop* como forma de investigação e práxis críticas põem em primeiro plano análises interseccionais mais complexas[15].

Estudos acadêmicos que recorrem à interseccionalidade como ferramenta analítica para estudar o *hip-hop* destacam a política identitária do gêneto. Em *Hip-Hop Desis: South Asian Americans, Blackness, and Global Race Consciousness* [*Hip-hop desis: americanos sul-asiáticos, negritude e consciência da raça mundial*][16], Nitasha Tamar Sharma apresenta uma análise sutil e fascinante da política identitária de jovens desis no *hip-hop*, analisando como os de classe média do Sul asiático (desi) lidam com as categorias de raça, classe, gênero e *status* de imigrante nos Estados

---

[15] Andreana Clay, "Like an Old Soul Record: Black Feminism, Queer Sexuality, and the Hip-Hop Generation", *Meridians: Feminism, Race, Transnationalism*, v. 8, 2008, p. 53-73; Gwendolyn Pough, *Check It While I Wreck It: Black Womanhood, Hip-Hop Culture, and the Public Sphere* (Boston, Northeastern University Press, 2004).

[16] Nitasha Tamar Sharma, *Hip Hop Desis: South Asian Americans, Blackness, and Global Race Consciousness* (Durham, Duke University Press, 2010).

Unidos. Ela analisa como jovens desis criam suas identidades em resposta a uma conjunção de fatores: 1) o relacionamento com os pais, que desejam que eles mantenham a cultura indiana e o estilo de vida de classe média; 2) as variadas localizações sociais que ocupam nas diversas comunidades do Sul asiático, onde o fato de serem indianos e de classe média os privilegia; e 3) os bairros onde residem, que podem ser brancos ou mestiços. Sharma mostra que o *hip-hop* fornece um espaço alternativo para jovens desis que recorrem ao *hip-hop* a fim de criar para si novas identidades dentro dessas políticas contestadas. A complexidade da análise de Sharma reside na atenção que ela dá às mulheres do *hip-hop* desi: elas subvertem os papéis de gênero e sexualidade. Sharma também analisa as questões de propriedade no *hip-hop*, mostrando que os desis veem as conexões com as pessoas negras e o racismo global e usam criativamente o *hip-hop* para novos projetos.

Em sua etnografia, *Hip-Hop Underground: The Integrity and Ethics of Racial Identification* [*Hip-Hop Underground*: a integridade e a ética da identificação racial][17], Anthony Kwame Harrison oferece outro ângulo de visão sobre a política identitária associada ao *hip-hop*, nesse caso uma análise a respeito de uma comunidade diversificada de jovens que se identificam como pessoas negras, latinas, brancas, pardas e/ou LGBTs. Harrison sugere que a garotada envolvida com o *hip-hop underground* na região da Bay Area*, ou "*hip-hop underground* da Costa Oeste", destrói de maneira explícita as barreiras que tradicionalmente separam artistas de *hip-hop* do público, ou produtores dos consumidores. Ele mostra uma comunidade cultural construída com múltiplas identidades raciais, étnicas, sexuais e de gênero, um novo lugar fornecido pelo *hip-hop*. Além disso, essa comunidade também é política, porque desafia as relações de poder dominantes para criar uma comunidade mais democrática[18].

Imani Perry[19] faz uma análise mais cautelosa da política de identidade do *hip--hop*, mostrando como as normas da democracia participativa e da concorrência neoliberal estão no centro dessa forma de política cultural. Sua análise das contradições do *hip-hop* tem uma semelhança impressionante com as da interseccionalidade:

---

[17] Anthony Kwame Harrison, *Hip Hop Underground: The Integrity and Ethics of Racial Identification* (Filadélfia, Temple University Press, 2009).

* Região que circunda o estuário de San Francisco, cidade do estado da Califórnia, na Costa Leste dos Estados Unidos. (N. T.)

[18] Ver Patricia Hill Collins, "The New Politics of Community", *American Sociological Review*, v. 75, 2010, p. 7-30.

[19] Imani Perry, *Prophets of the Hood: Politics and Poetics in Hip-Hop* (Durham, Duke University Press, 2004).

"A combinação de democracia ('Speak your piece' [Dê a sua opinião]) com meritocracia ('Be the best MC' [Seja o(a) melhor MC]) que existe no *hip-hop* está sempre sob ameaça"[20]. Ela descreve o *hip-hop* como um espaço democrático em que a expressão é mais importante que o monitoramento do aceitável. O *hip-hop* rejeita o impulso de silenciar tabus que existe em vários segmentos da cultura popular estadunidense. Esse impulso de silenciar as pessoas marginalizadas ocorre não apenas fora das comunidades afro-americanas, mas também dentro delas. O *hip-hop* resiste ao silenciamento de certas políticas, ideologias, preferências sexuais e outros assuntos polêmicos e pode criar um espaço de liberdade intelectual; no entanto, Perry também aponta as complexidades desse espaço:

> O *hip-hop* poderia ser democrático, mas como comunidade musical ele não é inerentemente libertador. Existem artistas com agendas libertárias, que protestam com suas palavras contra o racismo, o sexismo, o classismo e, desse modo, levam lucidez. Porém, o *hip-hop* não é uma "música de libertação". A democracia ideológica inerente ao *hip-hop* impede o quadro político coerente necessário para que ele seja caracterizado como tal.[21]

Como todo o resto, o *hip-hop* também é um lugar polêmico de política, com sua própria forma específica de política identitária.

DEBATES SOBRE INTERSECCIONALIDADE E IDENTIDADE NA ACADEMIA

Dada a centralidade da política identitária tanto na interseccionalidade quanto no *hip-hop*, os debates acadêmicos atuais sobre identidade podem parecer estranhamente desconectados. Se o tratamento da política identitária na academia fosse apenas questão de debate, seria desnecessário explorar o *hip-hop* como forma de política cultural. No entanto, como a interseccionalidade tem sido associada à política identitária e evitada em muitos círculos acadêmicos pela mesma razão, é muito importante para ela, como forma de análise e práxis críticas, a compreensão correta da questão da identidade. Aqui abordamos as críticas à interseccionalidade para nos perguntar que tipo de identidade esses arguidores supõem associado à interseccionalidade? E se a interseccionalidade é tão comprometida por sua política de identidade, ela deve se dissociar de qualquer preocupação ou investigação relacionada à identidade?

---

[20] Ibidem, p. 7.
[21] Ibidem, p. 6-7.

Em geral, os estudos acadêmicos dedicados à identidade como característica crucial da interseccionalidade oferecem uma compreensão mais estrita desse tema que as apresentadas até agora neste livro. Há especialistas que interpretam a interseccionalidade como intrinsecamente falha, dada sua ênfase excessiva na identidade, e até recomendam que se abandone por completo o conceito. Outros, igualmente em discordância com a ênfase excessiva na identidade, aconselham quem estuda a interseccionalidade a dar menos atenção à identidade. Tanto uns como outros consideram que a interseccionalidade dá demasiado poder à identidade para explicar os fenômenos sociais e os processos políticos.

Uma das críticas à interseccionalidade diz respeito ao uso excessivo da identidade pessoal como categoria analítica e argumenta que, por dar muita atenção à identidade, a interseccionalidade minimiza a importância das análises estruturais, especialmente as análises materialistas de classe e poder. No entanto, uma leitura cuidadosa dos estudos de interseccionalidade, passados e presentes, revela que essas críticas apenas são sustentáveis quando se ignora a centralidade das análises estruturais que caracterizam a interseccionalidade desde o início. Por exemplo, o trabalho de Frances Beal, a declaração do CRC e o foco explícito na transformação institucional de figuras-chave que introduziram a interseccionalidade na academia sugerem que, quando se trata de identidade, a interseccionalidade há muito tempo enfatiza uma combinação de análises estruturais e culturais. As análises materialistas permanecem relevantes nos estudos contemporâneos da interseccionalidade, como mostra, por exemplo, a abordagem interseccional da deficiência por Nirmala Erevelles, que foca as "condições sociais e econômicas reais que afetam a vida das pessoas (com deficiência) e que são, simultaneamente, mediadas pelas políticas de raça, etnia, gênero, sexualidade e nação"[22].

Uma crítica correlacionada considera que a interseccionalidade se preocupa excessivamente com concepções essencialistas da identidade que não reconhecem o suficiente a diferença. Para o essencialismo, indivíduos possuem identidades que não mudam, são fixas ou "essenciais", e se apresentam em qualquer situação. Em contraste, podem ser vistos ou vistas como tendo múltiplas "subjetividades", que variam de uma situação para outra, conforme as relações de poder. Em outras palavras, as pessoas têm muitas escolhas e uma agência considerável sobre quem escolhem ser, mas dentro das limitações impostas pelas circunstâncias sociais,

---

[22] Nirmala Erevelles, *Disability and Difference in Global Contexts: Enabling a Transformative Body Politics* (Nova York, Palgrave-Macmillan, 2011), p. 26.

que independem de sua escolha. Muitos estudos interseccionais defendem essa perspectiva sobre a subjetividade humana que flui com cuidado na interação entre as determinantes sociais e a agência individual: em geral indivíduos manifestam combinações variadas de suas múltiplas identidades de gênero, sexualidade, raça, etnia e religião em situações diferentes. E o contexto social é importante na maneira como as pessoas usam a identidade para criar espaço de liberdade pessoal.

Essa crítica ao essencialismo também foi aplicada às identidades coletivas ou baseadas em um grupo. Críticos afirmam que a identidade coletiva pode ter um efeito negativo na política de grupo quando elimina as diferenças dentro de um grupo. Por exemplo, se o *hip-hop* apresenta os homens afro-americanos como identidade essencial dessa forma de política cultural, ele limita seus horizontes políticos, porque ignora mulheres, desis, *rappers* indígenas e muçulmanos. A crítica ao essencialismo e à política coletiva é válida em certa medida. De fato, essa questão foi colocada por pesquisadores e pesquisadoras que usam a interseccionalidade como ferramenta analítica. Por exemplo, o importante livro de Cathy Cohen, *The Boundaries of Blackness: Aids and the Breakdown of Black Politics* [As fronteiras da negritude: aids e a ruína da política negra][23], apresenta uma análise convincente de como o pensamento essencialista, que ignora as necessidades de pessoas afro-americanas LGBTs, profissionais do sexo e outros grupos das comunidades afro-americanas, comprometeu as respostas políticas ao HIV. Em vez de desabonar as políticas identitárias, Cohen desafia a comunidade afro-americana a se apoiar em noções mais complexas e interseccionais de comunidade e política. No espaço de desenvolvimento de uma política identitária coletiva, o desafio de todos os grupos é se autorregular e tentar identificar e se opor às tendências essencialistas em seus projetos.

No entanto, desafiá-los a evitar as armadilhas essencialistas ao desenvolver projetos políticos coletivos não é o foco das críticas. Ao contrário, elas adotam uma política de terra arrasada que consiste em acabar com a política identitária em nome da erradicação dos efeitos negativos do essencialismo. No entanto, estar atento às relações de poder que produzem desigualdade social significa que a desconstrução das identidades em um contexto de injustiça estrutural terá um efeito desproporcional nos grupos que enfrentam sistemas de opressão interseccionais.

Essas linhas de crítica que fundem interseccionalidade e identidade parecem entender a interseccionalidade como um tipo de estudo de identidade. Tomemos

---

[23] Cathy Cohen, *The Boundaries of Blackness: Aids and the Breakdown of Black Politics* (Chicago, University of Chicago Press, 1999).

a afirmação de Robyn Wiegman segundo a qual a interseccionalidade "é onipresente nos campos de estudo baseados na identidade" e circula "como principal figura de conclusão política nos domínios de conhecimento identitário dos Estados Unidos"[24]. Embora a interseccionalidade seja um marco fundamental para pensarmos a política do conhecimento nos campos acadêmicos que reconhece a importância da identidade (e sua relação com o poder) para a produção de conhecimento em geral e de conhecimento emancipatório em particular, a afirmação de Wiegman é caracterizada por um desconhecimento a respeito desses campos e da interseccionalidade como sendo primariamente, se não apenas, relacionados a identidade. Independentemente da intenção de Wiegman, esse desconhecimento leva à desvalorização da interseccionalidade por pelo menos três motivos: 1) por sua (suposta) relação com categorias de identidade (supostamente) fixas; 2) por seu foco no que é visto como identidades "excludentes" ou "paroquiais"; e 3) por sua falta de aspiração ao universalismo e a uma grande teoria.

Vale a pena se perguntar se a crítica de que a interseccionalidade é excessivamente dependente das categorias de identidade – "há muita identidade na interseccionalidade" – não é, na verdade, uma queixa de que "há muita identidade *política* na interseccionalidade". Criticar a identidade pode, portanto, ser uma maneira de criticar a política identitária sem entrar em confronto direto com os muitos grupos que historicamente a reivindicam. À luz de entendimentos sólidos sobre a política identitária que influenciou as inflexões da interseccionalidade como forma de investigação e práxis críticas, é importante examinarmos mais de perto as três principais críticas à política identitária.

Primeiro, a política identitária é separatista e fragmentária. A interseccionalidade se torna culpada por associação: ela supostamente divide os grupos em subgrupos cada vez menores – "o problema da regressão infinita"[25]. Essa visão respalda entendimentos fragmentados dos movimentos sociais quando reconhece a existência do social. Em geral, a acusação de fragmentação infinita usa a política identitária como contraste para defender o conceito de classe e de política de classe contra a interseccionalidade (vista como questão de cultura). Segundo quem critica, a interseccionalidade enfraquece a luta de classes, porque desvia a atenção das pessoas para as questões culturais. Essa mudança da política tradicional de protesto

---

[24] Robyn Wiegman, *Object Lessons* (Durham, Duke University Press, 2012), p. 2 e 240.

[25] Nancy Ehrenreich, "Subordination and Symbiosis: Mechanisms of Mutual Support Between Subordinating Systems", *UMKC Law Review*, v. 71, n. 2, 2002, p. 251-324.

202 INTERSECCIONALIDADE

contra as políticas de Estado é útil ao capitalismo global[26]. Intelectuais de esquerda influentes não apenas tratam a política identitária com grande desconfiança, como a caricaturam de forma grosseira. Tomemos, por exemplo, a acusação do filósofo John D. Caputo contra a política identitária, apoiando-se nos filósofos marxistas Alain Badiou e Slavoj Žižek:

> [Há] uma proliferação de políticas identitárias, direitos das mulheres, direitos dos homossexuais, direitos de pessoas com deficiências, das organizações antissemitas ou anti-hispânicas ou anti-italianas, e assim por diante, que tanto Badiou como Žižek tratam com um grande cinismo. Žižek recentemente fez um comentário sarcástico, dizendo que queria criar um grupo em defesa dos direitos dos necrófilos. Cada segmento da política de identidade cria um novo mercado de revistas especializadas, livros, bares, sites, DVDs, estações de rádio, circuito de palestras para os propagandistas mais comercializáveis, e assim por diante. Ao criar uma série interminável de diferenças proliferantes e novos mercados especializados, a identidade cultural se integra perfeitamente ao sistema sempre crescente do capital global.[27]

Em outro exemplo, a feminista materialista Eve Mitchell[28] elege como alvo a interseccionalidade, que ela confunde com política identitária, para recentralizar a análise de classe:

> Como a política identitária e, portanto, a teoria da interseccionalidade são uma política burguesa, as possibilidades de luta também são burguesas. A política identitária reproduz a aparência de uma pessoa alienada sob o capitalismo, e, assim, a luta toma a forma de igualdade entre grupos na melhor das hipóteses ou, na pior, formas individualizadas de luta.

Segundo, pessoas críticas argumentam que a política identitária valoriza o reconhecimento cultural em detrimento da redistribuição econômica. Em outras palavras, grupos que reivindicam políticas identitárias querem o reconhecimento de seus próprios interesses, em vez de um compromisso mais amplo com o bem social. Esse argumento passa por cima de uma vasta literatura sobre o modo como

---

[26] Eve Mitchell, "I am a Woman and a Human: A Marxist-Feminist Critique of Intersectionality Theory", *North Star*, 2 dez. 2013. Disponível em: <https://libcom.org/library/i-am-woman-human-marxist-feminist-critique-intersectionality-theory-eve-mitchell>.

[27] John Caputo, "Introduction. Postcards from Paul: Subtraction versus Grafting", em John Caputo e Linda Alcoff (orgs.), *Saint Paul among Philosophers* (Bloomington, Indiana University Press, 2009), p. 6.

[28] Eve Mitchell, "I am a Woman and a Human", cit.

grupos privados de direitos lidam com a questão da justiça social em ambas as frentes e veem o empoderamento cultural e a redistribuição econômica como inseparáveis. Por necessidade, as mulheres de cor uniram suas reivindicações por equidade, reconhecimento e redistribuição. Separá-las na prática ou na teoria é impossível, se o racismo e o sexismo sempre estruturaram a forma específica de exploração de classe que elas enfrentam[29]. Tratar essas reivindicações como separáveis e argumentar que grupos oprimidos podem favorecer um ao outro é invalidado pela evidência empírica dos projetos políticos, como o movimento das afro-brasileiras. Concretamente, ao classificar como culturais reivindicações baseadas em gênero e raça e dissociá-las das reivindicações em favor da justiça econômica, essa crítica não aborda o fato de que a injustiça econômica repousa de maneiras historicamente específicas sobre estruturas racializadas e de gênero.

Uma terceira crítica à política identitária é que ela promove a política de vitimização. Em outras palavras, as pessoas que reivindicam políticas identitárias se apegam a algum tipo de *status* de vítima – como mulheres, pessoas negras ou com deficiência – como base para suas reivindicações separatistas em favor de reconhecimento. As reivindicações políticas dessas pessoas são baseadas unicamente na vitimização, nada mais. Curiosamente, no centro das críticas da esquerda à política identitária e, por consequência, à interseccionalidade, como esta é com frequência equiparada àquela, depreciar a política identitária com base em sua pretensa cultura de vitimização une marxismo e esquerda pós-moderna, duas vertentes de pensamento que em geral não concordam entre si. Na crítica marxista, o argumento da vitimização está ligado à luta de classes e à maneira como a política identitária supostamente serve aos interesses do capitalismo global. Surpreendentemente, a esquerda pós-moderna faz uma crítica contundente, em especial, à política identitária. Para a cientista política Wendy Brown, as identidades subjugam invariavelmente as pessoas e não são viáveis na política emancipatória. Ela desqualifica as identidades, dizendo que se trata de um "apego ferido" que prende os grupos privados de direitos em um círculo de repetição das feridas e culpabilização de quem oprime. Assim, os movimentos políticos baseados em identidades dependem de uma repetição compulsiva dos eventos traumáticos, mantendo-nos cativos da nossa opressão. Brown especula:

> Constituintes particulares [...] do desejo de reconhecimento da identidade [...] parecem gerar uma política de recriminação e rancor, paralisia e sofrimento

---

[29] Ver Brenna Bhandar, "On Race, Gender, Class, an Intersectionality", *The North Star*, 25 jun. 2013.

204 INTERSECCIONALIDADE

culturalmente dispersos, uma tendência de reprovar o poder, em vez de aspirar a ele, desdenhar da liberdade, em vez de praticá-la.[30]

Em resumo, a política identitária desempodera as pessoas oprimidas porque as encoraja a se agarrar ao *status* de vítima.

Coletivamente, esses argumentos contra as reivindicações da interseccionalidade em favor da identidade funcionam apenas nos entendimentos estreitos da interseccionalidade, que ao mesmo tempo que a valorizam como forma de investigação abstrata a menosprezam como forma de práxis crítica baseada na realidade. O amplo entendimento desse conceito neste livro fornece um contexto intelectual a essas críticas particulares à interseccionalidade e à política identitária. Ele sugere que a política identitária teve um efeito oposto ao desejado. Por exemplo, o estudo de caso sobre os motivos pelos quais as mulheres negras no Brasil sentiam que precisavam de um movimento de mulheres negras fala desse uso da identidade. As políticas identitárias vivas desse grupo não eram separatistas: elas valorizavam tanto o reconhecimento cultural (o respeito a elas enquanto mulheres afro-brasileiras) quanto a redistribuição econômica no Brasil. Também evitavam a política de vitimização, isto é, pedir orientação intelectual e política a grupos mais poderosos. Vários estudos fornecem evidências empíricas que confirmam que as pessoas privadas de direitos utilizam a política identitária para empoderamento político. Esse trabalho empírico usa a interseccionalidade como ferramenta analítica e refuta os principais pontos da representação dada acima da política identitária na interseccionalidade. Nos três estudos a seguir, especialistas ressaltam que as identidades são entendidas, principalmente, como uma subjetividade política coletiva e uma coalizão consciente que também deixa espaço para a identidade individual.

O trabalho etnográfico do cientista político José E. Cruz[31] rebate as três principais críticas à política de identidade da interseccionalidade: são separatistas, valorizam o reconhecimento cultural, em detrimento da redistribuição econômica, e veiculam a política de vitimização. Seu estudo da política porto-riquenha em Hartford (Connecticut), uma das mais antigas concentrações de porto-riquenhos nos Estados Unidos, mostra que a organização política baseada na identidade, em vez de causar isolamento ou se comprazer na vitimização, incentivou uma maior

---

[30] Wendy Brown, *States of Inquiry: Power and Freedom in Late Modernity* (Princeton, Princeton University Press, 1995), p. 55.

[31] José E. Cruz, *Identity and Power: Puerto Rican Politics and the Challenge of Ethnicity* (Filadélfia, Temple University Press, 1998).

mobilização política e o engajamento de cidadãs e cidadãos. O Comitê de Ação Política Porto-Riquenha de Hartford mobilizou a identidade porto-riquenha como "um código que estruturou sua entrada na sociedade e na política dominantes"[32]. Suas demandas não fragmentaram o cenário político, tampouco separaram artificialmente o reconhecimento cultural da redistribuição econômica.

Da mesma forma, o trabalho de Kalpana Kannabiran sobre a resistência feminista dalit na Federação Nacional das Mulheres Dalits da Índia invalida não apenas as críticas à política de identidade, como as hipóteses pós-modernistas de que a interseccionalidade tem falhas profundas em razão do essencialismo. Ao expor como o movimento das dalits mobilizou uma identidade coletiva que se formou "em várias lutas simultâneas"[33] e procurou estabelecer solidariedades e diálogo com outros movimentos de direitos das mulheres, Kannabiran trata explicitamente da "articulação interseccional da posição política das mulheres dalits"[34]. Segundo ela, a identidade dessas mulheres é uma expressão criativa de um ponto de vista político moldado por sistemas de opressão múltiplos e inter-relacionados: casteísmo sancionado religiosamente, patriarcado, capitalismo, Estado e religião. As vulnerabilidades e a violência geradas por essa organização do poder também são múltiplas e inter-relacionadas: agressões da parte de castas mais altas, perpetradas tanto por homens como por mulheres; agressões da parte de homens dalits; violência patriarcal dentro da família e da comunidade; violência sexual da parte de homens de castas mais altas; exploração econômica de dalits homens e mulheres da parte do capital dominante, pertencente às castas mais altas (por exemplo, proprietários de terras e de fábricas); a cumplicidade do Estado e de suas instituições. O trabalho de Kannabiran mostra como, a partir da resistência e da luta identitária, as dalits criaram solidariedades entre raça, casta e gênero em níveis local, nacional e internacional. Além do mais, elas fizeram isso utilizando mecanismos internacionais de *soft-law* [quase-direito], bem como o arcabouço teórico fornecido pela "interseccionalidade na teoria das raças"[35].

Outro estudo que refuta os entendimentos da política identitária oferecidos por quem critica a interseccionalidade é a narrativa histórica de Edwina Barvosa-Carter

---

[32]   Ibidem, p. 6.

[33]   Kalpana Kannabiran, "A Cartography of Resistance: The National Federation of Dalit Women", em Nira Yuval-Davis, Kalpana Kannabiran e Ulrike Vieten (orgs.), *The Situated Politics of Belonging* (Londres, Sage, 2006), p. 68.

[34]   Ibidem, p. 67.

[35]   Ibidem, p. 68.

sobre o surgimento da identidade latina na década de 1970, em Chicago. Barvosa-Carter mostra que essa nova identidade étnica foi uma "formação politicamente estratégica", que permitiu que membros de dois grupos étnicos distintos, o mexicano e o porto-riquenho, se compreendessem coletivamente como "parte de um grupo étnico único, maior, internamente diversificado e politizado"[36]. Essa nova identidade os ajudou a colaborar, por suas diferenças, para combater a discriminação. Uma identidade étnica que dificilmente se pode definir como homogênea, o latino ou a latina significa uma coalizão política consciente das múltiplas diferenças – não apenas entre mexicanos e porto-riquenhos, mas também entre os membros desses grupos. "No processo, os latino-americanos, homens e mulheres, adotaram uma nova identidade e mantiveram as identidades que já possuíam – incluindo as identidades nacionais, sexuais, de gênero, idade, ideologia, classe, profissão e outras"[37].

No geral, pesquisadores e pesquisadoras que veem a interseccionalidade como falha, em razão de seus laços com a identidade, apoiam-se no mais das vezes em entendimentos sobre uma e outra que negligenciam o fato de que a interseccionalidade é uma forma de práxis crítica que opera em muitos lugares diferentes. Suas críticas são abordagens teóricas do poder e da política plausíveis em abstrato. Para o marxismo ortodoxo, identidade significa ser apolítico de maneira que obscurece a classe como opressão mais fundamental. Para quem adota o pensamento anticategorial pós-moderno, as concepções de identidade da interseccionalidade são essencialistas e excludentes. Assim, em muitas dessas críticas, a identidade está associada a políticas ruins ou se dissocia completamente da política. No entanto, uma abordagem mais holística da interseccionalidade, que trate da práxis crítica da interseccionalidade, cria espaço para repensar essa relação entre interseccionalidade e política de identidade.

AFINAL, QUE TIPO DE IDENTIDADE SERVE À INTERSECCIONALIDADE?

As principais críticas contra a política de identidade da interseccionalidade – a saber, que a interseccionalidade promove o separatismo, dá ênfase demais ao reconhecimento cultural e exagera a vitimização – poderiam servir muito bem ao *hip-hop*. Porém, quando se trata da política identitária do *hip-hop*, tais

---

[36] Edwina Barvosa-Carter, "Multiple Identity and Coalition Building: How Identity Differences Within Us Enable Radical Alliances Among Us", em Jill M. Bystydzienski e Steven P. Schacht (orgs.), *Forging Radical Alliances across Difference* (Lanham, Rowman and Littlefield, 2001), p. 21.

[37] Idem.

críticas perdem firmeza. Sendo uma forma de política cultural com enorme alcance global, o *hip-hop* dificilmente pode ser acusado de separatismo. Como gênero, contém inúmeras demandas por escola melhor, moradia digna, emprego e combate à violência policial. Essas demandas só podem ser atendidas com alguma forma de redistribuição econômica. Assim, a política cultural do *hip-hop* não pode ser reduzida ao reconhecimento cultural padrão. Em vez disso, o *hip-hop* usa a política identitária como um instrumento importante de crítica à falta de reconhecimento dos problemas sociais enfrentados por jovens de ambos os sexos privados de seus direitos. Quanto à política de vitimização, o que esses jovens ganhariam mantendo a vitimização para eles? O poder da voz na palavra falada e no *rap* reside no compartilhamento de histórias não apenas de vitimização, mas também de triunfo, luta, decepção e uma série de outras experiências humanas. Quem se beneficia da supressão da política identitária promovida pelos grupos privados de direitos? Essa é exatamente a pergunta que a interseccionalidade deve fazer em relação à própria prática.

Quando se trata da interseccionalidade como forma de análise e práxis críticas, como a recuperação da política identitária pode responder ao desafio contemporâneo de entender a desigualdade social e promover a justiça social? É impossível, em um único livro, fazer justiça à heterogeneidade e à riqueza de estudos, produção cultural e projetos políticos que abordam aspectos variados dessa questão, mas fizemos aqui um firme esforço para identificar exemplos sugestivos. Quatro temas relacionados à identidade parecem ter implicações potencialmente importantes para a interseccionalidade: identidades como estrategicamente essenciais; identidades como coalizões de fato; identidades e relações de poder interseccionais; e o potencial transformador das identidades. Esses temas destacam algumas das ideias centrais da interseccionalidade – em particular, o contexto social, a relacionalidade, a desigualdade social e a justiça social. Eles também falam do significado da identidade individual e coletiva como princípio organizacional central do domínio interpessoal do poder.

Primeiro, as identidades mobilizadas nas lutas políticas de grupos privados de direitos não são fundamentalmente fixas e imutáveis, mas estrategicamente essencialistas[38]. Para a estudiosa do pós-colonialismo Gayatri Spivak, o essencialismo estratégico implica a adoção de uma posição intencionalmente essencialista em

---

[38] Gayatri Spivak, "Subaltern Studies: Deconstructing Historiography", em Donna Landry e Gerald MacLean (orgs.), *The Spivak Reader* (Nova York, Routledge, 1996).

relação às categorias de identidade pertinentes (ou uma combinação delas), a fim de articular e mobilizar uma consciência coletiva para alcançar determinado conjunto de objetivos políticos. Isso coloca em primeiro plano a importância política das "categorias de identidade" em certa situação, da perspectiva de quem mobiliza essas identidades em suas lutas. Nesse contexto, ser estratégico significa identificar as interseções mais úteis para a análise e a ação, como casta e gênero em resposta às políticas reprodutivas da Índia; ou gênero e etnia nas políticas reprodutivas do Zimbábue (ver capítulo 4). O essencialismo estratégico se apoia na escolha de uma plataforma em torno da qual indivíduos e grupos possam se unir.

A leitura do *contexto social* é um aspecto importante para saber se é preciso se apoiar no essencialismo estratégico ou não, e, em caso afirmativo, como utilizá-lo. No Brasil, as mulheres negras conseguiram integrar ao movimento tantos segmentos diferentes porque tinham alianças cambiantes com muitos grupos. É visível em seu trabalho o uso do essencialismo estratégico como tática política legítima muito importante na luta pela justiça social. Ver o essencialismo estratégico como uma ferramenta preciosa para a interseccionalidade cria espaço para que grupos subordinados usem a política identitária com fins políticos.

Segundo, a conceituação da identidade como inerentemente da ordem da coalizão gera novos sentidos para entendermos a constituição de identidades coletivas e fomenta a política de solidariedade. Essa ligação entre identidade e coalizão também dialoga com a *relacionalidade*, uma das ideias centrais da interseccionalidade. Uma concepção de identidade como já sendo ou sendo em breve de coalizão aparece em destaque no trabalho de Crenshaw[39]. A estudiosa emprega a interseccionalidade como um marco para conceituar grupos que se baseiam em identidades como coalizões de fato – "ou, pelo menos, [como] coalizões à espera de se formar"[40] – para ampliar as possibilidades de mobilização política que satisfaça aos diferenciais de poder interseccionais dentro do grupo[41].

Terceiro, esse entendimento mais amplo da identidade individual e da identidade coletiva, tanto situada quanto performativa, pode aprofundar a premissa das *relações de poder interseccionais*. Apresentamos no caso da Fifa (capítulo 1)

---

[39] Ver Anna Carastathis, "Identity Categories as Potential Coalitions", *Signs*, v. 38, 2013, p. 941-65.

[40] Kimberlé Williams Crenshaw, "Mapping the Margins", cit., p. 1.299.

[41] Para Crenshaw, esse reconhecimento das "experiências interseccionais das mulheres de cor privadas de direitos nas concepções dominantes da política identitária não exige que abandonemos as tentativas de mobilização das comunidades de cor. Na verdade, a interseccionalidade fornece uma base para reconceituar a raça como uma coalizão entre homens e mulheres de cor [...] ou como uma coalizão entre heterossexuais e gays de cor". Idem.

uma análise do poder pela interseccionalidade: argumentamos que as relações de poder interseccionais devem ser analisadas tanto por intermédio de suas interseções específicas (por exemplo, capitalismo e racismo) como nos próprios domínios de poder (por exemplo, estruturais, disciplinares, culturais e interpessoais). A política identitária evoca a interligação entre o empoderamento individual e o coletivo. Como a identidade individual evoca o domínio interpessoal do poder, situar a identidade na análise de poder pela interseccionalidade destaca como os domínios estruturais, culturais e disciplinares do poder influenciam a identidade individual. Criamos nossas identidades individuais nas relações de poder interseccionais, e as ações coletivas dos indivíduos sustentam o protesto social local, nacional e global. Quando se trata das identidades coletivas baseadas em grupos, uma abordagem mais produtiva consiste em examinar como as dimensões políticas da identidade individual e coletiva podem constituir um ponto de partida para a investigação e a práxis interseccionais, não um fim em si mesmas. O teórico negro *queer* Roderick Ferguson capta essa sensibilidade identitária como ponto de partida para a ação intelectual e política:

> O feminismo das mulheres de cor teve de expressar uma política [...] na qual a identidade era um ponto de partida, uma vez que as regras sexuais e de gênero da libertação nacional provavam que as mulheres de cor em geral e as lésbicas de cor em particular não podiam encontrar consolo nas supostas acomodações do nacionalismo.[42]

Em outras palavras, Ferguson argumenta que o feminismo das mulheres de cor, como o encontrado no CRC ou na atenção de Anzaldúa às fronteiras, desafiou efetivamente a injustiça social, porque utilizou as identidades interseccionais das mulheres para fundamentar suas políticas.

Por fim, uma compreensão das identidades que privilegiam suas potencialidades transformadoras, que se apoia de fato nos três temas discutidos – identidades como estrategicamente essenciais, identidades como coalizões de fato e identidades e relações de poder interseccionais –, vai ao encontro das aspirações de justiça social da interseccionalidade e captura o espírito da política de identidade nas várias expressões da interseccionalidade. Muitas lutas lideradas por comunidades racializadas (negras, indígenas, de cor) apontam para a importância da identidade na construção de sujeitos políticos coletivos e para as possibilidades transformadoras

---

[42] Roderick Ferguson, *Aberrations in Black: Toward a Queer of Color Critique* (Minneapolis, University of Minnesota Press, 2004), p. 130.

que se abrem com as identidades politizadas formadas internamente e, em troca, dão forma a lutas sociais mais amplas. A política identitária repousa sobre uma relação recorrente entre indivíduos e as estruturas sociais, quando os primeiros criam um coletivo baseado em lugares sociais semelhantes nas relações de poder. Uma identidade transformada pode ser transformadora e duradoura. Uma vez que as pessoas mudam no nível individual por meio da conscientização política, também se tornam atores da mudança coletiva. O foco no eu, em sua totalidade, proporciona um impulso importante ao empoderamento individual e coletivo.

7
INTERSECCIONALIDADE E EDUCAÇÃO CRÍTICA

Há muito tempo, em todo o mundo, a educação crítica se alinha à investigação e à práxis críticas da interseccionalidade. Em salas de aula, comunidades religiosas, mídia de massa, *village schools**, salões ou esquinas, a educação tem a oportunidade de oprimir ou libertar. Nesse contexto, o potencial emancipador da educação é enorme. Muitos casos e exemplos deste livro demonstraram certo engajamento com a educação como parte de sua práxis. Mulheres imigrantes cujo domínio crescente do inglês permitiu que se tornassem ativistas competentes[1]; jovens que usam o *hip-hop* como forma de arte e filosofia para trocar conhecimentos sobre desafios em comum[2]; acadêmicos e ativistas de ambos os sexos que concebiam os estudos de raça, classe e gênero através das lentes em transformação das faculdades e das universidades[3]; e o vasto programa do Festival Latinidades promovido pelas afro-brasileiras, todos ilustram a amplidão da educação crítica.

A interseccionalidade e a educação crítica compartilham sensibilidades, sobretudo porque as mesmas pessoas estão envolvidas em ambos os projetos. Nas escolas, docentes, mães e pais, diretoras e diretores, administradoras e administradores, especialistas em currículo, conselheiras e conselheiros de faculdades e instituições de ensino médio, entre outros, defendem o bem-estar e o cuidado com jovens e crianças. Muitas lideranças comunitárias adotaram a

---

*   Uma escola comunitária em que a participação direta dos pais é o diferencial. O currículo muitas vezes é formado não só pelas matérias tradicionais, mas envolve atividades ao ar livre, manuais etc. (N. E.)

[1]   Jennifer Jihye Chun, George Lipsitz e Young Shin, "Intersectionality as a Social Movement Strategy", *Signs*, v. 38, 2013, p. 926.

[2]   Imani Perry, *Prophets of the Hood: Politics and Poetics in Hip-Hop* (Durham, Duke University Press, 2004).

[3]   Bonnie Thornton Dill, Ruth Zambrana e Amy McClaughlin, "Transforming the Campus Climate through Institutions, Collaboration, and Mentoring", em Bonnie Thornton Dill e Ruth Zambrana (orgs.), *Emerging Intersections: Race, Class, and Gender in Theory, Policy, and Practice* (New Brunswick, Rutgers University Press, 2009).

educação crítica tanto para seus membros quanto para o público, considerando-a essencial ao ativismo em prol da justiça social.

Tomemos, por exemplo, Marian Wright Edelman, fundadora e presidente do Children's Defense Fund. Edelman militou pelos direitos das crianças e defendeu as pessoas privadas de direitos durante toda a sua vida profissional. Seu trabalho mostra que a análise interseccional desenvolvida, revelando como as interseções entre raça, classe e idade prejudicam diferentemente as crianças, estimulou o trabalho de sua vida em favor de todas as crianças.

As expressões contemporâneas da interseccionalidade que discutimos ao longo deste livro e a educação crítica não apenas emergiram no mesmo conjunto de relações sociais, como influenciaram uma à outra. Ambos os projetos têm histórias muito mais longas que aquela que podemos apresentar aqui, e a relação entrelaçada melhorou os dois. No entanto, as mudanças induzidas pela crescente influência do neoliberalismo e, mais recentemente, do populismo de extrema direita sobre as escolas e as instituições públicas puseram em risco essa relação sinérgica. Este capítulo examina os desafios contemporâneos com que a relação entre interseccionalidade e educação se confronta, sobretudo no que diz respeito à equidade e à justiça social.

UMA CONVERGÊNCIA CRÍTICA: INTERSECCIONALIDADE E EDUCAÇÃO

O livro clássico do educador brasileiro Paulo Freire, *Pedagogia do oprimido*[4], analisa como a educação pode empoderar ou privar de direitos. Embora não seja normalmente qualificado dessa maneira, *Pedagogia do oprimido* é um texto fundamental para a interseccionalidade. Paulo Freire rejeita as análises das relações de poder baseadas apenas em classe, defendendo a linguagem mais robusta e carregada de poder dos "oprimidos". Os oprimidos de Paulo Freire no Brasil do século XX são análogos aos de hoje: sem-teto, sem-terra, mulheres, pobres, pessoas negras, minorias sexuais, indígenas, imigrantes sem documentos, indivíduos em cárcere, minorias religiosas, jovens e pessoas com deficiência. O uso que Paulo Freire dá aos termos "opressão" e "oprimido" evoca desigualdades intersecionais de classe, raça, etnia, idade, religião e cidadania. Por essa escolha de palavras, ele vincula as necessidades das pessoas oprimidas aos apelos em favor da justiça

---

[4] Paulo Freire, *Pedagogy of the Oppressed*. Nova York, Herder and Herder, 1970 [ed. bras.: *Pedagogia do oprimido*. 69. ed., Rio de Janeiro, Paz & Terra, 2019].

social. No contexto dos eufemismos contemporâneos – como pessoas "privadas de direitos", "desfavorecidas", "racializadas", "sexuadas", "marginalizadas" e similares –, sua linguagem pode parecer ousada e direta. Assim como "discriminação racial" e "perfilamento racial" descrevem um mesmo comportamento, os termos em si podem ter um significado diferente. A palavra "opressão" pode estar fora de moda, mas as condições sociais que ela descreve não.

Paulo Freire também demonstra uma compreensão mais ampla da pedagogia que as estreitas definições técnicas que dão ênfase às competências de gestão da sala de aula ou à forma de ensinar determinada matéria. A pedagogia evoca, antes de tudo, uma filosofia da educação baseada na prática, ou seja, a educação como práxis. Uma compreensão mais ampla da pedagogia como práxis pode ser encontrada, por exemplo, nos trabalhos de Nancy Naples[5] sobre sua prática de ensino da interseccionalidade. Ela também tem relação com a justiça social, passível de ser melhorada ou adiada por práticas pedagógicas. Além disso, para pessoas oprimidas, algumas pedagogias chegam a aprofundar ou limitar o entendimento da justiça social.

Paulo Freire considerava que as pedagogias que limitam o entendimento da justiça social eram regidas pelo que chamou de "concepção bancária da educação". Essa concepção se refere a práticas pedagógicas pelas quais estudantes dominam o conhecimento "pronto", os fatos e os modos de pensar que os fazem se encaixar em um *status quo* desigual. Uma abordagem bancária da educação pode reforçar as desigualdades sociais existentes, fazendo com que alguns estudantes tenham mais oportunidades que outros. Por exemplo, em sociedades que veem as meninas no futuro apenas como cuidadoras, esposas e mães, não faz tanto sentido lhes dar uma escolaridade formal. O recurso escolar é "desperdiçado" com elas, porque são depositadas nelas habilidades que nunca usarão.

Mas o processo de educação bancária pode ser mais pernicioso que excluir as pessoas das escolas. Para Paulo Freire, a concepção bancária exige que os alunos aceitem acriticamente e, assim, reproduzam o lugar que lhes foi atribuído na hierarquia social. Seguindo essa lógica, não apenas as escolas ensinam aos homens brancos de elite que eles são melhores que todas as outras pessoas, como as escolas enquanto instituição são criadas para fornecer um capital cultural a esse grupo, para que possam cumprir esse objetivo. Os grupos oprimidos enfrentam

---

[5] Nancy Naples, "Teaching Intersectionality Intersectionally", *International Feminist Journal of Politics*, v. 11, 2009.

uma realidade oposta – os princípios da educação bancária os ensinam a respeitar as práticas que produzem sua subordinação. Quando publicou-se *Pedagogia do oprimido*, em 1970 [escrito em 1968], o neoliberalismo ainda não era dominante. Mesmo assim, suas críticas mostram que a abordagem bancária da educação se baseia em princípios neoliberais emergentes de individualismo, privatização e relações de mercado como solução para os problemas sociais. A acumulação ou o depósito de certo tipo de capital educacional promete empregos estáveis com salários e benefícios justos – promessa que dificilmente será mantida sob o neoliberalismo, no qual esse tipo de emprego é a exceção, não a regra. As pessoas oprimidas sabem muito bem que o campo de jogo é inclinado.

Paulo Freire também apresenta a educação para uma consciência crítica como pedagogia contrastante. Essa pedagogia alternativa repousa sobre um engajamento dialógico, uma maneira de analisar o mundo de forma crítica, fazendo perguntas difíceis, resolvendo problemas e pensando criticamente. As pessoas oprimidas precisam da educação para desenvolver consciência crítica, porque, sem ela, lhes faltam ferramentas importantes tanto para analisar quanto para se opor à própria subordinação. Desenvolver consciência crítica sobre a desigualdade social, bem como seu lugar dentro dela, é essencial para o empoderamento pessoal e coletivo. Significativamente, embora Paulo Freire baseie sua análise da educação crítica nas necessidades das pessoas oprimidas, o valor da educação crítica é para todos. Todos se beneficiam de uma melhor compreensão da dinâmica das desigualdades sociais interseccionais, bem como dos tipos de pensamento crítico e das habilidades de resolução de problemas que podem remediá-las. Desenvolver consciência crítica sobre a maneira como as identidades individuais e coletivas refletem e organizam os domínios da estrutura de poder pode mudar uma vida.

Apesar da retórica dominante que afirma que grupos historicamente privados de direitos não valorizam a educação, os registros dizem o contrário[6]. A educação tem sido fundamental nas lutas políticas, indo além da concepção bancária de educação. Quando é associada à aquisição de competências

---

[6]   Ver Nancy Lopez, *Hopeful Girls, Troubled Boys: Race and Gender Disparity in Urban Education* (Nova York, Routledge, 2002); Theresa Perry, Claude Steele e Asa Hilliard III, *Young, Gifted and Black: Promoting High Achievement Among African American Students* (Boston, Beacon, 2003); Gaston Alonso et al., *Our Schools Suck: Students Talk Back to a Segregated Nation on the Failures of Urban Education* (Nova York, New York University Press, 2009); Victor Rios, *Punished: Policing the Life of Black and Latino Boys* (Nova York, New York University Press, 2011).

INTERSECCIONALIDADE E EDUCAÇÃO CRÍTICA 215

comercializáveis para se sobreviver dentro dos sistemas de desigualdade social, a educação para a consciência crítica posiciona melhor os grupos oprimidos para desafiar suas experiências de desigualdade social. Às vezes, as lideranças dos grupos oprimidos se esforçam para adquirir as competências de pensamento crítico que lhes permitam questionar essa educação bancária. Por exemplo, a educadora e intelectual feminista negra Anna Julia Cooper é conhecida dentro do feminismo negro estadunidense por seu livro *A Voice from the South* [Uma voz do Sul][7], que apresentava uma análise interseccional. No entanto, Cooper também criou uma escola noturna na sala de estar de sua casa, em Washington, para a classe trabalhadora afro-americana e pessoas com deficiência, que não podiam frequentar a escola pública. Ela convidou essa gente excluída a frequentar gratuitamente sua escola "pública". Cooper é conhecida por contribuições acadêmicas ao feminismo negro, mas também por contribuições peculiares à interseccionalidade; seu trabalho de educação comunitária é menos conhecido[8].

O desenvolvimento de múltiplas formas de letramento é uma das características pedagógicas da educação para a consciência crítica. Paulo Freire tinha clareza de que as competências de letramento básico constituíam o alicerce da consciência crítica – se as pessoas oprimidas não podiam ler ou manejar os conceitos básicos das finanças, ficavam à mercê dos grupos privilegiados. Como vimos no capítulo 2, Muhammad Yunus desenvolveu o microcrédito como uma nova forma de banco para homens e mulheres pobres das zonas rurais da Índia, o que também promoveu sua instrução financeira. Mas adquirir letramento tem, ainda, um significado mais amplo. A competência para "ler" as relações sociais em suas próprias experiências, seja utilizando as mídias sociais para debater a importância da interseccionalidade para o ativismo feminista digital, seja empregando perspectivas interseccionais críticas para analisar os padrões de securitização em penitenciárias, escolas ou políticas de imigração, pode estimular quem se preocupa com esses problemas a agir.

Outra característica pedagógica fundamental da educação para a consciência crítica diz respeito à centralidade do diálogo entre as diferenças de experiência e poder para criar conhecimento. Em um conceito dialógico de educação, a aprendizagem implica compartilhar conhecimento com uma comunidade de

---

[7] Anna Julia Cooper, *A Voice from the South, by a Black Woman of the South* (Xenia, Aldine, 1892).

[8] Vivian May, *Anna Julia Cooper, Visionary Black Feminist: A Critical Introduction* (Nova York, Routledge, 2007).

educandos e educandas. Para pesquisadores que trabalham com jovens, os projetos de pesquisa-ação participativa, em que participantes coinvestigam em vez de ser apenas sujeitos do estudo, podem promover perguntas de melhor qualidade e produzir conhecimentos relevantes[9]. A política identitária do *hip-hop* aponta igualmente para um engajamento dialógico entre artistas e consumidores que não apenas educa, mas também é capaz de fortalecer a ambos. Além do mais, o engajamento dialógico pode derrubar velhas ideias sobre o que conta como conhecimento e desenvolver formas de criar conhecimento. As novas TICs criam possibilidades de diálogo variadas em um contexto global, mas essas tecnologias são ferramentas para uma variedade de fins[10].

O foco de Paulo Freire na consciência crítica e no empoderamento pessoal e coletivo aponta para várias conexões entre a interseccionalidade e a educação crítica. Primeiro, quando se trata de equidade educacional e escolaridade formal, o quadro pedagógico dele se apoia em distinções importantes entre as filosofias do neoliberalismo e da democracia participativa. O neoliberalismo em geral se baseia em suposições não declaradas sobre educação e equidade que foram implementadas no ensino fundamental, médio e superior. A lógica neoliberal sugere que a missão da escola não deveria ser a promoção da equidade, mas a busca de formas economicamente viáveis de fornecer instrução e habilidades de maneira não discriminatória. As diferenças entre estudantes são problemas técnicos, passíveis de diagnóstico e soluções apropriadas. Por exemplo, a atenção contínua que se dá nos Estados Unidos à "disparidade" do sucesso escolar de crianças brancas de classe média e de todas as demais preocupa especialistas em educação[11]. Há sucesso quando a disparidade diminui. Esse diagnóstico do problema pressupõe acriticamente que, além de ensinar competências, o principal objetivo da escola é formar as crianças que ficaram para trás a fim de

---

[9] Tara Brown e Louie Rodriguez, "Special Edition: Youth in Participatory Action Research", *New Directions for Youth Development*, n. 123, 2009.

[10] Essa tecnologia não deve ser comemorada como inerentemente emancipatória. Como vimos no capítulo 4, ao tratar dos movimentos sociais nas redes digitais, não há nada intrinsecamente progressista ou empoderador para a democracia participativa na virada digital, que, pelo contrário, pode ter beneficiado mais as forças conservadoras que as progressistas, como evidencia a ascensão da extrema direita digital (a extrema direita alternativa). Quando se trata das novas formas de criação de conhecimento por meio de mídias digitais/sociais, o mundo prolífico da extrema direita alternativa não deve ser esquecido.

[11] James Banks e Caryn Park, "Race, Ethnicity and Education: The Search for Explanations", em Patricia Hill Collins e John Solomos (orgs.), *The Sage Handbook of Race and Ethnic Studies* (Londres, Sage, 2010), p. 383-414.

que alcancem as que apresentam o desempenho esperado. Seguindo as premissas neoliberais, assimilar as crianças aparentemente fracassadas às hierarquias sociais existentes acabará produzindo equidade educacional.

A democracia participativa tem uma base conceitual diferente[12]. Sob a lógica da democracia participativa, as escolas são mais que instituições onde as crianças adquirem competências técnicas e capital social para se tornar atrativas para quem as empregará. As escolas certamente fazem isso, mas também são lugares onde as relações de poder interseccionais privilegiam sistematicamente alguns estudantes em detrimento de outros. A educação formal constitui, portanto, um local importante para ensinar as crianças a se integrar e criticar as hierarquias sociais existentes. Muitos pais, mães e docentes veem a escola como um lugar onde têm de lutar pelos direitos de crianças e jovens, não apenas para que tenham educação, mas para que tenham uma educação que promova o letramento crítico e as competências do pensamento crítico. É notável que as escolas são frequentemente importantes locais de protesto social para jovens adultos totalmente excluídos da educação formal ou frequentadores compulsórios apenas por estar em idade escolar obrigatória. Tais jovens acabam lançando um olhar crítico sobre a escolaridade que recebem. Uma perspectiva questionadora da educação compreende a organização das escolas como parte integrante de um sistema educacional mais amplo, conceituado como campo de poder[13].

Historicamente, a luta em favor de uma educação pública de qualidade por gente que enfrentou discriminação sistêmica e sistemática nas instituições de ensino se alinhava aos esforços para reformar a educação pública estadunidense. Nos Estados Unidos, a ideia de que as escolas públicas preparam cidadãs e cidadãos para a democracia participativa é arraigada. John Dewey, Jane Addams, William Edward Burghardt Du Bois e outros pensadores pragmatistas do início do século XX consideravam a educação essencial para a cidadania democrática[14]. *Democracy and Education* [Democracia e educação] e *The Public and Its Problems*

---

[12] Ver Jeffrey D. Hilmer, "The State of Participatory Democratic Theory", *New Political Science*, v. 32, 2010, p. 43-63; Nancy Naples, "Sustaining Democracy: Localization, Globalization and Feminist Praxis", *Sociological Forum*, v. 28, 2013. p. 657-81.

[13] Pierre Bourdieu e Jean-Claude Passeron. *Reproduction in Education, Society, and Culture* (Beverly Hills, Sage, 1977).

[14] Ver Patricia Hill Collins, "Piecing Together a Genealogical Puzzle: Intersectionality and American Pragmatism", *European Journal of Pragmatism and American Philosophy*, v. 3, n. 2, 2012, p. 88-112.

[O público e seus problemas][15], obras clássicas do filósofo John Dewey, sublinharam a importância da educação pública para a democracia estadunidense. Para Dewey, educar o povo exigia comunicação entre as pessoas, para que elas pudessem decidir quais problemas consideravam mais importante perseguir e qual seria a melhor forma de seguir adiante. No entanto, como o povo era muito heterogêneo, instituições democráticas fortes exigiam que as pessoas se comprometessem com essas instituições e trabalhassem juntas, apesar de suas diferenças, em prol do bem público; cidadãos informados, homens e mulheres, precisavam aprender uns com os outros. Nesse sentido, a democracia participativa exigia diálogo para superar as diferenças. Em outras palavras, as pessoas precisavam de recursos e apoio estruturado para aprender a compartilhar ideias e assumir o papel participativo em sua própria governança, o que a democracia deveria pôr à disposição delas.

Muitos segmentos discordavam dessa visão da democracia participativa. Antes dos novos movimentos sociais das décadas de 1950 a 1980, o objetivo das escolas era "americanizar" crianças imigrantes e minorias étnicas, integrando-as a normas e valores dominantes da classe média protestante anglo-saxã. Essa versão de integração ignorou o fato de que tornar-se americano significava em geral defender o racismo, o sexismo e a xenofobia, aprendendo a praticar as discriminações geradas por eles. Os novos movimentos sociais, que foram tão importantes para o feminismo negro, os estudos de raça, classe e gênero e a interseccionalidade, alinhavam-se estreitamente ao conceito de democracia participativa que a educação crítica vinha defendendo havia muito tempo.

A interseccionalidade e a educação crítica nos Estados Unidos compartilham semelhanças importantes: ambas se associaram às escolas e, portanto, participaram da política de ensino nas próprias escolas. Por ajudar a reproduzir as desigualdades sociais, a escolarização formal é um lugar contestado de produção de conhecimento. Ao mesmo tempo, as pessoas que frequentam ou trabalham no ambiente escolar também contestam essas desigualdades, em geral questionando o currículo escolar e muitas vezes rejeitando regras e regulamentos. Por exemplo, as entrevistas de Gaston Alonso com estudantes de ensino médio[16] fazem uma análise preocupante sobre como e por quê eles se sentem reprovados

---

[15] John Dewey, *Democracy and Education* (Mineola, Dover, 2004 [1916]) [ed. bras: *Democracia e educação*, 4. ed., São Paulo, Companhia Editora Nacional, 1979]; *The Public and Its Problems* (Athens, Ohio University Press, 1954).

[16] Gaston Alonso et al. *Our Schools Suck: Students*, cit.

pela escola. Muitos foram pressionados a se ver como fracassos porque, aparentemente, não podem ou não se integrarão à cultura bancária da escola. No entanto, embora as escolas de ensino médio defendam essa ideologia, elas oferecem poucas oportunidades para que os alunos tenham sucesso.

Como nos Estados Unidos adolescentes e jovens adultos passam grande parte do tempo nas escolas de ensino fundamental, médio e superior, essas instituições são lugares importantes de ativismo juvenil. Quando secundaristas e universitários desenvolvem uma consciência crítica da desigualdade social, seus exemplos são tirados com frequência de suas experiências na escola, porque é lá que eles passam boa parte do tempo. A qualidade da educação oferecida aparece em geral no topo da lista de preocupações. A insatisfação dos jovens com a escolaridade, principalmente com a pressão para integrar-se e conformar-se, manifesta-se de várias formas e faz uso de fronteiras espaciais[17]. Existem muitos exemplos históricos de ativismo juvenil em que a educação estava no centro das demandas políticas do ensino médio e do superior, mas, apesar disso, as interpretações do ativismo juvenil foram absorvidas por outras categorias.

O ativismo juvenil em torno da educação também é um tema importante do protesto social global. Durante a longa luta contra o *apartheid* na África do Sul, estudantes negras e negros boicotaram as escolas de ensino médio, alguns por muitos anos, porque se recusavam a ter aulas em africâner. Essa "geração perdida" rejeitou a escolarização formal que pretendia integrá-los às expectativas de desigualdade racial[18]. A campanha da ativista de direitos humanos paquistanesa Malala Yousafzai em favor da educação de meninas e mulheres tornou-a alvo de uma tentativa de assassinato por parte do Talibã. Depois de receber o Nobel da Paz de 2014 por sua luta pelo direito de todas as crianças à educação, Malala abriu uma escola para meninas.

Enfim, a ênfase da educação crítica na pedagogia dialógica e o foco da interseccionalidade na relacionalidade tratam de um tema semelhante: navegar pelas diferenças é parte importante do desenvolvimento da consciência crítica, tanto para indivíduos como para as formas de conhecimento. Ao longo deste

---

[17] Ver, por exemplo, o estudo de Maryann Dickar, *Corridor Cultures: Mapping Student Resistance at an Urban High School* (Nova York, New York University Press, 2008), sobre as tensões espaciais entre os corredores dominados por estudantes e as salas de aula dominadas por docentes e como os corredores constituíam para estudantes de ensino médio um espaço alternativo de discursos e ações políticas, embora estivessem sob a vigilância de quem lhes dava aula.

[18] Vincent Franklin, "Patterns of Student Activism at Historically Black Universities in the United States and South Africa, 1960-1977", *Journal of African American History*, v. 88, 2003, p. 204-17.

livro, citamos um sem-número de pensadores e pensadoras que identificam a negociação das diferenças como um importante desafio enfrentado pela interseccionalidade. A didática dialógica da educação crítica fornece uma via útil para a interseccionalidade navegar melhor pelas diferenças. O uso dos marcos interseccionais para repensar a desigualdade social exige uma metodologia mais participativa e democrática, que rejeita a tendência neoliberal de avaliar o conhecimento com base em seu "uso" ou "função" para o projeto individual. A educação dialógica assume o trabalho árduo de desenvolver a consciência crítica, conversando e ouvindo pessoas com pontos de vista diferentes. Quando se trata de desigualdade social, a educação dialógica também pode ajudar na reflexão sobre alguns dos desafios que a interseccionalidade enfrenta em termos de metodologia. Em vez de subestimá-las ou eliminá-las, a metodologia interseccional exige que as diferenças dentro das distintas tradições políticas e acadêmicas de raça, classe, gênero, sexualidade, capacidade, nacionalidade, etnia, colonialismo, religião e *status* de imigração sejam negociadas. Essa metodologia dialógica não admite nenhuma conexão pré-formatada entre elas. O objetivo é fazer essas conexões em contextos sociais específicos. Consequentemente, a heurística da interseccionalidade é um ponto de partida para a construção de solidariedades intelectuais entre formações acadêmicas distintas, mas inter-relacionadas.

Essa abordagem dialógica vê o conflito como o resultado inevitável de diferenças legítimas e se esforça para torná-las frutíferas. No ensaio "The Master's Tools Will Never Dismantle the Master's House" [As ferramentas do mestre jamais desmantelarão a casa do mestre], inicialmente apresentado em uma conferência feminista, Audre Lorde aconselha um engajamento criativo com a diferença, transformando-a em recurso:

> Defender a mera tolerância à diferença entre as mulheres é o reformismo mais grosseiro. É a negação total da função criativa da diferença em nossa vida. A diferença não deve ser meramente tolerada, mas vista como uma reserva de polaridades necessárias entre as quais nossa criatividade pode brilhar como uma dialética. Somente então a necessidade de interdependência deixa de ser ameaçadora. Apenas dentro dessa interdependência de forças diferentes, reconhecidas e iguais, é que se pode gerar o poder de buscar novas formas de estar no mundo, bem como a coragem e o sustento para agir onde não existem estatutos.[19]

---

[19] Audre Lorde, *Sister Outsider: Essays and Speeches* (Freedom, Crossing, 1984) [ed. bras.: *Irmã outsider*, trad. Stephanie Borges. Belo Horizonte/São Paulo, Autêntica, 2019], p. 111-2.

Lorde propõe essa ideia de relacionalidade impregnada de diferença como poeta e pensadora visionária. Mas como isso pode ser realmente praticado fora de uma comunidade de pessoas com ideias afins? Fazer um trabalho interseccional que leve a sério as diferenças significa trabalhar com pessoas realmente diferentes. Envolver as diferenças nos diversos campos de estudo e projetos políticos é ainda mais desafiador.

Em resumo: historicamente, a interseccionalidade e a educação crítica parecem compartilhar três pontos: ambas se baseiam em tradições filosóficas mais amplas de democracia participativa; ambas trabalham, sobretudo, com a escolaridade e a educação formal como principal lugar institucional de sua prática; e, tanto para uma como para a outra, navegar pelas diferenças é parte importante do desenvolvimento da consciência crítica. No entanto, essa proximidade histórica e conceitual entre a interseccionalidade e a educação crítica como projetos entrelaçados não significa que elas estejam ligadas criticamente hoje ou que uma ou outra seja crítica no momento presente como era em épocas passadas. Quando se trata de desigualdade social, como reformular essa conexão entre a interseccionalidade e a educação crítica? Uma maneira de abordar essa pergunta é mostrar como a interseccionalidade era entendida e usada nas escolas de ensino médio e superior nos Estados Unidos. As ideias da interseccionalidade continuam a circular nessas instituições, mas nem sempre sob o termo "interseccionalidade". Em geral, "diversidade" o substitui. E à medida que os termos mudam, seu significado também muda. A análise de Sara Ahmed das iniciativas voltadas para a diversidade no ensino superior mostra por que essas mudanças linguísticas são importantes:

A chegada do termo "diversidade" implica o abandono de outros termos (talvez mais críticos), como "igualdade". Há motivos para ter cautela com o apelo institucional da diversidade e questionar se a facilidade com que foi incorporada pelas instituições não é sinal de sua despolitização.[20]

Atentar para essas substituições linguísticas ilumina como a diversidade é entendida e usada atualmente na educação, o que, por sua vez, ilustra como a interseccionalidade e a educação crítica estão sendo reformuladas.

---

[20] Sara Ahmed, *On Being Included: Racism and Diversity in Institutional Life* (Durham, Duke University Press, 2012), p. 1.

EDUCAÇÃO MULTICULTURAL, DIVERSIDADE E ESCOLAS PÚBLICAS NAS CIDADES

John Dewey e outros reformistas do início do século XX não poderiam prever que a lógica do neoliberalismo do fim do século XX apagaria da perspectiva pública suas ideias sobre educação, democracia participativa e escolas públicas. Nos Estados Unidos, os objetivos neoliberais (privatização de penitenciárias, serviços de saúde, transporte e outras instituições públicas, redução do Estado de bem-estar social, desregulamentação do mercado de trabalho e responsabilidade pessoal como causa e solução dos problemas sociais) mudaram a educação pública. Como as escolas têm a tarefa de produzir trabalhadoras e trabalhadores com competências comercializáveis, elas são o principal lugar de implementação da agenda neoliberal. No entanto, essa reformulação da educação formal nos Estados Unidos esconde uma realidade crescente da classe trabalhadora: a redução de postos de trabalho permanentes, de estabilidade no emprego, e benefícios com saúde e educação e de aposentadoria. Os estudantes aprendem a assumir os riscos do mercado, porque o Estado-providência em retração não fornecerá nenhuma rede de proteção social.

Todas as instituições de ensino sentiram os efeitos da reorganização neoliberal, mas as escolas públicas, desde o ensino fundamental até as universidades públicas, foram as mais atingidas. Muitas práticas educacionais refletem hoje um compromisso cada vez menor com a educação pública: diferentes modelos de investimento em infraestrutura escolar levam algumas escolas públicas à ruína física e à superlotação, enquanto outras, que recebem recursos privados e atendem a alunos ricos, conseguem oferecer aulas de música, times de futebol, laboratórios modernos de ciência e computação e estúdios de arte; algumas escolas públicas de ensino fundamental e médio estão superlotadas e recebem os alunos em turnos, enquanto outras, a apenas um distrito escolar de distância, não passam por isso; em alguns Estados, sindicatos sofrem ataques, e professores, discriminação, porque são vistos como a causa dos problemas, não como parte da solução; e o crescimento do corpo docente de período parcial nas universidades destrói a tradição da estabilidade como proteção ao discurso livre e, muitas vezes, impopular. Práticas como o uso crescente de testes obrigatórios para estudantes e processos de avaliação mais exigentes para docentes de escolas públicas, além da vinculação do salário dos professores às notas dos alunos, ilustram o crescimento de uma cultura que coloca os números acima das relações. Coletivamente, essas políticas visam a instalar um modelo bancário de educação, implementando as ideias centrais da filosofia neoliberal.

O desfinanciamento das escolas públicas nas cidades mostra a força dessas mudanças. A privatização tem sido a arma preferida para reformular a estrutura de oportunidades da educação pública urbana – que historicamente proporcionou a crianças de origem pobre, trabalhadora, imigrante e desfavorecida acesso à educação de qualidade. O ataque ao Estado de bem-estar social significou o abandono dessas crianças, em geral com transferência de recursos públicos e subsídios para escolas autônomas, internatos e instituições privadas similares que prometem fazer um trabalho melhor com a juventude urbana. As políticas concebidas para melhorar a qualidade da educação pública, aumentando a concorrência no mercado educacional, remodelaram a burocracia urbana das escolas públicas e as práticas em sala de aula.

Por lei, todas as crianças nos Estados Unidos têm direito à educação pública gratuita. Muitos estadunidenses acreditam que, como a equidade educacional já foi conquistada na lei, o desfinanciamento da educação pública não representa um perigo. No entanto, as desigualdades sociais interseccionais preexistentes destinam as crianças e os jovens a bairros e escolas muito desiguais. As políticas de ensino nos Estados Unidos, em qualquer distrito escolar, são determinadas pelo local de residência das crianças e pelos impostos sobre a propriedade que esses distritos conseguem cobrar. Os distritos mais ricos possuem boas escolas públicas, os distritos mais pobres não. Desde cedo, as crianças são encaminhadas por condutos (*pipelines*) diferentes. Alguns oferecem um direcionamento tranquilo, com professores qualificados e experientes, aulas exigentes que as preparam para a faculdade, orientação para lidar com os problemas, bom aconselhamento sobre carreiras e universidades, cursos específicos, contato em tempo integral com o corpo docente e bolsas de estudos. O conduto das outras crianças, independentemente de seus talentos, motivação e autodisciplina, propicia resultados menos otimistas – emprego de meio período sem benefícios, desemprego e encarceramento. Quando se trata de talento, todas as crianças são iguais. No entanto, condutos diferentes, caracterizados pela desigualdade educacional, produzem resultados nitidamente diferentes.

Filhos e filhas de famílias pobres, de grupos raciais/étnicos discriminados e imigrantes sem documentos têm mais chances de frequentar escolas públicas com crianças de origens semelhantes. Independentemente da classe social, crianças afro-americanas e latinas são mais propensas a frequentar escolas racialmente homogêneas, um fenômeno que o Projeto de Direitos Civis da Universidade da Califórnia (UCLA) chama de ressegregação da educação pública nos Estados Unidos. Essa ressegregação da escola pública criou distritos escolares urbanos predominantemente latinos, afro-americanos, de baixa renda e com um grande número de crianças imigrantes. Assim como os bairros têm pontos de inflexão em que famílias brancas abastadas mudam de bairro porque muitas famílias negras ou latinas se mudaram para a região, as escolas públicas que recebem muitos estudantes negros e latinos são abandonadas pelas famílias brancas, o que leva a uma perda considerável de apoio e financiamento. As crianças que frequentam essas escolas subfinanciadas encontram políticas públicas que priorizam a securitização em vez da educação. Ironicamente, sobretudo porque as famílias de classe média e/ou brancas abandonaram as escolas públicas, crianças de famílias abastadas, brancas e estadunidenses também frequentam escolas homogêneas em termos raciais. No entanto, essas escolas de alta qualidade, localizadas nos subúrbios abastados, raramente são vistas como segregadas.

Ao longo da história, o multiculturalismo nos Estados Unidos se encontra entrelaçado às lutas pela equidade educacional[21]. Assim, iniciativas ligadas à educação multicultural fazem parte dos debates sobre a função das escolas públicas nos Estados Unidos, em especial sobre sua responsabilidade na educação de crianças de origens heterogêneas[22]. Desenvolvida nas décadas de 1970 e 1980, no mesmo período em que os estudos de raça, classe e gênero e projetos críticos semelhantes adotavam um modelo de educação crítica para o empoderamento, a educação multicultural era descendente direta dos esforços de reforma da escola para fomentar a democracia participativa. As iniciativas de educação multicultural sublinhavam a mudança demográfica na juventude estadunidense para reforçar seus argumentos de que a escolaridade era necessária, mas o multiculturalismo deveria ser parte importante da educação pública. No entanto, essas mesmas iniciativas não viam que a diversidade residia sobretudo na população estudantil. Ao contrário, as primeiras iniciativas consideravam que fatores estruturais facilitavam ou criavam barreiras à equidade. As escolas públicas tiveram um papel importante nas

---

[21] O termo "multiculturalismo" tem uma história diferente em outros contextos nacionais. Para um panorama desses problemas, ver Peter Kivisto, "Multiculturalism and Racial Democracy: State Policies and Social Practices", em Patricia Hill Collins e John Solomos (orgs.), *The Sage Handbook of Race and Ethnic Studies*, cit.

[22] James Banks e Caryn Park, "Race, Ethnicity and Education", cit., p. 385-6.

mudanças estruturais. Nesse sentido, embora a educação multicultural tenha sido desencadeada por questões ligadas às crianças oprimidas, para usarmos a linguagem de Paulo Freire, ela visava a assistir a toda a comunidade discente, adotando o projeto nacional de dessegregação escolar. Como instituições públicas, as escolas interpretaram sua função como sendo a de fornecer acesso justo às oportunidades a estudantes de origens diversas, além de ensinar toda a comunidade discente, inclusive alunas e alunos privilegiados, a aprender e respeitar colegas que viviam experiências muito diferentes das suas. Esses movimentos iniciais estavam preocupados com a crescente heterogeneidade da população a ser formada através das diferenças de raça, classe, gênero, etnia, idioma, *status* de cidadania e sexualidade.

A ideia do multiculturalismo permanece. No entanto, a filosofia da democracia participativa, em declínio na educação pública estadunidense, associada à influência do neoliberalismo nas políticas escolares e ao crescimento da retórica de extrema direita no discurso público, mudou os termos do debate. Na área da educação, formuladores de políticas, especialistas, docentes e funcionários do governo trocaram cada vez mais o termo "multiculturalismo" pelo termo "diversidade". O compromisso com a "diversidade" tomou o lugar da ênfase do multiculturalismo na reforma escolar em prol da equidade educacional. O significado variável de diversidade, um passo no caminho da interseccionalidade para o multiculturalismo e, agora, para a diversidade, sinaliza uma nova compreensão tanto do problema da equidade educacional quanto de suas possíveis soluções.

O conceito de "imperativo demográfico" ilustra como a retórica da diversidade opera nesse contexto de ressegregação escolar. O imperativo se refere à incompatibilidade entre as crianças que apresentam maior probabilidade de frequentar escolas públicas no futuro e o corpo docente que provavelmente as estará ensinando. Um componente desse imperativo diz respeito à porcentagem crescente de jovens e crianças de diversas origens raciais/étnicas/linguísticas e *status* variável de imigração na população dos Estados Unidos. Como essas crianças são muito mais propensas a frequentar escolas públicas, estas se tornam mais "diversas". Outro componente se refere ao corpo docente. Apesar das mudanças demográficas na população em geral, prevê-se que o corpo docente das escolas públicas continue predominantemente branco e feminino. Como um corpo docente jovem e branco lidará com a futura diversidade de estudantes nas escolas públicas urbanas?

Esse foco nas previsões demográficas sobre o corpo discente e docente das escolas públicas oculta um conjunto preocupante de suposições. No contexto da ressegregação racial, a diversidade reside nas crianças que levam suas diferenças para o ambiente escolar e, pela própria presença, tornam as escolas mais "diversas". Assim, esse termo se torna uma palavra de código estigmatizada, sinalizando que a escola "diversa" é uma escola com "muitos negros" ou "muitos latinos". Ironicamente, a retórica da diversidade que foi herdada da educação multicultural como algo positivo continua em uso. Contudo, a realidade é que algumas formas de diversidade permanecem mais desejáveis que outras. Um distrito ou uma escola pública com muita diversidade indica instituições públicas consideradas inferiores porque têm crianças demais do tipo errado.

O imperativo demográfico – e a maneira como a diversidade é implantada em conjunto com ele – promove uma visão estreita sobre questões mais amplas do ensino público e da educação crítica. A ênfase na incompatibilidade entre crianças suscetíveis de frequentar escolas públicas desfinanciadas e profissionais suscetíveis de lhes dar aula como razão para a formação na diversidade não permite um diagnóstico acertado do problema. Qualquer que seja o nome, iniciativas de diversidade que trabalham com identidades complexas (que são importantes para os alunos) e as veem como ligadas a forças estruturais mais amplas conservam o vínculo com o multiculturalismo e a interseccionalidade. É importante entender as múltiplas identificações dos alunos que frequentam as escolas públicas urbanas e apoiar os esforços de reforma curricular ou treinamento de professores que mudarão essas escolas. O tratamento equitativo de jovens e crianças é positivo, assim como o recrutamento de profissionais atentos, competentes e qualificados. No entanto, iniciativas de diversidade que visem a aumentar a competência cultural de alunos e alunas, ou fazer com que se encaixem melhor no sistema existente, perdem a oportunidade de usar a interseccionalidade como ferramenta analítica capaz de aprimorar a educação crítica.

Trataremos aqui de iniciativas políticas específicas que visam a promover a diversidade, a saber, o esforço de recrutamento de mais jovens sub-representados na ciência. Essa nova linguagem da educação e da política científica contempla várias iniciativas institucionais e nacionais relacionadas ao treinamento de mais jovens para as carreiras nas áreas de ciência, tecnologia, engenharia e matemática (STEM, em inglês). Muitas escolas de ensino fundamental e médio possuem programas de STEM, e algumas se tornaram especificamente escolas de STEM.

O desenvolvimento de mão de obra para o campo das STEM possui implicações para o crescimento econômico e a segurança dos Estados Unidos. Uma iniciativa robusta de diversidade incentiva as STEM a acolher os talentos desprezados e subutilizados da juventude estadunidense, sobretudo de dois grupos: meninas/mulheres e afro-americanos/latinos de ambos os sexos. De que forma o uso da interseccionalidade como marco analítico pode lançar luz sobre essa iniciativa?

Condutos para algum lugar ou lugar algum?

A metáfora dos "condutos" é cada vez mais usada para analisar as causas da – e prever soluções para a – sub-representação nas STEM de grupos historicamente privados de direitos, da mesma maneira que é usada para descrever problemas sociais. Quando aplicadas à educação, considera-se que as estradas funcionam bem ao produzir um número suficiente de estudantes "apropriados" e funcionam mal quando perdem ou desperdiçam talentos ao longo do caminho. Superficial-mente, a lógica do conduto parece benigna. No contexto dos Estados Unidos, essa metáfora tem sido útil para o desenvolvimento de iniciativas de diversidade no campo das STEM. De certa forma, a antiga prioridade nacional de garantir a todas as crianças acesso igual à educação foi reduzida a um programa mais direcionado de recrutamento de populações sub-representadas na ciência. A atenção com as competências, os graus e os campos das STEM constitui uma importante prioridade nacional. As iniciativas institucionais e nacionais que visam a fortalecer os condutos no campo das STEM para meninas e mulheres, bem como para jovens negros e latinos de ambos os sexos, são reflexo de uma defesa substancial, por parte de pessoas de cor, do alinhamento dos objetivos das políticas públicas às necessidades dos jovens desfavorecidos. No entanto, enquadrar a questão da equidade educacional pela lógica e/ou dos condutos para meninas e mulheres e para pessoas de cor é uma abordagem limitada. A análise de gênero, raça e classe como entidades separadas reduz a capacidade da metáfora dos condutos para resolver os problemas que essas pessoas enfren-tam. A interseccionalidade como forma de investigação crítica aponta para a utilidade limitada de tentar corrigir as desigualdades sociais com o conceito insuficiente de condutos.

Como as meninas de cor são tratadas em geral como subcategoria dos condutos de gênero, elas tendem a ser mal atendidas nessa estrutura. Con-sequentemente, as meninas brancas acabam constituindo o principal grupo sub-representado nas STEM, enquanto para as meninas de cor considera-se que experimentam problemas "especiais" não representativos desse grupo principal. O recrutamento na ciência de meninas/mulheres afro-americanas/latinas e populações historicamente desfavorecidas constitui uma importante proposta política para o progresso dos objetivos das iniciativas das STEM. Parece haver um compromisso com as mulheres e as meninas de cor, mas como conceituar e resolver a ausência delas na ciência levanta questões sobre os marcos interpretativos.

Uma análise interseccional substituiria essa classificação por uma visão das afro-americanas e das latinas como tendo identidades múltiplas que não se acomodam à metáfora dos condutos de gênero nem à dos condutos de raça/etnia. Aqui, a interseccionalidade descreve as mulheres de cor na "interseção" entre as mulheres e as pessoas de cor, dois grupos sub-representados no ensino das ciências e nas carreiras científicas. Essa mudança focaria melhor os obstáculos que as meninas de cor enfrentam no campo das ciências, muitos deles enfrentados também pelos meninos de cor. Ambos os grupos encaram obstáculos semelhantes, mas os vivenciam de maneiras diferentes. A linguagem dos condutos, com metáforas conexas de pontos de fuga por onde talentos são perdidos, trocou cada vez mais as análises estruturais pela linguagem dos obstáculos ao sucesso. O problema é representado por fissuras em um conduto perfeito por onde ocorre aparentemente a perda das meninas de cor. Em contraste, a metáfora das barreiras estruturais atenta muito mais para a organização da educação formal, sugerindo que financiamento insuficiente cria as barreiras que impedem o sucesso das meninas e das mulheres de cor. A metáfora das barreiras estruturais é capaz de ver as soluções como parte da organização estrutural das escolas e de suas políticas disciplinares. Em contrapartida, a metáfora do conduto com pontos de perda se apoia, sobretudo, no capital cultural que as meninas e as mulheres de cor levam para a escola, bem como nos atributos individuais que predispõem as meninas de cor à alta performance.

Uma análise interseccional mudaria igualmente o entendimento dos motivos pelos quais os garotos afro-americanos e latinos são sub-representados nas STEM. No que diz respeito à equidade educacional e aos meninos de cor, a lógica do conduto toma um rumo diferente: a questão do sucesso escolar se vincula menos à questão da perda e mais à eficácia com que funciona um conduto diferente para empurrar os meninos afro-americanos e latinos para fora da escola. Nesse caso, a metáfora do conduto pode ser útil até certo ponto.

A metáfora do conduto que vai do jardim de infância à prisão, usada para descrever o triste desempenho escolar dos meninos afro-americanos e latinos, corresponde melhor à realidade empírica. Essa metáfora constitui um mecanismo institucional de aplicação das políticas de securitização aos jovens afro-americanos e latinos. Esse uso da metáfora do conduto refuta a hipótese de que as escolas públicas são um lugar de equidade e mobilidade social ascendente. Essa estrutura emergente sobre o conduto do jardim de infância à prisão desvia o foco das qualidades pessoais dos meninos e o direciona para políticas institucionais das escolas e também da polícia. Muitos estudos retraçam minuciosamente todas as formas como as políticas e as práticas escolares disciplinam e classificam garotos pobres negros como criminosos perigosos – ou prestes a se tornarem. Rastrear as conexões no caso deles pode ser uma experiência dolorosa. No ensino fundamental, meninos negros são alvo de práticas disciplinares mais severas que outros estudantes[23]. Apesar de valorizarem a educação em abstrato, eles são expulsos do ensino médio e apresentam uma taxa de abandono escolar desproporcional. As universidades oferecem o esporte como oportunidade para meninos negros, revelando uma continuação do conduto para aqueles que conseguem permanecer na escola. Mas eles acabam desproporcionalmente na prisão, alimentando o crescimento da indústria do encarceramento[24]. Em uma sociedade pós-agrícola e pós-industrial, os meninos negros não escolarizados constituem uma população excedente e descartável[25].

É um trabalho importante compreender as maneiras pelas quais os meninos negros são explorados e forçados a seguir um conduto discriminatório. No entanto, a interseccionalidade levanta a questão incômoda do enquadramento de tal trabalho. A atenção concentrada nos meninos negros, tratando o gênero como uma categoria descritiva de análise, inadvertidamente interpreta mal os problemas das meninas negras, que vivenciam tipos semelhantes de controle político, econômico e social? Em outras palavras, o gênero é usado com menos frequência para explicar que para descrever as experiências dos meninos e dos homens negros. Contudo, as análises de gênero podem ser aplicadas às

---

[23] Ann Arnett Ferguson, *Bad Boys: Public Schools in the Making of Black Masculinity* (Ann Arbor, University of Michigan Press, 2000).

[24] Patricia Hill Collins, "New Commodities, New Consumers, Selling Blackness in the Global Marketplace", *Ethnicities*, n. 6, 2006, p. 297-317.

[25] Kevin Bales, *Disposable People: New Slavery in the Global Economy*. Berkeley, University of California Press, 1999 [ed. port.: *Gente descartável: a nova escravatura na economia global*, trad. António Pescada, Lisboa, Caminho, 2001].

experiências tanto dos homens negros quanto das mulheres negras. Ambos vivem em uma sociedade carcerária e sofrem seus efeitos.

Esses usos das metáforas do conduto para refletir sobre os mecanismos institucionais que estão por trás dos tristes resultados escolares de meninas e mulheres de cor e de meninos e homens de cor são importantes por vários motivos. No entanto, o foco no gênero e na raça nos faz esquecer uma terceira maneira significativa de usar a lógica do conduto, mas que não tem relação com as questões de equidade educacional. Classe é uma categoria amplamente ausente das análises de conduto que partem do pressuposto da equidade educacional. Também falta uma atenção sustentada sobre a deterioração da própria educação pública. Para muitas pessoas, o sistema existente já é equitativo (é impressionante quantos jovens professores brancos acreditam nisso) ou uma reforma é tão irrealizável que o máximo a fazer é integrar-se (ajudar diversas populações a assimilar-se). As metáforas dos condutos raramente levam em conta esses problemas.

No geral, o sentido variável das iniciativas de diversidade mostra por que as escolas públicas são lugares importantes para a equidade na educação. Os domínios interdependentes do poder podem explicar a educação multicultural, a lógica das metáforas dos condutos e outros aspectos da educação formal discutidos aqui. Examinar o domínio estrutural do poder mostra como a escola institucionaliza os mecanismos de seleção, como políticas de admissão, oferta de programas curriculares, acompanhamento, alocação de recursos e políticas distritais, bem como as barreiras econômicas à matrícula, como taxas, processos para obtenção de ajuda financeira e custo dos requisitos de elegibilidade (por exemplo, testes e preparação para os testes), estão enraizados nas políticas das escolas e do Estado. Analisar como o poder funciona no domínio cultural mostra como as pessoas reproduzem e legitimam as ideias que sustentam determinada ordem social, assim como a criticam e imaginam alternativas. Pesquisas sobre um domínio disciplinar do poder revelam como as regras e os regulamentos do cotidiano escolar – notas, testes, políticas de tolerância zero – punem estudantes já subordinados e oferecem recompensas aos que são privilegiados pelo sistema. Por sua vez, cada um desses domínios de poder molda a maneira como o poder se desenvolve em termos interpessoais: nas interações entre os indivíduos e os grupos, inclusive populações estudantis cada vez mais heterogêneas[26].

---

[26] Patricia Hill Collins, *Another Kind of Public Education: Race, Schools, the Media, and Democratic Possibilities* (Boston, Beacon, 2009).

INTERSECCIONALIDADE, DIVERSIDADE E ENSINO SUPERIOR

Na maioria das universidades e das faculdades dos Estados Unidos, as iniciativas relacionadas à interseccionalidade e à diversidade são parceiras estranhas. A percepção de Bonnie Dill de que "a interseccionalidade é o núcleo intelectual do trabalho da diversidade"[27] podia ser correta na década de 1980, quando os estudos de raça, classe e gênero chegaram às universidades, mas ela continua válida? Nas últimas décadas, as iniciativas relativas à interseccionalidade e à diversidade nos *campi* universitários tomaram caminhos institucionais diferentes. A interseccionalidade deu ênfase à pesquisa e ao ensino, basicamente com foco na investigação crítica. Em contraste, as iniciativas ligadas à diversidade alinharam-se mais estreitamente aos serviços administrativos. Hoje, elas abrangem atividades tão variadas quanto o controle da conformidade legal das ações contra a discriminação de uma instituição, o treinamento em diversidade para funcionárias e funcionários da universidade e a prestação de serviços a estudantes. A interseccionalidade talvez fosse o núcleo intelectual do trabalho sobre a diversidade (e em alguns lugares ainda é), mas as mudanças institucionais nos *campi* universitários que seguem agendas neoliberais alteraram os contornos de muitas iniciativas de justiça social, entre elas a relação entre a interseccionalidade e a diversidade no ensino superior.

Atualmente, as iniciativas contemporâneas ligadas à diversidade variam muito entre as universidades estadunidenses, em parte porque as desigualdades sociais no ensino público urbano (do jardim de infância ao ensino médio) limitam o acesso às universidades de estudantes de origem pobre, latina, afro--americana, de classe trabalhadora, sem documento e outros. A maioria das crianças pode ter direito à educação pública, mas a combinação de limites espaciais e capacidade econômica significa que as escolas que elas frequentam são desiguais. No que diz respeito ao acesso ao ensino superior, a maioria dos estudantes tem o direito de cursar uma faculdade, mas isso é provável ou até possível para estudantes dos distritos escolares urbanos? Graças a mecanismos de seleção, ajuda financeira e investimentos em centros estudantis e dormitórios sofisticados, as universidades competem pelos "melhores". Os *rankings* universitários não mostram apenas qual é o melhor curso de sociologia ou qual é a melhor universidade para estudar no exterior. Eles fornecem um retrato das

---

[27] Bonnie Thornton Dill, "Intersections, Identities, and Inequalities in Higher Education", em Bonnie Thornton Dill e Ruth Zambrana (orgs.), *Emerging Intersections*, cit., p. 229.

desigualdades sociais estruturais no ensino superior. Quando associados, esses processos de ressegregação no ensino público fundamental e médio (que relegam as crianças pobres e de cor às escolas públicas urbanas) e as políticas de seleção (que desprezam essas populações) levam a um sistema altamente estratificado, com populações discentes diferentes em cada *campus* de universidade.

A compreensão do que significa cursar uma faculdade nos Estados Unidos exige uma calibração cuidadosa das instituições que abrigam iniciativas de diversidade, bem como da forma dessas iniciativas. Essas diferenças entre as faculdades e as universidades também indicam as diferentes maneiras pelas quais a interseccionalidade pode ou não ser o núcleo intelectual do trabalho de diversidade. Como as instituições de ensino superior são muito diferentes umas das outras – seja as faculdades comunitárias, a Ivy League*, as pequenas faculdades de artes liberais, as grandes universidades públicas ou as principais instituições estaduais –, as iniciativas ligadas à diversidade e o ambiente dos *campi* variam muito. Muitas faculdades comunitárias são absurdamente superlotadas: atendem a um grande número de estudantes em busca de formação universitária acessível. Quem tem a sorte de entrar em faculdades comunitárias de qualidade pode encontrar professores particularmente qualificados para trabalhar com estudantes de meios heterogêneos. Outros têm menos sorte. As faculdades com fins lucrativos se tornaram tão hábeis em comercializar cursos duvidosos e fazer a classe trabalhadora pegar empréstimos respaldados pelo governo para pagar por eles que em 2015 o governo dos Estados Unidos interveio para ajudar os estudantes endividados. Poucos estudantes pobres e de classe trabalhadora dos distritos escolares urbanos têm o talento e/ou a boa sorte de encontrar conselheiros dispostos a ajudá-los a candidatar-se a faculdades ou escolas que ainda oferecem programas de ação afirmativa. Muito frequentemente, estudantes que, além do mais, buscam uma educação crítica têm menos chance de encontrá-la em faculdades que aceitam acriticamente os critérios "bancários".

Quando se trata de populações estudantis, algumas escolas têm um excesso de "diversidade", enquanto outras têm escassez. Reproduzindo o entendimento que se tem da diversidade apresentada nas escolas de ensino fundamental e médio que atendem a populações heterogêneas, as iniciativas de diversidade são praticamente inexistentes nas faculdades comunitárias subfinanciadas. Pessoal sobrecarregado e mal pago, seja professor, funcionário, seja administrador,

---

* Grupo de instituições de ensino superior de mais prestígio nos Estados Unidos. (N. T.)

dificilmente consegue oferecer serviços amplos e personalizados a populações estudantis heterogêneas. Essas faculdades já têm mais diversidade do que são capazes de administrar – a seleção de estudantes de origens diversas não é o problema. Em contraste, faculdades e universidades altamente seletivas têm de superar o legado de práticas excludentes contra pessoas de cor, mulheres, minorias étnicas e culturais e imigrantes. Elas talvez pareçam mais diversas e, no que se refere à presença visível de estudantes de cor e estrangeiros, de fato o são. Porém as instituições de elite são reservadas a estudantes de famílias ricas. As instituições privadas de elite podem pagar por iniciativas amplas de diversidade.

Nesse universo de faculdades e universidades ranqueadas, as grandes instituições públicas se destacam como lugares que podem atrair populações heterogêneas e encontrar maneiras de trabalhar com um público heterogêneo. A maioria das grandes universidades possui iniciativas de diversidade, organizadas por um responsável que supervisiona e coordena os programas de diversidade da universidade. Essas iniciativas das universidades públicas estão em algum ponto entre as iniciativas tomadas pelas faculdades subfinanciadas, cujos recursos são destinados aos serviços mais básicos, e as iniciativas das escolas de elite, que têm recursos para individualizar seus programas e suas práticas de ensino. O sentido variável da diversidade fornece um retrato das mudanças na maneira pela qual a diversidade é conceituada e gerenciada nas faculdades e universidades dos Estados Unidos. Essas mudanças também mostram os rumos que a interseccionalidade tomou ou pode tomar como núcleo intelectual do trabalho da diversidade.

Ostensivamente apoiadas por recursos públicos, as instituições públicas se tornam objeto de diversidade dos *campi* para funcionários e estudantes, legisladores e público em geral. Nos anos 1960, era dos movimentos sociais, as universidades públicas eram a pedra de toque de tentativas importantes de dessegregação racial – por exemplo, James Meredith processou a Universidade do Mississippi, e estudantes de origem afro-americana dessegregaram a Universidade do Alabama, em Tuscaloosa. A Universidade de Michigan, em Ann Arbor, a Universidade do Texas, em Austin, e as universidades públicas estaduais da Califórnia enfrentaram desafios legais com suas políticas afirmativas para produzir diversidade em seus *campi*, em parte porque são instituições públicas de prestígio. A erosão constante da vigilância sobre a ação afirmativa, com a atenção que dispensa às formas estruturais de discriminação e a suas soluções, apagou efetivamente as discussões sobre as opressões interseccionais e os fenômenos estruturais semelhantes. A ausência de uma linguagem para discutir as injustiças sociais, como a análise da opressão de Paulo Freire, favorece o mutismo sobre a discriminação estrutural. Quando se trata de transformação estrutural, o termo "diversidade" pode ser suficiente.

Diversos aspectos do sentido variável da diversidade no ensino superior são significativos para a análise e a práxis crítica da interseccionalidade. Primeiro, as iniciativas de diversidade abandonaram cada vez mais as análises estruturais da desigualdade social em favor de interpretações individuais e culturais dos problemas sociais. Por essa lógica, se os alunos se desentendem, o problema não são os dormitórios, as salas de aula, a dificuldade de conciliar trabalho e estudos nem o acesso ao corpo docente. Ao contrário, o problema são os próprios alunos: talvez um curso de controle emocional ajude ou sirva para lembrá-los de outros menos afortunados. Se o conflito é devido a questões de raça, gênero, etnia, sexualidade ou religião, talvez ajude um curso de sensibilização ou uma disciplina obrigatória no currículo sobre diversidade.

Ensinar às pessoas diversidade e bom entendimento não é inerentemente problemático. Iniciativas ligadas à diversidade podem se inspirar na atenção crítica que a interseccionalidade lança sobre a diferença para criar programas e ajudar os estudantes a lidar com os desafios da dessegregação de raça, classe e etnia. Elas podem encontrar um material riquíssimo: por exemplo, os marcos interseccionais que criam um espaço de manifestação de identificações dinâmicas e mistas, sejam raciais, sejam étnicas, identidades sexuais e de gênero não normativas ou não binárias. As iniciativas voltadas para a construção de comunidades em populações estudantis heterogêneas são em geral muito eficazes, principalmente quando o mandato institucional reflete o interesse dessas populações. Quando bem-feito, examinar a heterogeneidade das identidades sociais e ajudar os estudantes a lidar com elas humaniza o processo de escolarização para todos. Democratizar as iniciativas de diversidade para incluir categorias adicionais de análise faz sentido, intelectualmente falando, mas à custa de análises contundentes do racismo, sexismo, heterossexismo, capitalismo e outras formas de poder. A integração de categorias adicionais de diversidade tem sentido pragmático, quando se trata de populações estudantis heterogêneas. Sexualidade, religião, etnia e *status* de cidadania tornam a diversidade mais complexa, refletindo demandas de equidade e reconhecimento. Basicamente, à medida que a heterogeneidade entre e nas populações estudantis se torna mais aparente, a categoria de diversidade se amplia para se tornar mais elástica.

No entanto, é arriscado dar ênfase demais às soluções individuais para os problemas sociais, à custa da análise de seus fundamentos estruturais, como o acesso ao ensino superior. Mesmo quando as políticas afirmativas e antidiscriminação permanecem em vigor, iniciativas de diversidade podem se afastar delas em favor de um mandato institucional de gestão da diversidade a fim de garantir o bom funcionamento da instituição. Como, então, nesse contexto, as iniciativas encarregadas de gerir a diversidade continuam a conceber o trabalho de diversidade como um lugar de práxis crítica?

Muitos profissionais que trabalham com diversidade tentam manter uma práxis crítica, mas acabam, assim como seus programas, em um terreno escorregadio, que leva a entendimentos diluídos sobre a diversidade. Como aponta Sara Ahmed,

> a diversidade é usada com frequência como um atalho para a inclusão, como o "ponto de convergência" da interseccionalidade, um ponto em que as linhas se encontram. Quando a interseccionalidade se torna um "ponto de convergência", a crítica feminista de cor fica obscurecida. Todas as diferenças são importantes desse ponto de vista.[28]

A desigualdade social e as diferenças de poder, como as que moldam o ensino público fundamental e médio ou os *rankings* universitários, desaparecem quando todas as diferenças são importantes. Elas também reforçam a ideia de que todas as diferenças são importantes, mas apenas em nível individual. Esse terreno escorregadio de redefinição retira do termo "diversidade" e, consequentemente, do termo "interseccionalidade" a força analítica. Os programas iniciais evidenciavam análises estruturais focadas em questões de isonomia e justiça para o bem maior, em que "o feminismo de cor nos fornece uma maneira de pensar o poder em termos de 'interseccionalidade', a fim de refletirmos sobre e através dos pontos de encontro das relações de poder"[29].

Um segundo aspecto do sentido variável da diversidade diz respeito ao fato de essa mudança ter tornado o campo menos crítico à desigualdade social. A diversidade e a interseccionalidade talvez tenham se afastado de suas preocupações iniciais com a justiça social. Por exemplo, as primeiras iniciativas voltadas à diversidade focavam a oferta de oportunidades iguais a estudantes, homens e mulheres, e em questões como a diversificação do corpo docente. Da mesma

---

[28] Sara Ahmed, *On Being Included*, cit., p. 14.

[29] Idem.

forma, as primeiras declarações a respeito da interseccionalidade se sentiam muito mais à vontade que hoje com termos como "opressão", "igualdade" e "justiça".

Mais recentemente, as iniciativas voltadas para a diversidade foram submetidas às exigências institucionais. Uma dessas exigências diz respeito à utilidade mensurável da diversidade, em especial em relação aos objetivos de faculdades e universidades. As iniciativas de diversidade devem encontrar maneiras de contribuir para os resultados financeiros da instituição. Destinadas de início a atender populações diversas, elas se tornaram ferramentas úteis de promoção, permitindo que as faculdades e as universidades mostrem seu compromisso com a inclusão – por exemplo, exibindo uma população estudantil diversificada para atrair estudantes que buscam uma experiência multicultural ou professores que desejam salas de aula heterogêneas.

Essa mudança de sentido permitiu que as instituições redefinissem suas iniciativas de diversidade como uma prestação de serviço aos estudantes para selecionar pessoas que representassem a diversidade. Ironicamente, essa seleção exigia que as diferenças legítimas entre os estudantes fossem aplainadas, em benefício de uma linguagem comum que funcionasse bem nos círculos institucionais. Tomemos, por exemplo, o uso da categoria "pessoas de cor" nos Estados Unidos como termo técnico e gerencial nas iniciativas de diversidade. Esse termo visa a reduzir as complexidades entre os grupos raciais e étnicos. Redefinir os resultados das relações de poder interseccionais entre raça e etnia como uma simples questão de cor parecia resolver o confuso problema da presença crescente de grupos raciais e étnicos, alguns com histórias polêmicas de discriminação entre si. A categorização de mulheres e homens afro-americanos, nigerianos, caribenhos, latinos, hmongs*, cherokees e sul-asiáticos, de *status* variado de gênero e classe, sob o termo guarda-chuva "de cor" reestabeleceu a moldura branca através da qual o mundo é visto como branco e todos os outros grupos raciais como equivalentes e intercambiáveis. Quando impostas de cima, expressões como "pessoas de cor" nivelam as experiências dos grupos raciais e étnicos numa categoria homogênea de "cor". Essa denominação se compara ao modo como a interseccionalidade substituiu o vocabulário inicial dos estudos de raça, classe e gênero, levando provavelmente ao enfraquecimento da atenção que se dava às formas distintas de desigualdade. "Pessoas de cor" e

---

* Grupo étnico originário da região sul da China, norte do Vietnã e Laos. Trata-se de uma população nômade, pouco integrada. Os hmongs se referem a si próprios como o "povo da montanha". (N. T.)

"interseccionalidade" são menos um problema que uma necessidade de garantir que iniciativas sejam escolhidas e retrabalhadas de dentro para fora, no caso de pessoas de cor, por pessoas de cor que dialoguem entre si sobre o significado de suas experiências e o modo como tais se relacionam com o termo[30].

O sentido variável de diversidade no ensino superior estadunidense é significativo para a interseccionalidade por um último motivo. Há outra mudança em curso no vocabulário – e consequentemente no sentido. Os mandatos institucionais estão se afastando da linguagem da diversidade. O termo "diversidade" já havia sido removido uma vez da interseccionalidade, uma clivagem que corrobora a distinção entre teoria e prática. No entanto, uma mudança linguística mais recente incentiva estudantes e pessoal de apoio a não "abraçar a diversidade", mas "ser culturalmente competente". A expressão "culturalmente competente" casa bem com a agenda neoliberal, pois se presta a critérios mensuráveis que podem ser usados para treinar pessoas (oficinas, vídeos etc.) em competência cultural. Uma pequena indústria de consultores está à disposição para ajudar as universidades a adquirirem competência cultural, oferecendo treinamento em troca de pagamento. Competência cultural também invoca uma estrutura global mais ampla de preparação de estudantes para se tornarem cidadãos e cidadãs globais. Um desenvolvimento conexo e mais intrigante diz respeito à medição da competência cultural. Se as competências culturais forem redefinidas como outra forma de inteligência, por exemplo, como uma "inteligência cultural", as competências podem ser ensinadas, aprendidas e avaliadas por meio de ferramentas desenvolvidas a partir de testes de inteligência.

Como foi o caso da valorização da diversidade democratizada prestando atenção a múltiplas identidades, o reconhecimento do significado da cultura nas interações sociais é um objetivo pedagógico louvável. O desenvolvimento do "letramento" para ler as situações interculturais e as diferenças de poder que elas envolvem pode facilitar a educação para a consciência crítica. Por exemplo, no estudo *Keepin' It Real: School Success beyond Black and White* [Na real: o sucesso escolar além do preto e do branco][31], a socióloga Prudence Carter identifica os "encavalamentos culturais", uma categoria de estudantes de um corpo heterogêneo que se sente mais à vontade com as culturas negra e branca, como

---

[30] No Canadá, os povos indígenas constituem uma categoria distinta, não incorporada à versão canadense de "pessoas de cor", categoria identificada como "minorias visíveis".

[31] Prudence L. Carter, *Keepin' It Real: School Success beyond Black and White* (Nova York, Oxford University Press, 2005).

o grupo mais propenso a ter sucesso na escola. O trabalho de Carter sugere que estudantes que desenvolvem um conjunto de competências para lidar com as diferenças ou "superá-las" são mais eficazes nos ambientes interculturais.

No entanto, quando se trata da visão inicial dos e das praticantes da interseccionalidade, esse terreno escorregadio que levou dos estudos de raça, classe e gênero para a interseccionalidade, da interseccionalidade para a diversidade e, por fim, da diversidade para a competência cultural pode ser simplesmente muitos pontos para ligar. A passagem da diversidade para a competência cultural mascara ainda o fato de que as desigualdades estruturais, em especial as do próprio ensino, contribuem para a desigualdade social. A educação para a consciência crítica, que equiparia as pessoas para resolver problemas, foi substituída por módulos de formação com pacotes de cultura predefinidos a ser usados como parte de uma disciplina obrigatória sobre diversidade ou créditos para formação continuada.

Os profissionais da diversidade mantêm relações variadas com essas tendências mais amplas e, consequentemente, demonstram níveis distintos de habilidade política e competências para lidar com elas. Por um lado, quando estudantes, docentes e pessoal ligado à educação desenvolvem programas baseados na interseccionalidade a fim de conservar seu *éthos* de justiça social, invocam a noção de educação de Paulo Freire para a consciência crítica. Ironicamente, podem não chamar seus programas de "interseccionais". Por razões estratégicas, esses e essas profissionais da diversidade reformulam o mandato de justiça social dentro dos estreitos marcos interpretativos da competência cultural. Diversos atores sociais trabalham com a diversidade, às vezes publicamente, mas no geral mediante um compromisso oculto de diversidade semelhante à oposição subversiva das e dos profissionais que trabalham em escolas de ensino fundamental e médio. Por exemplo, os casos reunidos por Christine Clark, Kenneth Fasching-Varner e Mark Brimhall-Vargas em *Occupying the Academy* [Ocupando a academia][32] ilustram como homens e mulheres no cargo de direção de diversidade, administração de nível médio e docência lidam com os desafios contemporâneos da diversidade. Escritos por (e não sobre) profissionais da diversidade que atuam na linha de frente, esses casos capturam as perspectivas de pessoas que fazem realmente o trabalho de diversidade, sem estudar como isso deve ou não deve ser feito. Investigar o funcionamento da diversidade e da equidade nas vitórias e

---

[32] Christine Clark, Kenneth Fasching-Varner e Mark Brimhall-Vargas (orgs.), *Occupying the Academy: Just How Important Is Diversity Work in Higher Education?* (Lanham, Rowman & Littlefield, 2012).

nas frustrações reais das instituições fornece um raro vislumbre das perspectivas daqueles e daquelas que realizam de fato um trabalho de diversidade de nível superior, não apenas o pesquisam. Essas narrativas mostram como é difícil o trabalho de diversidade, mas também como muitos profissionais desse campo, homens e mulheres, estão comprometidos em fazê-lo funcionar.

Alguns dos trabalhos mais perspicazes sobre a diversidade no ensino superior são realizados por pessoas que estão ativamente engajadas em projetos pedagógicos que seguem o mandato institucional e separam investigação e práxis. Por exemplo, em *Intellectual Empathy: Critical Thinking for Social Justice* [Empatia intelectual: pensamento crítico para a justiça social][33], a filósofa Maureen Linker descreve quinze anos de prática pedagógica na Universidade de Michigan, em Dearborn. Ela mostra como vincula teoria e prática a uma população de estudantes afro-americanos, muçulmanos, mulheres, regressantes e homens brancos da classe trabalhadora. Em linguagem acessível, que demonstra por si só um senso da pedagogia crítica, Linker não trata apenas do conteúdo da interseccionalidade, mas ajuda alunos e alunas a relacionar as ideias principais da interseccionalidade à vida. Nesse caso, as noções de educação de Paulo Freire para uma consciência crítica se incorporam à prática pedagógica real, colocando em ação as ideias da democracia participativa.

INTERSECCIONALIDADE, EDUCAÇÃO CRÍTICA E JUSTIÇA SOCIAL

Inicialmente, a interseccionalidade e a educação crítica consideravam que a justiça social era vital para sua missão. Ambos os projetos estão enfrentando novos desafios levantados pelo neoliberalismo, além daqueles do populismo de extrema direita, desafios esses que podem aproximá-las ou separá-las. Quando se trata de justiça social, quais são os pontos de conexão mais promissores entre esses dois projetos? Especificamente, como a interseccionalidade, enquanto forma de investigação crítica, pode contribuir para a educação crítica? Ao mesmo tempo, como a educação crítica poderia contribuir para a interseccionalidade?

Primeiro, o uso da interseccionalidade como ferramenta analítica pode fornecer uma lente mais abrangente para abordar as complexidades da equidade educacional. Alinhar a abundante literatura sobre identidades interseccionais

---

[33] Maureen Linker, *Intellectual Empathy: Critical Thinking for Social Justice* (Ann Arbor, University of Michigan Press, 2015).

a contextos escolares reais pode ser bastante útil para docentes e profissionais da educação. Quando as políticas de diversidade se tornam visíveis, criam-se alianças possíveis entre jovens que veem o mundo não apenas pelas explicações herdadas da família e do currículo escolar formal, mas também pela interconectividade de suas experiências heterogêneas.

Essa sensibilidade é construída aos poucos, uma pessoa por vez, não no sentido de uma informação bancária, mas como uma sensibilidade geracional que reiniciou a luta das gerações anteriores por uma educação crítica. O desafio é democratizar essa rica e crescente literatura sobre as identidades interseccionais – e não supor que apenas estudantes de ascendência afro-americana se interessarão pela história negra, porque isso melhorará sua autoestima, supostamente baixa, ou apenas jovens LGBTs se interessarão pelos estudos *queer*. A tarefa é colocar a pesquisa sobre as identidades interseccionais em marcos interseccionais mais amplos, que investigam o potencial da educação crítica para desmantelar a desigualdade social.

Segundo, a ênfase da interseccionalidade nas relações de poder interseccionais, sobretudo como são refratadas pelos domínios do poder (domínios estruturais, disciplinares, culturais e interpessoais), recentra a atenção na educação como um campo de poder. A interseccionalidade resiste à pressão neoliberal para se concentrar nas causas individuais e pessoais da desigualdade social, mostrando que fatores estruturais estão em ação. Esse foco revitalizado nas relações entre o pessoal e o político, eixo principal da política identitária, pode facilitar novas conexões entre a pesquisa educacional tradicional e a interseccionalidade. A desigualdade social não reside apenas nas estruturas da escola nem nos atributos culturais dos estudantes, mas na interação entre os dois. Muitos estudos em pesquisa educacional já reivindicam certa variação da interseccionalidade e a utilizam para examinar as identidades complexas de estudantes. Para o ensino fundamental e médio, a incorporação da sensibilidade analítica da interseccionalidade em pesquisas educacionais (sobre cultura de sala de aula, por exemplo), a preparação de docentes culturalmente acolhedores e a melhoria da eficácia da direção e da administração de escolas que trabalham com populações diversas de estudantes podem ser bem-vindas. Certamente a reforma dessas práticas tornará as escolas mais humanas, mas não enfrentará por si só a espinhosa questão da ineficiência na educação.

Por fim, as lutas travadas na educação sugerem que, se a interseccionalidade abandona o foco na práxis crítica, ela compromete seus próprios ideais. Mães, pais, docentes e outras pessoas que trabalham diretamente com jovens sabem que, se ignorarem as condições políticas sob as quais trabalham, os jovens sob seus cuidados serão prejudicados. É difícil ministrar mais um teste padronizado ou, pior ainda, ser forçado a ensinar sem ver os efeitos que ideias afinadas em um conceito bancário de educação têm sobre a juventude. A educação crítica nos lembra que a práxis é importante, sobretudo para o compromisso da interseccionalidade com a justiça social. As maneiras pelas quais profissionais da diversidade lidam com um contexto institucional em transformação – contexto esse que foi vinculado à reputação da interseccionalidade – são importantes. Focar os estudos interseccionais em um contexto no qual as escolas, as faculdades e as universidades públicas prejudicam as mesmas pessoas que a interseccionalidade tinha historicamente como objeto ajudar parece ser uma visão limitada.

No entanto, a educação crítica traz uma importante lição para a justiça social. As iniciativas focadas na diversidade têm se esforçado para trocar de marcha e atender às populações que também foram vítimas de discriminação, como imigrantes sem documentos, pessoas com deficiência, trans e estudantes que voltaram para a escola. Os estudos da interseccionalidade sobre identidades múltiplas e complexas têm sido úteis nesse sentido. Contudo, abrir o guarda--chuva da diversidade para abranger várias identidades levanta questões difíceis. Todas as formas de diversidade devem ser incluídas nos mandatos da diversidade? Reivindicar um ancestral indígena torna alguém indígena? Algumas identidades são mais importantes que outras? A interseccionalidade enfrenta um conjunto de preocupações semelhantes. Os debates sobre a maneira como a história da interseccionalidade deve ser escrita tocam em questões mais profundas. O que conta como interseccionalidade? Quem decide isso? O estudo da interseccionalidade como forma de análise e práxis críticas visa a responder a essas perguntas, concentrando-se explicitamente na práxis. Estudantes, docentes e pessoal administrativo de faculdades e universidades enfrentam perguntas semelhantes a respeito dos novos significados da diversidade, mas a partir da práxis.

Apesar dessas preocupações em comum, as trajetórias institucionais distintas que a interseccionalidade e as iniciativas de diversidade seguem nas faculdades e nas universidades resultam em um espaço intelectual acanhado para tratar dessas questões. O diálogo sobre a importância da postura crítica dentro da atual organização da interseccionalidade e das iniciativas de diversidade poderia fortalecer as dimensões da justiça social de ambos os empreendimentos.

8
A INTERSECCIONALIDADE REVISITADA

A relação sinérgica entre a investigação e a práxis da interseccionalidade constitui um princípio organizador fundamental deste livro. Ademais, essa relação entre os contornos intelectuais e a ação política foi essencial para ela como forma de análise *crítica*. Argumentamos que a manutenção da tensão criativa que une essas duas dimensões pautou a originalidade e o crescimento da interseccionalidade. Por exemplo, a maneira como contamos a história da interseccionalidade situou seu surgimento no ativismo dos movimentos sociais e falou ao mesmo tempo de sua incorporação institucional na academia, posição que destaca, por um lado, a vitalidade e a necessidade dos laços da interseccionalidade com os movimentos pela justiça social e, por outro, a necessidade de uma defesa constante desses laços em faculdades e universidades, que vêm se tornando cada vez mais neoliberais. A manutenção dessa tensão criativa entre investigação e práxis, enquanto a interseccionalidade expande seu alcance global, caracteriza o diálogo na esfera dos direitos humanos, das iniciativas em favor da justiça reprodutiva e do ativismo digital pela justiça social. A justaposição dos laços da interseccionalidade com várias formas de política identitária – por exemplo, o movimento das mulheres negras no Brasil e o *hip-hop* como discurso global da juventude – e os debates identitários no campo dos estudos interseccionais lançam luz sobre uma polêmica importante, que depende da distinção entre práxis e investigação. Nossa análise da diversidade no ensino público fundamental, médio e superior aborda os desafios para estabelecer a interseccionalidade como um campo de investigação e práxis em diálogo com a educação crítica, um domínio que enfrenta desafios semelhantes.

Esses exemplos sugerem que essa sinergia entre investigação e práxis é simultaneamente crítica e criativa, catalisa novas ideias de investigação e propõe novas formas de práxis. Muitos de nossos exemplos destacam as contribuições da interseccionalidade para soluções criativas de problemas sociais importantes, como a violência contra mulheres e meninas, a exploração do trabalho em condições precárias e a negação de educação a jovens. Apresentamos muitos exemplos de análises interseccionais críticas advindos da práxis, como o ativismo pela justiça reprodutiva ou pelos direitos das e dos imigrantes. Essa sensibilidade dialógica entre o saber e o fazer enriqueceu a interseccionalidade como campo de investigação dentro da academia, levantando questões, caminhos de investigação e explicações em muitas disciplinas.

Manter essa tensão criativa entre a investigação crítica e a práxis crítica permanece um desafio constante para a interseccionalidade. No entanto, muitas pessoas que fazem parte da academia, da esfera do ativismo e da interseccionalidade digital não consideram que essa relação entre investigação e práxis seja fundamental para o trabalho crítico da área. Alguns acadêmicos e acadêmicas desejam separar a interseccionalidade da práxis, mantendo um conjunto puro de ideias que podem ser livremente manipuladas por um tipo de interesse político que preocupa praticantes da interseccionalidade. Da mesma forma, ativistas que a interpretam como excessivamente abstrata, e não merecedora de estudos, demonstram um viés anti-intelectual que engrandece a práxis em prejuízo dos estudos sérios. Como sugerem os debates do público feminista on-line e a disseminação da violência digital, o espaço ocupado pela interseccionalidade na mídia digital pode tornar o conflito mais amplo e aberto. Significativamente, a criatividade afinada no diálogo entre a investigação e a práxis não precisa gerar consenso – na verdade, muitas vezes ela catalisa os conflitos. No entanto, ter uma postura crítica requer diálogo através das diferenças de poder, desde que esses diálogos estejam comprometidos com o fortalecimento da interseccionalidade.

O termo "interseccionalidade" é muito utilizado atualmente, mas de maneiras variadas por diferentes atores sociais. O ímpeto para a interseccionalidade nos aparece como mais conectado com os enigmas do mundo social em que vivemos que com as preocupações dos empreendimentos disciplinares estabelecidos. Nossos esforços para fornecer uma definição útil – e não definitiva – da interseccionalidade traduzem o impulso de abarcar o duplo foco da interseccionalidade na investigação e na práxis. Para isso, começamos este livro oferecendo a seguinte descrição da interseccionalidade:

> A interseccionalidade investiga como as relações interseccionais de poder influenciam as relações sociais em sociedades marcadas pela diversidade, bem como as experiências individuais cotidianas. Como ferramenta analítica, a interseccionalidade considera que as categorias de raça, classe, gênero, sexualidade, nacionalidade,

capacidade, etnia e faixa etária – entre outras – são inter-relacionadas e se afetam mutuamente. A interseccionalidade é uma forma de entender e explicar a complexidade do mundo, das pessoas e das experiências humanas.*

Estabelecemos essa definição de trabalho porque é ampla e elástica o suficiente para abrigar a diversidade dentro da interseccionalidade, mas fornece algumas indicações sobre certos limites importantes em torno da interseccionalidade. Ao longo deste livro, tentamos aprofundar essa definição de trabalho de maneira a englobar a heterogeneidade e o dinamismo da interseccionalidade.

A importância dessa definição de trabalho vai além de sua utilidade organizacional nestas páginas. A questão da definição é importante porque estabelecer prematuramente uma definição, história ou cânone pode interromper a criatividade e o desenvolvimento da interseccionalidade. Tentamos evitar essas armadilhas, fornecendo uma visão mais ampla da que aquela que se pode encontrar em outro lugar qualquer. Enfatizamos como o uso da interseccionalidade enquanto ferramenta analítica introduz maior complexidade em uma série de tópicos, como movimentos sociais mediados digitalmente, mudanças climáticas e justiça reprodutiva. Em geral o consenso se rompe quando nos aprofundamos no uso real da interseccionalidade. Destacamos alguns dos debates, como as visões conflitantes do significado de identidade. Também discutimos os desafios que a interseccionalidade enfrenta mantendo-se crítica em diversos lugares que adotam cada vez mais os marcos neoliberais, por exemplo, sua localização nos modelos normativos do ensino superior e o sentido variável da diversidade nas escolas públicas e na academia. Evitamos alguns dos debates mais controvertidos, nos quais, em nossa avaliação, a interseccionalidade é varrida em benefício de outras agendas, por exemplo, o argumento de que "nós", quem quer que seja esse "nós", devemos ir além da interseccionalidade para chegar a um cenário "pós-interseccionalidade".

Ao longo do livro, enfatizamos várias premissas importantes, que nos forneceram as diretrizes para a abordagem da interseccionalidade. Em primeiro lugar, destacamos a importância do domínio social estrutural do poder para a interseccionalidade. Não apenas construímos esse domínio estrutural em muitas instituições sociais, como escolas, penitenciárias, mídia e local de trabalho, mas também apresentamos o contexto estrutural da interseccionalidade como algo que atravessa múltiplas camadas da organização social. Mais

---

* Ver, neste volume, p. 15-6. (N. E.)

precisamente, apresentamos exemplos de análises de microníveis que destacam o funcionamento da criatividade individual na solução de problemas sociais (ver, no capítulo 2, o exemplo de Muhammad Yunus e do microcrédito), bem como na interação social em pequenos grupos (ver, no capítulo 4, nossa leitura atenta da reunião sobre a interseccionalidade e a política de direitos humanos). Fornecemos exemplos da forma como os grupos de base recorrem à interseccionalidade para orientar a ação social (por exemplo, o caso da iniciativa de Albuquerque, nos Estados Unidos, em defesa da justiça reprodutiva). Não tratamos de fenômenos de nível macro, como o Estado e a geopolítica global como variáveis de fundo. No entanto, apresentamos o Estado-nação como um lugar importante do contexto social estrutural da interseccionalidade, enfatizando como Estados-nação heterogêneos estimulam políticas públicas diversas. Também apresentamos um marco transnacional para os direitos humanos, o protesto social e fenômenos globais similares que tenta vincular e transcender os contextos nacionais.

Em segundo lugar, demos atenção especial às tradições filosóficas que influenciam as ideias e a política da interseccionalidade. Por exemplo, identificamos a social-democracia e o neoliberalismo como filosofias ou sistemas de ideias importantes no contexto interpretativo da interseccionalidade. Promover a democracia é uma preocupação constante da interseccionalidade, que tem vários projetos interseccionais alinhados a projetos democráticos liberais, sociais ou participativos. As reivindicações da interseccionalidade pela inclusão, pelo diálogo, pela equidade e justiça social baseiam-se no aprofundamento do sentido de democracia. No entanto, o neoliberalismo põe em questão esses ideais democráticos. As ideias da social-democracia e do neoliberalismo são contestadas em muitas das políticas públicas discutidas aqui, entre elas a securitização e o sistema penal, o desfinanciamento do ensino público e o modelo de negócios da Fifa (ver capítulo 1). A crescente visibilidade do populismo de extrema direita, sobretudo os ataques a imigrantes, pessoas de cor e mulheres, complexifica essa mistura. Com certeza há outras filosofias com amplo impacto social. Contudo, o foco na democracia e no neoliberalismo fornece um contexto para vermos como o poder influencia a sinergia entre a investigação e a práxis, em geral, e a interseccionalidade, em particular.

Em terceiro lugar, destacamos as ideias e as ações de pessoas que fazem contribuições importantes à interseccionalidade, embora muitas vezes não reconhecidas. Como a sinergia entre a investigação crítica e a práxis da interseccionalidade é com frequência mais visível no trabalho das mulheres de cor, pobres, LGBTQs, povos indígenas e jovens, colocamos, em primeiro plano de análise, tanto quanto possível as ideias das pessoas historicamente privadas de direitos. Por exemplo, destacamos as ideias que surgiram no movimento das mulheres negras no Brasil, bem como as políticas identitárias do *hip-hop*, porque as mulheres negras e os jovens de ambos os sexos fizeram importantes contribuições à interseccionalidade. Da mesma forma, nossa abordagem da genealogia da interseccionalidade enfatiza a importância dos projetos de movimento social promovidos por pessoas historicamente privadas de direitos para a investigação e a práxis críticas da interseccionalidade. As histórias-padrão costumam ignorar o trabalho intelectual das pessoas que são discriminadas nas relações de poder interseccionais de raça, classe, gênero, sexualidade, deficiência e nacionalidade. Significativamente, com frequência são as mesmas mais versadas na práxis da justiça social.

Juntas, essas premissas sobre o contexto social estrutural da interseccionalidade, a importância das filosofias na formação da interseccionalidade e a importância de olhar as pessoas oprimidas como agentes do conhecimento influenciaram nossa análise. Guiadas por essas premissas, estabelecemos seis temas principais – desigualdade social, relações de poder interseccionais, contexto social, relacionalidade, complexidade e justiça social – para nos fornecer referências na análise da investigação e da práxis críticas da interseccionalidade. Assim como esses temas característicos reaparecem, embora de formas diferentes, dentro da própria interseccionalidade, também os discutimos de maneiras diferentes ao longo do livro. Aqui, revisitamos esses temas como maneira de sintetizar algumas das ideias principais deste volume e discutir como a interseccionalidade pode lançar um olhar autorreflexivo sobre as próprias verdades e práticas. Alguns desses temas há muito são reconhecidos e considerados dignos. Quanto a outros, o histórico deles é bem mais questionado. Encerramos perguntando: para onde está se direcionando a interseccionalidade? Olhamos para trás para poder seguir em frente.

DESIGUALDADE SOCIAL

A desigualdade social é um objeto fundamental de investigação da interseccionalidade. E como tal nós a tratamos ao longo de todo o livro. Por exemplo, nossa discussão sobre renda e riqueza como dimensões da desigualdade econômica global estabelece as bases para uma discussão mais bem fundamentada sobre a desigualdade social em que se levem em conta as diferentes filosofias. Também discutimos como as filosofias que oferecem explicações diferentes para a desigualdade social afetam as políticas públicas dos Estados-nação. O foco na desigualdade social apura nossa definição provisória: a interseccionalidade constitui maneira de entender e explicar as complexas desigualdades sociais do mundo, das pessoas e das experiências humanas.

A interseccionalidade une tradições discrepantes sobre a desigualdade social. Esse é seu desafio e sua força. Compreender os modelos históricos de estudo e ativismo que catalisaram o antirracismo, a descolonização, o feminismo, os estudos críticos sobre a deficiência e projetos críticos semelhantes requer um estudo sério. Cada um desses campos possui formas distintas de investigação e práxis críticas relativas às formas particulares de desigualdade social que eles estudam. O simples fato de selecionar e agrupar ideias de vários campos pode nos fornecer uma compreensão sofisticada da desigualdade social que pode se disfarçar de interseccionalidade. Não poderíamos fazer justiça, em um livro, à extensa literatura sobre a desigualdade social que a interseccionalidade pretende reunir. Em vez disso, fundamentamos a análise em práticas sociais, problemas sociais e questões sociais específicas, a fim de mostrar que o uso da interseccionalidade como ferramenta analítica pode promover entendimentos mais sólidos da desigualdade social. Nossa discussão no capítulo 1 sobre a Fifa, por exemplo, apresenta um bom entendimento do modo como múltiplas desigualdades sociais são estruturadas e replicadas. Em vez de tratar das questões sociais em abstrato, como preocupações puramente teóricas, adotamos uma abordagem mais fundamentada do uso da interseccionalidade para o exame de uma série de questões sociais.

Também tomamos o cuidado de não apresentar a desigualdade social como algo natural, normal e inevitável. O uso da interseccionalidade como ferramenta analítica é uma maneira poderosa de analisar como as relações de poder interseccionais produzem desigualdades sociais. A amplitude da desigualdade social e as práticas que a organizam com certeza são impressionantes. Consideramos o poder do Estado-nação ao mesmo tempo como um objeto de investigação e um contexto importante para a práxis da própria interseccionalidade. Os efeitos do neoliberalismo e das políticas de securitização do Estado sugerem que as elites exercem um poder desmesurado, o ressurgimento do populismo de extrema direita apresentando novos desafios para as pessoas subordinadas.

No entanto, essas mesmas ferramentas de interseccionalidade também podem ser usadas para examinar a resistência contra a desigualdade social. O movimento das mulheres negras no Brasil, o *hip-hop* como forma de política cultural e o ativismo digital sugerem que a resposta à desigualdade social não precisa ser uma capitulação. Ao longo deste livro, fornecemos exemplos de pessoas que não apenas não desistem, como protestam ativamente contra as formas de desigualdade social que enfrentam. Nossa escolha de tópicos reflete esse tema da resistência: protesto social global, direitos reprodutivos, ativismo digital, educação crítica e importância da política identitária, todos falam das inúmeras maneiras pelas quais as pessoas resistem no interior dos sistemas de poder interseccionais.

INTERSEÇÕES DAS RELAÇÕES DE PODER

O poder, outra ideia fundamental da interseccionalidade, é complexo e questionado. Ao longo deste livro, abordamos a interseccionalidade por uma ótica consciente do poder ou estrutura analítica. A interseccionalidade se esforça para olhar o poder sob vários ângulos e se perguntar que tipo de relação de poder está por trás daquelas que são mais visíveis em determinado contexto. Conceituamos o poder como relacionamento, não como entidade estática. O poder não é algo que se ganhe ou perca, como nas concepções de soma zero de quem ganha e quem perde no campo de futebol. Ao contrário, o poder se exerce por meio das relações que criaram as próprias categorias "ganhador" e "perdedor".

Como o termo "poder" é amplamente usado sem muito consenso sobre sua definição, enfatizamos as relações de poder interseccionais para afinar nossa abordagem do poder neste livro e não evitamos os tópicos difíceis. As relações de poder interseccionais permeiam fenômenos globais importantes: aqueles que oprimem (por exemplo, a violência e a desigualdade social), mas também os atos políticos que resistem ou se opõem a essa opressão (por exemplo, os protestos sociais que explodem em diferentes contextos nacionais, os movimentos sociais que evoluem à medida que envolvem fenômenos globais) e a mídia digital como novo recurso para fins opressivos e emancipatórios. Esses fenômenos globais permeados de relações de poder interseccionais também são diferentemente impactados pelo aumento do populismo de extrema direita, do qual tratamos nesta nova edição, pois reflete mudanças relevantes na conjuntura atual e comporta uma ameaça real de fascismo. Essa ótica consciente do poder levanta dois pontos de destaque sobre as relações interseccionais de poder e as respostas políticas que elas podem gerar. Primeiro, os marcos interseccionais compreendem as relações de poder através de uma lente de construção mútua. Em outras palavras, a vida e a identidade das pessoas são moldadas em geral por múltiplos fatores, de formas diversas e mutuamente influenciadas. Raça, classe, gênero, sexualidade, idade, deficiência, etnia, nação e religião, entre outros, constituem sistemas de poder interdependentes, interseccionais ou mutuamente construídos. Enquanto categorias de análise, raça, gênero, sexualidade, classe e nação adquirem significado a partir das relações de poder do racismo, do heterossexismo, da exploração de classe e do nacionalismo. Nos marcos interseccionais, não existe racismo ou heterossexismo puros. Em vez disso, as relações de poder do racismo e do heterossexualismo adquirem significado em relação um ao outro.

Segundo, as relações de poder devem ser analisadas tanto por suas interseções (por exemplo, racismo e sexismo) quanto nos domínios de poder estruturais, disciplinares, culturais e interpessoais. A estrutura dos domínios do poder nos fornece um dispositivo heurístico ou uma ferramenta de pensamento que nos permite examinar as relações de poder. O caso da Copa do Mundo da Fifa propiciou essa heurística quando analisamos cada domínio de poder separadamente. Nós os dividimos em tipos de relações de poder solidificadas nas estruturas sociais (por exemplo, organizações, como a Fifa, e instituições, como os governos nacionais) e compartilhadas por meio das ideias, da mídia ou da cultura em geral, aparecendo sempre na maneira pela qual as recompensas e as punições sociais informais são distribuídas nas interações cotidianas e afetam as identidades individuais de jogadores e jogadoras. Estes são, respectivamente, os domínios estrutural, cultural, disciplinar e interpessoal do poder. Observar como o poder funciona em cada domínio pode lançar luz sobre a dinâmica de fenômenos sociais maiores, como as principais filosofias econômicas do FMI ou a longevidade do movimento das mulheres negras no Brasil. No entanto, na prática social real, os domínios se sobrepõem, e nenhum pode ser dado como o mais determinante *a priori*.

Ao longo deste livro, investigamos uma questão importante: como a interseccionalidade se situa nas relações de poder que ela aparentemente estuda? Posicionar a interseccionalidade nas relações de poder contemporâneas e analisar o significado desse posicionamento levantam questões adicionais. Como a interseccionalidade avalia de forma crítica as relações de poder de raça, classe, gênero, sexualidade, idade, etnia, nacionalidade e capacidade? Como a interseccionalidade pode entender melhor a maneira pela qual as relações de poder interseccionais moldam a própria práxis? Essas perguntas devem ser repetidamente feitas e respondidas sob as condições variáveis do neoliberalismo, do populismo de extrema direita e seus desafios para a social-democracia.

Neste livro, criticamos a interseccionalidade quando ela parece se afastar daquilo que consideramos seus principais campos de preocupação, inequivocamente associados às relações interseccionais de poder. Por exemplo, porque nos preocupamos tanto com a atenção decrescente que os estudos da interseccionalidade vêm dispensando à desigualdade social, enfatizamos esse tema. O esvaziamento dos significados das ricas tradições acadêmicas que analisam criticamente as desigualdades sociais (por exemplo, o capitalismo, o colonialismo, o racismo, o patriarcado e o nacionalismo) e sua substituição por atalhos como raça, classe e gênero podem parecer inofensivos, mas muita coisa se perde quando os sistemas de poder disputam espaço sob algumas versões da interseccionalidade. Os termos em si podem parecer equivalentes e facilmente substituíveis uns pelos outros, mas as relações sociais a que fazem referência são muito mais complicadas.

Sexismo, racismo e heterossexismo contêm os "ismos" que os fazem reconhecíveis como sistemas de poder injustos, uma característica importante que se perde quando esses sistemas são reformulados como categorias identitárias de gênero, raça e sexualidade. O termo "nação" não pode capturar as complexidades que acompanham seu uso. As expressões históricas do nacionalismo, tanto a repressão sancionada pelo Estado quanto os movimentos anticolonialistas pela emancipação, reproduzem categorias binárias de nação como uma entidade inerentemente ruim ou boa. Termos de substituição, como "*status* de cidadania" ou "migrantes sem documentos", visam a preencher o vazio teórico, fazendo referência a populações que são penalizadas por ideologias nacionalistas e políticas dos Estados-nação. Da mesma forma, quando entendido como sinônimo de *status* socioeconômico, medido muitas vezes pela renda, o termo "classe" faz uma espécie de reducionismo sob algumas versões da interseccionalidade.

Esse uso da linguagem abreviada como estratégia para descrever as relações de poder interseccionais resolve, aparentemente, um conjunto de problemas, mas cria outros. Com o tempo, por exemplo, esses termos não invocam mais os significados originais de racismo, sexismo, nacionalismo e capitalismo, mas se convertem em significantes flutuantes que, sem raízes em tradições analíticas críticas específicas, podem ser montados e remontados à vontade. Essa redução da interseccionalidade a um conjunto de atalhos parece ser mais democrática na medida em que engloba mais categorias. No entanto, de tanto ser repetido, o mantra "raça, classe e gênero" se torna sem sentido. A expressão serve como teste de fogo para especialistas que podem afirmar que seu trabalho é melhor que análises de raça ou classe, principalmente porque faz mais referência a termos de desigualdade social. Nosso quadro analítico do poder, oferecendo uma análise dupla que identifica categorias de poder interseccionais, organizadas em todos os domínios do poder, foi projetado para fazer frente a essas tendências. Essa análise consciente do poder, por sua vez, sugere que a interseccionalidade é uma forma de práxis crítica em resposta a complexas desigualdades sociais que são organizadas por uma matriz complexa de poder.

CONTEXTO SOCIAL

Com relação ao contexto social, nosso livro fica em uma posição difícil: acreditamos firmemente na importância de pensar e desenvolver a interseccionalidade de maneira específica ao contexto, de modo que atenda às particularidades históricas e à crescente importância do contexto global. No entanto, dado o escopo da interseccionalidade, sempre que possível enfatizamos a importância de contextualizar a interseccionalidade no contexto global, por exemplo, a política identitária do *hip-hop* e a organização de movimentos sociais em rede como fenômenos locais e globais. Fizemos isso, em parte, selecionando questões sociais importantes e destacando as dimensões políticas do contexto global. O termo "contextualizar" vem desse ímpeto de refletir sobre a desigualdade social, a relacionalidade e as relações de poder. Usar a interseccionalidade como ferramenta analítica significa contextualizar os argumentos da interseccionalidade, tanto por meio de nossa escolha de exemplos como pela consciência de que contextos históricos, intelectuais e políticos particulares moldam a investigação e a práxis da interseccionalidade.

Nossas decisões aqui traduzem as várias maneiras pelas quais investigamos a relação entre a interseccionalidade, as questões locais e os fenômenos globais. Sabendo que é impossível descrever exaustivamente o contexto social de cada tópico, apresentamos casos em que o lugar e o espaço, tanto geográficos como digitais, são elementos-chave do contexto social. No capítulo 5, a discussão sobre o desabamento do Rana Plaza, em Bangladesh, mostra que esse evento ultrapassou as fronteiras do país: ele ilustra o que significa trabalhar para alguém que oferece condições perigosas de trabalho em qualquer país. Também mostra como o movimento global contra as *sweatshops* redefine o espaço global dos movimentos sociais, expondo a comercialização e a venda no Brasil da parafernália da Fifa produzida por mão de obra de Bangladesh. O caso do Rana Plaza também mostra que pessoas historicamente privadas de direitos podem desenvolver novos entendimentos de seu contexto social institucional e geográfico quando veem conexões que antes estavam ocultas. O protesto social global ocorre tanto geograficamente num local como no ciberespaço.

"Contexto social" é uma expressão tão ampla que, neste livro, enfatizamos a importância dos Estados-nação para o fornecimento de um contexto social, visto com frequência como já dado para a análise interseccional. Sempre que possível, mencionamos o contexto nacional para lembrar ao público que as ideias de interseccionalidade podem assumir formas diferentes. Por exemplo, introduzimos as ideias do feminismo afro-brasileiro, as do feminismo negro nos Estados Unidos e as do feminismo chicano como âmbitos em que a interseccionalidade se desenvolveu, mas não fizemos isso para compará-las, e sim para contextualizar os argumentos de cada uma. O contexto nacional comporta questões importantes, assim como a posição de diferentes grupos sociais em cada contexto nacional. Por sua vez, a expressão "povos indígenas" fala de experiências e desafios globais compartilhados, mas também minimiza as experiências e os desafios únicos de grupos em diferentes Estados-nação. O tema das perspectivas variadas que podem surgir dentro e através de diversos contextos sociais influencia as diferenças na própria interseccionalidade.

A ênfase que demos aos Estados-nação nesta análise interseccional consciente do poder destaca a importância da geografia política da localização social da interseccionalidade como forma de moldar seu contexto intelectual. Por exemplo, aqui abordamos os Estados-nação ao mesmo tempo como objeto de análise interseccional e cenário da investigação e da práxis críticas da interseccionalidade: o uso da interseccionalidade como ferramenta crítica não é o mesmo na África do Sul, na Índia e no Canadá. Aqui, destacamos o cenário institucional da academia como contexto social dos esforços intelectuais e políticos da interseccionalidade. Nossa análise dos sentidos variáveis cambiantes da interseccionalidade nos movimentos sociais e de sua incorporação à academia contrasta os efeitos desses dois meios institucionais sobre a interseccionalidade; nossa análise a respeito do poder do Estado neoliberal, seu discurso de securitização e a forma como as estruturas institucionais são moldadas por essas ideias é o tema principal do livro; a comparação entre as interpretações variadas da política identitária na academia e no *hip-hop* também destaca a importância da universidade e da mídia de massa como locais institucionais de produção cultural; nossa análise dos contornos variáveis da interseccionalidade e da diversidade no ensino superior destaca a importância do contexto. Em resumo, as trajetórias institucionais da interseccionalidade são importantes para entendermos como suas ideias são diferentemente instanciadas em contextos variados.

Em vários trechos deste livro, expressamos a preocupação de que o crescimento, a aceitação e a legitimação da interseccionalidade na academia e em certos lugares da política pública mudem necessariamente sua composição e propósito, muitas vezes para melhor, mas também para pior. Por exemplo, exploramos a política de denominação e incorporação da interseccionalidade na academia como discurso legítimo. A interseccionalidade é vítima do próprio sucesso? As tendências contemporâneas que a reduzem a uma teoria da identidade também refletem os desafios da absorção. No ensino superior estadunidense, a divisão da interseccionalidade em um componente acadêmico de estudo e de iniciativas de diversidade institucionais sinaliza um ataque à perspectiva crítica da interseccionalidade. Com essas preocupações, levantamos a questão: quem se beneficia da legitimação da interseccionalidade nos contextos sociais acadêmicos? As respostas a essa pergunta estão longe de ser objetivas e podem variar de uma situação para outra. Não basta se deixar absorver pelo próprio trabalho, reivindicando a interseccionalidade como um conjunto de ideias estimulantes e ignorando ao mesmo tempo as condições que tornam esse trabalho possível.

A frase irônica "salvar a interseccionalidade dos estudos de interseccionalidade"[1] lembra a todos nós, pesquisadoras e pesquisadores, que reflitamos sobre nossas próprias práticas no contexto da nova visibilidade e legitimação da interseccionalidade. Salvar a interseccionalidade pode implicar resgatá-la das mãos de pessoas que têm pouco ou nenhum compromisso com o *éthos* de justiça social da interseccionalidade. Também pode significar salvá-la de nós mesmos, se a praticarmos como "um negócio", isto é, apenas como mais um discurso acadêmico ou uma especialização do conteúdo, sem envolver nosso trabalho nas

---

[1] Sirma Bilge, "Intersectionality Undone: Saving Intersectionality from Feminist Intersectionality Studies", *Du Bois Review*, v. 10, 2013, p. 405-24.

relações de poder que moldam o campo e a academia em geral. Tais práticas costumam seguir um caminho bem conhecido: mencionar certas figuras canônicas de um campo, sem se engajar de fato com o trabalho delas, e depois usar essa genealogia familiar como substituto para o próprio campo.

Há, ainda, a questão do contexto histórico. A versão da interseccionalidade que apresentamos neste volume reflete o momento histórico específico do início do século XXI e pretende ser uma intervenção crítica desse momento. Para um sem-número de pesquisadores, homens e mulheres, o momento da interseccionalidade como ideia surgiu "justamente por causa da infinidade de autoras e autores trabalhando independentemente em todo o mundo, apresentando conjuntos de reivindicações muito semelhantes"[2]. Nossa discussão sobre a genealogia da interseccionalidade adota essa perspectiva. Contudo, é importante ressaltar que a história está sempre em construção. Ao mesmo tempo que analisa os problemas contemporâneos, a interseccionalidade é formada e transformada por eles. Vemos um papel importante para a investigação analítica e a práxis crítica neste momento histórico específico. Ao fazer isso, corroboramos as ideias de Stuart Hall: "Movimentos provocam seus momentos teóricos. E as conjunturas históricas insistem em teorias: elas são momentos reais na evolução da teoria"[3]. Para os debates atuais, modulados pela influência cada vez maior da interseccionalidade na ONU e justapostos a críticas cada vez mais verbais à interseccionalidade na academia europeia, a interseccionalidade parece representar tanto uma promessa quanto uma ameaça. Por conseguinte, refletimos sobre as especificidades dos eventos históricos nos quais a interseccionalidade está inserida com o objetivo de entender e descrever como diferentes períodos históricos engendram momentos teóricos e políticos da interseccionalidade.

RELACIONALIDADE

A relacionalidade diz respeito às conexões entre ideias, entre discursos e entre projetos políticos. O termo "interseccionalidade" invoca um entendimento da relacionalidade diferente daquele apresentado nos estudos e na prática política

---

[2]   Nira Yuval-Davis, "Series Introduction: The Politics of Intersectionality", em Ange-Marie Hancock, *Solidarity Politics for Millennials: A Guide to Ending the Oppression Olympics* (Nova York, Palgrave-Macmillan), p. xii.

[3]   Stuart Hall, "What Is This 'Black' in Black Popular Culture?", em Michele Wallace, Gina Dent (orgs.), *Black Popular Culture* (Seattle, Bay, 1992), p. 283.

do Ocidente. A heurística básica da interseccionalidade, a ideia aparentemente simples de que entidades tratadas em geral como separadas podem ser interconectadas, teve um grande impacto no conhecimento disciplinar. O surgimento de campos interdisciplinares preocupados com a justiça social ilustra os efeitos das novas formas do pensamento relacional[4]. Essa ideia básica que consiste em examinar as possibilidades de interconexões e novas relações políticas entre grupos de pessoas historicamente privadas de direitos também dá forma à dessegregação nos Estados-nação e à descolonialidade como fenômeno global característico.

A percepção de que entidades historicamente conceituadas como separadas e opositivas são interconectadas e inter-relacionadas constitui uma importante contribuição da interseccionalidade para uma variedade de projetos intelectuais e políticos. Os estudos interseccionais põem em questão formas de pensamento relacional binário que opõem a teoria à prática ou os estudos ao ativismo. Os marcos interseccionais, por sua vez, tentam ir além das hipóteses do pensamento opositivo e moldar uma compreensão complexa das relações entre história, organização social e formas de consciência, tanto pessoais quanto coletivas[5]. Inspirando tanto acadêmicos quanto ativistas, homens e mulheres, a concepção de relacionalidade da interseccionalidade substitui noções de diferença opositiva (pensamento ou/ou) por noções de diferença relacional (pensamento e/e) e gera novas questões e caminhos de investigação[6].

Identificando a centralidade dos entendimentos e/ou da relacionalidade em muitas práxis e pesquisas interseccionais, abordamos a relacionalidade de várias maneiras neste livro. Por exemplo, nossa premissa básica de que a interseccionalidade é uma forma de investigação crítica e práxis é uma declaração de relacionalidade entre o saber e o fazer, visão que enxerga a teoria e a prática como interconectadas. Investigamos as maneiras pelas quais as relações entre diferentes grupos através das diferenças de poder influenciam a análise e a prática de cada um. Discutimos versões da interseccionalidade que reduzem a identidade a uma categoria apolítica e individualista, argumentando que a identidade é sempre construída no interior e em relação a contextos sociais

---

[4] Joe Parker, Ranu Samantrai e Mary Romero (orgs.), *Interdisciplinarity and Social Justice: Revisioning Academic Accountability* (Albany, State University of New York Press, 2010).)

[5] Himani Bannerji, *Thinking Through: Essays on Feminism, Marxism and Anti-Racism* (Toronto, Women's Press, 1995), p. 12.

[6] Patricia Hill Collins, *Intersectionality as Critical Social Theory* (Durham, Duke University Press, 2019), p. 225.

moldados por relações de poder interseccionais. Também enfatizamos a importância da relacionalidade para a construção de corresistências entre várias lutas pela justiça social que, muitas vezes, parecem isoladas, mas na realidade podem ser fenômenos inter-relacionados. Nosso estudo de caso sobre o movimento das mulheres negras no Brasil mostra como coalizões que levaram a sério a relacionalidade e atentaram tanto para as semelhanças como para as diferenças foram cruciais para a criação e a manutenção de um movimento social forte.

Dedicamos menos tempo que o esperado à relação da interseccionalidade com projetos similares, como a teoria crítica de raça, o feminismo, os estudos étnicos e os debates intelectuais dos quais essas áreas fazem parte. A interconectividade da interseccionalidade com outros projetos de conhecimento similares é mencionada em vários lugares, mas uma investigação substancial está além do escopo deste livro[7]. A interseccionalidade, ao se envolver com esse tipo de projeto em todo o mundo, deve ser cautelosa com a inclusão de outras perspectivas sob seu amplo guarda-chuva, como as abordagens descoloniais e transnacionais. Quando a interseccionalidade penetra no Sul global de cima para baixo, por meio de ações humanitárias e de desenvolvimento ou de projetos do Norte global, em geral ela apaga conhecimentos e práxis locais de resistência e silencia as pessoas que produzem conhecimento[8]. Movimentos acadêmicos fazem o mesmo quando ostensivamente incluem a interseccionalidade em novos contextos do Norte, fazendo desaparecer lutas locais e pessoas que produzem conhecimentos racializados[9]. Há uma diferença fundamental entre situações em que grupos sem direitos em todo o mundo reivindicam eles próprios versões da interseccionalidade – como evidenciam os ativismos feministas transnacionais dalits e ciganos, o movimento feminista negro independente no Brasil ou os contornos de iniciativas de justiça reprodutiva em nível mundial – e situações em que uma instância nacional ou supranacional impõe de cima para baixo uma diversidade moderada, enquanto interseccionalidade, a pessoas historicamente privadas de direitos.

Essa ressalva se aplica a projetos de conhecimento que têm afinidades com a interseccionalidade. Em um contexto de crescente comodificação dos projetos

---

[7]   Ver ibidem, p. 87-120.

[8]   Sirma Bilge, "Quand l'intersectionnalité interpelle le développement", em Charmain Levy e Andrea Martinez (orgs.), *Genre, féminismes et développement: une trilogie en construction* (Ottawa, Presses de l'Université d'Ottawa, 2019), p. 39-52.

[9]   Idem, "Intersectionality Undone", cit.

de conhecimento pós-década de 1960 nos meios acadêmicos neoliberais (por exemplo, estudos étnicos ou sobre mulheres e gênero), a atual virada descolonial no ensino superior corre o risco de tratar os conhecimentos indígenas como simples complementos[10]. Da mesma maneira que acadêmicos e acadêmicas esperam corrigir suas disciplinas introduzindo nelas a interseccionalidade, os conhecimentos indígenas enfrentam cada vez mais uma incorporação de caráter superficial e oportunista. Há razões para desconfiar dos apelos fáceis à incorporação da indigeneidade à interseccionalidade, porque ela pode reproduzir práticas acadêmicas coloniais. Em vez de incorporação, quem trabalha com a interseccionalidade deve buscar um diálogo ético profundo com os conhecimentos indígenas e se perguntar por que a interseccionalidade não é usada sistematicamente por estudiosos e estudiosas indígenas. Andrea Smith explica a relutância destes em se envolver com estudos étnicos: "Muitos dos que se dedicam aos estudos indígenas rechaçam os estudos étnicos ou a teoria crítica de raça, porque acham que relegam os povos nativos ao *status* de minorias raciais, em vez de considerá-los parte das nações soberanas"[11]. Seguindo a deixa de Smith, podemos extrapolar e presumir que esse também pode ser o motivo dos escrúpulos dos indígenas em relação à interseccionalidade no momento atual, enquanto nos anos de formação do pensamento e da ação interseccionais as colaborações entre negros, indígenas e mulheres de cor eram frequentes (ver capítulo 3).

Porém, não é necessário anexarmos outras perspectivas. Aqui, o desafio que se impõe a especialistas e praticantes da interseccionalidade é engajar-se em diálogos éticos com outras tradições de pensamento emancipatório e pessoas que produzam conhecimento, seja do Sul ou do Norte global, e fazê-lo sem reproduzir as hierarquias de conhecimento e poder conferido pelo capital acadêmico da interseccionalidade no mercado global das ideias científicas. Diante das urgências políticas, sociais, econômicas e ecológicas, a viabilidade dos movimentos sociais capazes de construir um futuro alternativo depende de quão bem pudermos praticar a relacionalidade radical e a reciprocidade profunda

---

[10] Idem, "'We've Joined the Table but We're Still on the Menu': Clickbaiting Diversity in Today's University', em John Solomos (org.), *The Routledge International Handbook of Contemporary Racisms* (Londres, Routledge, 2020).

[11] Andrea Smith, "Indigeneity, Settler Colonialism, White Supremacy", em Daniel Martinez HoSang, Oneka LaBennett e Laura Pulido (orgs.), *Racial Formation in the 21ˢᵗ Century* (Berkeley, University of California Press, 2012), p. 76.

uns com os outros e com os seres não humanos, animados e inanimados, e trabalhar juntos na corresistência.

COMPLEXIDADE

No geral, essas ideias fundamentais sobre desigualdade social, relações de poder interseccionais, contexto social e relacionalidade destacam a complexidade da interseccionalidade. Como interagem entre si, contribuem coletivamente para a complexidade do assunto. Refletir sobre as desigualdades sociais e as relações de poder dentro de um *éthos* de justiça social – e fazê-lo não em generalizações abstratas, mas em seus contextos específicos – complexifica a investigação e a práxis interseccionais. Observar como as relações de poder interseccionais moldam de maneira contextualizada e histórica identidades, práticas sociais, arranjos institucionais, ideologias e representações culturais acrescenta complexidade em tudo. Além disso, a tensão criativa que liga a interseccionalidade enquanto forma de investigação crítica à prática crítica introduz complexidade nos projetos interseccionais.

Como discutimos ao longo deste livro, essa tensão criativa levanta questões importantes sobre os entendimentos de interseccionalidade que prevalecerão. Quando focamos a interseccionalidade como forma de investigação crítica, encontramos uma ampla variedade de estudos produzidos por pessoas que a utilizam como ferramenta analítica de maneiras novas e criativas. Nem todos os estudos são assim, nem todas as pessoas que defendem a interseccionalidade pensam dessa forma. Porém, no geral, o balanço dos estudos interseccionais é, até o momento, impressionante. Quando abrimos nossas lentes para abarcar a interseccionalidade como práxis crítica, tanto em sua expressão inicial nos movimentos sociais quanto em seu alcance global, para além da academia, as práticas e as ideias de gente do passado e do presente, do Norte e do Sul global, se manifestam.

Ao mesmo tempo, se invertermos o objeto de observação e partirmos de uma lente expansiva que enfoque as ações sociais de combate à desigualdade social, encontraremos as ideias da interseccionalidade em lugares que permanecem subestimados. Fincar a interseccionalidade na ação social para abordar as desigualdades sociais e os projetos sociais que elas geram amplia de forma considerável o contexto de descoberta da interseccionalidade. Além disso, essa visão mais ampla da práxis crítica da interseccionalidade fornece um contexto diferente para a análise da investigação interseccional. Ajustar essa lente expansiva para contextos sociais específicos faz com que a interseccionalidade tenha um foco mais nítido na academia.

A interseccionalidade enfrenta o desafio de manter a tensão criativa entre a investigação e a práxis críticas como meio de estimular a complexidade. Para complexificar os argumentos, é preciso cultivar diálogos com e entre especialistas e ativistas do Sul global, bem como examinar questões sociais que parecem não fazer parte do foco da interseccionalidade. A análise apresentada neste livro pode ter relevância universal, mas não há como sabê-lo sem uma maior participação de acadêmicos, ativistas, praticantes, formuladores de políticas e docentes de ambos os sexos do Sul global. Sempre que possível, destacamos ideias e experiências de agentes sociais de grupos historicamente privados de direitos no Norte e no Sul global, tomando o cuidado de fazê-lo de maneira que suas experiências não se reduzam a dados que reforcem os marcos do Norte global. Por exemplo, nossos estudos de caso sobre o movimento das mulheres negras no Brasil, com seu bem-sucedido projeto Latinidades, e a crescente visibilidade do movimento contra as *sweatshops* após o desabamento do Rana Plaza ilustram a importância de iniciarmos nossa análise no Sul global, respectivamente no Brasil e em Bangladesh. Também rejeitamos a tentativa de se corrigirem problemas de exclusão simplesmente adicionando à interseccionalidade pessoas e experiências ausentes, como uma entidade preconcebida. A interseccionalidade requer que repensemos essas abordagens de maneira que a construção social do conhecimento seja democratizada.

Incorporar uma análise global na interseccionalidade é um processo contínuo de ampliação de diálogos e inclusão de complexidades cada vez maiores em suas investigações e práxis críticas. Tratar de fenômenos globais significa que a interseccionalidade deve assumir uma posição crítica em relação à própria localização social como discurso legitimado no Norte global e usar essa posição como forma de ampliar a participação de maneira não exploradora ou simbólica. Nos dias atuais, o crescimento das mídias sociais e o acesso da cultura popular a uma ampla gama de ideias sugerem que as ideias da interseccionalidade não são mais racionadas por guardiões e guardiãs da academia nem pelas mídias tradicionais. Trazer mais gente para os diálogos da interseccionalidade é um bom presságio para o ímpeto em direção à justiça social.

JUSTIÇA SOCIAL

Enfatizamos o tema central da justiça social porque, diante da incorporação institucional que aparentemente separa a interseccionalidade da práxis política, versões da interseccionalidade que atentam apenas para a justiça social nos causam preocupação. Como forma de investigação que lida com desigualdades sociais complexas, a razão de ser da interseccionalidade não é simplesmente apresentar explicações mais complexas e abrangentes do como e do porquê das desigualdades sociais persistirem, nem lamentar as injustiças sociais do mundo, deixando o trabalho de corrigi-las para outras pessoas. Explicações melhores sobre a desigualdade social e a injustiça social têm sido usadas há muito tempo para defender essas realidades, não para desmantelá-las. Desigualdade social e injustiça social são coisas distintas, embora essas ideias com frequência sejam usadas de forma intercambiável.

Como apontamos, a interseccionalidade não deve ser confundida com justiça social. Devemos investigar os projetos interseccionais por suas conexões com a justiça social, não partir apenas do pressuposto de que, visto que os estudos interseccionais examinam aspectos específicos da desigualdade social, eles promovem a justiça social. Apresentamos um argumento semelhante a respeito das iniciativas de diversidade no ensino superior como um caso em que a interseccionalidade pode invocar tradições passadas de justiça social, mas os programas atuais são pressionados a abandonar a ênfase inicial no acesso e na equidade. O engajamento crítico tem sido um tema robusto dentro da interseccionalidade como campo de investigação, em geral através das questões relativas à justiça social. O trabalho de quem pratica a interseccionalidade mostra não apenas a que ponto a justiça social é crítica, mas como o trabalho de promoção da justiça social contesta as fronteiras entre o trabalho acadêmico e o ativismo. Por exemplo, ao contestar o mito de que a democracia racial foi alcançada, ou que o movimento negro podia lidar com as preocupações de gênero das mulheres, ou que o feminismo brasileiro era adequado para todas as mulheres, o ativismo pela justiça social do movimento das mulheres negras no Brasil fornece um ângulo de visão novo sobre a desigualdade social e a justiça social.

Descobrimos que há muito mais a aprender examinando as ideias e as ações das pessoas que usam a interseccionalidade como ferramenta analítica em defesa da justiça social que apenas criticando aquelas que não o fazem. Trabalhar pela justiça social é visto muitas vezes como sinônimo de interseccionalidade, em especial porque as pessoas que a usam como ferramenta analítica e as pessoas que veem a justiça social como algo fundamental na vida, não como um acessório secundário, em geral são as mesmas. Essas pessoas costumam criticar, e não aceitar, o *status quo*. Destacamos projetos interseccionais que expressam um *éthos* de justiça social, mas também alertamos que o compromisso com a justiça social não está em todos os estudos que reivindicam a interseccionalidade. Os argumentos que apresentamos ao longo deste livro têm consequências variadas para a justiça social. Por exemplo, o caso da Copa do Mundo da Fifa sugere que a competição não é inerentemente ruim. As pessoas aceitam a ideia de que algumas vençam e outras percam, se o jogo é justo. Contudo, a equidade é ilusória em sociedades desiguais, onde as regras podem parecer justas, mas são aplicadas diferentemente por meio de práticas discriminatórias. A equidade também é ilusória onde as regras parecem ser aplicadas a todos igualmente e ainda assim geram resultados desiguais e injustos: nas sociedades democráticas, todos têm "direito" de votar, mas nem todos têm oportunidade igual de exercer esse direito.

A justiça social pode ser um tema abrangente, que favorece um enfoque mais específico das conexões possíveis entre os discursos críticos. A teoria crítica de raça, o feminismo crítico de raça, os estudos de gênero e sexualidade, a teoria *queer*, o ecofeminismo, os estudos sobre deficiência e os estudos críticos sobre os animais tratam todos da maneira como várias categorias sociais trabalham para colocar determinados corpos em risco de exclusão, marginalização, apagamento, discriminação, violência, destruição ou outrerização. A interseccionalidade tem se concentrado em reunir lutas isoladas de pessoas negras e chicanas, povos indígenas, mulheres e grupos similares historicamente privados de direitos. No entanto, esse sólido foco no significado da política identitária coletiva para esses grupos pode ignorar a importância das questões gerais que afetam esses grupos e todos os outros. Nós nos perguntamos se a justiça social e as preocupações éticas semelhantes podem fornecer um marco ético unificador para a interseccionalidade. A opressão compartilhada fornece um ponto de partida poderoso para diálogos entre pessoas historicamente privadas de direitos. Embora seja importante reconhecer a discriminação e a vitimização compartilhadas, pode esse processo fornecer uma visão comum para a investigação e a práxis interseccionais?

Quando se trata de justiça social, a interseccionalidade exige mais que crítica e implica transformar análises críticas em práxis crítica. Além disso, à medida que a interseccionalidade desenvolve uma consciência mais profunda sobre o modo como a justiça social tem e pode influenciar a própria investigação e práxis críticas, ela se torna mais bem posicionada para investigar suas conexões com projetos que apresentam preocupações semelhantes com respeito à justiça. Por exemplo, enquanto tocamos apenas de modo superficial em questões relacionadas às mudanças climáticas e ao meio ambiente, a crescente visibilidade das abordagens da justiça ambiental fornece um lugar importante de diálogo e construção de corresistência[12]. Os estudos sobre a justiça ambiental reconhecem que a desigualdade social e a opressão se interseccionam em todas as formas e que agentes do mundo além do humano são sujeitos de opressão e, por vezes, agentes de mudança social. Esses *insights* são importantes para a compreensão do funcionamento da desigualdade, de como as opressões intra-humanas funcionam e sua interseção com a opressão de humanos contra não humanos[13]. Nesse sentido, a justiça social pode fornecer um marco ambicioso de interesse compartilhado que, simultaneamente, expande e aprofunda o projeto crítico da interseccionalidade.

CONCLUSÃO

Ao longo deste livro, lançamos um olhar autorreflexivo não apenas sobre a interseccionalidade, mas também sobre nossa própria práxis. Um objetivo importante deste último capítulo é explicitar nossas escolhas. Contar a história da interseccionalidade demonstra certo tipo de trabalho político, autenticando e legitimando escolas de pensamento e temas específicos, privilegiando genealogias e localizações específicas em relação a outras. Histórias específicas que retraçam de maneiras particulares a interseccionalidade como campo de estudos podem ser corretamente vistas como atos de fechamento, por mais temporários que sejam. Essas histórias buscam, à própria maneira, reconhecimento científico, autoridade e legitimidade e fixam a interseccionalidade de maneira muito específica no arquivo científico euro-estadunidense. Como tal, elas participam do estabelecimento da interseccionalidade enquanto campo legítimo de conhecimento, que poderia estar em desacordo com a busca da justiça social. Nossa história da interseccionalidade enfatizou a práxis, uma dimensão da interseccionalidade que raramente aparece nas histórias autorizadas, embora a práxis crítica permeie a interseccionalidade.

---

[12] Stephanie Malin e Stacia Ryder, "Developing Deeply Intersectional Environmental Justice Scholarship", *Environmental Sociology*, v. 4, n. 1, 2018, p. 1-7.

[13] David Naguib Pellow, *What Is Critical Environmental Justice?* (Cambridge, Polity, 2018).

Ao encerrarmos este livro, nós nos perguntamos: quais ideias e experiências foram deixadas de fora? De que maneira nossa interpretação da interseccionalidade é limitada por essas omissões? Mais importante, como podemos expandir a amplitude da interseccionalidade para abranger a heterogeneidade de ideias e experiências globais, sem limitar suas diferenças? A interseccionalidade não pode abordar essas questões expansivas se separar sua investigação crítica de sua práxis crítica. Essas perguntas não têm respostas simples – e seguramente nenhuma pode ser facilmente resolvida. Ao contrário, elas demandam que mais pessoas trabalhem para apresentar respostas por meio de diálogos globais expandidos.

Que bom seria escrever um livro que incluísse mais projetos de conhecimento e mais pontos de vista de várias regiões do globo, de um período mais amplo que o fim do século XX e o início do século XXI. Queremos ver mais pessoas engajadas no trabalho intelectual e político dialógico que envolve a interseccionalidade. Essa abertura encorajaria uma metodologia dialógica que promoveria uma construção mais democrática do próprio conhecimento. Igualmente importante é a tarefa de inserir a interseccionalidade na política do "ainda não" ou, nas palavras do acadêmico José Muñoz, já falecido, "uma imaginação política utópica" que nos permita imaginar outra coisa, um "ainda não" movido por "um desejo que resiste ao mandato de aceitar aquilo que não é suficiente"[14]. Entrar na política do "ainda não" é seguir na direção de um lugar de firme esperança em um cenário social, político e ambiental que não inspira nenhuma esperança. Para avançar na direção desse lugar do "ainda não", acreditamos que é imperativo a interseccionalidade permanecer aberta ao elemento surpresa.

A interseccionalidade se encontra em uma encruzilhada importante. Até agora, conseguiu manter o dinamismo intelectual e político que nasce de sua heterogeneidade. Isso é muito difícil, considerando os desafios políticos e intelectuais que exploramos neste livro. Mas não porque é difícil que não vale a pena. Para continuar a ser um empreendimento vibrante e em expansão, a interseccionalidade deve olhar reflexivamente para as próprias práticas e verdades. Consideramos a heterogeneidade da interseccionalidade não uma fraqueza, e sim uma fonte de mudanças sociais emancipatórias de imenso potencial. Eis uma ferramenta que todos podemos usar para avançar rumo a um futuro mais justo.

---

[14] José Estéban Muñoz, *Cruising Utopia: The Then and There of Queer Futurity* (Nova York, New York University Press, 2009), p. 96.

REFERÊNCIAS BIBLIOGRÁFICAS

ADDAMS, Jane. *Twenty Years at Hull-House*. Cutchogue, Buccaneer, 1994.

ADOFOLI, Grace. Young Feminist: The Need for Different Voices: Revisiting Reproductive Justice, Health and Rights. *National Women's Health Network*, 2013. Disponível em: <https://www.nwhn.org/young-feminist-the-need-for-different-voices-revisiting-reproductive-justice-health-and-rights/>.

AGUILAR, Delia. From Triple Jeopardy to Intersectionality: The Feminist Perplex. *Comparative Studies of South Asia, Africa and the Middle East*, v. 32, 2012. p. 415-28.

AHMED, Sara. *On Being Included*: Racism and Diversity in Institutional Life. Durham, Duke University Press, 2012.

AIDI, Hisham. *Rebel Music*: Race, Empire, and the New Muslim Youth Culture. Nova York, Vintage, 2014.

ALARCÓN, Norma et al. (orgs.) *Chicana Critical Issues*: Mujeres Activas en Letras y Cambia Social. Berkeley, Third Woman, 1993.

ALBRIGHT, Madeleine. *Fascism*: A Warning. Nova York, Harper Collins, 2018 [ed. bras.: *Fascismo*: um alerta. Trad. Jaime Biaggio. São Paulo, Planeta, 2018].

ALCOFF, Linda. *Visible Identities*: Race, Gender, and the Self. Nova York, Oxford University Press, 2006.

ALEXANDER, Jacqui; MOHANTY, Chandra Talpade. Introduction: Genealogies, Legacies, Movements. In: _____; _____. (orgs.) *Feminist Genealogies, Colonial Legacies, Democratic Futures*. Nova York, Routledge, 1997. p. xiii-xlii.

ALEXANDER-FLOYD, Nikol. Disappearing Acts: Reclaiming Intersectionality in the Social Sciences in a Post-Black Feminist Era. *Feminist Formations*, v. 24, 2012. p. 1-25.

ALONSO, Gaston et al. *Our Schools Suck*: Students Talk Back to a Segregated Nation on the Failures of Urban Education. Nova York, New York University Press, 2009.

AMAR, Paul. Turning the Gendered Policies of the Security State Inside Out? *International Feminist Journal of Politics*, v. 13, 2011. p. 299-328.

AMNESTY INTERNATIONAL. Troll Patrol Findings. *Amnesty International*, 2018. Disponível em: <https://decoders.amnesty.org/projects/troll-patrol/findings>.

_____. Toxic Twitter – Women's Experiences of Violence and Abuse on Twitter. *Amnesty International*, 2018. Disponível em: <https://www.amnesty.org/en/latest/research/2018/03/online-violence-against-women-chapter-3/>.

ANDERSEN, Margaret; COLLINS, Patricia Hill (orgs.). *Race, Class and Gender:* Intersections and Inequalities. 10. ed., Belmont, Wadsworth, 2020.

ANTHIAS, Floya; YUVAL-DAVIS, Nira. *Racialized Boundaries*: Race, Nation, Gender, Colour and Class and the Anti-Racist Struggle. Nova York, Routledge, 1992.

266 INTERSECCIONALIDADE

ANZALDÚA, Gloria. *Borderlands/La Frontera*. San Francisco, Spinsters/Aunt Lute Press, 1987.

_____. (org.) *Making Face, Making Soul/Haciendo Caras*: Creative and Critical Perspectives by Women of Color. San Francisco, Aunt Lute Foundation, 1990.

APPLEBY, Gabrielle. Australia's Rigid Immigration Barrier. *The New York Times*, 7 maio 2015. Disponível em: <http://www.nytimes.com/2015/05/08/opinion/australias-rigid-immigration-barrier.html?_r=0>.

ARMBRUSTER-SANDOVAL, Ralph. *Globalization and Cross-Border Labor Solidarity in the Americas*: The Anti-Sweatshop Movement and the Struggle for Social Justice. Nova York, Routledge, 2005.

ARNETT FERGUSON, Ann. *Bad Boys*: Public Schools in the Making of Black Masculinity. Ann Arbor, University of Michigan Press, 2000.

ARREDONDO, Gabriela et al. (orgs.) *Chicana Feminisms*: A Critical Reader. Durham, Duke University Press, 2003.

ASIAN WOMEN UNITED OF CALIFORNIA (Awuc) (org.). *Making Waves*: An Anthology of Writing by and about Asian American Women. Boston, Beacon, 1989.

BAGILHOLE, Barbara. Applying the Lens of Intersectionality to UK Equal Opportunities and Diversity Policies. *Canadian Journal of Administrative Sciences*, v. 27, n. 3, 2010. p. 263-71.

BALES, Kevin. *Disposable People*: New Slavery in the Global Economy. Berkeley, University of California Press, 1999 [ed. port.: *Gente descartável*: a nova escravatura na economia global. Trad. António Pescada. Lisboa, Caminho, 2001].

BAMBARA, Toni Cade (org.). *The Black Woman*: An Anthology. Nova York, Signet, 1970.

BANKS, James; PARK, Caryn. Race, Ethnicity and Education: The Search for Explanations. In: COLLINS, Patricia Hill; SOLOMOS, John (orgs.). *The Sage Handbook of Race and Ethnic Studies*. Londres, Sage, 2010. p. 383-414.

BANNERJI, Himani. *Thinking Through*: Essays on Feminism, Marxism and Anti-Racism. Toronto, Women's Press, 1995.

BARASSI, Veronica. *Activism on the Web*: Everyday Struggle Against Digital Capitalism. Nova York, Routledge, 2015.

BARVOSA-CARTER, Edwina. Multiple Identity and Coalition Building: How Identity Differences Within Us Enable Radical Alliances Among Us. In: BYSTYDZIENSKI, Jill M.; SCHACHT, Steven P. (orgs.) *Forging Radical Alliances across Difference*. Lanham, Rowman and Littlefield, 2001. p. 21-34.

BATTLE, Juan et al. *Say It Loud, I'm Black and I'm Proud*: Black Pride Survey 2000. Nova York, Policy Institute of the National Gay and Lesbian Task Force, 2002.

BEAL, Frances. Double Jeopardy: To Be Black and Female. In: GUY-SHEFTAL, Beverly (org.). *Words of Fire*: An Anthology of African American Feminist Thought. Nova York, The New Press, 1995 [1969]. p. 146-55.

BENJAMIN, Ruha (org.). *Captivating Technology*: Race, Carceral Technoscience and Liberatory Imagination in Everyday Life. Durham, Duke University Press, 2019.

_____. *Race After Technology*. Cambridge, Polity, 2019.

BEN-MOSHE, Liat. Disabling Incarceration: Connecting Disability to Divergent Confinements in the USA. *Critical Sociology*, v. 39, n. 3, 2013. p. 385-403.

BENNETT, W. Lance; SEGERBERG, Alexandra. *The Logic of Connective Action*: Digital Media and the Personalization of Contentious Politics. Cambridge, Cambridge University Press, 2013.

BERGER, Michele; GUIDROZ, Kathleen (orgs.). *The Intersectional Approach*: Transforming the Academy through Race, Class and Gender. Chapel Hill, University of North Carolina Press, 2009.

REFERÊNCIAS BIBLIOGRÁFICAS 267

BERNSTEIN, Elizabeth. Militarized Humanitarianism Meet Carceral Feminism: The Politics of Sex, Rights, and Freedom in Contemporary Antitrafficking Campaigns. *Signs*, v. 36, 2010. p. 45-71.

BHANDAR, Brenna. On Race, Gender, Class, and Intersectionality. *The North Star*, 25 jun. 2013.

BILGE, Sirma. Developing Intersectional Solidarities: A Plea for Queer Intersectionality. In: SMITH, Malinda; JAFFER, Fatima (orgs.). *Beyond the Queer Alphabet*: Conversations in Gender, Sexuality and Intersectionality. Edmonton, University of Alberta, Teaching Equity Matters E-book Series, 2012.

_____. Intersectionality Undone: Saving Intersectionality from Feminist Intersectionality Studies. *Du Bois Review*, v. 10, 2013. p. 405-24.

_____. Whitening Intersectionality: Evanescence of Race in Intersectionality Scholarship. In: HUND, Wulf D.; LENTIN, Alana (orgs.). *Racism and Sociology*. Berlim, Lit/Routledge, 2014. p. 175-205.

_____. Quand l'intersectionnalité interpelle le développement. In: LEVY, Charmain; MARTINEZ, Andrea (orgs.). *Genre, féminismes et développement*: une trilogie en construction. Ottawa, Presses de l'Université d'Ottawa, 2019. p. 39-52.

_____. "We've Joined the Table but We're Still on the Menu": Clickbaiting Diversity in Today's University. In: SOLOMOS, John (org.). *The Routledge International Handbook of Contemporary Racisms*. Londres, Routledge, 2020.

BLACKWELL, Maylei. *Chicana Power! Contested Histories of Feminism in the Chicano Movement*. Austin, University of Texas Press, 2011.

_____; NABER, Nadine. Intersectionality in an Era of Globalization: The Implications of the UN World Conference Against Racism for Transnational Feminist Practices. *Meridians: Feminism, Race, Transnationalism*, v. 2, 2002. p. 237-48.

BLEA, Irene. *La Chicana and the Intersection of Race, Class, and Gender*. Newport, Praeger, 1992.

BOGAZIANOS, Dimitri. *5 Grams*: Crack, Cocaine, Rap Music, and the War on Drugs. Nova York, New York University Press, 2012.

BONILLA, Yarimar; JONATHAN, Rosa. #Ferguson: Digital Protest, Hashtag Ethnography, and the Racial Politics of Social Media in the United States. *American Ethnologist*, v. 42, n. 1, 2015. p. 4-17.

BOSCH, Tanja. Twitter Activism and Youth in South Africa: The Case of #RhodesMustFall. *Communication and Society*, v. 20, n. 2, 2017. p. 221-32.

BOURDIEU, Pierre; PASSERON, Jean-Claude. *Reproduction in Education, Society, and Culture*. Beverly Hills, Sage, 1977.

BOWLEG, Lisa. When Black + Lesbian + Woman (Does Not Equal) Black Lesbian Woman: The Methodological Challenge of Qualitative and Quantitative Intersectionality Research. *Sex Roles*, v. 59, 2008. p. 312-25.

BOYLORN, Robin; ORBE, Mark (orgs.). *Critical Autoethnography*: Intersecting Cultural Identities in Everyday Life. Walnut Creek, Left Coast, 2014.

BROWN, Melissa et al. #SayHerName: A Case Study of Intersectional Social Media Activism. *Ethnic and Racial Studies*, v. 40, n. 11, 2017. p. 1.831-46.

BROWN, Tara; RODRIGUEZ, Louie. Special Edition: Youth in Participatory Action Research. *New Directions for Youth Development*, n. 123, 2009.

BROWN, Wendy. *States of Inquiry*: Power and Freedom in Late Modernity. Princeton, Princeton University Press. 1995.

BROWNE, Irene; MISRA, Joy. The Intersection of Gender and Race in the Labor Market. *Annual Review of Sociology*, v. 29, 2003. p. 487-513.

BRYAN, Beverley, DADZIE, Stella; SCAFE, Suzanne. *The Heart of the Race*: Black Women's Lives in Britain. Londres, Virago, 1997 [1985].

268 INTERSECCIONALIDADE

BUECHLER, Stephanie; HANSON, Anne-Marie (orgs.). *Political Ecology of Women, Water and Global Environmental Change.* Londres, Routledge. 2015.

BULLARD, Robert D. (org.) *Unequal Protection*: Environmental Justice and Communities of Color. San Francisco, Sierra Club, 1994.

BUMILLER, Kristin. *In an Abusive State*: How Neoliberalism Appropriated the Feminist Movement Against Sexual Violence. Durham, Duke University Press, 2008.

BURAWOY, Michael. 2004 Presidential Address: For Public Sociology. *American Sociological Review*, v. 70, 2005. p. 4-28.

CALDWELL, Kia Lilly. *Negras in Brazil*: Re-envisioning Black Women, Citizenship, and the Politics of Identity. New Brunswick, Rutgers University Press, 2007.

CAPUTO, John. Introduction. Postcards from Paul: Subtraction versus Grafting. In: CAPUTO, John; ALCOFF, Linda (orgs.). *Saint Paul among Philosophers*. Bloomington, Indiana University Press, 2009. p. 1-23.

CARASTATHIS, Anna. Identity Categories as Potential Coalitions. *Signs*, v. 38, 2013. p. 941-65.

CARNEIRO, Sueli. Defining Black Feminism. In: PALA, Achola O. (org.) *Connecting Across Cultures and Continents*: Black Women Speak Out on Identity, Race and Development. Nova York, UN Development Fund for Women, 1995. p. 11-8.

_____. A Batalha de Durban. *Estudos Feministas*, v. 10, n. 1, 2002. p. 209-14.

CARTER, Prudence L. *Keepin' It Real*: School Success Beyond Black and White. Nova York, Oxford University Press, 2005.

CASTELLS, Manuel. *Networks of Outrage and Hope*: Social Movements in the Internet Age. 2. ed., Cambridge, Polity, 2015 [ed. bras.: *Redes de indignação e esperança*: movimentos sociais na era da internet. Trad. Carlos Alberto Medeiros. Rio de Janeiro, Zahar, 2013].

CHAKRAVARTI, Paromita. Living on the Edge: Mappin Homeless Women's Mobilization in Kolkata, India. In: ALSTON, Margaret (org.). *Women, Political Struggles and Gender Equality in South Asia*. Basingstoke, Palgrave-Macmillan, 2014. p. 117-36.

CHANG, Mariko. *Lifting as We Climb*: Women of Color, Wealth, and America's Future. Washington, DC, Insight Center for Community Economic Development, 2010.

CHIWESHE, Malvern; MAVUSO, Jabulile; MACLEOD, Catriona. Reproductive Justice in Context: South African and Zimbabwean Women's Narratives of their Abortion Decision. *Feminism and Psychology*, v. 27, n. 2, 2017. p. 203-24.

CHO, Sumi; CRENSHAW, Kimberlé Williams; MCCALL, Leslie. Toward a Field of Intersectionality Studies: Theory, Applications, and Praxis. *Signs*, v. 38, n. 4, 2013. p. 785-810.

CHOW, Esther Ngan-Ling. The Development of Feminist Consciousness among Asian American Women. *Gender and Society*, v. 1, n. 3, 1987. p. 284-99.

CHUN, Jennifer Jihye; LIPSITZ, George; SHIN, Young. Intersectionality as a Social Movement Strategy: Asian Immigrant Women Advocates. *Signs*, v. 38, 2013. p. 917-40.

CLARK, Christine; FASCHING-VARNER, Kenneth; BRIMHALL-VARGAS, Mark (orgs.). *Occupying the Academy*: Just How Important is Diversity Work in Higher Education? Lanham, Rowman and Littlefield, 2012.

CLAY, Andreana. Like an Old Soul Record: Black Feminism, Queer Sexuality, and the Hip-Hop Generation. *Meridians: Feminism, Race, Transnationalism*, v. 8, 2008. p. 53-73.

_____. *The Hip-Hop Generation Fights Back*: Youth, Activism and Post-Civil Rights Politics. Nova York, New York University Press, 2012.

COHEN, Cathy. *The Boundaries of Blackness*: Aids and the Breakdown of Black Politics. Chicago, University of Chicago Press, 1999.

_____. *Democracy Remixed*: Black Youth and the Future of American Politics. Nova York, Oxford University Press, 2010.

REFERÊNCIAS BIBLIOGRÁFICAS **269**

_____; JONES, Tamara. Fighting Homophobia versus Challenging Heterosexism: "The Failure to Transform" Revisited. In: BRANDT, Eric (org.). *Dangerous Liaisons*: Blacks, Gays, and the Struggle for Equality. Nova York, The New Press, 1999. p. 80-101.

COLLINS, Patricia Hill. *Fighting Words*: Black Women and the Search for Justice. Minneapolis, University of Minnesota Press, 1998.

_____. The Tie That Binds: Race, Gender and US Violence. *Ethnic and Racial Studies*, v. 21, 1998. p. 918-38.

_____. *Black Feminist Thought*: Knowledge, Consciousness, and the Politics of Empowerment. Nova York, Routledge, 2000 [ed. bras.: *Pensamento feminista negro*. Trad. Jamile Pinheiro Dias. São Paulo, Boitempo, 2019].

_____. New Commodities, New Consumers, Selling Blackness in the Global Marketplace. *Ethnicities*, v. 6, 2006. p. 297-317.

_____. Pushing the Boundaries or Business as Usual? Race, Class, and Gender Studies and Sociological Inquiry. In: CALHOUN, Craig (org.). *Sociology in America*: A History. Chicago, University of Chicago Press, 2007. p. 572-604.

_____. *Another Kind of Public Education*: Race, Schools, the Media, and Democratic Possibilities. Boston, Beacon, 2009.

_____. The New Politics of Community. *American Sociological Review*, v. 75, 2010. p. 7-30.

_____. *On Intellectual Activism*. Filadélfia, Temple University Press, 2012.

_____. Piecing Together a Genealogical Puzzle: Intersectionality and American Pragmatism. *European Journal of Pragmatism and American Philosophy*, v. 3, n. 2, 2012. p. 88-112.

_____. Intersectionality's Definitional Dilemmas. *Annual Review of Sociology*, v. 41, 2015. p. 1-20.

_____. *Intersectionality as Critical Social Theory*. Durham, Duke University Press, 2019.

_____; CHEPP, Valerie. Intersectionality. In: WELDON, Laurel et al. (org.) *Oxford Handbook of Gender and Politics*. Nova York, Oxford, 2013. p. 31-61.

COOPER, Anna Julia. *A Voice from the South, by a Black Woman of the South*. Xenia, Aldine, 1892.

CORRADI, Laura. *Gypsy Feminism*: Intersectional Politics, Alliances, Gender and Queer Activism. Nova York, Routledge, 2018.

COTERA, Marta (org.). *Diosa y Hembra*: The History and Heritage of Chicanas in the US. Austin, Information System Development, 1976.

_____ (org.). *The Chicana Feminist*. Austin, Information Systems Development, 1977.

COMBAHEE RIVER COLLECTIVE (CRC). A Black Feminist Statement. In: GUY-SHEFTAL, Beverly (org.). *Words of Fire*: An Anthology of African American Feminist Thought. Nova York, The New Press, 1995 [1977]. p. 232-40.

CRENSHAW, Kimberlé Williams. Demarginalizing the Intersection of Race and Sex: A Black Feminist Critique of Anti-Discrimination Doctrine, Feminist Theory, and Anti-Racist Politics. *University of Chicago Legal Forum*, v. 140, 1989. p. 139-67.

_____. Mapping the Margins: Intersectionality, Identity Politics, and Violence Against Women of Color. *Stanford Law Review*, v. 43, 1991. p. 1.241-99.

_____. Background Paper for the Expert Meeting on the Gender-Related Aspects of Race Discriminations. *Zagreb, WCAR Documents*, 21-24 nov. 2000.

_____ et al. (orgs.) *Critical Race Theory*: The Key Writings that Formed the Movement. Nova York, The New Press, 1995.

_____; OCEN, Priscilla; NANDA, Jyoti. *Black Girls Matter*: Pushed Out, Overpoliced, and Underprotected. Nova York, African American Policy Forum and Columbia Law School's Center for Intersectionality and Social Policy Studies, 2015.

270 Interseccionalidade

CRUZ, José E. *Identity and Power*: Puerto Rican Politics and the Challenge of Ethnicity. Filadélfia, Temple University Press, 1998.

DANIELS, Jessie. *White Lies*: Race, Class, Gender, and Sexuality in White Supremacist Discourse. Nova York, Routledge, 1997.

_____. Rethinking Cyberfeminism(s): Race, Gender, and Embodiment. *Women's Studies Quarterly*, v. 37, 2009. p. 101-24.

_____. The Trouble with White Feminism: Whiteness, Digital Feminism, and the Intersectional Internet. In: NOBLE, Safiya Umoja; TYNES, Brendesha (orgs.). *Intersectional Internet*: Race, Sex and Culture Online. Nova York, Peter Lang, 2016. p. 41-60.

DAVIS, Angela. *Women, Race, and Class*. Nova York, Random House, 1981 [ed. bras.: *Mulheres, raça e classe*. Trad. Heci Regina Candiani. São Paulo, Boitempo, 2016].

DAVIS, Kathy. Intersectionality as a Buzzword: A Sociology of Science Perspective on What Makes a Feminist Theory Successful. *Feminist Theory*, v. 9, 2008. p. 67-85.

DEWEY, John. *The Public and Its Problems*. Athens, Ohio University Press, 1954.

_____. *Democracy and Education*. Mineola, Dover, 2004 [1916] [ed. bras: *Democracia e educação*. 4. ed., São Paulo, Companhia Editora Nacional, 1979].

DICKAR, Maryann. *Corridor Cultures:* Mapping Student Resistance at an Urban High School. Nova York, New York University Press, 2008.

DILL, Bonnie Thornton. Our Mothers' Grief: Racial Ethnic Women and the Maintenance of Families. *Journal of Family History*, v. 13, 1988. p. 415-31.

_____. Work at the Intersections of Race, Gender, Ethnicity, and Other Dimensions of Difference in Higher Education. *Connections: Newsletter of the Consortium of Race, Gender, and Ethnicity*, 2002. p. 5-7.

_____. Intersections, Identities, and Inequalities in Higher Education. In: DILL, Bonnie Thornton; ZAMBRANA, Ruth (orgs.). *Emerging Intersections*: Race, Class, and Gender in Theory, Policy, and Practice. New Brunswick, Rutgers University Press, 2009. p. 229-52.

_____; ZAMBRANA, Ruth (orgs.). *Emerging Intersections*: Race, Class, and Gender in Theory, Policy, and Practice. New Brunswick, Rutgers University Press, 2009.

_____; ZAMBRANA, Ruth; MCCLAUGHLIN, Amy. Transforming the Campus Climate through Institutions, Collaboration, and Mentoring. In: DILL, Bonnie Thornton; ZAMBRANA, Ruth (orgs.). *Emerging Intersections*: Race, Class, and Gender in Theory, Policy, and Practice. New Brunswick, Rutgers University Press, 2009. p. 253-73.

DONOVAN, Joan. First They Came for the Black Feminists. *The New York Times*, 15 ago. 2019. Disponível em: <https://www.nytimes.com/interactive/2019/08/15/opinion/gamergate-twitter.html>.

DRISKILL, Qwo-Li et al. (orgs.) *Queer Indigenous Studies*: Critical Intervention in Theory, Politics, and Literature. Phoenix, University of Arizona Press, 2011.

DUCRE, Kishi Animashaun. The Black Feminist Spatial Imagination and an Intersectional Environmental Justice. *Environmental Sociology*, v. 4, n. 1, 2018. p. 22-35.

DZODAN, Flavia. My Feminism Will Be Intersectional, or I Will Be Bullshit! *Tiger Beatdown*, 10 out. 2011. Disponível em: <http://tigerbeatdown.com/2011/10/10/my-feminism-will-be-intersectional-or-it-will-be-bullshit/>.

_____. I Can't Think of Any High-Profile White UK Feminist who has "Rejected" Intersectionality. *Red Light Politics*, 1º jan. 2014. Disponível em: <http://www.redlightpolitics.info/post/71842333716/i-cant-think-of-any-high-profile-white-uk-feminist>.

EARL, Jennifer; KIMPORT, Katrina. *Digitally Enabled Social Change*: Activism in the Internet Age. Cambridge, MIT Press, 2011.

REFERÊNCIAS BIBLIOGRÁFICAS 271

EDWARDS, Remi; HUNT, Tom; LEBARON, Genevieve. *Corporate Commitments to Living Wages in the Garment Industry.* Sheffield, Sheffield Political Economy Research Institute, 2019.

EHRENREICH, Nancy. Subordination and Symbiosis: Mechanisms of Mutual Support Between Subordinating Systems. *UMKC Law Review*, v. 71, n. 2, 2002. p. 251-324.

EISENSTEIN, Zillah. An Alert: Capital Is Intersectional; Radicalizing Piketty's Inequality. *The Feminist Wire*, 26 maio 2014. Disponível em: <http://thefeministwire.com/2014/05/alert-capital-intersectional-radicalizing-pikettys-inequality/>.

ELLIOTT, Thomas; EARL, Jennifer; MAHER, Thomas. Recruiting Inclusiveness: Intersectionality, Social Movements, and Youth Online. *Research in Social Movements, Conflicts and Change*, v. 41, 2017. p. 279-311.

EREL, Umut et al. On the Depoliticisation of Intersectionality Talk. In: MIYAKE, Esperanza; KUNTSMAN, Adi (orgs.). *Out of Place*: Queerness and Raciality. York: Raw Nerve, 2008.

EREVELLES, Nirmala. *Disability and Difference in Global Contexts*: Enabling a Transformative Body Politics. Nova York, Palgrave-Macmillan, 2011.

EVARISTO, Conceição. *Ponciá Vicencio*. Trad. ingl. P. Martinez-Cruz. Austin, Host, 2007 [ed. bras.: *Ponciá Vicêncio*, Belo Horizonte, Mazza, 2003].

FALCÓN, Sylvanna. Transnational Feminism and Contextualized Intersectionality at the 2001 World Conference Against Racism. *Journal of Women's History*, v. 24, 2012. p. 99-120.

_____. *Power Interrupted*: Antiracist and Feminist Activism Inside the United Nations. Seattle, University of Washington Press, 2016.

FERBER, Abby. *White Man Falling*: Race, Gender, and White Supremacy. Lanham, Rowman and Littlefield, 1998.

FERGUSON, Roderick. *Aberrations in Black*: Toward a Queer of Color Critique. Minneapolis, University of Minnesota Press, 2004.

_____. *The Reorder of Things*: The University and Its Pedagogies of Minority Difference. Minneapolis, University of Minnesota Press, 2012.

FERNANDEZ, Maria; WILDING, Faith; WRIGHT, Michelle (orgs.). *Domain Errors!* Cyberfeminist Practices. Brooklyn, Autonomedia, 2003.

FRANKLIN, Vincent. Patterns of Student Activism at Historically Black Universities in the United States and South Africa, 1960-1977. *Journal of African American History*, v. 88, 2003. p. 204-17.

FREEMAN, Michael. *Human Rights*. Cambridge, Polity, 2011.

FREIRE, Paulo. *Pedagogy of the Oppressed*. Nova York, Herder and Herder, 1970 [ed. bras.: *Pedagogia do oprimido*. 69. ed., Rio de Janeiro, Paz & Terra, 2019].

GARCIA, Alma. The Development of Chicana Feminist Discourse. In: WEST, Lois A. (org.) *Feminist Nationalism*. Nova York, Routledge, 1997. p. 247-68.

_____. Introduction. In: GARCIA, Alma M. (org.) *Chicana Feminist Thought*: The Basic Historical Writings. Nova York, Routledge, 1997. 16 v.

GILROY, Paul. *The Black Atlantic*: Modernity and Double Consciousness. Cambridge, Harvard University Press, 1993 [ed. bras.: *O Atlântico negro*: modernidade e dupla consciência. Trad. Cid Knipel Moreira. São Paulo/Rio de Janeiro, Editora 34/Centro de Estudos Afro-Asiáticos, 2019].

GLENN, Evelyn Nakano. Gender, Race, and Class: Bridging the Language-Structure Divide. *Social Science History*, v. 22, 1998. p. 29-38.

_____. *Unequal Freedom*: How Race and Gender Shaped American Citizenship and Labor. Cambridge, Harvard University Press, 2002.

GRZANKA, Patrick (org.). *Intersectionality*: A Foundations and Frontiers Reader. Filadélfia, Westview, 2014.

272 INTERSECCIONALIDADE

HALE, Charles. Introduction. In: _____. (org.) *Engaging Contradictions*: Theory, Politics, and Methods of Activist Scholarship. Berkeley, University of California Press, 2008. p. 1-28.

HALL, Stuart. What Is This "Black" in Black Popular Culture? In: WALLACE, Michele; DENT, Gina (orgs.). *Black Popular Culture*. Seattle, Bay Press, 1992. p. 21-33.

_____. *Familiar Stranger*: A Life Between Two Islands. Durham, Duke University Press, 2017.

HANCHARD, Michael. *Orpheus and Power*: The Movimento Negro of Rio de Janeiro and Sao Paulo, Brazil, 1945-1988. Princeton, Princeton University Press, 1994 [ed. bras.: *Orfeu e o poder*: o movimento negro no Rio de Janeiro e São Paulo (1945-1988). Trad. Vera Ribeiro. Rio de Janeiro, EdUERJ, 2001].

HANCOCK, Ange-Marie. Intersectionality as a Normative and Empirical Paradigm. *Politics and Gender*, v. 3, 2007. p. 248-55.

_____. When Multiplication Doesn't Equal Quick Addition: Examining Intersectionality as a Research Paradigm. *Perspectives on Politics*, v. 5, 2007. p. 63-79.

HANKIVSKY, Olena. Gender vs. Diversity Mainstreaming: A Preliminary Examination of the Role and Transformative Potential of Feminist Theory. *Canadian Journal of Political Science*, v. 38, n. 4, 2007. p. 977-1.001.

_____. (org.) *An Intersectionality-Based Policy Analysis Framework*. Vancouver, Simon Fraser University, 2012.

HARAD, Tejas. Toward an Internet of Equals. *Live.mint*, 31 ago. 2018. Disponível em: <https://www.livemint.com/Leisure/c7XqIj7NcWEhmcV3WdeauI/Towards-an-internet-of-equals.html>.

HARRIS, Duchess. All of Who I Am in the Same Place: The Combahee River Collective. *Womanist Theory and Research*, v. 2, 1999. p. 9-22.

HARRISON, Anthony Kwame. *Hip-Hop Underground*: The Integrity and Ethics of Racial Identification. Filadélfia, Temple University Press, 2009.

HARTMAN, Chester; SQUIRES, Gregory D. (orgs.) *There Is No Such Thing as a Natural Disaster*: Race, Class and Hurricane Katrina. Nova York, Routledge, 2006.

HARVEY, David. *A Brief History of Neoliberalism*. Nova York, Oxford University Press, 2005 [ed. bras.: *O neoliberalismo*: história e implicações. Trad. Adail Sobral e Maria Stela Gonçalves. 5. ed., São Paulo, Loyola, 2014].

HILMER, Jeffrey D. The State of Participatory Democratic Theory. *New Political Science*, v. 32, 2010. p. 43-63.

HILTON, Matthew. *Prosperity for All*: Consumer Activism in an Era of Globalization. Ithaca, Cornell University Press, 2009.

HOFFMAN, Christy. Have Garment Factory Working Conditions Improved since Rana Plaza? *The Guardian*, 24 abr. 2014. Disponível em: <https://www.theguardian.com/sustainable-business/garment-factory-working-conditions-rana-plaza-collapse-unions>.

HOLMWOOD, John. Claiming Whiteness. *Ethnicities*, 15 abr. 2019. Disponível em: <https://doi.org/10.1177/1468796819838710>.

HONG, Grace K. The Future of Our Worlds: Black Feminism and the Politics of Knowledge in the University under Globalization. *Meridians: Feminism, Race, Transnationalism*, v. 8, 2008. p. 95-115.

HOSKINS, Tansy. Rana Plaza. Are Fashion Brands Responsible for Those They Don't Directly Employ? *The Guardian*, 10 abr. 2015. Disponível em: <https://www.theguardian.com/sustainable-business/sustainable-fashion-blog/2015/apr/10/rana-plaza-are-fashion-brands-responsible-for-those-they-dont-directly-employ>.

_____. *Stitched Up*: The Anti-Capitalist Book of Fashion. Londres, Pluto, 2014.

REFERÊNCIAS BIBLIOGRÁFICAS 273

HOWARD, Philip; HUSSAIN, Muzammil. *Democracy's Fourth Wave?* Digital Media and the Arab Spring. Oxford, Oxford University Press, 2013.

HOWARD, Sheena C. (org.) *Critical Articulations of Race, Gender, and Sexual Orientation.* Londres, Lexington, 2014.

INCITE! Analysis: Dangerous Intersections. [s. d.] Disponível em: <http://incite-national.org/page/analysis/>.

INCLO. "Take Back the Streets": Repression and Criminalization of Protest Around the World. Out. 2013. Disponível em: <https://www.inclo.net/pdf/take-back-the-streets.pdf>.

JOHNSON, Cedric (org.). *The Neoliberal Deluge*: Hurricane Katrina, Late Capitalism, and the Remaking of New Orleans. Minneapolis, University of Minnesota Press, 2011.

JÓNS, Ragna Rök. Is the "4th Wave" of Feminism Digital? *Bluestockings Magazine*, 19 ago. 2013. Disponível em: <http://bluestockingsmag.com/ 2013/08/19/is-the-4th-wave-of-feminism-digital/>.

JORDAN, June. *Civil Wars.* Boston, Beacon, 1981.

KAIJSER, Anna; KRONSELL, Annica. Climate Change Through the Lens of Intersectionality. *Environmental Politics*, v. 23, n. 3, 2014. p. 417-33.

KANNABIRAN, Kalpana. A Cartography of Resistance: The National Federation of Dalit Women. In: YUVAL-DAVIS, Nira; KANNABIRAN, Kalpana; VIETEN, Ulrike (orgs.). *The Situated Politics of Belonging.* Londres, Sage, 2006. p. 54-71.

KEATING, AnaLouise. Introduction: Reading Gloria Anzaldúa, Reading Ourselves... Complex Intimacies, Intricate Connections. In: KEATING, AnaLouise (org.). *The Gloria Anzaldúa Reader.* Durham, Duke University Press, 2009. p. 1-15.

KING, Deborah. Multiple Jeopardy, Multiple Consciousness: The Context of a Black Feminist Ideology. *Signs*, v. 14, 1988. p. 42-72.

KHAN, Khadija. Intersectionality in Student Movements: Black Queer Womxn and Nonbinary Activists in South Africa's 2015-2016 Protests. *Agenda: Empowering Women for Gender Equity*, v. 31, n. 3-4, 2017. p. 110-21.

KIVISTO, Peter. Multiculturalism and Racial Democracy: State Policies and Social Practices. In: COLLINS, Patricia Hill; SOLOMOS, John (orgs.). *Handbook of Race and Ethnic Studies.* Londres, Sage, 2010. p. 253-74.

KNAPP, Gudrun-Alexi. Race, Class, Gender: Reclaiming Baggage in Fast Travelling Theories. *European Journal of Women's Studies*, v. 12, 2005. p. 249-65.

KRIZSAN, Andrea; SKJEIE, Hege; SQUIRES, Judith. Institutionalizing Intersectionality: A Theoretical Framework. In: _____; _____; _____. (orgs.) *Institutionalizing Intersectionality*: The Changing Nature of European Equality Regimes. Basingstoke, Palgrave-Macmillan, 2012. p. 1-32.

LADUKE, Winona. *All Our Relations*: Native Struggles for Land and Life. Cambridge, South End, 1999.

LATINA FEMINIST GROUP (org.). *Telling to Live*: Latina Feminist Testimonios. Durham, Duke University Press, 2001.

LIM, Shirley Geok-lin; TSUTAKAWA, Mayumi (orgs.). *The Forbidden Stitch*: An Asian American Women's Anthology. Corvallis, Calyx, 1989.

LIND, Rebecca Ann. A Note from the Guest Editor. *Journal of Broadcasting and Electronic Media*, v. 54, 2010. p. 3-5.

LINDSAY, Beverley. Minority Women in America: Black American, Native American, and Chicana Women. In: SNYNER, Eloise C. (org.). *The Study of Women:* Enlarging Perspectives on Social Reality. Nova York, Harper and Row, 1979. p. 318-63.

274 Interseccionalidade

LINKER, Maureen. *Intellectual Empathy*: Critical Thinking for Social Justice. Ann Arbor, University of Michigan Press, 2015.

LITTLE, Anita. Social Media Minds the Intersectional Gap. *Ms. Magazine*, 16 ago. 2013. Disponível em: <https://msmagazine.com/2013/08/16/social-media-minds-the-intersectional-gap/>.

LOCKHART, Lettie; DANIS, Fran (orgs.). *Domestic Violence*: Intersectionality and Culturally Competent Practice. Nova York, Columbia University Press, 2010.

LOPEZ, Marta Cruells; GARCIA, Sonia Ruiz. Political Intersectionality within the Spanish Indignados Social Movement. *Intersectionality and Social Change*, v. 31, 2014. p. 3-25.

LOPEZ, Nancy. *Hopeful Girls, Troubled Boys*: Race and Gender Disparity in Urban Education. Nova York, Routledge, 2002.

LORDE, Audre. *Sister Outsider*: Essays and Speeches. Freedom, Crossing, 1984 [ed. bras.: *Irmã outsider*. Trad. Stephanie Borges. São Paulo/Belo Horizonte, Autêntica, 2019].

LOWE, Lisa. Heterogeneity, Hybridity, Multiplicity: Marking Asian American Differences. *Diaspora*, v. 1, 1991. p. 23-44.

LUMSDEN, Karen; HARMER, Emily (orgs.). *Online Othering*. Exploring Digital Violence and Discrimination on the Web. Basingstoke, Palgrave-Macmillan, 2019.

LUNA, Zakiya; LUKER, Kristin. Reproductive Justice. *Annual Review of Law and Social Science*, v. 9, 2013. p. 327-52.

LYNN, Samara. Artificial Intelligence and Algorithms: 21st Century Tools for Racism. *Black Enterprise*, 30 abr. 2019. Disponível em: <https://www.blackenterprise.com/racism-of-artificial-intelligence-and-algorithms/>.

MALIN, Stephanie; RYDER, Stacia. Developing Deeply Intersectional Environmental Justice Scholarship. *Environmental Sociology*, v. 4, n. 1, 2018. p. 1-7.

MANUEL, Tiffany. Envisioning the Possibilities for a Good Life: Exploring the Public Policy Implications of Intersectionality Theory. *Women, Politics and Policy*, v. 28, 2006. p. 173-203.

MATAMOROS-FERNÁNDEZ, Ariadna. Platformed Racism: The Mediation and Circulation of an Australian Race-Based Controversy on Twitter, Facebook and YouTube. *Information, Communication and Society*, v. 20, n. 6, 2017. p. 930-46.

MATUA, Athena. Law, Critical Race Theory and Related Scholarship. In: COLLINS, Patricia Hill; SOLOMOS, John (orgs.). *Handbook of Race and Ethnic Studies*. Londres, Sage, 2010. p. 275-305.

MAY, Vivian. *Anna Julia Cooper, Visionary Black Feminist*: A Critical Introduction. Nova York, Routledge, 2007.

MCCALL, Leslie. The Complexity of Intersectionality. *Signs*, v. 30, 2005. p. 1.771-800.

MCCLINTOCK, Anne. *Imperial Leather*: Race, Gender, and Sexuality in the Colonial Contest. Nova York, Routledge, 1995 [ed. bras.: *Couro imperial*: raça, gênero e sexualidade no embate colonial. Trad. Plinio Dentzien. Campinas, Editora da Unicamp, 2010].

MCCORKEL, Jill. *Breaking Women*: Gender, Race, and the New Politics of Imprisonment. Nova York, New York University Press, 2013.

MCCULLOCH, Jude; PICKERING, Sharon. The Violence of Refugee Detention. In: SCRATON, Phil; _____ (orgs.). *The Violence of Incarceration*: Advances in Criminology. Nova York, Routledge, 2008. v. 5, p. 225-42.

MEDRADO, Andrea; MULLER, Ana Paula. Maternal Rights Digital Activism and Intersectional Feminism. *Brazilian Journalism Research*, v. 14, n. 1, 2018. p. 174-201.

MITCHELL, Eve. I am a Woman and a Human: A Marxist-Feminist Critique of Intersectionality Theory. *North Star*, 2 dez. 2013. Disponível em: <https://libcom.org/library/i-am-woman-human-marxist-feminist-critique-intersectionality-theory-eve-mitchell>.

MIRZA, Heidi Safia (org.). *Black British Feminism*: A Reader. Nova York, Routledge, 1997.

MONTURE-ANGUS, Patricia. *Thunder in My Soul*: A Mohawk Woman Speaks. Halifax, Fernwood, 1995.

MORAGA, Cherrie; ANZALDÚA, Gloria (orgs.). *This Bridge Called My Back*: Writings by Radical Women of Color. Albany, State University of New York Press, 2015 [1983].

MORENO, Dorinda (org.). *La mujer* – en pie de lucha. Cidade do México, Espina Del Norte, 1973.

MUÑOZ, José Estéban. *Cruising Utopia*: The Then and There of Queer Futurity. Nova York, New York University Press, 2009.

MURPHY, Yvette et al. (orgs.) *Incorporating Intersectionality in Social Work Practice, Research, Policy, and Education*. Washington, DC, NASW Press, 2009.

NAKAMURA, Lisa. *Cybertypes*: Race, Ethnicity, and Identity on the Internet. Nova York, Routledge, 2002.

_____; CHOW-WHITE, Peter (orgs.). *Race after the Internet*. Nova York, Routledge, 2011.

NAPLES, Nancy. Activist Mothering: Cross-Generational Continuity in the Community Work of Women from Low-Income Urban Neighborhoods. In: CHOW, Esther Ngang-ling; WILKINSON, Doris; ZINN, Maxine Baca (orgs.). *Race, Class, and Gender*: Common Bonds, Different Voices. Thousand Oaks, Sage, 1996. p. 223-45.

_____. Teaching Intersectionality Intersectionally. *International Feminist Journal of Politics*, v. 11, 2009. p. 566-77.

_____. Sustaining Democracy: Localization, Globalization and Feminist Praxis. *Sociological Forum*, v. 28, 2013. p. 657-81.

NASH, Jennifer. Rethinking Intersectionality. *Feminist Review*, v. 89, 2008. p. 1-15.

NIESSEN, Molly. Love Inc: Toward Structural Intersectional Analysis of Online Dating Sites and Applications. In: NOBLE, Safiya Umoja; TYNES, Brendesha (orgs.). *Intersectional Internet*: Race, Sex and Culture Online. Nova York, Peter Lang, 2016. p. 161-78.

NOBLE, Safiya Umoja. A Future for Intersectional Black Feminist Technology Studies. *The Scholar and Feminist Online*, v. 13-4, n. 3-1, 2016. Disponível em: <http://sfonline.barnard.edu/traversing-technologies/safiya-umoja-noble-a-future-for-intersectional-black-feminist-technology-studies/2/>.

_____. *Algorithms of Oppression*: How Search Engines Reinforce Racism. Nova York, New York University Press, 2018.

_____; TYNES, Brendesha (orgs.). *Intersectional Internet*: Race, Sex and Culture Online. Nova York, Peter Lang, 2016.

NORMAN, Brian. "We" in Redux: The Combahee River Collective's Black Feminist Statement. *Differences: A Journal of Feminist Cultural Studies*, v. 18, 2007. p. 103-32.

OKOLOSIE, Lola. Beyond "Talking" and "Owning" Intersectionality. *Feminist Review*, v. 108, 2014. p. 90-6.

OLIVER, Melvin; SHAPIRO, Thomas. *Black Wealth/White Wealth*: A New Perspective on Racial Inequality. Nova York, Routledge, 1995.

OLOFSSON, Anna; ÖHMAN, Susanna; NYGREN, Katarina. An Intersectional Risk Approach for Environmental Sociology. *Environmental Sociology*, v. 2, n. 4, 2016. p. 346-54.

OXFAM. *Working for the Few*: Political Capture and Economic Inequality. 178 Oxfam Briefing Paper, 20 jan. 2014. Disponível em: <https://www.oxfam.org/sites/www.oxfam.org/files/file_attachments/bp-working-for-few-political-capture-economic-inequality-200114-en_3.pdf>.

_____. *Wealth*: Having It All and Wanting More. Oxfam International Research Report, 19 jan. 2015. Disponível em: <http://policy-practice.oxfam.org.uk/publications/wealth-having-it-all-and-wanting-more-338125>.

_____. *Public Good or Private Wealth?* Oxfam Briefing Paper, 21 jan. 2019. Disponível em: <https://www.oxfam.org.nz/reports/public-good-or-private-wealth>.

PARKER, Joe; SAMANTRAI, Ranu; ROMERO, Mary (orgs.). *Interdisciplinarity and Social Justice*: Revisioning Academic Accountability. Albany, State University of New York Press, 2010.

PATIL, Smita. Debrahmanizing Online Spaces on Caste, Gender and Patriarchy. *Intersectional Feminism: Desi Style!*, 22 set. 2017. Disponível em: <https://feminisminindia.com/2017/09/22/debrahmanizing-online-spaces-caste-gender/>.

PELLOW, David Naguib. *What Is Critical Environmental Justice?* Cambridge, Polity, 2018.

PERRY, Imani. *Prophets of the Hood*: Politics and Poetics in Hip-Hop. Durham, Duke University Press, 2004.

PERRY, Theresa; STEELE, Claude; HILLIARD III, Asa. *Young, Gifted and Black*: Promoting High Achievement Among African American Students. Boston, Beacon, 2003.

PEW RESEARCH CENTER. Wealth Gaps Rise to Record Highs Between Whites, Blacks, Hispanics. *Social & Demographic Trends*, 26 jul. 2011. Disponível em: <https://www.pewresearch.org/fact-tank/2012/01/11/wealth-gaps-rise-to-record-highs-between-whites-blacks-and-hispanics-2/>.

POUGH, Gwendolyn. *Check It While I Wreck It*: Black Womanhood, Hip-Hop Culture, and the Public Sphere. Boston, Northeastern University Press, 2004.

RIFKIN, Mark. *When Did Indians Become Straight?* Kinship, the History of Sexuality and Native Sovereignty. Nova York, Oxford University Press, 2011.

RIOS, Victor. *Punished*: Policing the Life of Black and Latino Boys. Nova York, New York University Press, 2011.

RISAM, Roopika. *Beyond the Margins*: Intersectionality and the Digital Humanities. English Faculty Publications, Paper 4, 2015. Disponível em: <http://digitalcommons.salemstate.edu/english_facpub/4>.

ROBERTS, Dorothy. *Killing the Black Body*: Race, Reproduction, and the Meaning of Liberty. Nova York, Random House, 1997.

_____. Reproductive Justice, Not Just Rights. *Dissent*, out. 2015. p. 79-82.

_____; JESUDASON, Sujatha. Movement Intersectionality: The Case of Race, Gender, Disability, and Genetic Technologies. *Du Bois Review*, v. 10, 2013. p. 313-28.

ROSE, Tricia. *Black Noise*: Rap Music and Black Culture in Contemporary America. Hanover, Wesleyan University Press, 1994.

ROSS, Loretta. Reproductive Justice as Intersectional Feminist Activism. *Souls: A Critical Journal of Black Politics, Culture, and Society*, v. 19, n. 3, 2017. p. 286-314.

ROTH, Benita. *Separate Roads to Feminism*: Black, Chicana, and White Feminist Movements in America's Second Wave. Nova York, Cambridge University Press, 2004.

SANDOVAL, Chela. *Methodology of the Oppressed*. Minneapolis, University of Minnesota Press, 2000.

SARMA, Deepika. Six Reasons Why Every Indian Feminist Should Remember Savitribai Phule. *The Ladies Finger*, 5 jan. 2015. Disponível em: <http://theladiesfinger.com/six-reasons-every-indian-feminist-should-remember-savitribai-phule/>.

SCHRADIE, Jen. *The Revolution That Wasn't*: How Digital Activism Favors Conservatives. Cambridge, Harvard University Press, 2019.

SCHULZ, Amy; MULLINGS, Leith (orgs.). *Gender, Race, Class and Health*: Intersectional Approaches. San Francisco, Jossey-Bass, 2006.

SHARMA, Nitasha Tamar. *Hip-Hop Desis*: South Asian Americans, Blackness, and Global Race Consciousness. Durham, Duke University Press, 2010.

SHARMA, Sanjay. Black Twitter? Racial Hashtags, Networks, and Contagion. *New Formations*, v. 78, n. 1, 2013. p. 46-64.

SHINGLER, Benjamin. The Next Hot Sound? Powwow Step, Aboriginal Hip-Hop. *Aljazeera America*, 28 nov. 2013. Disponível em: <http://america.aljazeera.com/articles/2013/11/28/the-next-hot-soundyouhearwillbepowwowstepaboriginalhiphop.html>.

SILLIMAN, Jael et al. *Undivided Rights*: Women of Color Organize for Reproductive Justice. Boston, South End, 2004.

SMITH, Andrea. Indigenous Feminism without Apology. In: UNSETTLING MINNESOTA (org.). *Unsettling Ourselves*: Reflections and Resources for Deconstructing Colonial Mentality. Chicago, University of Minnesota Press, 2009. p. 159-61.

_____. Indigeneity, Settler Colonialism, White Supremacy. In: HOSANG, Daniel Martinez; LABENNETT, Oneka; PULIDO, Laura (orgs.). *Racial Formation in the 21ˢᵗ Century*. Berkeley, University of California Press, 2012. p. 66-90.

SMYRNAIOS, Nikos. *Internet Oligopoly*: The Corporate Takeover of our Digital World. Trad. ingl. Cynthia Johnson. Bingley, Emerald, 2018.

SOKOLOFF, Nathalie; PRATT, Christina (orgs.). *Domestic Violence at the Margins:* Readings on Race, Class, Gender, and Culture. New Brunswick, Rutgers University Press, 2005.

SPIVAK, Gayatri. Subaltern Studies: Deconstructing Historiography. In: LANDRY, Donna; MACLEAN, Gerald (orgs.). *The Spivak Reader*. Nova York, Routledge, 1996.

SPRINGER, Kimberly. *Living for the Revolution*: Black Feminist Organizations, 1968-1980. Durham, Duke University Press, 2005.

STANLEY, Jason. *How Fascism Works*: The Politics of Us and Them. Nova York, Random House [ed. bras: *Como funciona o fascismo*: a política do "nós" e "eles". Trad. Bruno Alexander. 2. ed., Porto Alegre, L&PM, 2018].

STEINBUGLER, Amy, PRESS, Julie; DIAS, Janice Johnson. Gender, Race and Affirmative Action: Operationalizing Intersectionality in Survey Research. *Gender and Society*, v. 20, 2006. p. 805-25.

STOLER, Ann Laura. *Race and the Education of Desire*: Foucault's History of Sexuality and the Colonial Order of Things. Durham, Duke University Press, 1995.

TAYLOR, Dorceta E. Women of Color, Environmental Justice, and Ecofeminism. In: WARREN, Karen J.; ERKAL, Nisvan (orgs.). *Ecofeminism*: Women, Culture, Nature. Bloomington, Indiana University Press, 1997.

TAYLOR, Verta. Social Movement Continuity: The Women's Movement in Abeyance. *American Sociological Review*, v. 54, 1989. p. 761-75.

TERRIQUEZ, Veronica. Intersectional Mobilization, Social Movement Spillover, and Queer Youth Leadership in the Immigrant Rights Movement. *Social Problems*, v. 62, 2015. p. 343-62.

_____; BRENES, Tizoc; LOPEZ, Abdiel. Intersectionality as a Multipurpose Collective Action Frame: The Case of the Undocumented Youth Movement. *Ethnicities*, v. 18, n. 2, 2018. p. 260-76.

THEOCHARIS, Yannis et al. Using Twitter to Mobilize Protest Action: Online Mobilization Patterns and Action Repertoires in the Occupy Wall Street, Indignados, and Aganaktismenoi Movements. *Information, Communication and Society*, v. 18, n. 2, 2015. p. 202-20.

THURMAN, Erica. Because All the Women Are Not White and All the Blacks Are Not Men: MBK, Intersectionality, and 1000+ Of Us Who Are Brave. *The Veil*, 19 jun. 2014. Disponível em: <http://ericathurman.com/mbk-and-woc/>.

TUFEKCI, Zeynep. *Twitter and Teargas*: The Power and Fragility of Networked Protest. New Haven, Yale University Press, 2017.

TUGAL, Cihan. "Resistance Everywhere": The Gezi Revolt in Global Perspective. *New Perspectives on Turkey*, v. 49, 2013. p. 157-72.

278 Interseccionalidade

TUHIWAI SMITH, Linda. *Decolonizing Methodologies*. 2. ed. Londres, Zed, 2012 [ed. bras.: *Descolonizando metodologias*. Trad. Roberto G. Barbosa. Curitiba, Ed. UFPR, 2019].

TWINE, France Winddance. *Racism in a Racial Democracy*: The Maintenance of White Supremacy in Brazil. New Brunswick, Rutgers University Press, 1998.

TYNES, Brendesha; SCHUSCHKE, Joshua; NOBLE, Safiya Umoja. Digital Intersectionality Theory and the #BlackLivesMatter Movement. In: NOBLE, Safiya Umoja; TYNES, Brendesha (orgs.). *Intersectional Internet*: Race, Sex, and Culture Online. Nova York, Peter Lang, 2016. p. 21-40.

ONU. *Beijing Declaration and Platform for Action Adopted by the Fourth World Conference on Women*: Action for Equality, Development and Peace. Pequim, ONU, 15 set. 1995. Disponível em: <https://www.un.org/en/development/desa/population/migration/generalassembly/docs/globalcompact/A_CONF.177_20.pdf>.

UNSETTLING MINNESOTA (Org.). *Unsettling Ourselves*: Reflections and Resources for Deconstructing Colonial Mentality. *UM Collective*, 2009. Disponível em: <https://unsettlingminnesota.files.wordpress.com/2009/11/um_sourcebook_jan10_revision.pdf>.

UNITED NATIONS UNIVERSITY (UNU). Is Global Income Inequality Going Up or Down? UNU, Helsinki, 24 ago. 2016. Disponível em: <https://unu.edu/news/news/global-income-inequality-up-or-down.html>.

WALBY, Sylvia. Complexity Theory, Systems Theory, and Multiple Intersecting Social Inequalities. *Philosophy of the Social Sciences*, v. 37, 2007. p. 449-70.

WALIA, Harsha. 100 Key Facts about the Lucia Vega Jimenez Inquest. *The Guardian*, 6 out. 2014. Disponível em: <http://themainlander.com/2014/10/06/10-key-facts-about-the-lucia-vega-jimenez-inquest/>.

WARREN, Mark. *Dry Bones Rattling*: Community Building to Revitalize American Democracy. Princeton, Princeton University Press, 2001.

WATTS, Jonathan. Anti-World Cup Protests in Brazilian Cities Mark Countdown to Kick-off. *The Guardian*, 12 jun. 2014. Disponível em: <http://www.theguardian.com/football/2014/jun/12/anti-world-cup-protests-brazilian-cities-sao-paulo-rio-de-janeiro>.

WCAR. *Declaration and Programme of Action*. NGO Forum, World Conference Against Racism, Racial Discrimination, Xenophobia and Related Intolerance, Section 119 (Gender) of the Declaration. Durban, África do Sul, 27 ago.-1º set. 2001. Disponível em: <http://academic.udayton.edu/race/06hrights/WCAR2001/NGOFORUM/>.

WEBER, Lynn. A Conceptual Framework for Understanding Race, Class, Gender, and Sexuality. *Psychology of Women Quarterly*, v. 22, 1998. p. 13-32.

_____; FORE, Elizabeth. Race, Ethnicity, and Health: An Intersectional Approach. In: BATUR, Pinar; FEAGIN, Joe R. (orgs.) *Handbook of the Sociology of Racial and Ethnic Relations*. Nova York, Springer, 2007. p. 191-218.

WHY WE CAN'T WAIT: Women of Color Urge Inclusion in "My Brother's Keeper". 17 jun. 2014. Disponível em: <https://aapf.org/2014/06/woc-letter-mbk>.

WIEGMAN, Robyn. *Object Lessons*. Durham, Duke University Press, 2012.

WILSON, Kapana. For Reproductive Justice in an Era of Gates and Modi: The Violence of India's Population Policies. *Feminist Review*, v. 119, 2018. p. 89-105.

WING-FAI, Leung. *Digital Entrepreneurship, Gender and Intersectionality*: An East Asian Perspective. Basingstoke, Palgrave-Macmillan, 2019.

WORLD INEQUALITY REPORT (WIR). Executive Summary. 2018. Disponível em: <https://wir2018.wid.world/executive-summary.html>.

WRIGHT MILLS, C. *The Sociological Imagination*. Oxford, Oxford University Press, 2000 [1959] [ed. bras.: *A imaginação sociológica*. Trad. Waltensir Dutra. 6. ed., Rio de Janeiro, Zahar, 1982].

YUNUS, Muhammad. Credit for the Poor: Poverty as Distant History. *Harvard International Review*, out. 2007. p. 20-7.

_____. Economic Security for a World in Crisis. *World Policy Journal*, verão 2009. p. 5-12.

_____. Muhammad Yunus: Global Visionary. *CUNY Forum*, v. 2, 2014-2015. p. 87-92.

YUVAL-DAVIS, Nira. Intersectionality and Feminist Politics. *European Journal of Women's Studies*, v. 13, 2006. p. 193-210.

_____. Series Introduction: The Politics of Intersectionality. In: HANCOCK, Ange-Marie. *Solidarity Politics for Millennials*: A Guide to Ending the Oppression Olympics. Nova York, Palgrave-Macmillan, 2011. p. xi-xv.

_____. Beyond the Recognition and Re-Distribution Dichotomy: Intersectionality and Stratification. In: LUTZ, Helma; VIVAR, Maria Teresa H.; SUPIK, Linda (orgs.). *Framing Intersectionality*: Debates on a Multi-Faceted Concept in Gender Studies. Burlington, Ashgate, 2011.

ZAVELLA, Patricia. Intersectional Praxis in the Movement for Reproductive Justice: The Respect ABQ Women Campaign. *Signs*, v. 42, n. 2, 2017. p. 509-33.

ZINN, Maxine Baca. The Family as a Race Institution. In: COLLINS, Patricia Hill; SOLOMOS, John (orgs.). *The Sage Handbook of Race and Ethnic Studies*. Londres, Sage, 2010. p. 357-82.

_____ et al. The Cost of Exclusionary Practices in Women's Studies. *Signs*, v. 11, 1986. p. 290-303.

_____; ZAMBRANA, Ruth. Chicanas/Latinas Advance Intersectional Thought and Practice. *Gender and Society*, 22 jun. 2019. Disponível em: <https://doi.org/10.1177/0891243219853753>.

ÍNDICE REMISSIVO

5 Grams: Crack Cocaine, Rap Music, and the War on Drugs (Bogazianos) 194

aborto: política de coalizão 142-5
academia/faculdades e universidades 16-9, 52, 69-71, 100-1
  diversidade e acesso 231-9
  incorporação institucional 115-8
    investigação crítica 54-65
    ativismo dos movimentos sociais 105-15
Adofoli, Grace 138-9
Advogadas Imigrantes Asiáticas (Aiwa) 66-8
África, justiça reprodutiva na 138-40
africanos, jogadores de futebol 26
afro-americanos
  educação e metáfora dos condutos 227-9
  mulheres ativistas 17, 87, 90-7, 97-8, 106-7
  táticas policiais 174-5
afro-brasileiras/negras, movimento das mulheres39-45, 46, 47, 124-5, 151-2, 203--4, 211
África do Sul
  Copa do Mundo de 2010 22, 26
  justiça reprodutiva 138-40
Agência de Serviços de Fronteira do Canadá (CBSA) 176-7
Ahmed, Nafeez 31
Ahmed, Sara 221, 235
alcance global 119-22
Algorithms of Oppression (Noble) 149
Aliança das Mulheres do Terceiro Mundo 92, 102, 104
Amar, Paul 174, 179
Anderson, Tanisha, 175
Anistia Internacional 127, 152
Antoine, Rose-Marie Belle 127-9

Anzaldúa, Gloria 98-9, 102, 106, 209
Associação Internacional de Sociologia (ISA), 18ª Congresso Mundial (Japão) 30, 46
ativismo
  de consumidor(a) 170-1
  dos movimentos sociais 90-7
    inclusão na academia 105-15
    múltiplas narrativas 97-104
    democracia participativa 218
  estudos ativistas 83-4
  na web 74
Austrália, políticas de asilo na 175-6, 180

Bagilhole, Barbara 116
Bambara, Toni Cade 91
Bangladesh
  pobreza rural em 81-3
  desabamento do Rana Plaza 166-72
Barvosa-Carter, Edwina 205-6
Beal, Frances 92-3, 104, 117, 199
Ben-Moshe, Liat 180
Bernstein, Elizabeth 181
Bilge, Sirma 64, 114, 116-8, 150, 254, 257
Black Girls Matter, relatório e campanha nas mídias sociais 76-7
Black Twitter 146-53
The Black Woman (Cade Bambara) 91-2
Bogazianos, Dimitri 194
Borderlands/La Frontera (Anzaldúa) 99
The Boundaries of Blackness: Aids and the Breakdown of Black Politics (Cohen) 200
Boylorn, Robin; Orbe, Mark 188
Brasil
  Copa do Mundo da Fifa 19-20, 23, 25, 29, 38, 45-7, 250, 262
  democracia racial 39-40, 42-3, 49
  Festival Latinidades 39-41, 45, 211

282 INTERSECCIONALIDADE

movimento das mulheres negras/afro-brasileiras 39-45, 46, 47, 124-5, 151-2, 203-4, 211

movimento negro 43-4, 124

população carcerária e policiamento 173

Brown, Tara; Rodriguez, Louie 84-5, 216

Brown, Wendy 203-4

Burawoy, Michael 31-2

Caldwell, Kia Lilly 42

capitalismo 31

crise e pobreza 79-81

e classe 35

e imperialismo 102

e nacionalismo 20, 23

racismo e sexismo 92-3, 95, 102, 103-4

Caputo, John D. 202

Carter, Prudence 237-8

Castells, Manuel 8, 164-5

Chakravarti, Paromita 174

chicano/latino, movimento feminista 90-1, 97-100, 106-7

Children's Defense Fund 212

Cho, Sumi; Crenshaw, Kimberlé Williams; McCall, Leslie 18

Chow, Esther Ngan-Ling 100

Chun, Jennifer Jihye; Lipsitz, George; Shin, Young 66, 192, 211

Civil Wars (Jordan) 106

Clark, Christine; Fasching-Varner, Kenneth; Brimhall-Vargas, Mark 238

classe e capitalismo 35

coalizão

identidade de 208-9

política de 103, 111, 142-5, 172

coerção

virada coercitiva 161, 172-9

Cohen, Cathy 200

Collins, Patricia Hill 55-8, 62, 71-2, 76, 91, 104, 106, 109-11, 114, 197, 216-7, 224, 229-30, 256

e Chepp, Valerie 109

colonialismo/pós-colonialismo 57, 101-4, 137

Combahee River Collective (CRC) 93-4, 97, 190

competência cultural 226, 237-8

complexidade 48, 259-60

"concepção bancária da educação" 213-5

Conferência Mundial das Nações Unidas Contra o Racismo (WCAR) 122-25

Conferência sobre Capitalismo Inclusivo (Londres) 31, 46, 51

consciência crítica 196, 214-6, 219-21, 237-9

contexto social 41, 45, 47, 49, 90, 93, 246-7, 252-5

Cooper, Anna Julia 93-4, 205

crack 194

Crenshaw, Kimberlé Williams 13, 18, 58, 72, 75, 90, 109-12, 115, 117, 122-3, 130, 191

"cunhagem" do termo interseccionalidade 90, 111, 117

et al. 58, 77

Critical Articulations of Race, Gender, and Sexual Orientation (Howard) 188

Critical Autoethnography: Intersecting Cultural Identities in Everyday Life (Boylorn e Orbe) 188

Cruz, José E. 204

dalits, movimento das mulheres 17-8, 141, 205, 257,

Daniels, Jessie 13, 86

Davis, Angela 41, 106

Davis, Kathy 113-4

Declaração dos Direitos Humanos (ONU) 69, 121, 131

deficiência63-4, 199

democracia

participativa 36, 156, 161, 197, 216-8, 221, 224-5, 239

racial (Brasil) 39-40, 42-3

Democracy and Education (Dewey) 217

desigualdade

de renda 32-3

econômica global 30-9, 46-8, 161, 247

social 31-3, 35-9, 45-9, 51-2, 62, 75, 86-7, 90-1, 105, 107-8, 119, 214-5, 220-1, 234--5, 238, 240, 247-9, 252, 259, 261

Dewey, John 217-8, 222

diferença 220-1

Dill, Bonnie Thornton 13, 54-7, 71, 106, 108, 231

Zambrana, Ruth; McClaughlin, Amy 107, 211

direitos humanos 69, 121-7, 131

indústria do vestuário e direitos da classe trabalhadora 166-72

Simpósio do Sistema Interamericano de Direitos Humanos (IAHRS) 127-31
supressão dos protestos públicos 159-60
ver também justiça reprodutiva
discriminação, conceito de 129-9
discurso de ódio 74, 155
disparidade de riqueza 34, 37
diversidade
    termo 221, 225
    ver também educação
domínios
    culturais do poder 20, 23-6
    disciplinares do poder 20, 26-8
    estruturais do poder 20, 20-2, 245-6
    interpessoais do poder 20, 28-30
"Double Jeopardy: To Be Black and Female" (Beal) 92-3, 104
Dry Bones Rattling: Community Building to Revitalize American Democracy (Warren) 67
Dzodan, Flavia 150

Edelman, Marian Wright 212
educação 60, 211-2
    conceito dialógico de 215-6, 219-20
    diversidade
        e ensino superior 231-9
        e escolas públicas urbanas 222-7
    e interseccionalidade: convergência crítica 212-21
    multicultural 224-5
    metáfora dos condutos 227-30
    e justiça social 239-41
    ver também academia/faculdades e universidades
educação crítica *ver* educação
Eisenstein, Zillah 35
Element AI 152-3
empoderamento de comunidades e indivíduos 56-7
encarceramento/prisão 59, 172-3, 181-2, 229-30
"encavalamento cultural" 237-8
ensino superior *ver* academia/faculdades e universidades
Erevelles, Nirmala 64-199
escolas públicas (Estados Unidos) 217-8, 222-7
    e acesso ao ensino superior 231-9
escolas públicas urbanas *ver* escolas públicas (Estados Unidos)

Espanha, protesto virtual 159-60
essencialismo 199-200, 205, 207-8
Estado de bem-estar social 36-7, 38, 222-3
estupro/violência sexual 129, 134-6, 139, 174, 195, 205
Evaristo, Conceição 40
extrema direita, populismo/ativismo de 126-7, 153-5, 165, 182-5, 187, 212, 216, 225, 239, 246, 248-

Faculdade de Direito de Columbia
    Centro de Direitos Reprodutivos 127-31
    Centro de Estudos de Interseccionalidade e Política Social 75-7
faculdades e universidades *ver* academia/faculdades e universidades
fair play, mito do 24-5
Federação de Futebol dos Estados Unidos (USSF) 27-8
feminismo
    asiático-americano 100-1
    latino/chicano 91, 97-100, 102, 106-7
    mulheres indígenas 95-6, 101-2
feminismo negro
    críticas ao 103, 181-2
    história da interseccionalidade ver ativismo dos movimentos sociais
    interseccionalidade como derivação do 113-4
    on-line 148-52
    e WCAR 124-5
Ferguson, Roderick 209
Fernandez, Maria; Wilding, Faith; Wright, Michelle 149
ferramenta analítica 16-45
Fifa, Copa do Mundo da 19-20, 23, 25, 29, 38, 45-7, 51, 250, 262
Festival Latinidades (Brasil) 39-41, 45, 211
The Forbidden Stitch (Lim e Tsutakawa) 100
Fórum de Políticas Afro-Americanas (AAPF) 75
Franco, Marielle 45
Freire, Paulo 84, 212-6, 225, 234, 238-9
Fundação das Áreas Industriais (IAF) (Texas) 67

Garner, Eric 174-5
Generations Ahead 68

284 INTERSECCIONALIDADE

gênero
  e esporte 23, 25, 27-8, 30
  diferença de riqueza 34
Glenn, Evelyn Nakano 13, 63
globalização a partir de baixo 163-4
Grã-Bretanha/Reino Unido103, 126-7, 178
Grameen, banco (Muhammad Yunus) 82-6,
  215, 246
Grupo Feminista Latina 99-100
Guantánamo, Cuba 176

Hale, Charles 84
Hall, Stuart 117, 188, 255
Hamer, Fannie Lou 87
Hankivsky, Olena 60, 69, 116, 126
Harrison, Anthony Kwama 197
hip-hop 190-8, 200, 216
  asiático-americano 196-7
  identidade/política identitária 190-8, 200,
  216
*Hip-Hop Desis: South Asian Americans,
  Blackness, and Global Race Consciousness*
  (Sharma) 196-7, 200
*Hip-Hop Underground: The Integrity and Ethics
  of Racial Identification* (Harrison) 197
história 89-90
  ver também ativismo dos movimentos
  sociais
HIV/Aids 200
Hoffman, Christy 170
Hoskins, Tansy 171
Howard, Philip; Hussain, Muzammil 158
Howard, Sheena C. 188-9

identidade/política identitária 95-7, 102, 187-90
  afro-brasileiras 42-5
debates acadêmicos 199-206
  CRC 190-1, 199, 209
  Copa do Mundo da Fifa 28-30
  hip-hop 190-8, 200, 216
  identidade latina nos Estados Unidos 205-6
  identidade mexicana 205-6
  identidade porto-riquenha 204-5
  temas 206-10
imaginário político transnacional 164-5, 168
imigração, controle da 175-9, 180
indústria do vestuário e direitos da classe
  trabalhadora 166-72

INCITE! 77-9, 101
Inclo 160
Índia
  controle populacional 140-2
  justiça reprodutiva na 140-2
  movimento das mulheres dalits 17-8, 205
  movimentos urbanos sem-teto 173-4
  nacionalismo hindu 183
indígenas
  conhecimentos 258
  mulheres
    Canadá 162
    casos de estupro no México 129-30, 136
    feminismo 95-6, 101-2
*Intellectual Empathy: Critical Thinking for
  Social Justice* (Linker) 239
interdisciplinar, campo 63-5
Internet *ver* mídia digital/social
interseccionalidade
  como ferramenta analítica 16-45
  "cunhagem" do termo 90, 111, 117
  ideias principais 45-9
  definição 15-6, 244-5
*Intersectionalities: A Global Journal of Social Work
  Analysis, Research, Polity, and Practice* 59
investigação e práxis críticas 51-3
  investigação crítica 53-65
  práxis crítica 65-71
  significado de 86-8
  sinergia 71-86, 243-7
Italian Review of Sociology 114

Jiménez, Lucía Vega 176-8, 180
Jóns, Ragna Rök 148
Jordan, June 106
justiça criminal, sistema de 59-60
  ver também policiamento; securitização
justiça reprodutiva 121-2, 131-7
  e política de coalizão 142-5
  no Sul global 132, 138-42
justiça social 48-9, 261-3
  ativismo 156-8
  e educação crítica 239-41
juventude
  ativismo pela educação 219
  políticas de securitização 179-80
  juventude sul-asiática 196-7
  ver também educação; *hip-hop*

Kannabiran, Kalpana 205
Katrina, furacão 112-3, 120
Keating, Ana Louise 98
Keepin' It Real: School Success Beyond Black and White (Carter) 237-8
King, Deborah 104

Lagarde, Christine 31-2
Lat-Crit, teoria 58
latinos
    meninas e meninos 227-8
    identidade latina nos Estados Unidos 205-6
lesbiandade 94-5, 98-9
letramento 215, 217, 237
LGBTQs, estudos latinos 157
Lim, Shirley Geok-lin; Tsutakawa, Mayumi 100
Lind, Rebecca Ann 189
Linker, Maureen 239
literacia 55
"lobo solitário", terrorista do tipo 154-5
Lorde, Audre 106, 220-1
Lowe, Lisa 101
Lumsden, Karen; Harmer, Emily 153
Luna, Zakiya; Luker, Kristin 132-3

"Mapping the Margins: Intersectionality, Identity Politics, and Violence against Women of Color" (Crenshaw) 72, 109, 111-2
Marcha das Mulheres em Washington (2017) 184-5
Matamoros-Fernández, Ariadna 154
mercado de trabalho 33-4
metáfora dos condutos na educação 227-30
    do jardim de infância até a prisão 229-30
México, casos de estupro no 129-30, 136
microcrédito (Muhammad Yunus, banco Grameen) 72, 79-86, 215, 246
mídia de massa 74
mídia digital/social 122, 145-58
    ativismo na web 78
    engajamento dialógico 214, 216
    movimentos/protestos sociais 156-8, 159, 163-4, 166, 170-1
    protesto virtual (Espanha) 159-60
    público feminista on-line 148-52

"racismo em plataforma" 154
    violência contra mulheres 74, 77-8, 152-5
Mitchell, Eve 202
Monture-Angus, Patricia 96
Moraga, Cherríe; Anzaldúa, Gloria 99
movimento negro (Brasil) 43-4, 124
mudança climática e questões ambientais 119--20, 184
mulheres de cor *ver* feminismo/feminismo negro; ativismo dos movimentos sociais; violência contra mulheres (de cor)
Mulheres, raça e classe (Davis) 106
Muñoz, José Estéban 264
Musiolek, Bettina 171
My Brother's Keeper (MBK), iniciativa 75

Naples, Nancy 70
negras/afro-brasileiras, movimento das mulheres 39-47, 124-5, 151-2, 203-4, 211
neoliberalismo 36-8
    e políticas coercitivas 161, 173-4
    e educação 214, 216-7, 220
    e social-democracia 37-9, 46, 246
Noble, Safiya Umoja 146-7, 149, 152
Norman, Brian 97
NoSomosDelito, movimento (Espanha) 159

Obama, Barack 75-76
Occupy, movimento 160, 162-3
Occupying the Academy (Clark) 238
Okolosie, Lola 151
One Billion Rising for Justice, movimento 73-4, 78
*Online Othering: Exploring Digital Violence and Discrimination on the We*b (Lumsden e Harmer) 153
organizações comunitárias *ver* organizações de base/comunitárias
organizações de base/comunitárias 67-8, 77-9
    política de coalizão 142-5
Organização de Mulheres de Ascendência Asiática e Africana (Owaad) (Grã-Bretanha) 103
Organização Nacional Feminista Negra (NBFO) 94-5
Oxfam 160

286 INTERSECCIONALIDADE

pedagogia nas faculdades e universidades 69-71
Pedagogia do oprimido (Freire) 84, 212-4
Papa Francisco 31, 38
Pellow, David Naguib 120, 263
Perry, Imani 197-8
pesquisa-ação participativa (PAP) 83-6, 216
"pessoas de cor"
   categoria 236-7
   metáfora dos condutos na educação 227-30
   queer e trans 64, 77-8
   mulheres ver violência contra mulheres (de cor)
Phule, Savitribai 17-8
poder
   domínios de 20-39, 250
   relações de 20, 249-52
      Copa do Mundo da Fifa 19-30, 46, 208-9
      nas escolas 217-9, 230, 240
poesia da palavra falada 193, 195, 207
policiamento 159-61, 172-9
   ver também securitização
política
   de coalizão 142-5, 170
   de solidariedade 66-7
   de vitimização 203-4
   "política identitária branca" 187
ponto de vista, epistemologia do 110
Primavera Árabe 158, 162-3
prisão/encarceramento 59, , 173-4, 181-2, 229-30
privados de direitos, grupos
   contribuições dos 260
   experiências e lutas dos 56-7
   políticas identitárias como políticas de vitimização 203-4
protestos sociais 159-61
   mídia digital/social 156-8, 159, 164-6, 170-1
   e populismo de extrema direita 182-5
   globais 161-72
   virtuais (Espanha) 159-60
The Public and Its Problems (Dewey) 217

queer e trans de cor 64, 77-8

raça
   teoria crítica 58
   Copa do Mundo da Fifa 26, 28-9

e ressegregação das escolas públicas 223-6
   disparidade de riqueza 34
raça/classe/gênero, estudos de 54-8, 107-9, 114
   sociologia nos Estados Unidos 61-3
racismo e sexismo, Latinidades 40-2
"racismo em plataforma" 154
Rana Plaza, desmoronamento (Bangladesh) 166-72
Reino Unido/Grã-Bretanha 10, 26, 103, 122, 126, 160-3, 173, 178
relacionalidade 45-9, 64-6, 207-8, 219, 222, 247, 255-9
relações de poder interseccionais *ver* poder
Relatório Mundial sobre Desigualdade (WIR) 32-3
República Dominicana, caso de direitos humanos na 129
Respeite as Mulheres de Albuquerque (ABQ) 143, 145, 246
ressegregação das escolas públicas 223-6
   fatores demográficos na 225-6
"risco", conceito de 103-4
Roberts, Dorothy 132, 134, 144
Robinson, Tracy 127-9
Ross, Loretta 132, 136, 142

Sarma, Deepika 17
saúde
   materna e infantil ver justiça reprodutiva
   pesquisa e políticas de 60, 68-9, 116
   pública60, 68-9, 116
Schradie, Jen 156
securitização 59, 161, 166, 179-82, 187, 215, 224, 229, 246, 248, 253
   ver também policiamento
Sharma, Nitasha Tamar 196-7
Silva, Benedita da 43-4
Simon Fraser University
   Análise de Políticas Baseadas na Interseccionalidade (IBPA) 60, 69
sindicatos 17, 37, 168-71, 222
Sistema Interamericano de Direitos Humanos (IAHRS), simpósio 127-31
Irmã Outsider (Lorde) 106, 220
situação de rua
   movimento das mulheres em (Índia) 174
   movimentos urbanos sem-teto (Índia) 174
Smith, Andrea 101, 258

Smith, Barbara 94, 106
Smith, Dorothy 70
social-democracia 35-6
  e neoliberalismo 37-9, 46, 246
sociologia 61-3
Spivak, Gayatri 207
STEM (ciência, tecnologia, engenharia e matemática) 226-8
Stitched Up: The Anti-Capitalist Book of Fashion (Hoskins) 171
Sul global 17, 47
  e Norte global 170-1, 180, 260
  justiça reprodutiva no 131-2, 138-42
supremacia branca
  discurso de ódio da 154-5
  literatura 86-7

tecnologias genéticas e reprodutivas 68
Telling to Live: Latina Feminist Testimonios 99-100
teoria-prática, conexão 56, 57-8
Terriquez, Veronica 157
This Bridge Called My Back (Moraga e Anzaldúa) 99
Thurman, Erica 75
TIC *ver* mídia digital/social
trabalho social 58-9
tráfico sexual 181-82
trans de cor 64, 77, 149, 153
transmissão global 23
Triangle Shirtwaist Factory (Nova York) 166-7, 169
tribunais internacionais 129-30
Triple Jeopardy: Racism, Imperialism, Sexism (Third World Women's Alliance) 102

Truth, Sojourner 93
Tugal, Cihan 164-5, 172
Twitter 148, 151-53, 155, 164, 184, 196
  Black Twitter 146, 153

Unequal Freedom: How Race and Gender Shaped American Citizenship and Labor (Glenn) 63
União Europeia (UE) 125-26
universidades e faculdades *ver* academia/faculdades e universidades

violência contra mulheres (de cor) 72-9, 181-2
  mídia digital/social 74-8, 152-5
  violação de direitos humanos 128-9
  estupro/violência sexual 129, 134-6, 139, 174, 195, 205

A Voice from the South: By a Black Woman (Cooper) 93, 215
voto, direito de 87-8

Walia, Harsha 177
Warren, Mark 67
web, ativismo na 78
Wiegman, Robyn 201
Wilson, Kapana 140

Yousafzai, Malala 219
Yunus, Muhammad 215, 246
Yuval-Davis, Nira 9, 57, 65, 116, 123-4, 205, 255

Zavella, Patricia 143-5
Zinn, Maxine Baca et al. 108

Reprodução da Lei Áurea (1888). Fundo arquivístico:
Ministério da Agricultura, Comércio e Obras Públicas.

Publicado em fevereiro de 2021, três meses após o resgate de Madalena Gordiano, que viveu 38 anos em condições de escravidão, explorada pelos Milagres Rigueira, uma família abastada de Minas Gerais, desde os oito anos de idade, este livro foi composto em Adobe Garamond Pro, corpo 11,5/15,5, e impresso em papel Avena 80 g/m² pela Rettec para a Boitempo, com tiragem de 6 mil exemplares.